AF599330

icônes

OPERE DELLA PINAULT COLLECTION / ŒUVRES DE LA PINAULT COLLECTION / WORKS FROM THE PINAULT COLLECTION

IT Quando Bruno Racine mi ha proposto di includere nella programmazione di Punta della Dogana un'esposizione intitolata *Icônes*, ho accolto subito il progetto con interesse e convinzione. L'idea e il termine in sé, «icona», erano infatti in grado di avviare un nuovo appassionante approfondimento sulla mia collezione. Da un lato, per valorizzare un certo numero di opere cui si potesse attribuire un carattere «iconico» nel significato moderno del termine, dall'altro, per permettere ai visitatori della mostra di condividere le riflessioni secolari di filosofi, teologi e storici dell'arte sull'inesauribile proposito degli artisti di rappresentare l'irrappresentabile e rendere visibile l'invisibile.

È quello che ci propongono Emma Lavigne, direttrice generale della Pinault Collection, e Bruno Racine, curatori di questa esposizione che costituisce il culmine della programmazione del 2023 di Punta della Dogana, mentre a Palazzo Grassi si svolgerà la mostra fotografica intitolata *Chronorama* che a sua volta evocherà la potenza delle immagini che i Greci ci hanno insegnato a chiamare icone.

I miei ringraziamenti vanno a tutti coloro che hanno preso parte a questo progetto. Desidero ringraziare anche i prestatori le cui opere si sono aggiunte a quelle della mia collezione, con grande soddisfazione del pubblico.

PRÉFACE

FR Quand Bruno Racine m'a proposé d'inscrire une exposition intitulée « Icônes » dans la programmation de Punta della Dogana, j'ai aussitôt accueilli ce projet avec intérêt et conviction. L'idée et le mot même d'« icône » étaient susceptibles, en effet, d'engager une nouvelle exploration passionnante de ma collection. À la fois pour mettre en valeur un certain nombre d'œuvres dont on pouvait considérer qu'elles avaient un caractère « iconique », au sens moderne du terme, mais aussi pour permettre aux visiteurs de l'exposition de partager les réflexions séculaires des philosophes, théologiens et historiens de l'art sur l'inépuisable projet des artistes de représenter l'irreprésentable et de rendre visible l'invisible.

C'est ce que nous proposent Emma Lavigne, directrice générale de Pinault Collection, et Bruno Racine, commissaires de cette exposition qui constitue le point fort de la programmation de Punta della Dogana en 2023, alors que Palazzo Grassi présentera l'exposition de photographies intitulée « Chronorama » qui, à sa façon, rappellera elle aussi la puissance des images que les Grecs nous ont appris à appeler des icônes.

Que tous ceux qui ont pris part à ce projet acceptent mes remerciements. Ceux-ci s'adressent également aux prêteurs dont les œuvres sont venues rejoindre celles de ma collection, pour la plus grande satisfaction des visiteurs.

PREFACE

EN When Bruno Racine proposed an exhibition titled *Icônes* at Punta della Dogana, I immediately welcomed the project with enthusiasm and conviction. The concept of the "icon," even the word itself, seemed likely to initiate a new and exciting exploration of my collection: highlighting a number of works that could be considered "iconic" in the modern sense of the word, but also allowing visitors to the exhibition to share in the age-old reflections of philosophers, theologians, and art historians on artists' unending quest to represent the unrepresentable and to make the invisible visible.

This is what Emma Lavigne, general director of the Pinault Collection, and Bruno Racine, curators of this exhibition—the highlight of Punta della Dogana's 2023 exhibition program—propose, while Palazzo Grassi will present an exhibition of photographs, *Chronorama*, which, in its own way, will also remind us of the power of images that the Greeks have taught us to call icons.

I would like to thank all those who took part in this project. I would also like to thank the lenders whose works have joined those in my collection, to the great satisfaction of our visitors.

IT Nel solco della tradizione delle sue esposizioni collettive, dopo i *Contrapposto Studies* di Bruce Nauman, Punta della Dogana presenta un'esposizione intitolata *Icônes*, costituita quasi interamente da opere della Pinault Collection. La scelta di Venezia per una simile tematica aveva la forza dell'evidenza. Nessuna città del mondo occidentale ha intrattenuto con l'Oriente bizantino, patria dell'icona, un rapporto altrettanto stretto. Anche quando l'estetica del Rinascimento ha prevalso, Venezia non ha mai dimenticato quel legame, come testimoniano in particolare le *Madonne* di Giovanni Bellini. Ma quali significati porta con sé questo termine nel XXI secolo, quando il riferimento strettamente religioso è dimenticato o viene addirittura negato? Emma Lavigne e io ci siamo sforzati di mostrare come, attraverso le proposte plastiche di varia natura, gli artisti contemporanei si ritrovassero, a modo loro, di fronte alla stessa sfida che avevano dovuto affrontare i pittori di icone; in altre parole, come rendere presente o sensibile, in un mondo saturo di immagini, ciò che per natura fa parte del non rappresentabile o del non visibile. Ogni artista presente in mostra raccoglie questa sfida partendo dalla propria esperienza di vita o dalla propria cultura, che sia occidentale o meno. Che le opere siano luminose o cupe, silenziose o sonore, teatrali o austere, l'esposizione invita il visitatore a fermarsi davanti a ciascuna di esse, a osservarle andando al di là della loro materialità: pensiamo in particolare alle «cappelle» di Robert Ryman, di Roman Opałka o di Lee Ufan che costellano il percorso e che le installazioni di Lygia Pape e Joseph Kosuth, intensamente vibranti, vengono a completare. La nostra gratitudine va naturalmente in primo luogo a François Pinault per avere approvato il progetto ed esservisi personalmente impegnato, ma anche a Marie-José Mondzain e Bice Curiger, i cui testi arricchiscono il catalogo e offrono spunti di riflessione che vanno ben oltre la durata dell'esposizione, e a tutto lo staff di Palazzo Grassi e della Pinault Collection che ha contribuito alla sua realizzazione.

PRÉFACE

FR Renouant avec la tradition de ses expositions collectives, la Punta della Dogana présente, après les « Contrapposto Studies » de Bruce Nauman, une exposition intitulée « Icônes », constituée presque en totalité d'œuvres de la Collection Pinault. Le choix de Venise pour une telle thématique avait pour lui la force de l'évidence. Aucune cité du monde occidental n'a entretenu avec l'Orient byzantin, patrie de l'icône, un rapport aussi étroit. Même lorsque l'esthétique de la Renaissance l'a emporté, Venise n'a jamais oublié ce lien, ainsi que l'illustrent, entre autres, les Madones de Giovanni Bellini. Mais de quelles significations le terme est-il porteur au 21e siècle, alors que la référence proprement religieuse est oubliée ou même niée ? Emma Lavigne et moi-même nous sommes efforcés de montrer comment, sous la diversité des propositions plastiques, les artistes contemporains pouvaient retrouver à leur manière le défi qu'ont dû affronter les peintres d'icônes ; autrement dit, comment rendre présent ou sensible, dans un monde saturé d'images, ce qui, par nature, est de l'ordre de l'irreprésentable ou de l'invisible. Ce défi, chacun ou chacune des artistes présents le relève à partir de sa propre expérience de vie ou de sa culture, occidentale ou non. Que les œuvres soient lumineuses ou sombres, silencieuses ou sonores, théâtrales ou austères, l'exposition invite le visiteur à faire halte devant chacune d'elles, à porter son regard au-delà de leur matérialité, que l'on songe en particulier aux « chapelles » de Robert Ryman, de Roman Opałka ou de Lee Ufan qui jalonnent le parcours et que complètent, par leur vibrant rayonnement, les installations de Lygia Pape et de Joseph Kosuth. Notre gratitude va bien sûr en premier lieu à François Pinault pour avoir approuvé ce projet et s'y être personnellement engagé, mais aussi à Marie-José Mondzain et Bice Curiger dont les textes enrichissent le catalogue et offrent matière à penser bien au-delà de la durée de l'exposition, ainsi qu'à toutes les équipes de Palazzo Grassi et de Pinault Collection qui ont contribué à sa réalisation.

PREFACE

EN After Bruce Nauman's *Contrapposto Studies*, Punta della Dogana presents, in keeping with its tradition of alternating solo and group shows, an exhibition entitled *Icônes*, consisting almost entirely of works from the Pinault Collection. This choice of theme, for an exhibition taking place in Venice, seemed obvious—no other city in the Western world has maintained such a close relationship with the Byzantine East, the birthplace of the icon. Even after the aesthetics of the Renaissance prevailed, Venice never forgot this connection, as illustrated, among others, in Giovanni Bellini's Madonnas. But what does the term "icon" mean today, in the twenty-first century, when its religious reference has been forgotten, or even denied? Emma Lavigne and I have endeavored to show how, in diverse plastic proposals, contemporary artists have rediscovered, in their own way, the challenges faced by the icon painters of old: how to represent or embody, in our world saturated with images, what is by nature of the order of the unrepresentable, the invisible. Each of the artists included take up this challenge from the vantage point of their own life experience and culture. Whether the works are luminous or dark, silent or sonorous, theatrical or austere, the exhibition invites the visitor to pause in front of each of them, to look beyond their material appearance, in particular in the case of the "chapels" of Robert Ryman, Roman Opałka, and Lee Ufan, complemented by the vibrant radiance of installations by Lygia Pape and Joseph Kosuth. Our gratitude goes first and foremost to François Pinault for having approved and supported this project, to Marie-José Mondzain and Bice Curiger, whose texts enrich the catalogue and offer food for thought well beyond the duration of the exhibition, as well as to the teams at Palazzo Grassi and the Pinault Collection who have contributed to its realization.

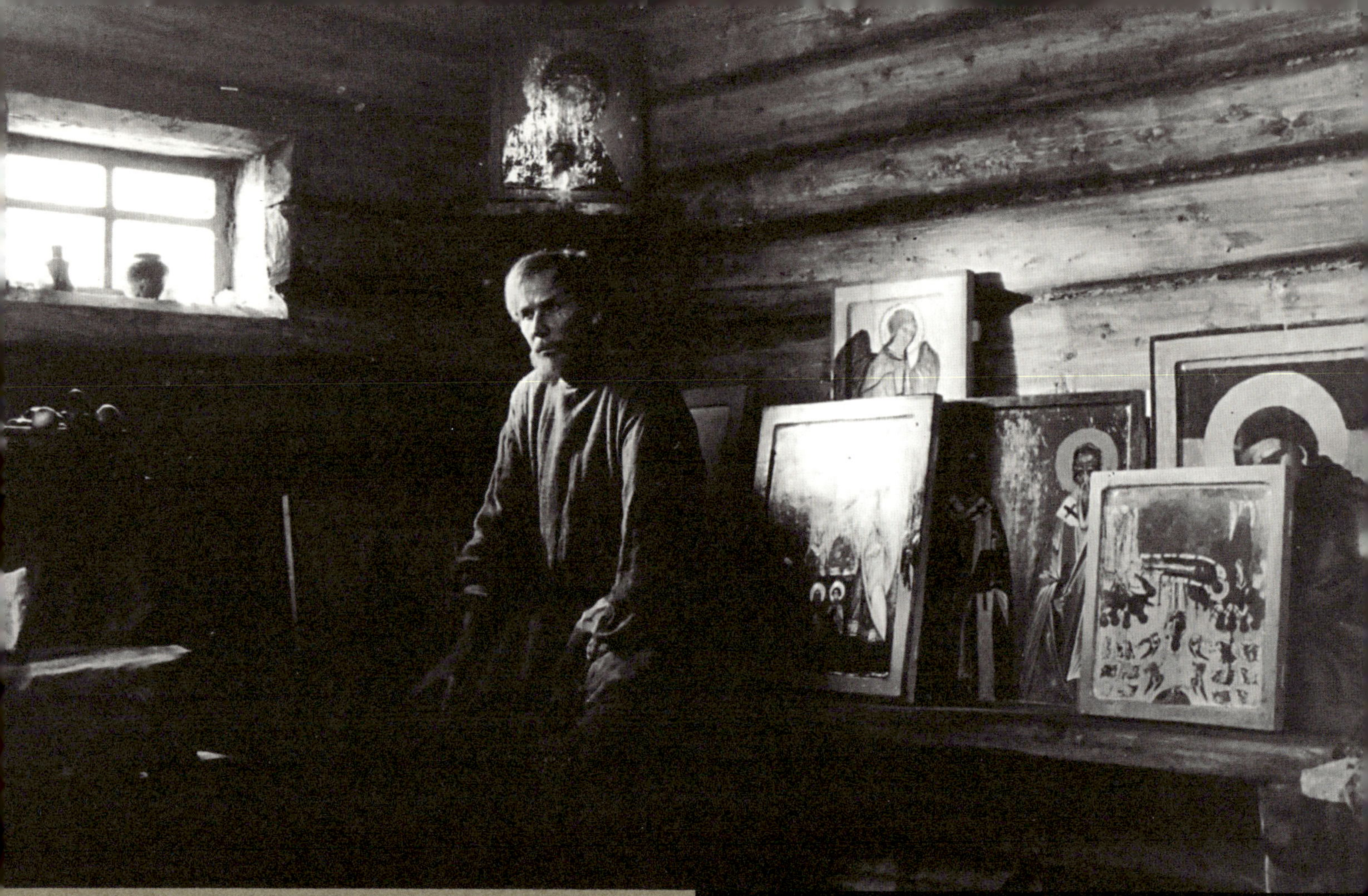

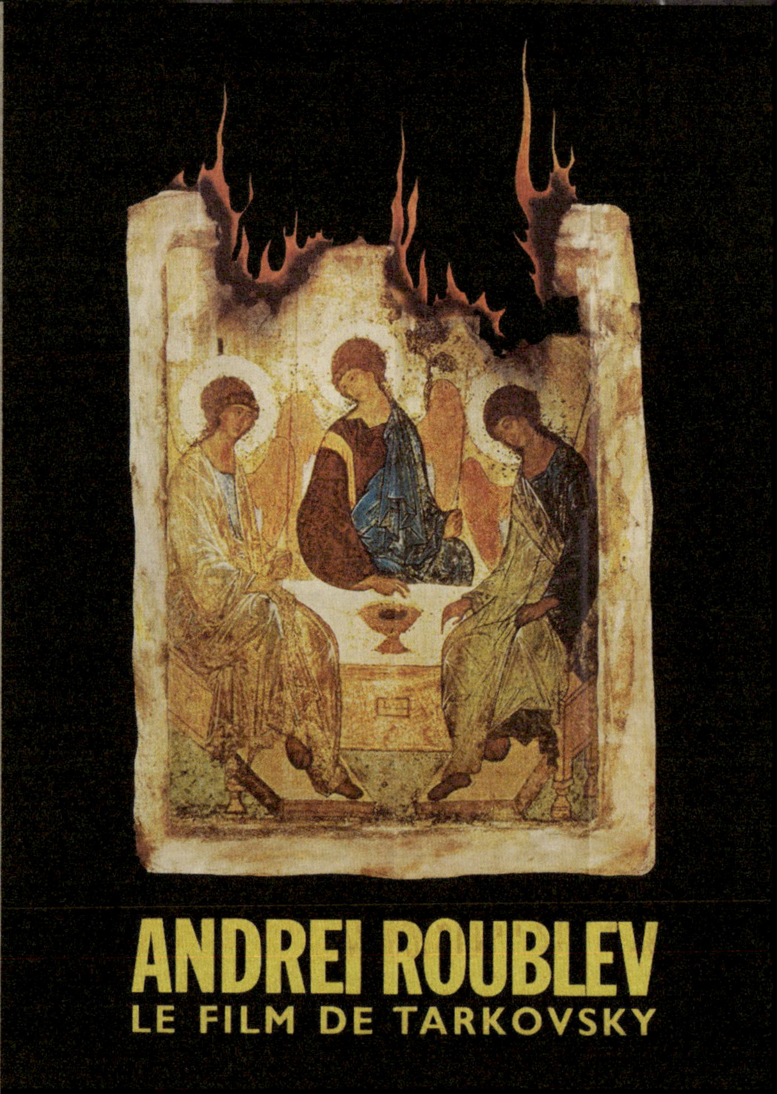

Andrej Tarkovskij, *Andrej Rublëv*, 1966

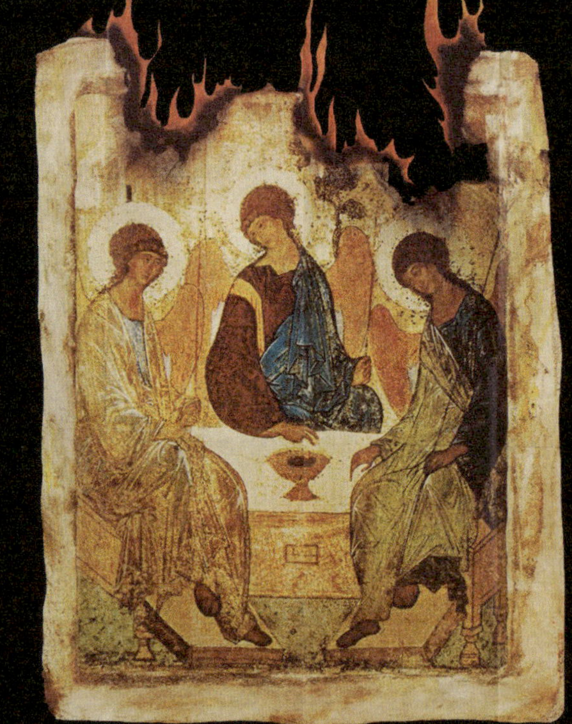

Andrej Tarkovskij, *Andrej Rublëv*, 1966. Poster della Sovexportfilm per la Francia / Affiche de Sovexportfilm pour la France / Sovetexportfilm poster for France

IT Che sfida parlare di icone oggi, rendendo omaggio all'energia immateriale rivolta allo sguardo e diffusa dalla materia e dai materiali rivolti alla visione! In un mondo che oscilla tra l'ebbrezza e la denuncia di fronte all'abbondanza di produzioni visive e all'inflazione commerciale del «tutto visibile», una mostra che riprende il termine di icona mira chiaramente a restituire il suo potere e i suoi diritti all'invisibile nel cuore del sensibile. È vero che il termine di icona è universalmente banalizzato dalle tecnologie della comunicazione visiva e dai nuovi simboli utilizzati sugli schermi. I nostri telefoni si riempiono di faccine che sostituiscono concetti ed emozioni. L'icona diventa la lingua dei simboli e degli emblemi della comunicazione globalizzata, una sorta di esperanto visivo. L'apparente paganesimo di questo uso è fuorviante perché si tratta effettivamente di immagini offerte al culto e all'adorazione. Ma l'icona è il contrario dell'idolo, dà vita all'invisibile, mentre l'idolo condanna il visibile a morte. Le star Marilyn Monroe o Liz Taylor erano icone per Andy Warhol che ha moltiplicato il loro volto iconico. Ma la morte di Marilyn fu programmata dai consumatori carnivori dell'idolo. Tuttavia Warhol, di nascita ed educazione ortodossa, fu nutrito di quest'arte a cui dobbiamo la grande tradizione delle icone. Icona è un termine greco. Appartiene alla filosofia prima di essere sequestrato e quasi confiscato dalla teologia cristiana. L'icona in greco si chiama *eikón* e questo nome deriva da un verbo (*éoika*) che significa sia sembrare sia assomigliare. Il modo migliore per tradurre il termine *eikón*, e quindi icona, in francese è il termine *semblant* (in italiano *parvenza*), che non va confuso con il termine latino *imago*, cioè immagine mimetica. Bisogna affrontare questa esposizione come un viaggio nel paese dell'«apparentemente», quello del possibile e della libertà. Ecco perché una mostra che si annuncia sotto il segno dell'icona ci porta a mettere lo sguardo al lavoro, a un lavoro di decifrazione dell'invisibile nel visibile. Per capirlo non è inutile collocare questa esposizione sotto il segno della cultura bizantina. Venezia non fu la sorella occidentale di Costantinopoli? L'icona era la figurazione di ciò che doveva radicalmente rimanere infinito, poiché si trattava di rendere visibile la divinità senza intaccare l'invisibilità della sua trascendenza. Questo è il paradosso di ogni processo creativo. L'icona non è un fantasma, non è né un'allucinazione né un'illusione ottica. Così il riferimento fondante che sottende l'insieme della mostra e che accompagna le scelte che sono state fatte, è l'opera di Andrej Tarkovskij che filmò la traiettoria passionale di coloro che sono irriducibilmente fedeli all'invisibile, sia che si tratti del monaco iconografo Andrej Rublëv, di uno *stalker* esploratore vagabondo della Zona, o di un astronauta che si interroga sull'origine dell'universo. È in *Stalker* che la traiettoria, al tempo stesso errante e desiderosa, conduce tre viaggiatori nel cuore dell'enigma della Zona, dove la grazia si rivela nel tenero e potente gocciolio della pioggia. La questione dell'icona si trova sulla soglia di un'area la cui apparizione quasi spettrale non ha nulla di irreale. E su questo bordo impercettibile, che esplora la luce molto più degli oggetti che illumina, gli artisti si mettono e ci mettono alla prova con l'invisibile e la sua potente vitalità. Incarnare non significa impersonare un corpo, ma diventare un'icona. Attraverso uno spostamento continuo, lo spettatore deve fare un salto fuori dal suo spazio conosciuto, entrare nell'area di un'estraneità essenziale, in un paesaggio fatto di luce, e ascoltare il canto di luoghi inesplorati. Allora l'esperienza visuale non è più prettamente legata all'organo della vista ma diventa la sfida della creatività di ciascuno. Dobbiamo entrare in questa mostra aprendoci il più liberamente possibile per accogliere la grazia di alcuni gesti creativi e la turbolenta libertà delle opere esposte nella loro notevole varietà. I sentieri dell'invisibile sono innumerevoli e a volte persino contraddittori, a seconda che si opti per una lezione delle tenebre o per la grazia della luce, e più spesso per la loro intermittenza e vicinanza. Così, le opere di David Hammons sono intrinsecamente parte del campo dei gesti iconici, facendo appello all'impronta negativa del corpo come la Sindone ne aprì la tecnica e la drammaturgia. Il corpo, il volto che appare, la traccia del suo viso e quella delle sue mani inscrivono non le promesse di resurrezione ma la sofferenza dell'oscurità incarnata nell'impronta del corpo africano. La bellezza di un gesto che fa vibrare le tracce, abitate segretamente dalla magia di un rituale che cerca conferma nello sguardo dello spettatore, il quale è stato provocato e invitato. Hammons fa sentire un grido, fa vedere uno scandalo e nasconde ogni riflessione narcisistica. I suoi gesti portano alla superficie del visibile le vestigia della popolazione afroamericana cancellata. Lungi dall'esibire il dolore, è al contrario attraverso i veli e le ombre delle false bandiere che egli indica la forza poetica e ancora segreta di un mondo che manifesta il suo diritto alla luce e alla dignità della propria visibilità. Le apparizioni sciamaniche conferiscono alle sue opere una sacralità oscura e un suono silenzioso e rimbombante. Inoltre, un video di 8 minuti è offerto da Theaster Gates. In *Gone are the Days of Shelter and Martyr* (2014, ill. p. 100) i gesti ripetitivi dei corpi asserviti celebrano la fine dei giorni in cui la Chiesa era il rifugio fittizio delle vite martirizzate. La coreografia si svolge in un triplo registro sonoro: quello di una voce che canta il gospel, di un corpo che suona il violoncello e di due Black Monks[1] operai che producono l'incessante percussione delle tavole che cadono e sollevano polvere o diventano la cavezza di legno che un tempo imprigionava i loro colli schiavizzati. Theaster Gates costruisce un rifugio per il suo canto e fa vibrare la colonna sonora tra le rovine di una basilica demolita. Il video si apre e si chiude su ciò che resta delle pitture sacre dell'abside, traccia dell'antica iconicità cristiana sul palcoscenico in rovina della sua memoria colonizzata. Questi corpi sono qui gli attori viventi di un richiamo simbolico nel tempo ripetitivo del lavoro in schiavitù e nel lirismo dei ritmi emancipatori. Lontana da David Hammons e Theaster Gates, lontana dal registro del dolore trasfigurato della carne, Agnes Martin rende visibile la traccia ossessiva

e ripetitiva di gesti che producono linee. Questa artista è la maestra della linea e del tratto che è alla base del disegno. Agnes Martin disegna? È stata la tradizione iconica ad aprire il campo operativo della linea con il nome di grafia, *graphé*, gesto di scrittura e iconicità. Agnes Martin disegna linee come un'iconografa, come un'infinità di diagrammi dei percorsi degli occhi, dei loro movimenti, dei loro spostamenti, del loro desiderio di orizzonte.
È una linea che non incide come quella di Lucio Fontana. Al contrario, è una linea che si limita a inscrivere la possibilità di una fenditura senza eseguirla. Mette in scena la filtrazione della luce attraverso un'innumerevole serie di griglie, il supporto dei gesti invece rimane intatto, come se non fosse stato toccato, solo esplorato metodicamente, sfiorato e poi lasciato nel luogo singolare della sua silenziosa e geometrica apparizione. Questa radicale economia di gesti potrebbe indurre a credere che il soggetto sia arido. Niente affatto. Al contrario, sono l'umiltà e la semplicità dei gesti a combinare la finezza lineare della linea con la profondità dell'ombra e il fascino della luce. L'opera si avvicina spesso alla delicatezza indecifrabile di ciò che Marcel Duchamp chiamava l'infrasottile (*inframince*), che separa e collega invisibilmente gli elementi correlati. Duchamp ha scritto: «Il possibile è un infrasottile»[2]. L'invisibile è la presenza del possibile e spesso la sua promessa.
Nel lavoro di Agnes Martin si avverte la sottigliezza sonora delle variazioni di Philip Glass o delle partiture di Steve Reich. La musicalità di quest'opera ingannevolmente austera conferisce il suo ritmo allo sguardo. È stata definita minimalista, ma questa iscrizione iconica di un tempo visivo è un termine improprio. È piuttosto al pittore Robert Ryman che appartiene più legittimamente il titolo di minimalista, ma è comunque necessario concordare sulla natura delle grandezze che permettono di definire un minimo quando si assume il compito di indicare l'infinità di un'invisibilità. Robert Ryman dà al supporto e al colore la funzione che Agnes Martin dà alla linea. Si tratta di coprire un piano con tracce

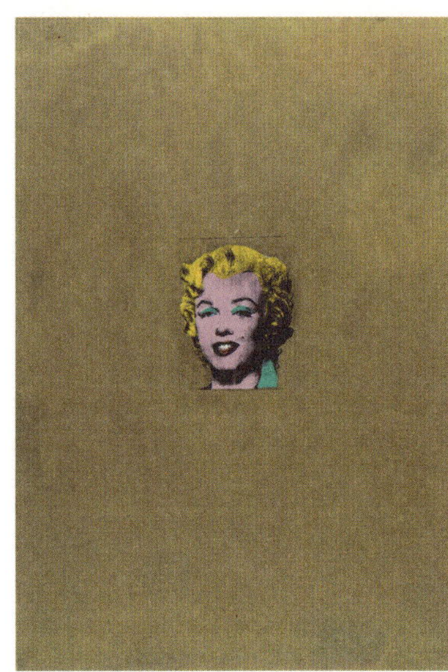

Andy Warhol, *Gold Marilyn Monroe*, 1962.
Museum of Modern Art, New York

che richiedono al nostro sguardo una particolare attenzione. L'invisibile è in gioco nel movimento del suo ritiro. Il materiale colorato oscura l'oggetto della scelta fondante dell'opera, ovvero la scelta del supporto. Questo supporto non è visibile senza essere invisibile. Confina con il visibile e ogni volta lo supera in modo sorprendente. In questo caso è una tela di cotone a costituire il supporto, che allo stesso tempo si ritrae sotto il bianco tumultuoso della pittura che la ricopre, e che si lascia apparire come indice di un altro mondo. Ma il supporto può essere anche in alluminio, vinile o plexiglas. È il procedimento iconico della copertura che rimane fedele all'invisibilità di un'immagine non rappresentabile ma percepibile e intravista. L'opera di Ryman non è monocromatica, ma gioca con le impercettibili tracce cromatiche che agitano segretamente il candore immacolato della cortina pittorica. Banalità e spessore compongono la danza del loro disallineamento come nella vibrazione poetica di un haiku. Il clima minimalista di un gran numero di opere sembra invocare una generale economia di austerità nei confronti della figurazione e di tutto il realismo, senza essere un ritorno a ciò che un tempo era astrazione. Al contrario, è un insieme di gesti che istituiscono la realtà operativa della finzione trattata nello spazio delle nostre peregrinazioni, delle nostre sperimentazioni. Non è forse lo spettatore a essere invitato a sperimentare una pulsazione tra apparizione e scomparsa? Questa esperienza non è priva di rischi, perché gli artisti sembrano danzare sul filo della loro stessa sparizione. Come non commuoversi, dunque, di fronte alla morte prematura di Francesco Lo Savio, che per quattro anni ha prodotto siti sperimentali in cui trasparenza e opacità del mondo sono giocate insieme. Erede radicale di Mondrian, crea quelli che definisce «spettri luminosi nello spazio». Ha forse messo in scena la resistenza brutale dei muri per collocare e contrastare l'evento luminoso del traslucido e del trasparente, fino a sperimentare la propria vertigine in modo irrimediabilmente materiale?
Una donna anche lavora tra la smaterializzazione e la manipolazione sapiente della materia. È l'opera molto eterogenea di Edith Dekyndt, segnata dall'insistenza

nell'interrogare il lavoro della natura nel tempo: creazione ed erosione si combinano, una fioritura contraddittoria perché organica e immateriale. Questo approccio non è così lontano dai gesti di Lygia Pape. A parte il gioco metaforico dell'uovo, *O Ovo* (1967, ill. p. 95), che situa la matrice cubica di una nascita in riva al mare, le altre opere si discostano da questo, lontane da qualsiasi metafora. *Ttéia 1, C* (2003-2017, ill. pp. 90-93) è una sontuosa costruzione di luce che scolpisce l'oscurità e fa brillare le glorie di un'architettura aerea fatta di fili d'oro o d'argento. Questo cespuglio ardente e geometrico è suscettibile di infinite variazioni e modulazioni al buio. Sorprendente connubio tra tecnologia e casualità, tra equilibrio e instabilità. Ma ben diversa è la sua installazione intitolata *Divisor* (1968, ill. pp. 94-95), dove teste di bambini emergono dalle fessure di un'immensa tela come se sbocciassero nello spazio gioioso della loro nascita. È l'arrivo di una popolazione di giovani volti che agitano ridendo le onde di una matrice di cotone bianco. Si potrebbero citare molte opere che testimoniano la stessa preoccupazione, quella di preservare il nostro accesso all'invisibile, che è la condizione della nostra libertà di spettatori.
Ma l'apparizione dei fantasmi, che è ovunque scongiurata, potrebbe in realtà aver fatto parte del destino tentatore delle icone. Questa tentazione è quella che i teologi temevano, quella della follia e della morte attraverso le apparizioni messe in scena dal diavolo, scimmia di Dio! Il video di Philippe Parreno, della durata di 38 minuti, porta il visitatore all'interno de *La Quinta del Sordo* (2021, ill. pp. 96-99), la casa di Goya, dove egli, malato, cupo e allucinato ricoprì le pareti della sua casa con mostri «nati dai suoi sogni». Parreno ci immerge nell'incubo prodigioso e affascinante dei murales della Quinta. Tutto è soffio e burrasca, crepitii incendiari e crepitanti globuli cosmici. Un tuffo tenebroso nello spazio senza confini della bellezza, della follia e della morte. Perché questo è anche il nostro destino di spettatori, confrontarci con creature improbabili e fragili in cui l'enigma della bellezza fraternizza con il terrore. Questa mostra è troppo vasta perché si possa comprendere la portata della sua ambizione. Ma le icone sono probabilmente per sempre sia le divine sorelle del diavolo sia le divine messaggere della libertà.
30 novembre 2022

1 — Si veda: https://www.theastergates.com/project-items/the-black-monks. **2 —** Marcel Duchamp, *Duchamp du signe*, Flammarion, Paris 2008, p. 279.

FR Quelle gageure de parler d'icône aujourd'hui en rendant hommage à l'énergie immatérielle adressée au regard et diffusée par la matière et les matériaux adressés à la vision ! Dans un monde qui oscille entre l'ivresse et la plainte face à l'abondance des productions visuelles et à l'inflation commerciale du « tout visible », une exposition qui reprend le terme d'icône vise manifestement à rendre sa puissance et ses droits à l'invisible au cœur du sensible. Il est vrai que le terme d'icône est mondialement banalisé par les technologies de la communication visuelle et par la signalétique des écrans. De petites images peuplent nos téléphones, substituant à la parole et au texte les signes de nos humeurs et de nos affects. L'icône serait la langue des symboles et des emblèmes de la communication mondialisée, une sorte d'espéranto visuel. L'apparent paganisme de cet usage est trompeur, car il s'agit bien des images offertes au culte voire à l'adoration. Mais l'icône est le contraire de l'idole, elle donne vie à l'invisible alors que l'idole condamne le visible à mort. Marilyn Monroe ou Liz Taylor furent des icônes pour Andy Warhol qui multiplia le visage iconicisé des stars. Mais la mort de Marilyn fut programmée par les consommateurs carnassiers de l'idole. Or, élevé dans la religion chrétienne de rite byzantin, Warhol fut nourri de cet art auquel nous devons la grande tradition des icônes. Icône est un terme grec. Il appartient à la philosophie avant d'avoir été saisi et quasi confisqué par la théologie chrétienne.
Icône en grec se dit *eikôn*, et ce substantif vient d'un verbe *(eoika)* qui signifie à la fois sembler et ressembler. La meilleure façon de traduire *eikôn*, donc icône, est le terme de *semblant* qu'on ne doit surtout pas confondre avec le terme latin d'*imago*, c'est-à-dire d'image mimétique. Il faut aborder cette exposition comme on part en voyage au pays du « semblant », celui du possible et de la liberté. Voilà pourquoi une exposition qui s'annonce sous le signe de l'icône nous conduit à mettre notre regard au travail, à un travail de déchiffrement de l'invisible dans le visible. Pour le comprendre, il n'est pas inutile de placer cette exposition sous le signe de la culture byzantine. Venise ne fut-elle pas la sœur occidentale de Constantinople ? L'icône était la figuration de ce qui devait radicalement rester infigurable, puisqu'il s'agissait de rendre visible la divinité sans porter atteinte à l'invisibilité de sa transcendance. Tel est le paradoxe qui s'inscrit dans tout le processus créatif. L'icône n'est pas un fantôme, elle n'est ni une hallucination ni une illusion d'optique. Ainsi la référence fondatrice qui sous-tend l'ensemble de l'exposition, et qui accompagne les choix qui furent faits, est l'œuvre de Andreï Tarkovsky qui filma la trajectoire passionnelle de ceux qui sont irréductiblement fidèles à l'invisible, qu'il s'agisse du moine iconographe Andreï Roublev, d'un Stalker explorateur vagabond de la zone ou d'un astronaute interrogeant l'origine de l'univers. C'est dans *Stalker* que la trajectoire à la fois errante et désirante conduit trois voyageurs au cœur de l'énigme de la zone, où la grâce se révèle dans le tendre et puissant ruissellement de la pluie. La question de l'icône se situe au seuil d'une zone dont l'apparition quasi spectrale n'a pourtant rien d'irréel. C'est sur cet imperceptible tranchant, qui explore la lumière bien plus que les objets qu'elle éclaire, que les artistes ici se mettent et nous mettent à l'épreuve de l'invisible et de sa puissante vitalité. Incarner, ce n'est pas prendre corps, c'est devenir icône. Par la voie d'un continuel déplacement, le spectateur doit faire un saut hors de son espace familier, pour entrer dans la zone d'une étrangeté essentielle, dans un paysage fait de lumière, et se mettre à l'écoute du chant des lieux inexplorés. Alors l'expérience de la vision n'est plus une affaire d'organe, mais l'enjeu de notre propre créativité. Il nous faut maintenant entrer dans la présente exposition, en nous ouvrant le plus librement possible afin d'accueillir la grâce de quelques gestes créateurs et la turbulente liberté des œuvres exposées dans leur remarquable variété. Les chemins de l'invisible sont innombrables et même parfois contradictoires, selon qu'ils optent pour une leçon des ténèbres ou pour la grâce de la lumière et le plus souvent pour leur intermittence et leur proximité. Ainsi les œuvres de David Hammons font intrinsèquement partie du champ des gestes iconiques, en faisant appel à l'empreinte négative du corps tel que le Saint Suaire en a ouvert la technique et la dramaturgie.
Le corps, le visage qui apparaît, la trace de son visage et celle de ses mains inscrivent non pas les promesses de résurrection, mais la souffrance des ténèbres qu'incarne l'empreinte du corps africain. Beauté d'un geste qui fait vibrer les traces secrètement habitées par la magie d'un rituel qui quête son efficacité dans le regard du spectateur qu'elles provoquent, qu'elles convoquent. Hammons fait entendre un cri, fait voir un scandale et voile tout reflet narcissisant. Ses gestes font affleurer dans le visible les vestiges de la population effacée des Afro-Américains.
Loin d'exhiber la douleur, c'est au contraire à travers les voiles et l'ombre des faux drapeaux qu'il indique la puissance poétique et encore secrète d'un monde

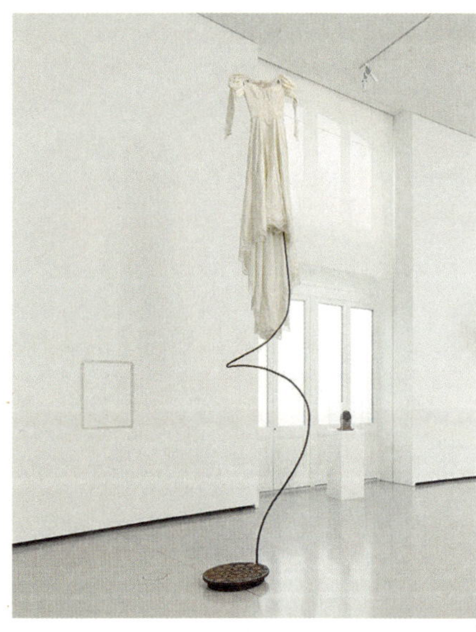

David Hammons, *Forgotten Dream*, 2000. Pinault Collection. Installation view, *Ouverture*, Bourse de Commerce — Pinault Collection, Parigi / Paris, 2021

qui manifeste son droit à la lumière et à la dignité de sa visibilité. Les apparitions chamaniques donnent à ses œuvres leur sombre sacralité et font entendre un silencieux grondement. Ailleurs, c'est une vidéo de huit minutes qui est proposée par Theaster Gates. Dans *Gone are the Days of Shelter and Martyr* (2014, ill. p. 100), les gestes répétitifs des corps esclaves célèbrent la fin des jours où l'Église fut l'abri fictif des vies martyrisées. La chorégraphie se déploie dans un triple registre sonore : celui d'une voix qui chante un gospel, d'un corps qui joue du violoncelle et de deux Black Monks[1] ouvriers qui produisent l'inlassable percussion des planches qui tombent en soulevant la poussière ou qui deviennent ce licol de bois qui emprisonna jadis leurs cous asservis. Theaster Gates construit un abri pour son chant et fait résonner la partition sonore dans les ruines d'une basilique en démolition. La vidéo s'ouvre et se ferme sur ce qui reste des peintures sacrées de l'abside, trace de l'antique iconicité chrétienne sur la scène en ruine de sa mémoire colonisée. Ces corps sont ici les acteurs vivants d'un rappel symbolique, dans le tempo répétitif du labeur d'esclave et le lyrisme des rythmes émancipateurs. Aux antipodes de David Hammons et de Theaster Gates, loin du registre de la douleur transfigurée de la chair, Agnes Martin rend visible la trace obsédante et répétitive des gestes qui produisent des lignes. Cette artiste est la maîtresse du trait et du trait qui fonde le dessin. Agnes Martin dessine-t-elle ? C'est la tradition iconique qui ouvrit le champ opératoire du trait sous le nom de graphe, *graphè*, geste d'écriture et d'iconicité. Agnes Martin trace des lignes en iconographe, comme on schématise à l'infini les itinéraires empruntés par les yeux, par leurs mouvements, leurs déplacements, leur désir d'horizon. C'est un trait qui n'incise pas comme le fait Fontana. Bien au contraire, c'est un trait qui se contente d'inscrire la possibilité d'une fente sans l'exécuter. Elle met en scène la filtration de la lumière à travers un innombrable jeu de grilles, quand le support des gestes reste intact, comme intouché, juste méthodiquement exploré, effleuré et puis laissé sur le lieu singulier de sa silencieuse et géométrique apparition. Cette radicale économie des gestes pourrait faire croire à la sécheresse du propos. Il n'en est rien. Il faut au contraire y voir l'humilité et la simplicité des gestes qui combinent la finesse linéaire du trait avec la profondeur de l'ombre et l'appel de la lumière. L'œuvre approche souvent la délicatesse indéchiffrable de ce que Marcel Duchamp appelait l'inframince et qui à la fois sépare et relie invisiblement les éléments mis en relation. Marcel Duchamp écrit : « Le possible est un inframince[2] ». L'invisible est la présence du possible et souvent sa promesse. J'entends devant les œuvres d'Agnes Martin la subtilité sonore des variations de Philip Glass ou des partitions de Steve Reich. La musicalité de cette œuvre faussement austère confère son rythme au regard. On l'a dite minimaliste, c'est mal nommer cette inscription iconique d'un tempo visuel. C'est plutôt au peintre Robert Ryman que revient plus légitimement le titre de minimaliste, mais encore faut-il s'entendre sur la nature des grandeurs qui permettent de définir un minimum quand il se charge d'indiquer l'infinité d'une invisibilité. Robert Ryman donne au support et à la couleur la fonction qu'Agnes Martin confère au trait. Il s'agit de couvrir un plan avec des traces qui exigent de notre regard une attention singulière. L'invisible est en jeu dans le mouvement de son retrait. La matière colorée occulte l'objet du choix fondateur de l'œuvre, c'est-à-dire le choix du support. Ce support n'est pas visible, sans être invisible. Il borde le visible, le déborde à chaque fois de manière surprenante. Ici c'est une toile de coton qui constitue le support, qui à la fois se retire sous la blancheur tumultueuse de la peinture qui le recouvre et se laisse apparaître comme l'indice d'un autre monde. Mais le support peut aussi bien être en aluminium, en vinyle ou en plexiglas. C'est la procédure iconique du recouvrement qui reste fidèle à l'invisibilité d'un irreprésentable cependant perceptible et aperçu. L'œuvre de Ryman n'est pas monochromatique, mais se joue des traces chromatiques imperceptibles qui agitent secrètement la blancheur immaculée du rideau de peinture. Platitude et épaisseur composent la danse de leur désajustement, comme dans la vibration poétique d'un haïku. Le climat minimaliste d'un grand nombre d'œuvres semble plaider pour une économie générale de l'austérité à l'égard de la figuration et de tout réalisme, sans être pour autant un retour vers ce qui fut l'abstraction. C'est au contraire un rassemblement de gestes qui instituent la réalité opératoire de la fiction traitée dans l'espace de nos déambulations, de nos expérimentations. N'est-ce pas le spectateur qui est invité à faire en lui-même l'expérience d'une pulsation entre apparition et disparition ? Cette expérience n'est pas sans péril, car les artistes semblent danser sur les bords de leur propre effacement. Ainsi, comment ne pas s'émouvoir de la mort si précoce de Francesco Lo Savio qui produisit pendant quatre ans des sites expérimentaux où se jouent ensemble la transparence et l'opacité

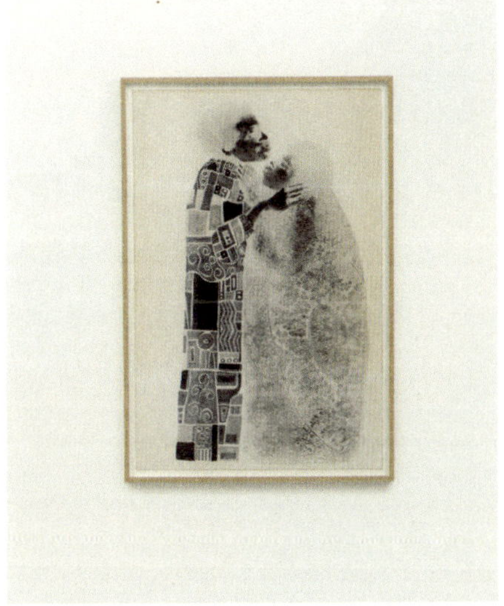

David Hammons, ***Untitled (The Embrace)*, c. 1974-1975**.
Pinault Collection

du monde. Héritier radical de Piet Mondrian, il créa ce qu'il appelait « les spectres lumineux dans l'espace ». A-t-il mis en scène la brutale résistance des murs pour y poser et y opposer l'événement lumineux du translucide et du transparent jusqu'à y faire l'expérience irrémédiablement matérielle de son propre vertige ? Une femme œuvre également entre la dématérialisation et la manipulation savante de la matière. C'est l'œuvre très hétérogène d'Edith Dekyndt, marquée par l'insistance d'un questionnement sur le travail de la nature au fil du temps : création et érosion se combinent, éclosion contradictoire car à la fois organique et immatérielle. Cette démarche n'est pas si loin des gestes de Lygia Pape. Si l'on met à part le jeu métaphorique de l'œuf, *O Ovo* (1967, ill. p. 95), qui situe la matrice cubique d'une naissance au bord de la mer, les autres œuvres en diffèrent, loin de toute métaphore. *Ttéia 1, C* (2003-2017, ill. pp. 90-93) est une somptueuse construction de lumière qui sculpte les ténèbres et fait rayonner les gloires d'une architecture aérienne faites de fils d'or ou d'argent. Ce buisson ardent géométrisé est susceptible dans le noir de variations et de modulations infinies. Surprenantes noces de la technologie et du hasard, de l'équilibre et de l'instabilité. Mais tout autre est son installation intitulée *Divisor* (1968, ill. pp. 94-95), où les têtes d'enfants surgissent par les fentes d'une immense toile, comme pour éclore dans l'espace joyeux de leur naissance. C'est l'arrivée d'une population de jeunes visages qui agitent en riant les vagues d'une blanche matrice de coton. Tant d'œuvres pourraient être citées qui témoignent d'un même souci, celui de préserver notre accès à l'invisible qui est la condition de notre propre liberté de spectateur. Mais l'apparition des fantômes, partout conjurée, a pu en vérité faire partie du destin tentateur des icônes. Cette tentation est celle que les théologiens redoutaient, celle de la folie et de la mort par la voie des apparitions mises en scène par le diable, singe de Dieu ! La vidéo de Philippe Parreno embarque le visiteur pendant 38 minutes dans *La Quinta del Sordo* (2021, ill. pp. 96-99), la Maison du Sourd, celle de Goya, malade, sombre et halluciné qui couvrit les murs de sa demeure des monstres « enfantés par ses songes ». Parreno nous plonge dans le cauchemar prodigieux et fascinant des peintures murales de la Quinta. Tout y est souffle et bourrasque, crépitements incendiaires et grésillements de globules cosmiques. Plongée ténébreuse dans l'espace sans bord de la beauté, de la folie et de la mort. Car c'est aussi cela notre destin de spectateur, c'est d'affronter les créatures improbables et fragiles où l'énigme de la beauté fraternise avec la terreur. Cette exposition est trop vaste pour que notre propos embrasse l'ampleur de son ambition. Mais les icônes sont sans doute pour toujours à la fois les divines sœurs du démon et les divines messagères de la liberté.

30 novembre 2022

1 — Voir : https://www.theastergates.com/project-items/the-black-monks. **2 —** Marcel Duchamp, *Duchamp du signe*, Paris, Flammarion, 2008, p. 279.

EN What a challenge it is to speak of icons today, paying homage to the immaterial energy they emit, disseminated by matter and materials with which they solicit the gaze! In a world of visual intoxication that might even elicit complaints of oversaturation, amid an abundance of visual products and the commercial inflation of the "all visible," an exhibition centered on the concept of the icon clearly aims to give back its full power and rights to the invisible that lies at the heart of the sensory. Today, the term "icon" has been trivialized across the world by visual-communication technology, by the signage of screens. Our telephones are full of small images, replacing words and text with the symbols and emblems of our moods and affects. The icon is now the language of symbols and emblems of globalized communication, a kind of visual Esperanto. The seeming paganism of this usage is misleading, for these images are indeed worshipped, even adored. Yet the icon is the opposite of the idol: the icon gives life to the invisible, while the idol condemns the visible to death. Marilyn Monroe and Liz Taylor were icons for Andy Warhol, who reproduced their iconic faces over and over again. Marilyn's death was dictated by the idol's carnivorous consumers. Brought up in the Christian religion of the Byzantine Rite, Warhol was nourished by its art, from which stems the great tradition of the icon. *Icon* is a Greek term, used mostly in the realm of philosophy before being seized, and almost confiscated, by Christian theology. "Icon" in Greek is *eikón*, and this noun comes from a verb (*éoika*) which means both to seem and to resemble. The best way to translate *eikón* is the term *semblance*, which should not be confused with the Latin term *imago*, meaning mimetic image.

We should approach this exhibition as if we were going on a journey to the land of "semblance," a land of freedom and possibility. An exhibition that announces itself under the sign of the icon asks us to put our eyes to work, deciphering the invisible at the heart of the visible. To grasp it, it could be helpful to examine it through the lens of Byzantine culture. After all, Venice was once considered Constantinople's Western sister. The icon gave a shape to what was intended to remain radically disembodied: it made the divinity visible without undermining the invisibility of its transcendence. This paradox is an intrinsic part of every creative process. The icon is neither a ghost, a hallucination, nor an optical illusion. Thus, the foundational reference that opens the entire exhibition, and which accompanies the choices that were made throughout, is the work of Andrei Tarkovsky, who recorded on film the passionate trajectory of characters who are implacably faithful to the invisible, whether Andrei Rublev, a monk and icon painter, the wandering explorer Stalker, or an astronaut questioning the origin of the universe. In *Stalker*, this trajectory, both wandering and desiring, leads three travelers to the heart of the enigma of the Zone, finding a moment of grace in a tender, powerful trickle of rain. And yet, the theme of the icon is at the threshold of a zone whose quasi-spectral appearance has nothing unreal about it. It is on this imperceptible border, which explores light itself more than the objects it illuminates, that the artists included in this exhibition position themselves, and position us to test the invisible and its powerful vitality. To embody is not to take on a corporeal body; to embody is to become the icon. Through perpetual displacement, the viewer must look beyond the familiar, to enter a zone of an essential strangeness, in a landscape made of light, and must listen to the song of unexplored places. Then the experience of vision is no longer treated by a single organ, but becomes the stake of our own creativity.

Let us now enter the exhibition, opening ourselves as much as possible to the grace of some creative gestures and the turbulent freedom of the works exhibited and their remarkable variety. The paths of the invisible are innumerable, at times even contradictory, according to whether they opt to present a lesson in darkness or the grace of light, and most often their intermittence and proximity. Thus the works of David Hammons are intrinsically part of the field of iconic gestures, creating an imprint of the body in negative, evoking the manner in which the Holy Shroud was made, and its dramatic nature. The body, the face that appears, the traces of the face and hands, do not inscribe promises of resurrection, but rather the darkness of suffering of the Black body. The beauty of this gesture sets in motion these traces, secretly inhabited by the magic of a ritual that finds its effectiveness in the eyes of the viewer that they provoke, that they summon. Hammons makes us hear a cry and see a scandal, without any hint of narcissism. His gestures make visible the vestiges of the erased population of African Americans. Rather than exhibiting their pain, it is on the contrary through the veils and shadows of fake flags that he hints at the poetic, still-secret power of a world that claims its right to light, to the dignity of visibility. Hammonds's shamanic apparitions, and their silent rumbling sound, endow his work with a dark sacredness.

In Theaster Gates's 8-minute video, *Gone are the Days of Shelter and Martyr* (2014, ill. p. 100), the repetitive gestures of enslaved bodies mark the end of the era during which the Church was the false shelter of martyrized lives. The choreography unfolds in a triple sound register: a voice sings gospel; someone plays the cello; and two Black Monks[1] add percussion, relentlessly picking up and throwing down planks of wood, raising dust, that become the wooden halter that once imprisoned the necks of their enslaved ancestors. Gates built a shelter for his song, then made the score resonate in the ruins of a demolished basilica. The video opens and closes on the remains of the sacred paintings of the apse, a trace of ancient Christian iconicity on the ruined stage of its colonized memory. These bodies are the living actors of a symbolic reminder, in the repetitive tempo of slave labor and the lyricism of emancipatory rhythms.

At the antipodes of Hammons and Gates, far from the register of flesh's transfigured pain, Agnes Martin makes visible the obsessive and repetitive traces of the gestures that produce lines. Martin is the mistress of the line, the line which is the foundation of drawing. Does Martin draw? The tradition of the icon opened the operative field of drawing under the name *graphè*, gesture of writing and iconicity. Martin draws lines as an iconographer, as we might endlessly diagram the routes taken by the eyes, by their movements, their displacements, their longing for a horizon. It is not a line that incises, as Fontana's does. On the contrary, it is a line that is content to inscribe the possibility of a fissure, without executing it. It stages the filtration of light through a game of innumerable grids, when the support of the gestures remains intact, as if untouched, just methodically explored, merely grazed, then left on the singular place of its silent and geometric appearance. This radical economy of gestures could make the viewer believe in the dryness of the subject—but it is nothing of the sort. On the contrary, one must see the humility and simplicity of the gestures, which combine the linear finesse of the line with the depth of the shadow and the play of light. The work often approaches the indecipherable delicacy of what Marcel Duchamp called "l'inframince" (infrathin), which simultaneously separates and connects invisibly the elements put in relation to one another. As Duchamp put it, "The possible is an infrathin."[2] The invisible is the presence, often the promise, of the possible. Contemplating Martin's work, I hear the sonic subtlety of Philip Glass's variations or Steve Reich's scores. The musicality of this deceptively austere work confers its rhythm to the gaze. It has been called Minimalist—a misnomer for this iconic inscription of a visual tempo. The title of Minimalist belongs more legitimately to the painter Robert Ryman, but we must first reckon with the nature of the grandeur that makes it possible to define a minimum, when it is tasked with indicating the infinity of invisibility. Ryman endows his support and the materials he uses with the mission that Martin confers to the line: covering a plane with traces that require a singular attention. The invisible is in play, in its very withdrawal. Color disguises the founding choice of the work, i.e. the object, the choice of support. This support is not visible—nor is it invisible. It borders the visible, overflows into it, each time in a surprising way. Here, the support is a piece of cotton canvas, which disappears under the tumultuous whiteness of the painting which covers it, appearing only as the index of another world. But Ryman has also created works on aluminum, vinyl, or Plexiglas. Throughout, Ryman relies on the iconic procedure of covering a surface in a manner that remains faithful to the invisibility of what is unrepresentable, yet perceptible and glimpsed. Ryman's work is not monochromatic, but plays with the imperceptible chromatic traces that secretly agitate the immaculate whiteness of the painting curtain. Platitude and thickness compose the dance of their misalignment, evoking the poetic vibration of a haiku. The Minimalist climate of a large number of works seems to plead for a general economy of austerity with regard to figuration and realism, without turning to abstraction. On the contrary, these gestures institute the operative reality of a fiction treated in the space of our wanderings, our experiments. Is it not an invitation to the viewer to experience in themselves the pulse between appearance and disappearance?

This experience is not without its danger—the artists seem to dance on the edges of their own erasure. How can we not be moved by the very premature death of Francesco Lo Savio, who over four years produced experimental spaces in which the transparency and opacity of the world come into play? A radical heir to Piet Mondrian, he created what he called "luminous specters in space." Did he stage the brutal resistance of walls to pose and oppose the luminous event of the translucent and the transparent, to the point of experiencing his own vertigo in an irreparably material way?

A woman artist, Edith Dekyndt, operates as well between dematerialization and the skillful manipulation of matter. Her very heterogeneous work is marked by an insistence on examining nature's evolution over time: creation and erosion combine, a contradictory spawn, both organic and immaterial. Her approach evokes that of Lygia Pape. Let's set aside for now the metaphorical play of the egg, *O Ovo* (1967, ill. p. 95), which situates the cubic matrix of a birth by the sea; her other works differ from it, far from any metaphor. *Ttéia 1, C* (2003–2017, ill. pp. 90–93) is a sumptuous construction of light that sculpts the darkness and celebrates the glories of an aerial architecture made of gold or silver threads. This geometrical burning bush, in the darkness, can vary and change endlessly: a surprising union of technology and chance, of balance and instability. On the other hand, we have her installation *Divisor* (1968, ill. pp. 94–95), a filmed performance in which people's heads appear in the openings of an immense canvas, blooming in the joyful space of their birth, a crowd of young faces laughingly making waves in a white cotton matrix.

There are many more works we could cite that testify to the same concern: that of preserving our access to the invisible, the condition on which our own freedom as spectators depends. But the appearance of ghosts, even when summoned, could in truth be part of the tempting destiny of the icon. This temptation was feared by theologians—the temptation of madness and death caused by apparitions staged by the devil, dear God! Philippe Parreno's video takes the visitor, for thirty-eight minutes, into *La Quinta del Sordo* (2021, ill. pp. 96–99), the house of the deaf—the walls of which a sick Goya, mid hallucination, covered with monsters produced during the "sleep of reason." Parreno immerses us in the tremendous, fascinating nightmare of the murals of La Quinta—in the breath and the gust, the incendiary cracklings and sizzling of cosmic globules. A tenebrous plunge into the borderless space of beauty, madness, and death. For this is also our destiny as spectators, to confront improbable and fragile creatures, the enigma of beauty and terror. This exhibition is too vast for us to deal comprehensively with the extent of its ambition. But the icon is undoubtedly, forever, the divine sister of the devil and divine messenger of freedom.

November 30, 2022

1 — See: https://www.theastergates.com/project-items/the-black-monks. **2 —** Marcel Duchamp, *Duchamp du signe* (Paris: Flammarion, 2008), 279.

Sergej Eisenstein, *Il prato di Bežin / Le Pré de Béjine / Bezhin Meadow*, 1937

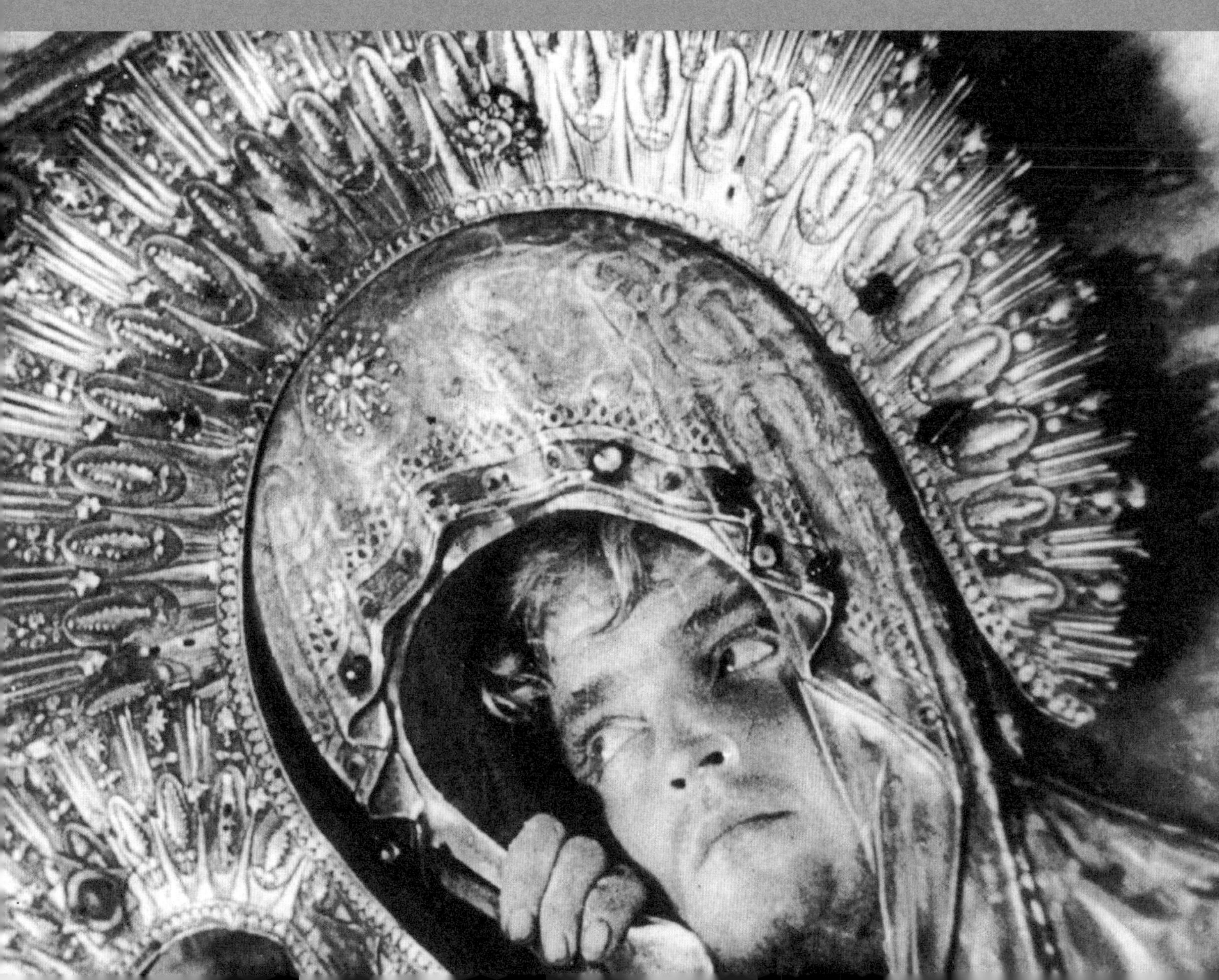

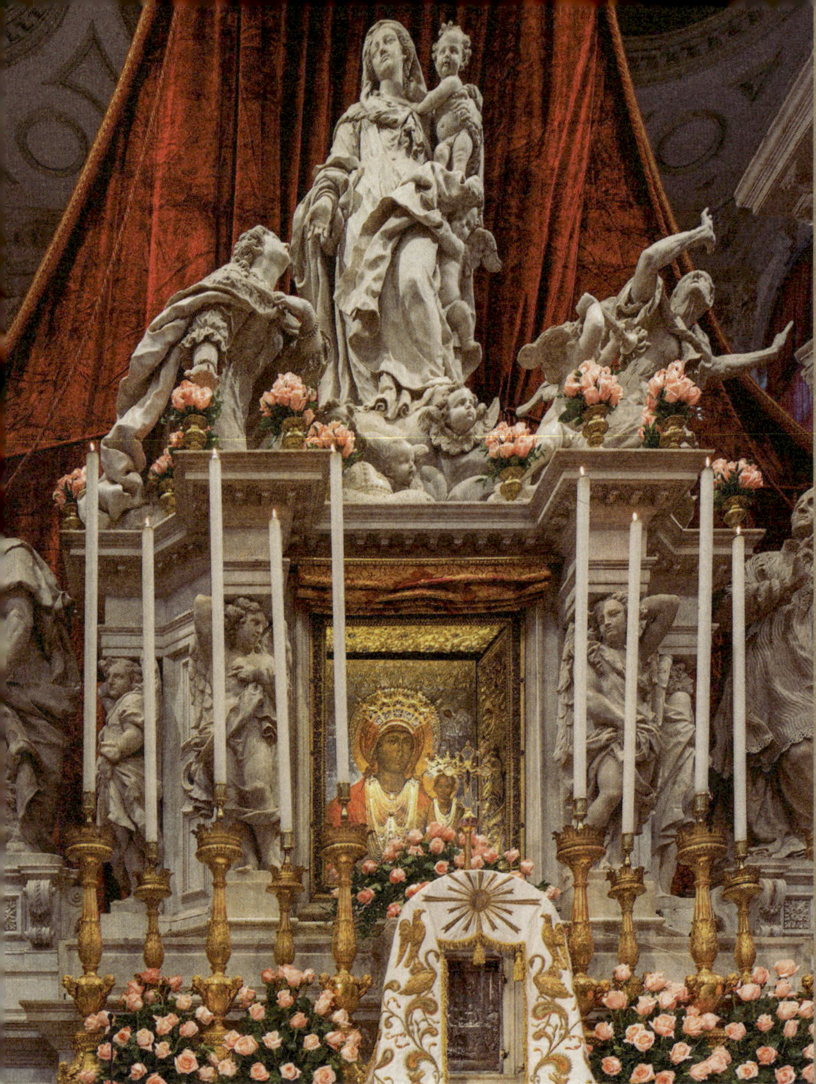

Altare maggiore della basilica di Santa Maria della Salute a Venezia con l'icona della Madonna / Maître-autel de la basilique Santa Maria della Salute à Venise et son icône de la Madone / High altar of the basilica Santa Maria della Salute, Venice, with the icon of the Madonna

Icona della Madonna delle Grazie. Chiesa di San Samuele, Venezia / **Icône de la Madone des Grâces**. Église San Samuele, Venise / **Madonna delle Grazie icon**. Church of San Samuele, Venice

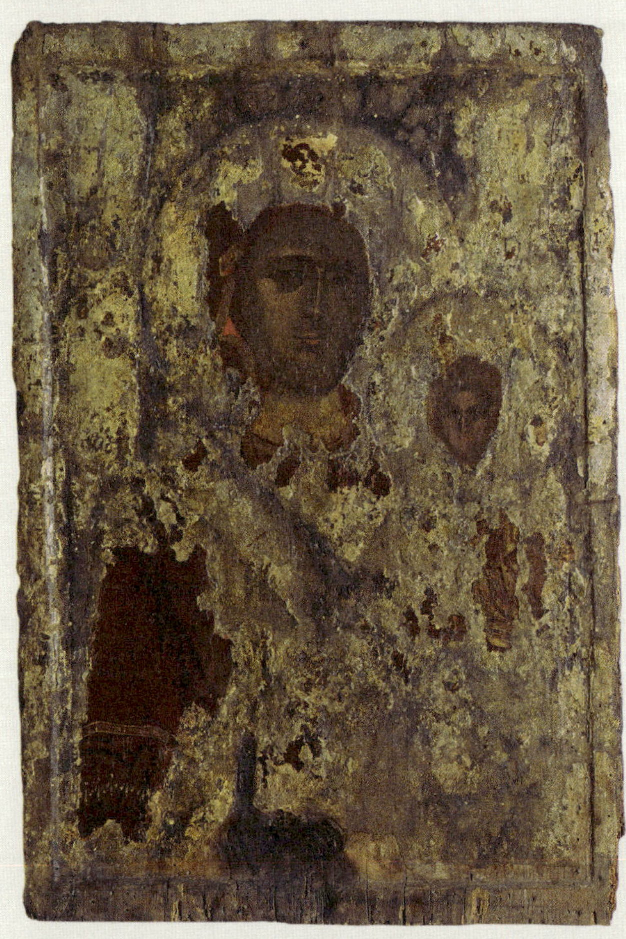

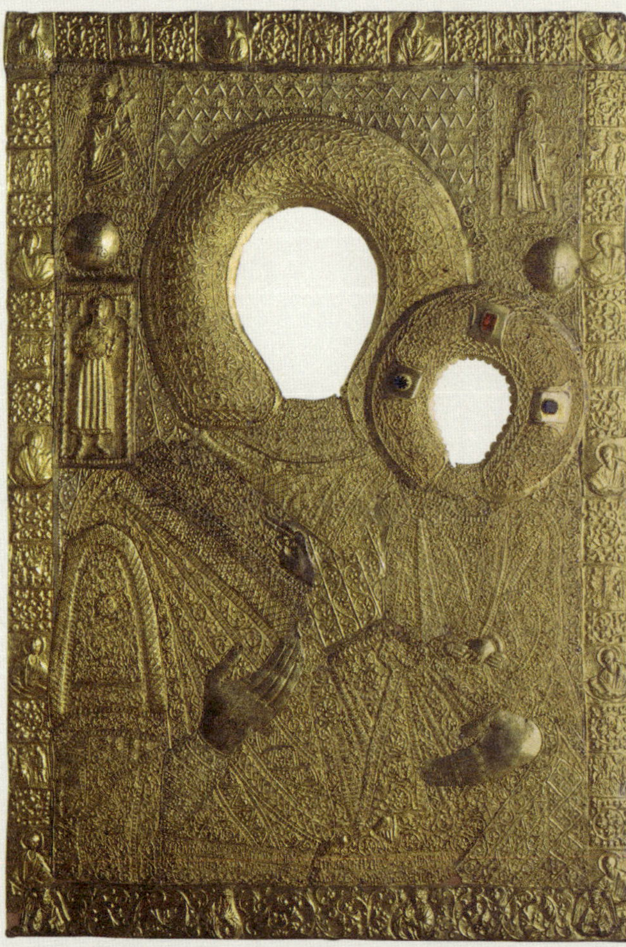

IT Sembra naturale che un'esposizione intitolata *Icônes* si tenga a Venezia. I legami tra la Repubblica e Bisanzio sono cosa nota e all'interno della basilica della Salute, nelle immediate vicinanze di Punta della Dogana, la scenografia barocca sembra essere stata interamente concepita allo scopo di esaltare un'icona antichissima, minuscola rispetto all'edificio ma venerata come miracolosa (ill. p. 18). Mentre nel Rinascimento l'Occidente sceglie compatto l'immagine realistica invece della stilizzazione dell'icona alla quale l'Oriente e la Russia ortodossa restano fedeli, si direbbe che Venezia abbia voluto conservare scrupolosamente una traccia di quest'ultima filiazione. A riprova della sua importanza, l'icona della Salute è spesso celata da ante dorate o da una tenda scarlatta, mentre altre icone sono protette da lastre di metallo prezioso. Oggi il termine icona viene spesso utilizzato in un'accezione lontana dalla sua origine religiosa, per esempio per designare le opere emblematiche di un museo o, come nel nostro caso, di una grande collezione.

L'ampliamento semantico rischia tuttavia di trasformare il termine in una sorta di «parola macedonia»; è perciò opportuno fare un passo indietro e interrogarsi sulla tensione che, da più di duemila anni, contrappone i due possibili status dell'immagine — l'icona opposta all'idolo, secondo la distinzione ereditata dai Greci, punto di partenza delle approfondite analisi di Jean-Luc Marion e Marie-José Mondzain. L'idolo potrebbe così essere definito come quell'immagine che affascina e assorbe integralmente lo sguardo perché non espone altro che se stessa, contrariamente all'icona che, al di là di ciò che mostra nella sua materialità, apre in un certo senso una finestra sull'invisibile.
Benché la coppia sia antagonista, la stessa immagine può passare da uno status all'altro, trasformando lo sguardo da atto passivo a strumento della nostra libertà. È questo il tema della diatriba iconoclasta che, nell'VIII e IX secolo, lacera l'impero bizantino. Diatriba di natura essenzialmente teologica, certo, ma fonte di violenze estreme. Per gli iconoclasti, riprodurre il volto di Cristo aveva a che fare con l'idolatria, mentre i pittori di icone erano fermamente convinti di compiere un atto di devozione. L'importanza della posta in gioco, come della violenza che ne scaturisce, può tuttavia essere compresa solo attribuendo all'immagine un potere proprio, che può essere pericoloso o malefico nel caso dell'idolo ma benefico o salvifico in quello dell'icona. La furia che, in Occidente, condusse i calvinisti a distruggere le immagini della cultura cattolica considerate idolatriche preferendo a esse la nudità delle pareti, poi, è figlia della stessa ispirazione. Tuttavia, come ha sottolineato Marie-José Mondzain e come dovremmo sapere fin da Malevič, l'astrazione del XX secolo, cancellando la figurazione realistica, può segnare tanto un ritorno dell'icona quanto dell'iconoclastia, contrariamente a ciò che potrebbe far pensare una visione superficiale.
Secondo l'esempio della basilica della Salute, l'esposizione di Punta della Dogana trova la propria dinamica interna in quella stessa tensione tra icona e idolo, sia attraverso la scelta delle opere sia attraverso il confronto o, piuttosto, il dialogo instaurato fra artisti che a prima vista sembrerebbero opposti. È quello che accade con il faccia a faccia tra Agnes Martin e David Hammons, che tutto sommato non è per nulla arbitrario se crediamo all'ammirazione professata dal secondo nei confronti della prima; e accade nella coesistenza delle grandi tele dorate di Rudolf Stingel, che rimandano allo sfondo dell'icona in attesa delle figure, con i rivestimenti da parete di Danh Vo che recano l'impronta dei dipinti un tempo appesi, sorta di icone acheropite, non fatte dalla mano dell'uomo ma impresse dalla luce. L'analisi che segue vuole illustrare la dialettica sottostante basandosi su due opere della Pinault Collection che non potrebbero essere più diverse, firmate da Maurizio Cattelan e da Kimsooja, una celebre per il clamore che l'ha accompagnata, l'altra fondamentalmente silenziosa.
Grazie al suo evidente realismo spinto ai minimi dettagli, *La Nona Ora* di Maurizio Cattelan (1999, ill. pp. 21, 60, 62-63), che rappresenta papa Giovanni Paolo II atterrato da un meteorite caduto dal cielo, sembra esaurire il suo significato a un primo sguardo — fatto che all'epoca fu all'origine dello scandalo. Le reazioni sono state particolarmente vivaci in Polonia, patria del sommo pontefice, dove *La Nona Ora* è stata vandalizzata, ma non solo lì. È significativo osservare che a causa di quest'opera l'artista è stato definito non solo blasfemo — Cattelan non rifiuta il termine, a patto di considerare che, in quest'opera, il blasfemo diventa un sacrificio[1] —, ma anche iconoclasta, come scrive Nancy Spector[2], critica che nessuno si sognerebbe di rivolgere a Tiziano il quale, tuttavia, diede di Paolo III l'immagine di un vecchio manipolato dalla sua ambiziosa progenie (ill. p. 25). In questo contesto il termine iconoclasta ha senz'altro un significato allargato in rapporto alla sua origine storica, designando un atteggiamento di estrema irriverenza o derisione di fronte a qualsiasi valore o autorità costituita, ma ricorda a giusto titolo quanto un'immagine sia in grado di scatenare le passioni.

Il fenomeno non è certo nuovo. Mentre i pittori bizantini le cui icone scandalizzavano gli iconoclasti non avevano alcuna intenzione di offendere nessuno, Cattelan era, al contrario, perfettamente consapevole che la *La Nona Ora* avrebbe scatenato una polemica. Il gusto dell'artista per la provocazione è troppo acclarato per negare all'opera questa dimensione, benché lui l'abbia sempre respinta: «Non ho mai perseguito polemiche o strategie del ribellismo»[3], dichiara in particolare a questo proposito in un'intervista al «Corriere della Sera». Dobbiamo quindi vedere nelle sue dichiarazioni solo un'innocente finzione? Spiegando la genesi dell'opera — un'effigie del papa inizialmente concepita in posizione eretta e poi gettata a terra — e ricordando i rapporti conflittuali che regnavano nella sua famiglia, Maurizio Cattelan dice di aver voluto «uccidere il padre».

A essere chiamato in causa non sarebbe quindi il personaggio di Giovanni Paolo II, ma solo l'involucro corporeo di colui che incarna transitoriamente la funzione del «Santo Padre», secondo l'espressione consacrata, in quanto simbolo della figura paterna per eccellenza. D'accordo, ma, anche così contestualizzata nella biografia dell'artista, l'opera conserva una carica inquietante. Il titolo stesso poi apre altre interpretazioni. La nona ora, ossia le tre del pomeriggio, è infatti secondo i Vangeli il momento in cui Cristo spira, «dando un forte grido»[4], dopo che, poco prima, aveva interrogato il padre celeste esclamando «Dio mio, Dio mio, perché mi hai abbandonato?»[5], facendo peraltro pensare che anche il pontefice possa essere identificato con una figura filiale.

Ma cosa vediamo, precisamente, nell'opera di Cattelan, al di là o nonostante il suo realismo mimetico? Il volto del papa, curiosamente, non è — come ci si potrebbe attendere — deformato da un dolore che immaginiamo insopportabile. La sua espressione è grave, sembra fondamentalmente raccolta, forse sorpresa di fronte a un incidente statisticamente improbabile; invece di essere ridotto a brandelli dall'impatto con un masso di queste dimensioni lanciato a tutta velocità nello spazio, il suo corpo è integro. Giovanni Paolo II, saldamente aggrappato alla croce, sembra per di più fare uno sforzo per rialzarsi. È difficile non pensare alle scene di supplizio, così spesso rappresentate nelle chiese italiane, in cui i martiri, noncuranti della sofferenza, escono indenni dalle fiamme o dall'olio bollente e sfidano gli sforzi reiterati dei loro carnefici prima di soccombere, dopo molti tentativi, al colpo di spada finale. O anche a santo Stefano, il primo martire, ucciso per lapidazione e il cui volto talvolta riflette già la felicità celeste, come si può osservare tanto nelle rappresentazioni medievali quanto nella pittura barocca (ill. p. 20). Il meteorite non potrebbe quindi essere una figura stilistica, una sorta di metafora iperbolica delle tre pallottole sparate da Ali Agca, che nel 1981

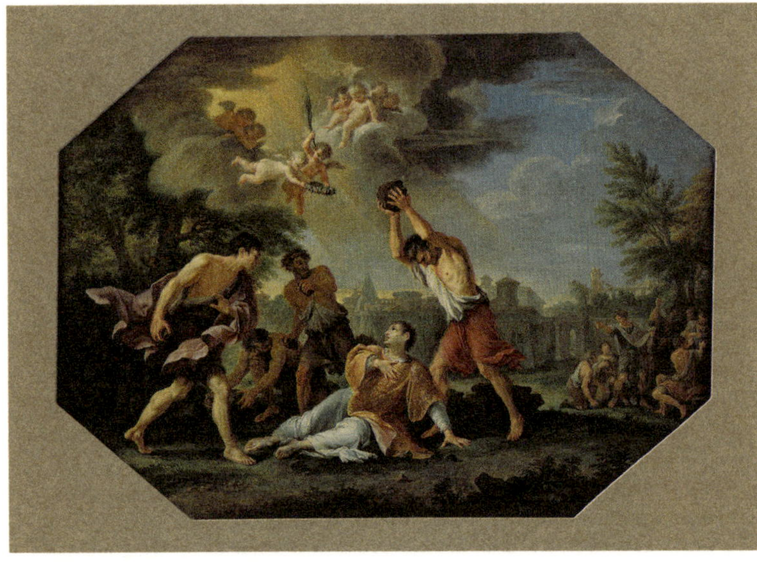

Filippo Lauri, *La Lapidation de saint Étienne*, 1651-1700. Mairie de Toulouse, Musée des Augustins

colpirono Giovanni Paolo II senza ucciderlo ma lasciandolo fisicamente indebolito? Nonostante il clamore che l'ha circondata, nonostante l'aspetto teatrale che alcuni giudicheranno addirittura magniloquente, l'opera di Cattelan è silenziosa — dalla bocca del papa non fuoriesce alcun grido di dolore, mentre il fragore del vetro rotto non si sente già più. Certo, parla all'anticlericale che, seguendo Voltaire, vorrebbe «schiacciare l'infame»[6], ma parla sicuramente anche a chiunque intenda meditare sull'incomprensibilità del male, sull'accettazione o il rifiuto del dolore, sulla potenza della fede. Man mano che il tempo passa, il «vero» Giovanni Paolo II, in carne e ossa, sempre più curvo sotto il peso della sofferenza fisica, assomiglia a quella statua di cera. Insistendo su questo aspetto dell'opera di fronte ai critici e alle reazioni spesso veementi, Cattelan afferma: «Certe cose hanno bisogno di tempo per essere digerite». E aggiunge: «Forse dieci anni non sono ancora abbastanza»[7]. Benché lo scalpore delle polemiche si sia attutito, *La Nona Ora* resta dunque, nel 2023 come nel 1999, ciò che l'artista ha voluto: un'opera che a prima vista turba, addirittura sconvolge, ma che secondo la sua stessa espressione e in riferimento alla Passione di Cristo costituisce «un lavoro spirituale che parla della sofferenza»[8]. A questo titolo, e indipendentemente dalla molteplicità contraddittoria delle interpretazioni volute o accettate dall'artista, essa occupa il suo spazio nella tematica dell'icona — oltre al fatto che, per la sua notorietà, può essere anche considerata emblematica della Pinault Collection. Una volta scagliato a terra, Giovanni Paolo II, l'idolo delle folle, diventa un'icona della sofferenza e del sacrificio.

Quali sono tuttavia, a prima vista, gli elementi in comune con un'altra opera della collezione ugualmente presentata in mostra, ovvero *A Needle Woman* (1999-2000, ill. pp. 142-149), il video di Kimsooja in quattro parti? L'artista vi appare di schiena, immobile al centro della fittissima folla che percorre quattro delle più grandi città del pianeta, Shanghai, Tokyo, Delhi e New York. Mentre non ci aspettiamo che una scultura di cera emetta dei suoni, qui la prima impressione di estraneità è legata al silenzio che caratterizza le quattro sequenze, in evidente discrepanza con la realtà chiassosa del contesto offerto allo sguardo. L'artista coreana, collocata al centro dell'immagine, prende in prestito dall'icona la frontalità della rappresentazione, pur ribaltandola dal momento che lei è ripresa di spalle — ma possiamo immaginare che offra ai passanti che la incrociano la stessa espressione ieratica, in qualche modo impersonale, che caratterizza le raffigurazioni di santi nel cristianesimo orientale. A differenza dell'effigie del pontefice voluta da Cattelan, strettamente realistica e giacente a terra, Kimsooja resta in piedi, decisamente viva ma in qualche modo impietrita come un obelisco — il termine inglese *needle*, più ricco da questo punto di vista del francese *aiguille* e dell'italiano *ago*, può infatti avere questo significato, come nella denominazione «Cleopatra's needle» che designa gli obelischi egizi collocati a Londra e a New York.

L'artista resta immobile in mezzo al traffico, ma quella folla che, a piedi, in bicicletta o in moto, potrebbe costituire una minaccia, si allontana da lei spontaneamente. Alcuni si fermano o si voltano per un istante a contemplarla, incuriositi o divertiti, ma la maggior parte di loro passa senza mostrare di notarla più di un palo. Kimsooja fende l'ondata che, invece di travolgerla, la circonda quasi con delicatezza, non la urta né la sfiora. L'artista evoca spesso la pratica coreana del bottari, che consiste nell'impacchettare gli oggetti, per trasportarli, in copriletti multicolori, realizzati a partire da tessuti riutilizzati, e alla quale fa eco l'installazione di Dayanita Singh. Il termine di ago rimanda anche all'idea stessa della tessitura, come si conviene a un'opera performativa dove l'essenziale risiede nella relazione intessuta proprio con gli attori anonimi. In *A Needle Woman*, i passanti travolti dal flusso delle grandi metropoli appaiono tuttavia solo per un breve momento e la macchina da presa riesce a catturare sui loro volti solo rare reazioni fugaci. Da questo punto di vista, *A Needle Woman* è forse ancora più intrigante di altre performance nel corso delle quali

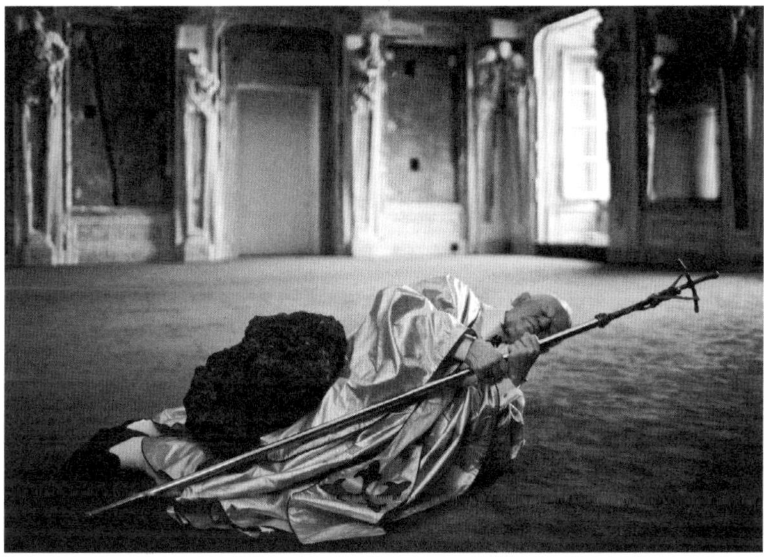

Maurizio Cattelan, *La Nona Ora*, 1999.
Pinault Collection. Installation view, *Maurizio Cattelan*, Palazzo Reale, Sala delle Cariatidi, Milano / Milan, 2010

l'artista assume la posizione di una mendicante o resta distesa a terra come fosse vittima di un malore o come una senzatetto: di fronte a una situazione che apparentemente evoca la dura realtà sociale, i passanti si soffermano a decifrarla ed esitano sull'atteggiamento da adottare — dalla banconota fatta scivolare nella mano della vera/falsa mendicante allo scoppio di risa di fronte a quello che credono essere un inganno. In tutti i casi, comunque, la posizione dell'artista richiama con molta precisione una di quelle associate al Buddha (ill. p. 26) — l'immobilità prolungata si ritrova del resto in altre tradizioni mistiche, per esempio in Simeone Stilita o altri asceti del cristianesimo orientale —, così che, a detta dell'artista stessa, queste performance (si veda anche ill. p. 27) rientrano nel campo di un'esperienza di trascendenza attraverso quel legame fisico con la terra. Il volto di Kimsooja è nascosto solo allo spettatore del video, che può così identificarsi con l'artista e condividere con lei quell'esperienza paradossale di affermazione di sé, di identità irriducibile da un lato, e di appartenenza comune all'umanità variopinta delle grandi metropoli che si trova di fronte dall'altro.

La sfida che ogni esposizione tematica deve affrontare è quella di rendere comprensibili o sensibili le ragioni che hanno presieduto alla scelta delle opere e degli artisti. *Icônes* non vi si sottrae e propone una gamma di esperienze che vanno dalla contemplazione delle opere estreme di Robert Ryman, di assoluta semplicità e raccolte come quelle di Roman Opałka in una sorta di santuario, all'impatto visivo e sonoro del video di Arthur Jafa che include anche sequenze quasi silenziose[9]. Qual è l'invito che Danh Vo ci rivolge mostrandoci la bandiera a stelle e strisce? Siamo lontani dall'immagine della superpotenza idolatrata che tutti cercano di imitare, pur professando odio nei suoi confronti: il vessillo lacerato pende miseramente come uno straccio, evocando la disfatta degli Stati Uniti in Vietnam e l'odissea della famiglia dell'artista tra centinaia di migliaia di *boat people*. Assurta a simbolo della vanità delle grandezze umane, attraverso lo squarcio la bandiera lascia intravedere una Madonna con il Bambino. Come gli altri artisti presentati,

Danh Vo ci invita a portare il nostro sguardo al di là, a riconoscere l'icona sotto la varietà delle specie. Tocca a noi fare lo sforzo necessario per non essere come quelli «che hanno occhi e non vedono»[10].

1 — «Intervista», IV, n. 21, gennaio-febbraio 2000. **2** — Nancy Spector, *From Disrespect to Iconoclasm*, in *Maurizio Cattelan: All*, catalogo della mostra, a cura di Nancy Spector, Solomon R. Guggenheim Foundation, New York 2011. **3** — *Così ho abbattuto mio padre*, intervista di Francesca Bonnazzoli a Maurizio Cattelan, in «Corriere della sera - Milano», 13 settembre 2010. **4** — Matteo 27,50; Marco 15,37; Luca 23,46. **5** — Marco 15, 34. **6** — Molte lettere di Voltaire si concludono con questa espressione. Si veda *«Écraser l'infâme: 1759-1770», Voltaire en son temps*, a cura di René Pomeau, Voltaire Foundation, Oxford 1994. **7** — *Così ho abbattuto...*, cit. **8** — *Ibid.* **9** — *akingdoncomethas* è presentata al Teatrino di Palazzo Grassi. **10** — Geremia 5,21; ripresa, *inter alia*, in Marco 8,18.

FR Il semble naturel qu'une exposition intitulée « Icônes » se tienne à Venise. Les liens entre la République et Byzance sont connus, et dans la basilique de la Salute, voisine immédiate de la Punta della Dogana, la scénographie baroque semble avoir été conçue tout entière pour exalter une très ancienne icône, minuscule à l'échelle de l'édifice mais vénérée comme miraculeuse (ill. p. 18). Alors qu'à la Renaissance tout l'Occident faisait le choix de l'image réaliste contre la stylisation de l'icône à laquelle restèrent fidèles l'Orient et la Russie orthodoxe, Venise semble avoir voulu conserver pieusement la trace de cette dernière filiation. Signe de son importance, l'icône de la Salute est souvent dissimulée par des volets d'or ou par un rideau écarlate, de même que d'autres sont protégées par des plaques de métal précieux. Le terme est souvent pris aujourd'hui dans une acception éloignée de son origine religieuse, par exemple pour désigner les œuvres emblématiques d'un musée ou, ce qui est également le cas ici, d'une grande collection.

Cette extension sémantique risque toutefois d'en faire une sorte de mot-valise ; il convient donc d'effectuer un pas en arrière et de s'interroger sur la tension qui, depuis plus de 2 000 ans, oppose les deux statuts possibles de l'image — l'icône opposée à l'idole, selon la distinction héritée des Grecs qui sert de point de départ aux analyses approfondies de Jean-Luc Marion et de Marie-José Mondzain. L'idole pourrait ainsi se définir comme l'image qui fascine et absorbe intégralement le regard car elle n'expose rien d'autre qu'elle-même, au contraire de l'icône qui, au-delà de ce qu'elle donne à voir dans sa matérialité, ouvre en quelque sorte une fenêtre sur l'invisible. Bien que ce couple soit antagoniste, une même image peut passer d'un statut à l'autre, faisant du regard non pas un acte passif mais un instrument de notre liberté. Tel était l'enjeu de la querelle iconoclaste qui, aux 8e et 9e siècles, déchira l'empire byzantin. Querelle de nature essentiellement théologique, sans doute, mais source de violences extrêmes. Pour les iconoclastes, prétendre reproduire le visage du Christ relevait de l'idolâtrie, alors que les peintres d'icônes croyaient fermement faire œuvre pieuse. La gravité de l'enjeu, de même que la violence qui s'est ensuivie, ne se comprend toutefois que si l'on attribue à l'image un pouvoir propre, qui peut être dangereux ou maléfique dans le cas de l'idole, bienfaisant ou salvateur dans celui de l'icône. Quant à la fureur qui, en Occident, conduisit les calvinistes à détruire les images réputées idolâtres de la culture catholique, leur préférant la nudité des murs, elle procède de la même inspiration. Toutefois, comme l'a souligné Marie-José Mondzain et comme on devrait le savoir depuis Malévitch, l'abstraction du 20e siècle, en effaçant la figuration réaliste, peut signer autant un retour de l'icône que de l'iconoclasme, contrairement à ce que donnerait à penser une vision superficielle. À l'exemple de la basilique de la Salute, l'exposition de la Punta della Dogana trouve sa dynamique interne dans cette tension même entre l'icône et l'idole, tant par le choix des œuvres que par les confrontations ou plutôt les dialogues qu'elle instaure entre des artistes qui sembleraient s'opposer à première vue. Ainsi en va-t-il du face à face entre Agnes Martin et David Hammons, nullement arbitraire au demeurant si l'on en croit l'admiration que le second professe pour la première ; ou encore de la coexistence des grandes toiles dorées de Rudolf Stingel, évoquant des fonds d'icône en attente de figures, avec les étoffes murales de Danh Vo, portant l'empreinte de tableaux naguère accrochés à elles, telles des icônes *acheiropoïètes*, non faites de la main de l'homme mais imprimées par la lumière. L'analyse qui suit entend illustrer la dialectique sous-jacente, en s'appuyant sur deux œuvres de la Collection Pinault aussi différentes que possible signées Maurizio Cattelan et Kimsooja, l'une célèbre pour le tapage qui l'a entourée, l'autre essentiellement silencieuse.

Par son réalisme apparent, poussé dans les moindres détails, *La Nona Ora* de Maurizio Cattelan (1999, ill. pp. 21, 60, 62-63), qui représente le pape Jean-Paul II écrasé par une météorite tombée du ciel, semble épuiser sa signification au premier regard — ce qui a déclenché un scandale en son temps. Les réactions ont été particulièrement vives en Pologne, patrie du souverain pontife où elle a été vandalisée, mais ne se sont pas limitées à ce pays. Il est significatif de noter que pour cette œuvre l'artiste a pu être qualifié non seulement de blasphémateur — Cattelan ne récuse pas le terme, à condition de considérer que le blasphème, dans cette œuvre, se mue en sacrifice[1] —, mais aussi d'iconoclaste ainsi que l'écrit Nancy Spector[2], un reproche que personne ne songerait à appliquer à Titien qui donna pourtant de Paul III l'image d'un vieillard sénile manipulé par son ambitieuse progéniture (ill. p. 25). Sans doute le terme d'iconoclaste a-t-il dans ce contexte une signification élargie par rapport à son origine historique, en vue de désigner une attitude extrême d'irrespect ou de dérision face à n'importe quelle valeur ou autorité établie, mais il rappelle à juste titre qu'une image est susceptible de déchaîner les passions.

Le phénomène n'est certes pas nouveau. Si les peintres byzantins dont les icônes scandalisaient les iconoclastes n'avaient nulle intention de heurter qui que ce soit, Cattelan, quant à lui, était parfaitement conscient que *La Nona Ora* allait déclencher la polémique. Le goût de l'artiste pour la provocation est trop avéré pour que l'on puisse dénier une telle dimension à cette œuvre, même si l'artiste s'en est toujours défendu : « Je n'ai jamais recherché les polémiques ou des stratégies de rébellion[3] », déclare-t-il notamment à son propos dans une interview au *Corriere della Sera*. Faut-il pour autant ne voir dans ses déclarations qu'une feinte innocence ? Expliquant la genèse de l'œuvre — une effigie du pape conçue d'abord en pied, puis renversée à terre — et rappelant les rapports conflictuels qui régnaient au sein de sa propre famille, Cattelan indique avoir voulu « tuer le père ». Ainsi, la personnalité de Jean-Paul II ne serait-elle pas en cause, mais seulement l'enveloppe corporelle de celui qui incarne transitoirement la charge du « Saint-Père », selon l'expression consacrée, en tant que symbole de la figure paternelle par excellence. Soit, mais même ainsi contextualisée dans la biographie de l'artiste, l'œuvre conserve sa charge dérangeante. Or, le titre lui-même ouvre d'autres pistes. La neuvième heure, soit trois heures de l'après-midi, est en effet selon les Évangiles celle à laquelle le Christ expire « en poussant un grand cri[4] », alors qu'un peu plus tôt, il avait interpellé son père céleste en s'exclamant « Mon Dieu, mon Dieu, pourquoi m'as-tu abandonné ?[5] », ce qui donnerait d'ailleurs à penser que le pontife pourrait également être identifié à une figure filiale.

Mais que voit-on au juste dans l'œuvre de Cattelan, au-delà ou en dépit de son réalisme mimétique ? Le visage du pape, curieusement, n'est pas comme l'on pourrait s'y attendre déformé par la douleur, alors que celle-ci devrait être insupportable. Son expression est grave, elle semble essentiellement recueillie, peut-être surprise devant un accident statistiquement improbable ; et son corps, au lieu d'être réduit en charpie par le choc d'une pierre de cette dimension lancée à toute allure dans l'espace, demeure intègre. De plus, Jean-Paul II, fermement agrippé à la croix, semble faire effort pour se relever. Il est difficile de ne pas penser ici aux scènes de supplice, si souvent représentées dans les églises italiennes, où les martyrs, indifférents à la souffrance, sortent indemnes des flammes ou de l'huile bouillante et défient les efforts répétés de leurs bourreaux avant de succomber, après mainte tentative, au coup d'épée final. Ou encore à saint Étienne, le premier martyr, mis à mort par lapidation et dont le visage reflète parfois déjà la félicité céleste, comme on peut le voir dans les représentations médiévales aussi bien que dans la peinture baroque (ill. p. 20). La météorite ne serait-elle pas une figure de style, une sorte de métaphore hyperbolique désignant les trois balles tirées par Ali Agca qui atteignirent Jean-Paul II en 1981 sans le tuer, mais en le laissant physiquement diminué ?

Malgré le bruit qui l'a entourée, malgré son aspect théâtral que certains jugeront même grandiloquent, l'œuvre de Cattelan est silencieuse — nul cri de douleur ne sort des lèvres du pape tandis que le fracas de verre brisé ne se fait déjà plus entendre. Elle peut certes parler à l'anticlérical qui, à la suite de Voltaire, voudrait « écraser l'infâme[6] », mais assurément autant à quiconque entend méditer sur l'incompréhensibilité du mal, sur l'acceptation ou le refus de la douleur, sur la puissance de la foi. Au fur et à mesure que le temps passait, le « vrai » Jean-Paul II, en chair et en os, toujours plus courbé sous le poids de la souffrance physique, ressemblait à cette statue de cire. Cattelan, insistant sur cet aspect de l'œuvre face aux critiques et aux réactions souvent véhémentes, affirmait : « Certaines choses ont besoin de temps pour être digérées ». Et d'ajouter : « Il se peut que dix ans ne soient pas encore suffisants[7] ». Même si l'éclat des polémiques s'est assourdi, *La Nona Ora* demeure ainsi, en 2023 comme en 1999, ce que l'artiste a voulu : une œuvre qui dérange, voire qui choque à première vue, mais qui, selon sa propre expression et en référence à la Passion du Christ, constitue « un travail spirituel qui parle de la souffrance[8] ». À ce titre, et quelle que soit la multiplicité contradictoire des interprétations voulues ou acceptées par l'artiste, elle a sa place dans la thématique de l'icône — outre le fait qu'en raison de sa notoriété elle peut également être considérée comme une icône de la Collection Pinault. Jetée à terre, l'idole des foules qu'était Jean-Paul II devient une icône de la souffrance et du sacrifice.

Quoi de commun toutefois, à première vue, avec une autre œuvre de la collection présente dans la même exposition, à savoir la quadruple vidéo de Kimsooja, *A Needle Woman* (1999-2000, ill. pp. 142-149) ? L'artiste y apparaît de dos, immobile au milieu de la foule très dense qui parcourt quatre des plus grandes villes de la planète, Shanghai, Tokyo, Delhi et New York. Alors que l'on ne s'attend pas à ce qu'une sculpture de cire soit sonore, une première impression d'étrangeté tient ici au silence de ces quatre séquences, en décalage marqué avec la réalité bruyante du contexte qui s'offre au regard. À l'icône, l'artiste coréenne, placée au centre de l'image, emprunte la frontalité de la représentation, tout en l'inversant puisqu'elle est filmée par derrière — mais l'on peut imaginer qu'elle offre aux passants qui la croisent la même expression hiératique, en quelque sorte impersonnelle, qui caractérise les représentations de saints dans le christianisme oriental. À la différence donc de l'effigie du pontife voulue par Cattelan, strictement réaliste et gisant à terre, Kimsooja se tient debout, bien vivante, mais en quelque sorte pétrifiée tel un obélisque — le terme anglais *needle*, plus riche de ce point de vue que le français *aiguille*, peut en effet avoir cette signification, comme dans l'appellation « Cleopatra's needle » qui désigne les obélisques égyptiens placés à Londres et à New York.

L'artiste se dresse immobile au milieu de la circulation, mais cette foule qui, à pied, à vélo ou à moto, pourrait constituer une menace s'écarte d'elle spontanément. Quelques-uns s'arrêtent ou se retournent un bref instant pour la contempler, intrigués ou amusés, mais la plupart passent sans paraître la remarquer plus qu'un poteau. Elle fend ainsi le flot qui, au lieu de la noyer, la contourne avec une certaine délicatesse, sans la bousculer ni même l'effleurer. L'artiste évoque souvent la pratique coréenne du bottari qui, pour transporter les objets, consiste à les empaqueter dans des couvertures multicolores, confectionnées à partir de tissus réemployés, et à laquelle fait écho l'installation de Dayanita Singh. Le terme d'aiguille renvoie aussi à l'idée même de tissage, comme il convient à une œuvre performative où l'essentiel réside dans la relation qui se tisse précisément avec des acteurs anonymes. Dans *A Needle Woman*, ces passants, happés par le flux des grandes métropoles, n'apparaissent toutefois qu'un bref instant, et la caméra ne réussit à capter sur leur visage que de rares réactions fugitives. De ce point de vue, *A Needle Woman* est peut-être encore plus intrigante que d'autres performances au cours desquelles l'artiste prend la position d'une mendiante ou bien reste étendue à terre comme une personne victime d'un malaise ou comme un sans-abri : les passants, confrontés à une situation qui a toutes les apparences d'une dure réalité sociale, s'attardent à la déchiffrer et hésitent quant à l'attitude à adopter — du billet de banque glissé dans la main de la vraie-fausse mendiante à l'éclat de rire devant ce qu'ils croient être une supercherie. Dans tous les cas cependant, la position que tient l'artiste évoque très précisément l'une de celles que l'on associe au Bouddha (ill. p. 26) — l'immobilité prolongée se retrouvant du reste dans d'autres traditions mystiques, à l'instar d'un Siméon le Stylite ou d'autres ascètes du christianisme oriental —, de sorte que ces performances (voir aussi ill. p. 27) relèvent, aux dires de l'artiste elle-même, d'une expérience de transcendance à travers ce lien charnel avec la terre. Le visage de Kimsooja ne se cache qu'au spectateur de la vidéo, lequel peut ainsi s'identifier à l'artiste et partager avec elle cette expérience paradoxale d'affirmation de soi, d'identité irréductible d'un côté, d'appartenance commune à l'humanité bigarrée des grandes métropoles à laquelle elle fait face, de l'autre.

Le défi auquel est confrontée toute exposition thématique est de rendre intelligibles ou sensibles les raisons qui ont présidé au choix des œuvres et des artistes. « Icônes » n'y échappe pas et propose une gamme d'expériences qui vont de la contemplation des œuvres ultimes de Robert Ryman, d'un dépouillement absolu, rassemblées comme celles de Roman Opałka dans une sorte de sanctuaire, au choc visuel et sonore de la vidéo d'Arthur Jafa qui comporte aussi des plages quasi muettes[9]. Et à quoi nous convie Danh Vo lorsqu'il nous montre la bannière étoilée ? Nous sommes loin de l'image de la superpuissance idolâtrée que tous cherchent à imiter, même lorsqu'ils font profession de haine à son égard : le drapeau, déchiré, pend misérablement comme un torchon, il évoque la défaite des États-Unis au Vietnam et l'odyssée de la famille de l'artiste parmi des centaines de milliers de boat-people. Devenu ainsi un symbole de la vanité des grandeurs humaines, il laisse entrevoir, à travers la déchirure, une Vierge à l'Enfant. Comme les autres artistes présentés, Danh Vo nous invite à porter notre regard au-delà, à reconnaître l'icône sous la variété des espèces. À nous de consentir l'effort requis pour ne pas être de ceux « qui ont des yeux et ne voient point[10] ».

1 — *Intervista*, Année IV, n° 21, janvier-février 2000. **2** — Nancy Spector, « From Disrespect to Iconoclasm », *Maurizio Cattelan: All*, (cat.), New York, Solomon R. Guggenheim Foundation, 2011. **3** — « Così ho abbattuto mio padre », interview de Francesca Bonnazzoli avec Maurizio Cattelan, « Corriere della sera – Milano », 13 septembre 2010. **4** — Matthieu 27:50, Marc 15:37, Luc 23:46. **5** — Marc 15:34. **6** — Cette expression conclut de nombreuses lettres de Voltaire. Voir René Pomeau (dir.), « Écraser l'infâme: 1759-1770 », *Voltaire en son temps*, Voltaire Foundation, Oxford, 1994. **7** — « Così ho abbattuto mio padre », *op. cit.* **8** — *Ibid.* **9** — *akingdoncomethas* est présentée au Teatrino de Palazzo Grassi. **10** — Jérémie 5:21, repris, inter alia, dans Marc 8:18.

EN It seems natural that an exhibition titled *Icônes* should be held in Venice. The links between the Republic and Byzantium are well known, and the Baroque scenography of the Basilica di Santa Maria della Salute, right next to Punta della Dogana, seems to have been conceived entirely to exalt a very ancient icon, tiny in relation to the scale of the building, but venerated as miraculous (ill. p. 18). During the Renaissance, the entire Western world opted for realistic depiction over the stylization of the icon, to which the East and Orthodox Russia remained faithful, and Venice seems to have piously preserved the latter. As a sign of its importance, the icon of the Salute is often hidden by golden shutters or by a scarlet curtain, just as others are protected by plates of precious metal. Today the term "icon" is often used with a meaning far removed from its religious origin, for example to designate the emblematic works of a museum or, as is also the case here, of an important collection. This semantic extension risks, however, to make it a kind of portmanteau; it is thus advisable to take a step back and examine the tension that, for more than 2,000 years, has opposed the two possible statuses of the image: the icon, opposed to the idol, according to the distinction inherited from the Greeks and that serves as a starting point for thorough analyses by Jean-Luc Marion and Marie-José Mondzain. The idol could thus be defined as an image that fascinates and absorbs the glance completely because it exposes nothing other than itself; as opposed to the icon that, beyond its material appearance, opens a window, in some way, on the invisible. Although the question of icon versus idol might seem antagonistic, the same image can pass from one status to the other, making our gaze more than merely passive, but an instrument of freedom. This was the stake of the iconoclast quarrel which, in the eighth and ninth centuries, tore the Byzantine empire apart. A quarrel of an essentially theological nature, no doubt, but a source of extreme violence. For the iconoclasts, claiming to reproduce the face of Christ was idolatry, while the painters of icons firmly believed they were doing pious work. The gravity of the issue, as well as the violence that ensued, can only be understood if one attributes to the image a power of its own, dangerous or evil in the case of the idol, beneficial or life-saving in that of the icon. The fury that, in the West, led Calvinists to destroy the images reputed to be idolatrous in Catholic culture, preferring the nakedness of the walls, proceeds from the same inspiration. However, as Mondzain pointed out, and as we should know since Kazimir Malevich, the abstraction of the twentieth century, by erasing realistic figuration, can suggest as much a return of the icon as that of iconoclasm, contrary to what one might superficially assume. Like the Basilica of the Salute, the Punta della Dogana exhibition finds its internal dynamics in this very tension between the icon and the idol, both in the choice of works and in the confrontations—or rather, the dialogues—that it establishes between artists who would seem to oppose each other at first glance. This is the case, for instance, with the pairing of Agnes Martin with David Hammons, by no means arbitrary given the latter's admiration for the former; or with the coexistence of Rudolf Stingel's large golden canvases, evoking iconic backgrounds awaiting figures, with Danh Vo's mural fabrics, which bear the imprint of paintings that once hung on them, acheiropoietic icons, made not by the hand of man but imprinted by the light.

The following analysis intends to illustrate that underlying dialectic through two works from the Pinault Collection, as different from one another as possible, the first, by Maurizio Cattelan, famous for the fuss that surrounded it, the other by Kimsooja, essentially silent. Maurizio Cattelan's *La Nona Ora* (1999, ill. pp. 21, 60, 62–63), which depicts Pope John Paul II crushed by a fallen meteorite, seems to exhaust its meaning at first glance—which caused a scandal when it was first presented. Reactions were particularly strong in Poland, the pontiff's homeland, where it was vandalized, but were not limited to that country. It is significant that, because of this work, the artist was qualified not only as a blasphemer—Cattelan doesn't reject the label, as long as we consider that blasphemy, in this work, turns to sacrifice[1]—but also as an iconoclast, in the words of Nancy Spector.[2] No one would think of applying this reproach to Titian, who nonetheless portrayed Pope Paul III as a senile old man manipulated by his ambitious offspring (ill. p. 25). The term iconoclast surely has in this context a wider meaning than it has historically, in order to designate an extreme attitude of disrespect or derision towards any established value or authority, but it rightly reminds us that an image is likely to trigger strong reactions.

The phenomenon is certainly not new. If the Byzantine painters whose icons scandalized the iconoclasts had no intention of offending anyone, Cattelan, for his part, was perfectly aware that *La Nona Ora* was going to trigger controversy. The artist's taste for provocation is too well known to deny such a dimension to this work, even if he has always denied it: "I have never sought to be polemical or rebellious,"[3] he declared in an interview with *Corriere della Sera*. But should his statements suggest a feigned innocence? Explaining the genesis of the work—an effigy of the pope first conceived as a full-length figure, then knocked down to the ground—and recalling the conflictual relations that reigned within his own family, Cattelan indicates that he wanted to "kill the father." Thus, John Paul II himself would not be the subject, but rather the bodily envelope of the one who, for a time, embodies the office of the "Holy Father," according to the consecrated expression, a symbol of the father figure par excellence. So be it, but even thus contextualized in the artist's biography, the work keeps its disturbing charge. Its title itself opens up other avenues. According to the Gospels, the ninth hour, or 3 p.m., is the time when Christ expires "with a loud cry"[4]; a little earlier he had called out to his heavenly father, exclaiming "My God, my God, why have you forsaken me,"[5] which would suggest that the pontiff could also be identified with a filial figure.

But what exactly do we see in Cattelan's work, beyond or in spite of his

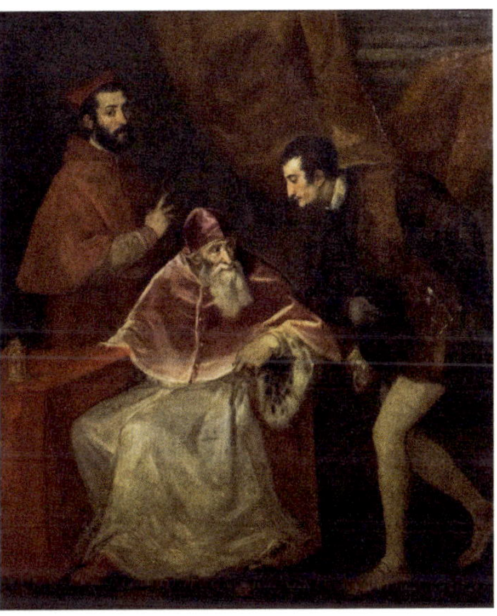

Tiziano Vecellio, *Ritratto di papa Paolo III con i nipoti*, 1545-1546.
Museo di Capodimonte, Napoli

mimetic realism? The Pope's face, curiously, is not distorted by pain, as one might expect, when it should be unbearable. His expression is serious, it seems almost contemplative, perhaps surprised by a statistically improbable accident; and his body, instead of being reduced to rubble by the impact of a stone of this size, hurled at full speed through space, remains intact. John Paul II, firmly clinging to his cross, seems to be making an effort to get up. It is difficult not to think here of the scenes of martyrdom, so often represented in Italian churches, in which the tortured victims, indifferent to their suffering, emerge unharmed from the flames or the boiling oil and defy the repeated efforts of their executioners, before succumbing, after many attempts, to the final sword stroke. Or he might evoke Saint Stephen, the first martyr, put to death by stoning, whose face, as depicted in Medieval and Baroque representations (ill. p. 20), already reflects celestial bliss. Could the meteorite be a figure of speech, a sort of hyperbolic metaphor for the three bullets fired by Ali Agca that hit John Paul II in 1981 and that, though they didn't kill him, left him physically diminished?

Despite the noise that accompanied it, despite its theatrical aspect, which some might even consider grandiloquent, Cattelan's work is silent—no cry of pain comes from the Pope's lips, the clash of broken glass cannot be heard. It can certainly speak to the anticlerical who, following Voltaire, wanted to "crush the infamous,"[6] but certainly as much to anyone who wants to meditate on the incomprehensibility of evil, on the acceptance or refusal of pain, on the power of faith. As time passed, the real John Paul II, in flesh and blood, increasingly bent under the weight of his physical suffering, came to resemble this wax statue. Cattelan, insisting on this aspect of the work in the face of criticism and often vehement reactions, stated that "Some things need time to be digested," adding "It may be that ten years are not enough."[7] Even if the glare of the controversy has died down, *La Nona Ora* remains, in 2023 as much as in 1999, what the artist intended: a work that disturbs, even shocks at first sight, but which, according to his own expression and with reference to the Passion of Christ, constitutes "a spiritual work that speaks of suffering."[8] As such, and regardless of the contradictory multiplicity of interpretations intended or accepted by the artist, *La Nona Ora* has its place in the theme of the icon—and, given its notoriety, it can also be considered an icon of the Pinault Collection. Thrown to the ground, the idol of the crowds that was John Paul II becomes an icon of suffering and sacrifice.

But what does it have in common, at first glance, with another work in the collection in the same exhibition, namely Kimsooja's quadruple video, *A Needle Woman* (1999–2000, ill. pp. 142–149)? The artist appears from behind, motionless in the midst of dense crowds in four of the world's largest cities: Shanghai, Tokyo, Delhi and New York. While one would not expect a wax sculpture to be sonorous, a first impression of strangeness is created by the silence of these four sequences, in marked contrast to the noisy reality of the context that is offered to the viewer. The Korean artist, placed in the center of the image, borrows from the icon the frontality of the representation, while inverting it since she is filmed from behind—but we can imagine that she offers to the passersby walking past her the same hieratic expression, somehow impersonal, that characterizes depictions of saints in Eastern Christianity. Unlike Cattelan's effigy of the pontiff, strictly realistic and lying prone on the ground, Kimsooja stands upright, very much alive, but somehow petrified, like an obelisk—the word "needle" in the work's title may indeed have this meaning, as in the name "Cleopatra's needle," which designates the Egyptian obelisks placed in London and New York.

The artist stands still in the midst of traffic, but the crowd that could be a threat, on foot, bike, or motorcycle, spontaneously moves away from her. Some stop or turn around for a brief moment, intrigued or amused, to contemplate her, but most pass by without seeming to notice her, any more than they would a pole. She thus cuts through the flow which, instead of drowning her, bypasses her almost delicately, without jostling or even touching her. The artist often evokes the Korean practice of bottari, which consists of wrapping objects for transportation in multicolored blankets made from reused fabrics, echoing Dayanita Singh's installation. The term needle also evokes the idea of weaving, appropriate for a performative work whose crux lies precisely in the relationship that is woven with anonymous actors. In *A Needle Woman*, these passersby, caught up in the flow of great metropolises, only appear for a brief moment, and the camera only manages to capture rare fleeting reactions on their faces. From this point of view, *A Needle Woman* is perhaps even more intriguing than other performances in which the artist assumes the position of a beggar or lies on the ground like someone sick or homeless: Passersby, confronted with a situation that has all the appearances of a harsh social reality, linger to decipher it and hesitate as to what attitude to adopt—from slipping a banknote into the hand of the real-false beggar to bursting into laughter in front of what they believe to be a deception. In all cases, however, the position held by the artist evokes precisely one of those associated with the Buddha (ill. p. 26)—this prolonged immobility being found as well in other mystical traditions, following the example of Simeon the Stylite or other ascetics of Eastern Christianity—such that these performances (see also ill. p. 27) suggest, in the artist's own words, an experience of transcendence through this carnal link with the earth. Kimsooja's face is hidden to the viewers of the video, who can thus identify with the artist and share with her this paradoxical experience of self-affirmation, of irreducible identity on the one hand, and on the other, of common belonging to the variegated humanity of the great metropolises with which she confronts herself.

The challenge facing any thematic exhibition is to make the reasons behind the choice of works and artists intelligible, sensitive. *Icônes* does not

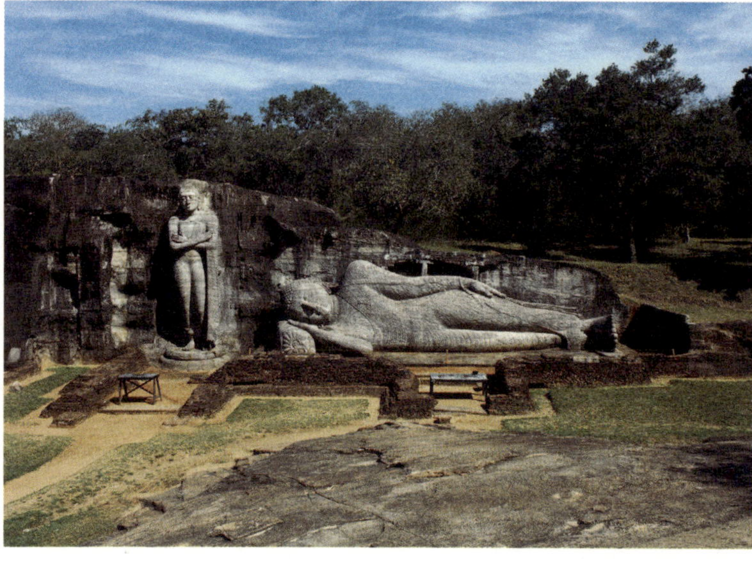

Buddha sdraiato, XII secolo / Bouddha couché, 12e siècle / Reclining Buddha, twelfth century. Polonnaruwa, Sri Lanka

escape this challenge, and offers a wide range of experiences, from the contemplation of the absolute simplicity of Robert Ryman's final works, brought together with Roman Opałka's in a kind of sanctuary, to the visual and sound shock of Arthur Jafa's video, which includes frames that are largely silent.[9]
And what does Danh Vo invite us to do when he shows us the Star Spangled Banner? We are far from the image of the idolized superpower that all other countries seek to imitate, even when they profess hatred towards it: the torn flag hangs miserably like a rag, evoking the United States' defeat in Vietnam and the odyssey of the artist's family among hundreds of thousands of boat people.
A symbol of the vanity of human greatness, a depiction of the Virgin and Child can be glimpsed through the tear in the cloth.
Like the other artists presented, Vo invites us to look beyond, to recognize the icon in its many varieties. It is up to us to make the effort required to avoid being among those "who have eyes and do not see."[10]

1 — *Intervista*, Year IV, Number 21, January-February 2000. **2 —** Nancy Spector, "From Disrespect to Iconoclasm," *Maurizio Cattelan: All*, exhibition catalogue (New York: Solomon R. Guggenheim Foundation, 2011). **3 —** "Così ho abbattuto mio padre," interview by Francesca Bonnazzoli with Maurizio Cattelan, *Corriere della sera—Milano*, September 13, 2010. **4 —** Matthew 27:50, Mark 15:37, Luke 23:46. **5 —** Mark 15:34. **6 —** Voltaire closes many letters with this expression. See René Pomeau, dir., "Écraser l'infâme: 1759–1770," *Voltaire en son temps*, (Oxford: Voltaire Foundation, 1994). **7 —** "Così ho abbattuto mio padre," *op. cit.* **8 —** Ibid. **9 —** *akingdoncomethas* is presented at the Teatrino di Palazzo Grassi. **10 —** Jeremiah 5:21, also, inter alia, in Mark 8:18.

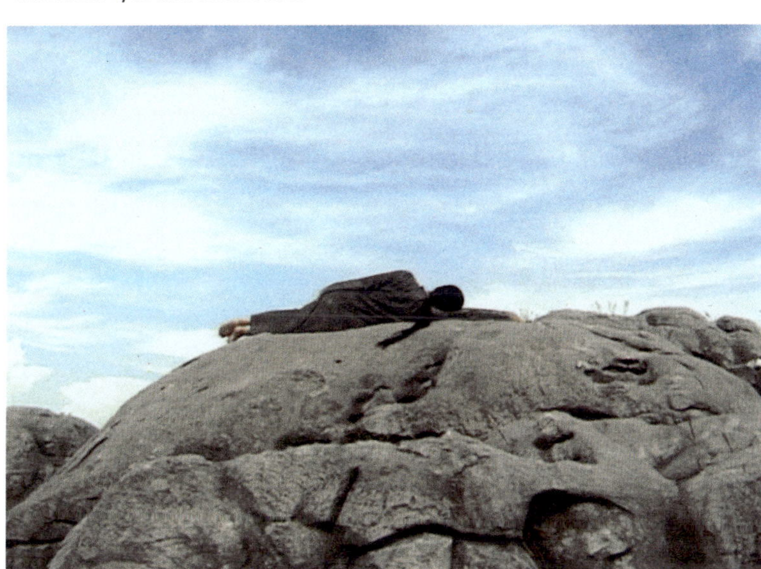

Kimsooja, *A Needle Woman — Kitakyushu*, 1999. Courtesy of Kimsooja Studio

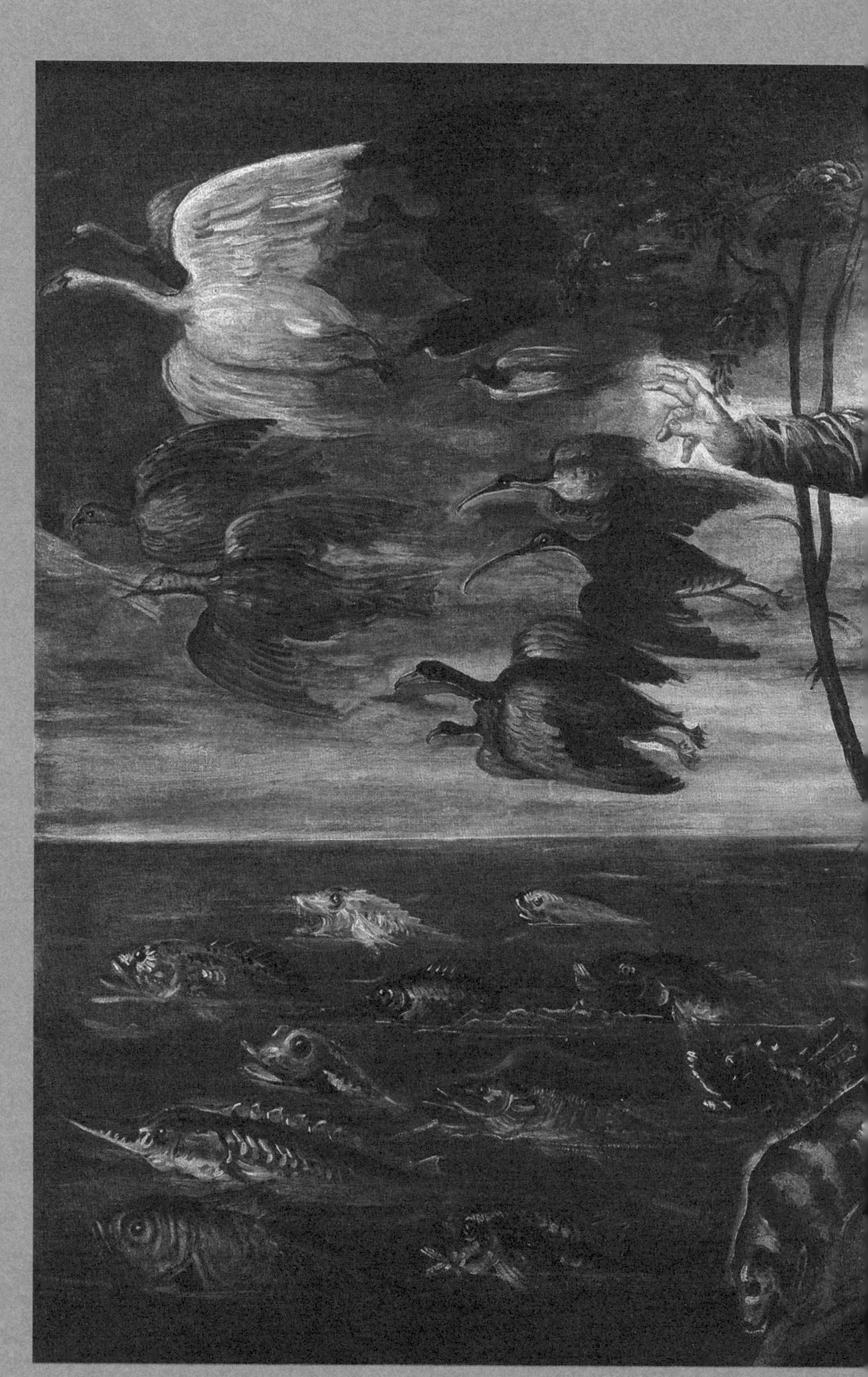

Tintoretto, *La creazione degli animali*, 1550-1553.
Gallerie dell'Accademia, Venezia / Venise / Venice

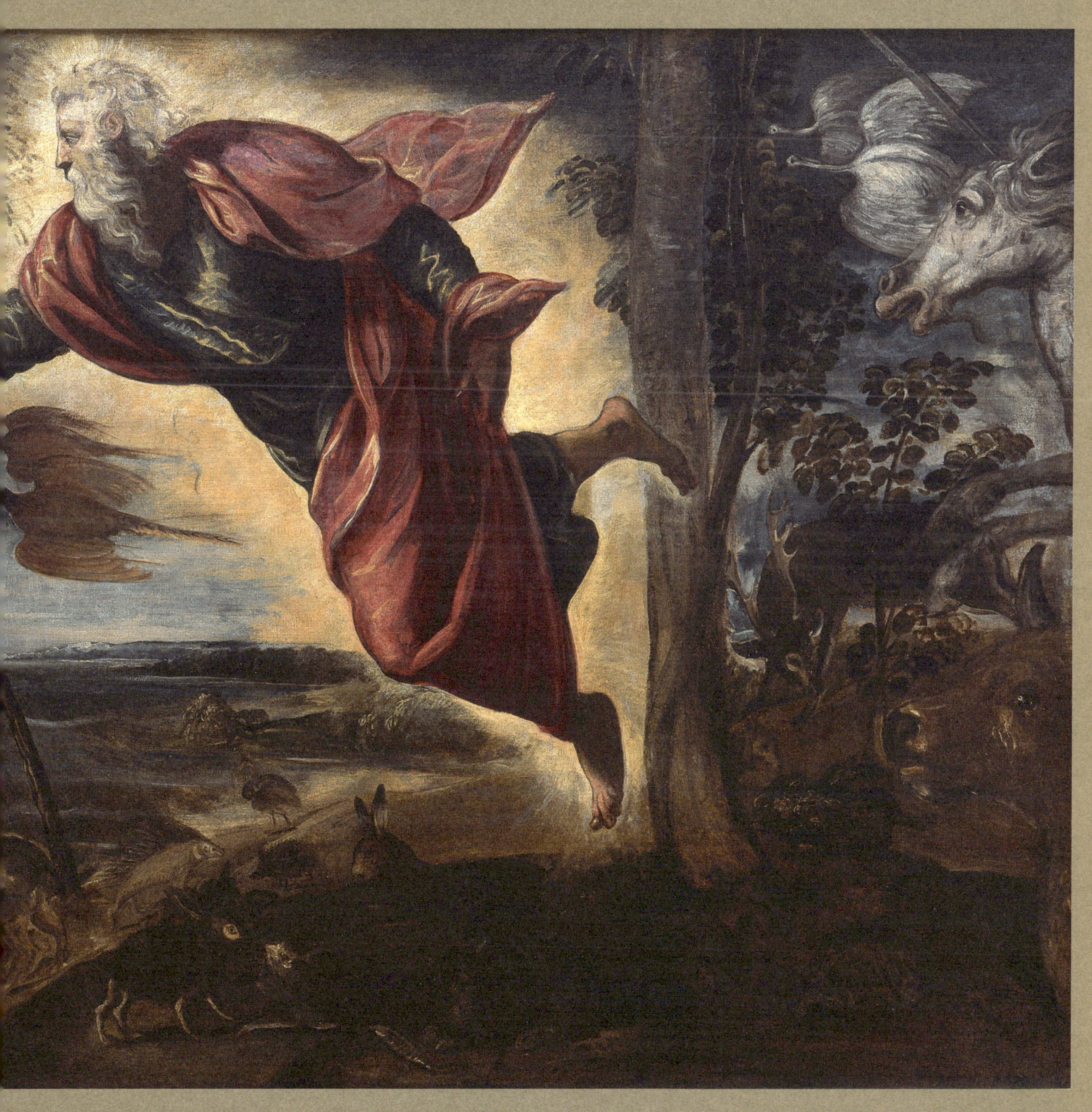

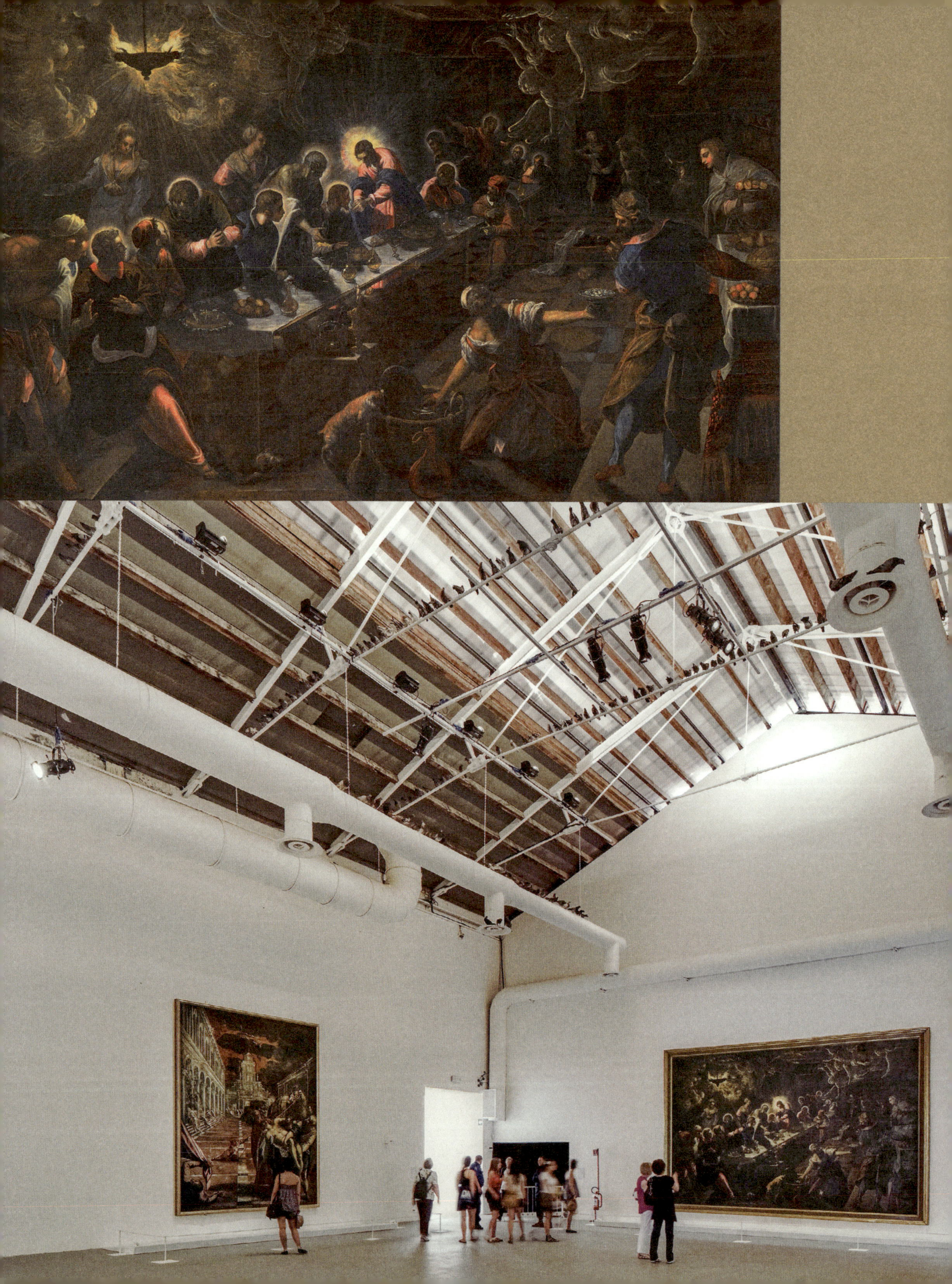

IT Raggi dorati scagliati dall'alto trafiggono la stanza in penombra. Frecce potenti travolgono all'improvviso i visitatori ed evocano l'incontro magico con una luce senza dubbio primordiale. Con *Ttéia 1, C* (2003-2017, ill. pp. 90-93), Lygia Pape ha creato una scultura priva di materia plasmando una luce che diventa materia. I fili di metallo dorati, tesi fra soffitto e pavimento — o fra cielo e terra — si dissolvono nell'aria, percettibili solo come tracce rifrangenti. Il potere della poesia permea lo spazio di un'energia psichica e apre un vuoto al suo interno.

Un interstizio radioso: l'icona, come immagine, segnala un intervallo, una pausa appassionata e sapiente, soprattutto in un'epoca di eccessi visivi letali. Una sosta, un diaframma che arresta il flusso convenzionale della vita quotidiana. Le icone stimolano l'attenzione. Le icone sono immagini che occupano una posizione speciale. Si innalzano al di sopra della banalità generale, se ne tengono fuori senza svincolarsene del tutto. Dichiarano uno iato per l'individuo e anche per il collettivo, piccolo o grande che sia.

E lo stesso fa Venezia, luogo senza uguali! Fra le città, è probabilmente l'icona delle icone e suprema, poetica sorgente di sogni. È alla ribalta del nostro tempo, ma si è anche tenuta lontana, per secoli e con la massima risolutezza, dallo sviluppo e dal progresso. Come tutte le altre città, si trova su un pianeta che ha vissuto un'esplosione massiccia e brutale di centri urbani e metropoli. Ma, in quanto icona, offre un'immagine alternativa al passato tetro, colmo di abusi, prevaricazioni e guerre da sempre impigliato nella memoria umana, una contro-immagine di un presente che resta, che si irradia nella storia e nella cultura. Non a caso il suo titolo, *Serenissima*, evoca una pace olimpica. Sentiamo che lo splendore dei palazzi antichi è gloriosa espressione di una volontà e di una creatività fortunate, che mettono in circolo e assorbono le molteplici imprese culturali.

Le icone sono fenomeni di luce. Ammantate di un bagliore caldo, dell'aura dorata del lume di candela. Le icone illuminano l'anima con il loro calore e lo spirito con la luce. Le delicate tinte cipria delle facciate veneziane si riflettono insieme al cielo nell'acqua dei canali, dando alla luce di questa città un suo peculiare accento. La 54. Biennale di Venezia, che ho avuto il privilegio di curare nel 2011, si intitolava ILLUMI*nazioni*. Si è voluto dar risalto grafico a una parola nella parola, *nazione*, che nel catalogo evocava il potere della «nazione dell'arte» e il concetto di comunità elaborato dal filosofo Jean-Luc Nancy[1]; ma naturalmente si riferiva anche ai padiglioni delle singole nazioni, che sono stati una costante della Biennale sin dalle prime edizioni[2].

Entrando nel primo salone del Padiglione centrale, i visitatori erano accolti da un'altra icona della cultura cristiana, l'*Ultima cena*, non di Leonardo, ma di Jacopo Tintoretto, dipinta dal pittore veneziano alla fine del Cinquecento (ill. p. 30). Questa versione dell'*Ultima cena*, con la sua illuminazione fantasiosa, è anticlassica e turbolenta: la tavola slittata all'indietro, un gatto che cerca di entrare nella gerla; l'artista ha ambientato la scena biblica in una cornice ordinaria, una taverna veneziana del suo tempo. Tutta in controluce, con molto nero su cui spiccano le aureole luminosissime, la fiamma di una lampada e l'apparizione angelica: la scena è in tutto e per tutto cinematografica, le pennellate di Tintoretto scandiscono il tempo. Non c'è quel controllo delle emozioni che caratterizza la composizione armoniosa ed equilibrata di Leonardo, affrescata a Milano circa un secolo prima. Ma divenne subito un'icona, immediatamente riprodotta (prima in pittura, poi con varie tecniche), dando vita, nell'arco del Novecento, a un numero di copie sbalorditivo.

Si dice che la Biennale sia un rito che rivitalizza periodicamente Venezia. L'evento atterra nei Giardini e all'Arsenale come un UFO e, per sei mesi interi, richiama un pubblico di amanti dell'arte. Presentando Tintoretto, ho voluto inserire un'icona vibrante del passato in questa ben consolidata festa dell'arte contemporanea, e stabilire un'osmosi con lo spazio esterno e il *genius loci*. Ed è stato così che il telero si è imbarcato su una chiatta motorizzata dalla basilica di San Giorgio Maggiore, ha attraversato il bacino di San Marco, davanti a Punta della Dogana, per approdare, infine, ai Giardini[3].

Luce e buio: la cupa taverna veneziana di Tintoretto dà un'idea del chiaroscuro, della tetraggine agli inizi dell'epoca barocca, in netto contrasto con il fascino, lo sfarzo, l'opulenza dei broccati, i primi passi dell'opera lirica e la fioritura dei commerci. Venezia è stata la culla del libero scambio nel senso moderno, la costruzione navale praticata all'Arsenale, di fatto, una forma di industria nascente.

David Hammons ci mette di fronte uno specchio che, in un balenare succinto dell'immaginario visivo, riflette la verità. Anche se incorniciato d'oro, lo specchio resta gravato da un velo nero e cencioso. Il residuo frusto di una tela sottile. Hammons, con il semplice accenno di un gesto, spalanca la diga dei nessi, evocando parole chiave: tratta degli schiavi, piantagioni, cotone, violenza. Anche *A Cry From the Inside*, Un grido da dentro, di David Hammons (1969, ill. p. 118) ripropone il lato oscuro, lo riporta in superfice dalle profondità abissali della storia. Da uno sfondo dorato affiorano le tracce nere di un volto coronato da tante mani. Una veronica, ma di diverso ordine. Un'allusione agli avi afroamericani di Hammons. La *vera icona* è diventata un'immagine dell'agonia, un amalgama legato dallo splendore caldo dell'oro. Ma è anche tesa all'estremo, dilaniata tra l'immagine e l'oggetto che rappresenta: un monotìpo che ingloba l'uso del corpo dell'artista e sembra l'impronta viva delle sue mani e del suo volto. Ma è al contempo un'icona secolare, un'acheropita[4], non è realizzata solo dall'artista, è semplice ritorno del represso. Non c'è un passaggio di «mediazione» nell'immagine, non si interpone alcun medium. È questo il senso purificato di *vera icona*?

La cultura popolare investe l'opera-icona di poteri terapeutici. Ne consegue che, al cuore del concetto cristiano dell'Eucarestia (la cena del Signore), risiede anche un'idea

Tintoretto, *Ultima cena*, 1592-1594. Basilica di San Giorgio Maggiore, Venezia / Venise / Venice

Tintoretto, *Ultima cena*, 1592-1594; **Tintoretto, *Trafugamento del corpo di san Marco*, 1562-1566**. Gallerie dell'Accademia, Venezia / Venise / Venice; **Maurizio Cattelan, *Others*, 2011**. Pinault Collection. Installation view, 54. Biennale di Venezia, Padiglione centrale / Pavillon central / Central Pavilion, Venezia / Venise / Venice 2011

trasformativa di redenzione. Nelle opere in questa mostra il simbolismo assume ripetutamente una piega catartica al punto da ricordare il *détournement* dei situazionisti.

C'è qualcuno lì in piedi che vende palle di neve disposte a terra su una coperta; è David Hammons a New York, in Cooper Square, in *Bliz-aard Ball Sale* (1983). Che gesto poeticamente sovversivo quello di mettere in vendita un fragile frammento di nulla, così puro e schietto!

Rovesciando una veneranda tradizione pittorica, Tintoretto scandalizzò i devoti contemporanei quando dipinse il patrono della città in volo a testa in giù, in un quadro che gli diede fama immediata a Venezia, *Il miracolo dello schiavo liberato* (chiamato anche *Il miracolo di san Marco*), presentato nel 1548 alla Scuola Grande di San Marco. Colse il momento in cui l'evangelista salva dalle sevizie e dalla morte lo schiavo cristiano appena convertito e lo rende invulnerabile agli strumenti di tortura caduti al suolo in pezzi, incontrovertibile atto d'accusa del pittore verso i veneziani suoi contemporanei, non pochi dei quali possedevano schiavi, contribuivano al traffico e facevano uso della tortura.

Nell'opera di grande formato *Roofing Exercise* (2012, ill. p. 102), Theaster Gates usa materiali da costruzione per attirare l'attenzione su un mondo del lavoro scabro, sul caldo e sull'odore soffocante del catrame; al contempo riesce a evocare in modo sublime l'astrazione e una simbologia di verticalità spirituale. Ogni fibra della sua pittura, che pesa più di cento chili, rappresenta con sorprendente forza tattile pensieri esistenziali che si sottomettono a forze maggiori, ma sanno anche resistervi.

O forse risuonano qui le proiezioni fantasiose di un pubblico di iniziati? Dayanita Singh fotografa gli archivi del Maharana di Udaipur e mostra una serie di fagotti avvolti in una stoffa di cotone rossastra, simili a ruvidi cuscini. Le tracce del tempo sono visibili sui lati sbiaditi degli involti, un tempo impilati. Pur contenendo documenti, hanno forme morbide, fisiche, impregnate di rosso, che risultano estremamente suggestive, alludono alla semplicità di una vita precaria, a corpi avvolti in sudari. Le piccole differenze nei nodi rendono unico ciascun involto, mentre gli scatti si limitano a cogliere i segni impressi dal tempo sulle forme. La fotografa ha costruito un «monumento» per commemorare i segreti protetti nei fagotti dall'incessante fluire del tempo.

Essenza, condensazione, abbreviazione: incontriamo qui Beckett o *Essere e tempo* di Heidegger con Sherrie Levine (essere) e On Kawara (tempo).

Nel 1990 una mostra presso Le Consortium di Digione mise a confronto le *Date Paintings* di On Kawara con le sculture femminili di Alberto Giacometti, un dialogo curato dallo stesso On Kawara e intitolato *Conscience*[5]. Un artista radicalmente concettuale si associava in modo esplicito a uno scultore che, dopo la Seconda guerra mondiale, aveva osato ritornare alla figurazione. Questo raffronto segnò inoltre un'inversione di rotta, con la riscoperta della forma aperta. I due artisti erano accomunati dalla sintesi estrema e, al contempo, avventurandosi nel tentativo di dare nuove forme ai simboli, sapevano adattarsi a un mondo in continuo mutamento.

Contemplando la *Needle Woman* di Kimsooja (1999-2000, ill. pp. 142-149) tornano forse alla mente le *Femmes de Venise* di Giacometti, presentate nel 1956 al padiglione francese della Biennale. L'artista è in piedi, immobile come un ago nell'enorme pagliaio della metropoli, con le folle che le scorrono accanto separandosi come le acque del Mar Rosso. Noi la osserviamo o, più precisamente, osserviamo la sua sagoma di spalle.

Le icone creano silenzio: irradiano un alone di immobilità, ma senza immobilismo. Il brano *4'33"* composto da John Cage nel 1952 è un'icona astratta, invisibile. I tre movimenti della composizione sono senza dubbio i più silenziosi della storia della musica. A quanto si dice, nel 1948, durante una lezione, Cage dichiarò di voler «comporre un pezzo di silenzio ininterrotto», dal titolo *Silent Prayer*[6].

L'icona *4'33"* si è mischiata anche con la cultura popolare, dato che Cage la dedicò alla Muzak Company[7], affermando che quella durata, oggi leggendaria, corrispondeva alla «durata standard della musica in scatola»[8]. Essendosi intromessa in modo indelebile nella musica classica, ma al contempo nella cultura pop e nell'arte, questa composizione controversa — come del resto l'intera opera di Cage — è stata definita una forma di *land grabbing*[9].

Per la Biennale di Venezia del 1993, Alanna Heiss dedicò una mostra a John Cage nei Granai delle Zitelle[10]. Produsse l'album *Caged/Uncaged — A Rock/Experimental Homage to John Cage*, riunendo contributi di musicisti del calibro di David Byrne, Arto Lindsay, Debbie Harry, Lou Reed, John Zorn, John Cale, Eliott Sharp e Joey Ramone, insieme a numerosi estratti dalle composizioni di Cage. Quello fu un anno cardine nella storia della Biennale, in completa sintonia con l'epoca[11].

4'33" di John Cage rappresenta una cesura che consente di percepire l'immediatezza del presente; il silenzio di quest'opera è vissuto come una fusione. Il silenzio si può paragonare al vetro (ma non al *Grande vetro* di Duchamp, colmo di fantasie da scapolo). Il vetro è un fattore di messa a fuoco, ma anche di distacco. Qualche tempo fa, andando in vaporetto sul Canal Grande, ho osservato le finestre dei palazzi. Hanno sempre vetrate trasparenti di fabbricazione industriale. Le finestre in vetro crown, con elementi rotondi piombati detti «occhi di bue» (anticamente a Venezia erano chiamati anche *rùi*, rulli, o *vessighe*, bolle), sono gradualmente scomparse nel corso dei secoli per vari motivi, forse perché danneggiate o per ottenere più luce o una vista migliore.

Ma resta, a Venezia, l'idea che la finestra sia una sorta di membrana. Le finestre antiche guardavano più all'interno rispetto a quelle trasparenti di oggi; erano raccordi pulsanti che garantivano un'osmosi con il mondo esterno grazie a piccole distorsioni, a volte anche cromatiche, della realtà visibile. Filtravano e riflettevano la luce, generando una giostra di riflessi vaganti, dai raggi del sole che entravano danzando di giorno, ai lampadari e le candele che brillavano ovunque la sera. Il vetro, detto anche cristallo come la sfera di un'indovina, rappresenta la metamorfosi del sogno, indica sia l'interno che l'esterno. Non riflette il mondo onirico della psiche individualistica di Freud, quanto piuttosto i mostri ormai domati che spuntano dagli edifici descritti da Josif Brodskij nel suo lucido saggio su Venezia, *Fondamenta degli Incurabili*: «Non stupisce che abbondino qui, in questa città scaturita dall'acqua»[12].

Il terreno della pittura è anche una membrana che attiva la meditazione, spesso utile per cacciare i fantasmi, perché la pace torni a regnare, come nella preghiera o nei segni rotondi sulle tele rettangolari di Agnes Martin.

In *O Ovo* (1967, ill. p. 95), Lygia Pape rompe un metaforico guscio d'uovo dando una dimostrazione assolutamente fisica del metafisico, del passaggio e del transito, filmata e fotografata sullo sfondo di impetuose onde oceaniche. Anche Lucio Fontana nel 1962 è stato ripreso per la televisione insieme all'artista del gruppo Zero Jef Verheyen; in giacca e cravatta, con un bulino, colpisce più volte una tela disegnandovi un cerchio di fori.

In quanto custodi delle icone, anche le chiese ne condividono la natura. Assicurano l'intimità e momenti di riposo contemplativo all'interno della collettività. Eppure, ormai ridotte a vestigia frammentarie di un'epoca passata, sono ancor più esposte alle forze che oggi spingono verso un cambiamento in cui Dio è assente. Nel video di Theaster Gates (*Gone are the Days of Shelter and Martyr*, 2014, Passati sono i giorni del rifugio e del martirio, ill. p. 100) vediamo questo rassicurante simbolo di continuità travolto all'improvviso dalla devastazione. Caotica e contraddittoria è la bellezza selvaggia della musica e dei gospel che si mescolano al fragore della distruzione. Trasmettono un umore indistinto, sospeso tra il lamento, il senso di liberazione e l'euforia del cambiamento; fanno appello alle forze mentali, spirituali ed emotive che operano in tempi di disordine culturale.

Grandi sconvolgimenti e rivoluzioni culturali sono alla base degli oggetti profondamente arcaici e modesti di Chen Zhen, sculture simili ad altari domestici dedicati a milioni, anzi miliardi, di case e villaggi abbandonati. Fatti di candele, sono reliquie di un'era prerivoluzionaria, preindustriale, precapitalista, predigitale. Ma anche un monito molto contemporaneo, basato solo su un primitivo ordine verticale/orizzontale e sulla semplice struttura della sedia, attraversato da diagonali, con strati di candele come tetti di protezione. Sono costruiti con lo stesso principio di una casa o una chiesa; sono corpi di legno e cera; i loro elementi sono montati, strato su strato, in verticale o in orizzontale, seduti o inclinati, come candele umane.

Nei decenni passati, alcune chiese di Venezia hanno assunto significati iconici nella storia della performance e delle mostre associate alla Biennale, come San Lorenzo e San Stae. Sono state secolarizzate, come si dice.

Patti Smith è la più importante sacerdotessa laica del pop. Non sorprende che sia stata definita un'«icona» e considerata una «sciamana». Chiunque abbia visto uno dei suoi concerti, che spesso tiene nelle chiese, capisce il perché[13]. È straordinario come i suoi gesti ricordino il simbolismo della benedizione, mentre i suoi spettacoli hanno una semplicità e una *gravitas* assolutamente eccezionali. Il suo grande successo *People Have the Power* è esaltante, come lo sono i suoi concerti. C'è un episodio agli esordi della sua carriera che si potrebbe descrivere come una seconda secolarizzazione della mitica chiesa newyorchese di Saint Mark. Nel 1971, a soli venticinque anni, non si considerava ancora una musicista quando fu invitata con Lenny Kaye e la sua chitarra elettrica, a recitare poesie durante il *Poetry Project*. Tutti i poeti importanti di New York a quei tempi leggevano regolarmente le loro poesie durante questo evento magnetico, inaugurato nel 1966: Allen Ginsberg, Wystan Hugh Auden, Anne Waldman, Frank O'Hara, William Burroughs. Patti Smith salì sul palco con una chitarra Fender presa in prestito, già di per sé icona del salto quantico della cultura pop nella seconda metà del XX secolo [14].

E il 3 settembre 2011, eccola lì, seduta con Karl Holmqvist[15] sul palco del parapavilion di Oscar Tuazon ai Giardini della Biennale (ill. p. 36), nell'edizione dal titolo ILLUMI*nazioni*, con riferimento naturalmente alla celebre raccolta di poesie di Arthur Rimbaud. Entrambi gli artisti amano Rimbaud sin dalla giovinezza; volevano condividere i loro pensieri sul poeta davanti a un pubblico casuale, incredulo nel vederseli davanti su quel palco. Lo sfrigolio dell'elettricità, l'icona possente di Venezia e una situazione così semplice da togliere il fiato: due persone sedute a parlare tra loro, una aveva in mano una chitarra e ogni tanto intonava una canzone. Per un istante improvviso ed effimero è tornato l'incanto in un mondo disincantato.

1 — *Segni attraverso il fuoco*, dialogo tra Jean-Luc Nancy e Tommaso Tuppini, nel catalogo della 54. Biennale di Venezia, Marsilio, Venezia 2011, pp. 80-92. **2 —** Per questo motivo ho chiesto a quattro artisti di ideare i cosiddetti «parapavilion», strutture architettoniche e scultoree che a loro volta ospitavano le opere di altri artisti. Per esempio Dayanita Singh ha fatto una presentazione all'interno del parapavilion di Franz West all'Arsenale. West aveva escogitato una copia «ribaltata» della sua cucina di Vienna, aveva cioè montato tutte le immagini dei suoi amici artisti — che in genere stanno sulla parete bianca e verde all'interno — sui pannelli esterni del suo parapavilion. **3 —** Altre due opere di Tintoretto, provenienti dalle Gallerie dell'Accademia, hanno preso residenza temporanea nel salone: *Trafugamento del corpo di san Marco* datato tra il 1562 e il 1566 (ill. p. 39) e *La creazione degli animali* (1550-1553) (ill. pp. 28-29). **4 —** Nel Nuovo Testamento, «acheropita» *(acheiropoíeton)* è usato per le icone «fatte senza usare le mani», come la veronica, vera effige di Cristo. **5 —** Erano ventiquattro *Date Paintings* di On Kawara (1966-1989) accostati a cinque sculture femminili di Giacometti (1948-1960). **6 —** Lezione al Vassar College di New York, in John Cage, *A Composer's Confessions* (1948), in «Musik Texte», nn. 40-41, agosto 1991, p. 65. **7 —** Muzak è il nome di un'azienda pioniera nell'amplificazione sonora in spazi pubblici e semipubblici di musica cosiddetta d'ambiente. **8 —** James Pritchett, *The Music of John Cage*, Cambridge University Press, Cambridge, New York 1993. **9 —** Alex Ross, *The John Cage Century*, in «The New Yorker», 4 settembre 2012. https://www.newyorker.com/culture/culture-desk/the-john-cage-century. **10 —** *Il Suono Rapido delle Cose / The Swift Sound of Things*, prodotta dalla Guggenheim Foundation. **11 —** Si veda Clarissa Ricci, *Towards a Contemporary Venice Biennale: Reassessing the Impact of the 1993 Exhibition*, in «OBOE Journal», I, n. 1, 2020, pp. 78-98. **12 —** Josif Brodskij, *Fondamenta degli Incurabili*, traduzione di Gilberto Forti, Adelphi, Milano 1991, p. 68. **13 —** Queste precise parole compaiono in un articolo pubblicato su «Le Parisien» il 5 ottobre 2008, dal titolo *La messe intime de Patti Smith*: « [...] l'icona del punk rock non concedeva alcuna ripresa all'interno dell'edificio [...]. Alle 21:45 l'ingresso di Patti Smith sull'altare rompeva il silenzio religioso provocando alcuni "wow", sfuggiti quasi involontariamente. [...] Ieri sera la sacerdotessa Patti Smith ha entusiasmato tutti i suoi parrocchiani, improvvisando fino a tardi. » https://www.leparisien.fr/culture-loisirs/la-messe-intime-de-patti smith-05-10-2008-265652.php. **14 —** La stessa Patti Smith racconta l'episodio in prima persona. Si veda https://www.youtube.com/watch?v=tNOuHNIZwEk. **15 —** Si veda il saggio di Karl Holmqvist *Rimbaud in Africa* nel catalogo della 54. Biennale di Venezia, Marsilio, Venezia 2011, pp. 94-99, e Pierre Lemarchand, *Patti Smith & Arthur Rimbaud. Une constellation intime*, le Mot e le Reste, Paris 2021.

FR Des rayons dorés jaillissent d'en haut et traversent la pièce plongée dans la pénombre. Ces vecteurs puissants submergent instantanément les visiteurs, provoquant une rencontre magique avec une lumière purement élémentaire. Dans *Ttéia 1, C,* 2003-2017 (ill. pp. 90-93), Lygia Pape a créé une sculpture immatérielle à partir de substance lumineuse matérialisée. Les fils métalliques dorés, tendus entre le plafond et le sol — ou entre le ciel et la terre — se dissolvent dans l'espace, perceptibles seulement comme des traces réfléchissantes. La puissance de la poésie imprègne la pièce d'une énergie psychique et crée un espace intermédiaire.

Un espace intermédiaire qui rayonne : les icônes sont des images qui signalent un intervalle, une suspension vibrante, parfaite, surtout en ces temps de surcharge visuelle. Une pause, un frein dans la vie courante, de tous et de tous les jours. Les icônes stimulent l'attention. Ce sont des images qui occupent une place particulière. Elles se distinguent du grand ensemble, s'en détachent tout en lui restant liées. Elles produisent un hiatus, à la fois pour l'individu et pour le petit et le grand collectif.

Comme Venise, cette ville incomparable ! Parmi les villes, elle est sans doute l'icône des icônes, la plus poétique de toutes les villes qui nous font rêver. Elle est tout à fait de notre temps mais elle est parvenue, pendant des siècles et avec détermination, à laisser passer tant de développements et de progrès. Elle se trouve, comme toutes les autres villes, sur une planète sujette à l'avènement des métropoles et à l'urbanisation puissante et brutale. Parce qu'elle est une icône, Venise oppose à l'image ancrée dans la mémoire humaine d'un passé morose miné par les guerres, les exploitations et les luttes de pouvoir, celle d'un présent durable et resplendissant d'histoire et de culture. Elle est la ville « sérénissime ».

La splendeur des palais d'un autre temps apparaît comme la manifestation glorieuse des heureuses volonté et création humaines, dans l'échange et l'absorption de la diversité des acquis culturels.

Les icônes sont des phénomènes lumineux. Elles sont enveloppées d'une lueur chaude et de l'aura dorée d'un reflet de bougie allumée. Elles illuminent l'âme de leur chaleur et l'esprit de leur lumière. Les façades vénitiennes poudrées de teintes douces se reflètent comme le ciel dans l'eau des canaux, donnant à la lumière de la ville son accent distinctif.

« ILLUMI*nations* » était le titre de la 54e Biennale de Venise que j'ai eu le privilège d'organiser en 2011. « Nation » était typographiquement mis en évidence — comme un mot dans le mot. Dans le catalogue, il permettait d'évoquer la puissance de la « nation de l'art » et la notion de communauté du philosophe Jean-Luc Nancy[1]. Évidemment, il faisait aussi référence aux pavillons nationaux qui caractérisent la Biennale depuis sa création[2].

Autre icône de la culture chrétienne, *La Cène* du Vénitien Jacopo Tintoretto (ill. p. 30) — et non celle de Léonard de Vinci —, peinte à la fin du 16e siècle, accueillait les visiteurs dans la première grande salle du Pavillon central. *La Cène* du Tintoret, avec sa fantastique mise en scène lumineuse, est anticlassique et extrêmement mouvementée — la table glisse en arrière, un chat bondit —, car l'artiste a transposé la scène biblique dans le contexte ordinaire d'une taverne vénitienne de son époque. Un fort contre-jour, beaucoup de noir contrastant avec des halos de couleurs claires, les flammes d'une lampe et l'apparition d'anges d'un blanc transparent en font une scène presque cinématographique, réalisée au rythme des coups de pinceau du Tintoret. Nous ne retrouvons pas ici les gestes clairs et contrôlés qui caractérisent la scène harmonieuse et équilibrée de la fresque de Léonard de Vinci. Peinte à Milan un siècle plus tôt, cette dernière fut immédiatement élevée au rang d'icône. Très tôt répliquée (d'abord des peintures, puis des reproductions), elle se répandit de manière stupéfiante au 20e siècle.

On dit de la Biennale qu'elle est un rituel assurant la revitalisation périodique de Venise. L'événement atterrit à chaque fois comme un ovni dans les Giardini et l'Arsenale, et attire pendant six mois un public artistique venu du monde entier. En exposant Le Tintoret, je voulais intégrer à cette célébration assidue de l'art contemporain une icône essentielle d'un autre temps, et créer de cette manière un lien osmotique avec l'espace extérieur et le *genius loci*. Le tableau entreprit donc son voyage en barge motorisée depuis la basilique de San Giorgio Maggiore jusqu'aux Giardini, en passant par le bassin de Saint-Marc devant la Punta della Dogana[3].

Lumière et obscurité : la taverne vénitienne noircie du Tintoret livre un aperçu du *chiaroscuro* et laisse entrevoir la morosité de la vie au début de l'ère baroque. Le contraste est frappant si l'on considère la splendeur et le faste des draperies de brocart, l'essor de l'opéra et le commerce colonial florissant, en ces temps où Venise était le berceau du commerce moderne, où la construction navale dans l'Arsenale constituait une forme d'industrie précoce.

David Hammons nous confronte à un miroir de vérité par l'intermédiaire d'une image des plus concises. Le miroir, bien que cerné par un cadre doré, est assombri par le voile en lambeaux qui lui est accroché. Une pièce de coton fin et miteux. En un souffle, le geste de Hammons ouvre les vannes des associations, évoquant des mots-clés tels que le commerce des esclaves, les plantations, le coton et la brutalité.

A Cry From the Inside, Un cri de l'intérieur (ill. p. 118), de David Hammons, 1969, fait également resurgir le côté sombre des grandes profondeurs de l'Histoire. La trace noire d'un visage couronné de nombreuses mains émerge sur un fond d'or. Comme un voile de Véronique d'un autre genre, une allusion aux ancêtres afro-américains de Hammons. La *Vera Icona* devient ici une silhouette d'agonie, un amalgame lié à la splendeur chaleureuse de l'or. C'est une image en haute tension, entre l'image et l'objet qu'elle représente : ce monotype créé à partir du propre corps de l'artiste apparaît comme l'empreinte vivante de ses mains et de son visage. Pourtant, il est aussi une icône séculaire, une image *acheiropoïète*[4] qui n'a pas été créée par l'artiste seul — simplement comme un retour du refoulé. Il n'y a pas d'étape « médiatrice » dans l'image, pas d'entre-deux. Est-ce là le sens purifié de *Vera Icona*, l'« image vraie » ?

La croyance populaire attribue aux icônes des pouvoirs de guérison. La transformation rédemptrice se trouve également au cœur du concept chrétien de l'Eucharistie, le dernier repas du Christ. Dans les œuvres de cette exposition, le symbolisme prend une tournure cathartique à plusieurs reprises, au point de faire écho au détournement situationniste.

Un homme se tient debout et vend des boules de neige disposées au sol sur une couverture : c'est David Hammons, à Cooper Square, New York, dans *Bliz-aard Ball Sale*, 1983. Quel acte subversif et poétique que cette mise en vente de morceaux de « rien » si précaires, purs et sans artifices !
Bousculant les anciennes traditions picturales, Le Tintoret brusqua les dévots de son époque lorsqu'il représenta le saint patron de la ville volant dans les airs, la tête en bas, dans une œuvre qui le rendit rapidement célèbre à Venise, *Le Miracle de l'esclave* — connue également sous le titre de *Saint Marc sauvant l'esclave* —, dévoilée

en 1548 à la Scuola Grande di San Marco. Il peignit le moment où l'évangéliste sauve l'esclave converti au christianisme de la souffrance et de la mort, en le rendant invulnérable aux instruments de torture qui reposent, brisés, sur le sol : une condamnation manifeste de ses contemporains, dans la mesure où certains Vénitiens possédaient alors des esclaves, pratiquaient le trafic d'êtres humains et la torture !

Dans son œuvre de grand format *Roofing Exercise*, 2012 (ill. p. 102), Theaster Gates évoque la rudesse du monde du travail, la chaleur et l'odeur étouffante du goudron en utilisant des matériaux de construction, et réussit en même temps l'appel sublime à l'abstraction et au symbolisme de la verticalité spirituelle. Chaque fibre de ce tableau, qui pèse plus de cent kilos, véhicule de manière remarquablement haptique des idées existentielles de résistance et de soumission à des forces supérieures.

Est-ce le reflet délibéré des projections d'un public initié à l'art ? La documentation photographique de Dayanita Singh sur les archives du Maharana d'Udaipur dévoile des séries de paquets, enveloppés dans du coton rougeâtre et ressemblant à des coussins froissés. Les traces du temps sont lisibles sur les bords décolorés des paquets autrefois empilés. Ils contiennent sans doute des documents écrits, mais leurs formes douces et corporelles imprégnées de rouge sont puissamment suggestives ; elles font allusion à l'immédiateté et à la précarité de la vie, aux corps enveloppés dans des linceuls. Les nœuds varient sensiblement et singularisent chaque paquet ; les photographies ne font que saisir, par un instantané, un aspect façonné par le temps. La photographe a érigé un « monument » en hommage aux mystères que ces liasses préservent, dans le flux infini du temps qui passe.

Essence, concentration, réduction : nous rencontrons ici Beckett ou *Être et Temps* de Heidegger avec Sherrie Levine (être) et On Kawara (temps).

En 1990, une exposition au Consortium de Dijon présentait côte à côte les *Date Paintings* de On Kawara et les sculptures féminines d'Alberto Giacometti : un dialogue souhaité par On Kawara lui-même et intitulé « Conscience[5] ». L'artiste conceptuel radical s'associait alors explicitement à un sculpteur qui, après la Seconde Guerre mondiale, avait osé « revenir » à la figuration. Cette confrontation marquait un tournant absolu dans la redécouverte de la forme ouverte. Les deux artistes ont en commun la volonté de réduction formelle et celle de s'aventurer sur le terrain de la recréation des symboles, en adéquation avec un monde en perpétuel changement.

Les *Femmes de Venise* de Giacometti, exposées en 1956 dans le pavillon français de la Biennale, viennent à l'esprit lorsque l'on est face à la *Needle Woman* de Kimsooja (1999-2000, ill. pp. 142-149). Comme divisant les eaux de la mer Rouge, elle se tient immobile au milieu de la foule anonyme qui défile autour d'elle — une aiguille dans l'énorme botte de foin de la métropole. Nous la suivons ou, plus exactement, nous suivons le contour de sa silhouette vue de dos.

Les icônes font le silence : elles génèrent une aura de calme, pas d'immobilité. *4'33"* de John Cage, composée en 1952, est une icône abstraite et invisible. Cette composition en trois mouvements est sans doute la plus silencieuse de toute l'histoire de la musique. En 1948, Cage aurait déjà déclaré au cours d'une conférence qu'il souhaitait « composer une pièce de silence ininterrompu » et l'intituler *Silent Prayer*[6].

L'icône *4'33"* était également associée à la culture populaire, puisque Cage dédia sa composition à la Muzak Company[7] et déclara que sa durée, devenue mythique, était la « durée standard de la musique en boîte[8] ». En pratiquant une incursion dans les domaines de la musique classique, de la culture pop et de l'art, cette composition controversée, et l'œuvre de Cage dans son ensemble, ont été sévèrement qualifiés de « land grab » (« appropriation de terres »)[9].

Pendant la Biennale de Venise de 1993, Alanna Heiss consacra une exposition à John Cage dans le Granai delle Zitelle[10] et produisit l'album *Caged/Uncaged — A Rock/Experimental Homage to John Cage*, qui regroupaient de nombreux extraits de ses compositions ainsi que des contributions de musiciens comme David Byrne, Arto Lindsay, Debbie Harry, Lou Reed, John Zorn, John Cale, Eliott Sharp et Joey Ramone. Ce fut une année charnière dans l'histoire de la Biennale, et tout à fait dans l'air du temps[11].

4'33" de John Cage est une césure qui ouvre la perception sur le présent immédiat ; le silence agit comme un liant. Il pourrait être comparé au verre (pas au *Grand Verre* de Duchamp avec ses fantasmes psychologiques de célibataire), qui sait à la fois diriger l'attention et mettre à distance. Récemment, lors d'une promenade en vaporetto sur le Grand Canal, j'ai observé les fenêtres des palais. La plupart d'entre elles sont aujourd'hui équipées de vitres transparentes fabriquées industriellement. Au fil des siècles, les fenêtres en verre bombé assemblé avec des baguettes de plomb, appelées « occhi di bue / œils-de-bœuf » (anciennement à Venise, on les appelait également *rùi* ou *vessighe*), ont disparu pour diverses raisons, parce qu'elles étaient endommagées ou pour laisser passer plus de lumière et dégager une meilleure vue.

Persiste toutefois l'idée des fenêtres vénitiennes comme une sorte de membrane. Plus introverties que les fenêtres transparentes d'aujourd'hui, elles établissaient une liaison « osmotique » avec le monde extérieur, déformant la réalité visible de manière subtile et colorée. Elles filtraient, réfléchissaient la lumière et généraient de multiples reflets mouvants — le jour, des rayons dansants qui pénétraient de l'extérieur, et la nuit, les nombreuses lumières intérieures des lustres et des bougies. Les verres, aussi appelés *cristallo*, comme la boule d'une diseuse de bonne aventure, assurent des métamorphoses oniriques, dirigées à la fois vers l'intérieur et l'extérieur. Ce n'est pas le monde des rêves individualiste et psychologique de Sigmund Freud, mais un reflet de ces monstres gothiques apprivoisés sur les bâtiments et que Joseph Brodsky décrit dans *Acqua alta*, son essai lucide sur Venise : « Pas étonnant qu'elles abondent ici, dans cette ville jaillie des eaux.[12] ».

Le support des tableaux est aussi une membrane qui active la méditation et sert à chasser les fantômes pour que la paix règne à nouveau, comme dans la prière et les signes circulaires sur la toile rectangulaire d'Agnes Martin.
Dans *O Ovo*, 1967 (ill. p. 95), Lygia Pape brise une coquille d'œuf métaphorique dans une démonstration physique de la métaphysique, du transit et du passage ; elle est filmée et photographiée sur fond de vagues déferlantes. En 1962, Lucio Fontana fut également filmé pour la télévision, avec l'artiste du mouvement Zero Jef Verheyen : habillé en costume-cravate, il utilise un burin pour marquer la trace d'un cercle sur une toile.

En tant que gardiennes des icônes, les églises sont iconiques par nature. Elles sont les garantes de l'intimité, des moments de repos et de contemplation collectifs. Pourtant, elles sont des signes erratiques des temps passés et sont davantage exposées aux forces actuelles de l'impiété. Dans *Gone are the Days of Shelter and Martyr*, Le temps de l'asile et du martyr est révolu, 2014 (ill. p. 100), Theaster Gates soumet ce rassurant symbole de stabilité à une destruction soudaine. La musique et les chants gospel se mêlent au bruit de la démolition et composent une performance à la beauté sauvage, chaotique et contradictoire, délivrant une humeur entre complainte, délivrance et transport euphorique. Ils invoquent les forces spirituelles et émotionnelles à l'œuvre dans les temps de bouleversements culturels.

Les objets profondément archaïques et modestes de Chen Zhen réfèrent discrètement à de grands bouleversements et à la révolution culturelle, comme si ces sculptures étaient des autels domestiques dédiés aux millions, voire aux milliards, de villages et de maisons abandonnés. Des bougies-reliques d'un âge pré-révolutionnaire, pré-industriel, pré-capitaliste, pré-umérique. Un memento pourtant très actuel, reposant exclusivement sur l'ordre vertical/horizontal et sur une structure de chaise basique, avec des rangées diagonales de bougies en toiture. Le principe constructif est celui de la maison et de l'église ; ce sont des corps en bois et en cire ; leurs éléments sont disposés, superposés, debout ou couchés, assis ou adossés, comme des bougies humaines.

Au cours des dernières décennies, certaines églises de Venise sont devenues iconiques dans l'histoire des performances et des expositions produites dans le cadre de la Biennale, comme San Lorenzo et San Stae, qui sont dites sécularisées.

Patti Smith est la grande prédicatrice laïque de la culture pop. Elle est donc volontiers qualifiée d'« icône » ou de « prêtresse », et tous ceux qui ont assisté à l'un de ses concerts, qu'elle donne souvent dans des églises, comprennent pourquoi[13]. Ses gestes rappellent de manière déconcertante la symbolique de la bénédiction, et ses performances se caractérisent par leur réjouissante simplicité et leur forte gravité émotionnelle. Son hymne *People Have the Power* est aussi inspirant que ses concerts. Au début de sa carrière, elle accomplit ce que l'on pourrait considérer comme la seconde sécularisation de la mythique église Saint Mark de New York. En 1971, la jeune femme de 25 ans qui ne se considérait pas encore comme une musicienne se produisit avec Lenny Kaye et sa guitare électrique, alors qu'elle était invitée à lire ses poèmes au Poetry Project, un événement au rayonnement important inauguré en 1966, au cours duquel les poètes new-yorkais de l'époque comme Allen Ginsberg, Wystan Hugh Auden, Anne Waldman, Frank O'Hara ou William Burroughs récitaient régulièrement leurs textes. Smith monta sur scène avec un instrument emprunté, une guitare Fender, soit la nouvelle icône de la culture pop dans la seconde moitié du 20e siècle[14].

Et la voilà, le 3 septembre 2011, dans les Giardini de la Biennale — titrée « ILLUMI*nations* » en référence, évidemment, au célèbre poème d'Arthur Rimbaud — assise avec Karl Holmqvist[15] sur la scène du parapavillon d'Oscar Tuazon (ill. p. 36). Les deux artistes aiment Rimbaud depuis leur jeunesse ; ils ont voulu échanger leurs pensées à son sujet devant une audience aléatoire, et ébahie de reconnaître les deux personnes qui se trouvaient alors sur scène. L'électricité crépitante associée à l'icône puissante qu'est la ville de Venise, et cette situation d'une saisissante simplicité : deux personnes assises sur deux chaises, qui se parlent, l'une d'entre elles à la guitare, entonnant parfois une chanson. C'est ainsi que se produisit, l'espace d'un instant, le réenchantement inattendu d'un monde désenchanté.

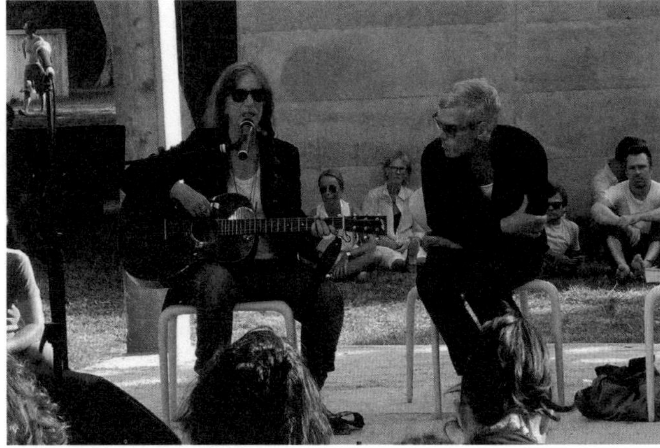

Patti Smith e / et / and Karl Holmqvist, parapavilion di / de / of Oscar Tuazon, Giardini della Biennale, Venezia / Venise / Venice, settembre / septembre / September 2011

1 — « Signs through the Fire », conversation entre Jean-Luc Nancy et Tommaso Tuppini, dans le catalogue de la 54e Biennale de Venise, 2011. **2 —** Pour cette raison j'ai demandé à quatre artistes de créer chacun un « parapavillon », une structure architecturale et sculpturale qui devait abriter à son tour les œuvres d'autres artistes. Dayanita Singh a, par exemple, présenté un diaporama à l'intérieur du parapavillon de Franz West à l'Arsenale. West avait reconstitué sa cuisine viennoise en la « retournant », c'est-à-dire en accrochant sur les parois extérieures du parapavillon toutes les photos de ses amis artistes qui se trouvaient normalement sur les murs verts et blancs. **3 —** Deux autres œuvres du Tintoret provenant de l'Accademia ont aussi élu temporairement domicile dans la salle : *L'Enlèvement du corps de saint Marc*, peinte entre 1562 et 1566 (ill. p. 39), et *La Création des animaux*, 1550-1553 (ill. pp. 28-29). **4 —** Dans le Nouveau Testament, le terme *acheiropoïète* fait référence aux icônes « non faites de mains d'hommes » ou à la *Vera Icona*, l'image vraie.

5 — Vingt-quatre *Date Paintings* de On Kawara (1966-1989) ont été juxtaposés à cinq sculptures de femmes de Giacometti (1948-1960). **6 —** Conférence au Vassar College, New York, dans John Cage, « A Composer's Confessions » (1948), *MusikTexte*, 40/41 (août 1991), p. 65. **7 —** Muzak est le nom d'une entreprise pionnière dans la sonorisation d'espaces publics et semi-publics, avec de la musique dite d'ambiance. **8 —** James Pritchett, *The Music of John Cage*, Cambridge/New York, Cambridge University Press, 1993. **9 —** Alex Ross, « The John Cage Century », dans *The New Yorker*, 4 September 2012. https://www.newyorker.com/culture/culture-desk/the-john-cage-century. **10 —** *Il Suono Rapido delle Cose / The Swift Sound of Things*, produit par la Fondation Guggenheim. **11 —** Voir Clarissa Ricci, *Towards a Contemporary Venice Biennale : Reassessing the Impact of the 1993 Exhibition*, OBOE Journal I, 1 (2020), pp. 78-98. **12 —** Joseph Brodsky, *Acqua alta*, Paris, Gallimard, 2021, p. 70. **13 —** C'est le terme choisi dans un article publié dans Le Parisien du 5 octobre 2008, intitulé « La messe intime de Patti Smith » : « [...] L'icône du punk rock refusait toute image à l'intérieur de l'édifice. [...] À 21 h 45, l'entrée de Patti Smith sur l'autel déchirait le silence religieux avec quelques "woohoo" presque échappés involontairement. [...] Hier soir, la prêtresse Patti Smith a enchanté tous ses paroissiens, improvisant jusque tard dans la nuit. » https://www.leparisien.fr/culture-loisirs/la-messe-intime-de-patti-smith-05-10-2008-265652.php. **14 —** Patti Smith raconte elle-même cette histoire. Voir : https://www.youtube.com/watch? v=tNOuHNIZwEk. **15 —** Voir l'article de Karl Holmqvist « Rimbaud in Africa » dans le catalogue de la 54e Biennale de Venise, Venise, Marsilio editori, 2011, pp. 94-99, et Pierre Lemarchand, *Patti Smith & Arthur Rimbaud. Une constellation intime*, Paris, le Mot et le Reste 2021.

EN Golden rays shoot down from above straight across the dimly lit room. Powerful vectors instantly overwhelm visitors, conjuring a magical encounter with utterly elemental light. In *Ttéia 1, C*, 2003–2017 (ill. pp. 90–93), Lygia Pape has created a sculpture without substance out of substantivized light. The gold metal threads, stretched between ceiling and floor—or heaven and earth—dissolve in the space, perceptible only as reflecting traces. The power of poetry permeates the space with psychic energy and creates a space in between.

A radiant space in between: icons are images that signal an interval, a vibrating, consummate interruption, especially in an age of visual overkill. A pause, a stopper arresting everyday life in the mainstream. Icons stimulate attention. Icons are images that occupy a special position. They rise above grand generality, standing apart from it and yet still related. They create a hiatus for the individual and for the large and small collective as well. Like Venice, this incomparable city! Among cities, it is arguably the icon of icons and the supreme poetic wellspring of dreams. It is at the zenith of our times and has nonetheless resolutely succeeded in sidelining development and progress for centuries. Like all other cities, it is on a planet that has undergone mighty but also brutal urbanization and metropolitanization. But as an icon it offers an alternative to the image anchored in human memory of a past riddled with gloom, exploitation, abuse of power, and wars, a counter image of an enduring, radiant presents in history and culture. The city is known as the serenely serene *Serenissima*.

We perceive the splendor of the palazzi from another era as a glorious epitome of felicitous human will and creation, in exchanging and absorbing the multiplicity of cultural achievements.

Icons are light phenomena. Enveloped in a warm glow, in the golden aura of reflected candlelight. Icons illuminate the soul with their warmth and the spirit with their light. The softly powdered hues of Venetian facades are mirrored along with the skies in the water of the canals, giving the light of this city its distinctive accent.

ILLUMI*nations* was the title of the 54th Venice Biennale, which I had the privilege of organizing in 2011. "Nation" was typographically accentuated as a word within a word, and in the catalogue, it evoked the power of the "nation of art" and philosopher Jean-Luc Nancy's concept of community[1]; but of course, it also referred to the national pavilions, which have been a feature of the Biennale since its inception.[2]

Another icon of Christian culture, the Last Supper, not Leonardo's, but the one the Venetian Jacopo Tintoretto painted at the end of the sixteenth century (ill. p. 30), received viewers on walking into the first large hall of the Central Pavilion. Tintoretto's fantastically illuminated version of the Last Supper is anticlassical and turbulent, the table has slid back, a cat is jumping into a bucket: the artist has set the Biblical scene in the everyday context of a contemporary Venetian tavern. Hard backlight, a great deal of black in contrast to the brightly painted haloes, the flame of a lamp and the appearance of transparent white angels: the scene is positively filmic, driven by the tempo of Tintoretto's brush strokes. Here we have none of the clearly controlled emotion that characterizes Leonardo's harmonically balanced scene, painted in Milan as a mural some one hundred years earlier. And that instantly became an iconic image, spawning early copies (first as paintings and later as reproductions), which multiplied in staggering proportions in the twentieth century.

The Biennale is said to be a ritual that ensures a periodically recurring vitalization of Venice. The event lands in the Giardini and the Arsenale like a UFO, attracting a global art public for a full six months. By introducing Tintoretto, I wanted to insert a vibrant icon from another age into this inveterate celebration of contemporary art and thereby establish an osmotic connection to the space outside and to the *genius loci*. So the painting embarked on a trip in a motorized barge from the Church of S. Giorgio Maggiore across St. Mark's Basin, in front of Punta della Dogana, to the Giardini.[3]

Light and dark: the sooty Venetian tavern of Tintoretto offers a hint of the chiaroscuro, the gloominess of early Baroque life, in striking contrast to the glamour, pomp, lush brocade drapery, the burgeoning opera, and flourishing trade. Venice was the birthplace of modern commerce, the city's shipbuilding in the Arsenale in effect an emerging form of industry.

David Hammons confronts us with a mirror of truth in a flash of the most succinct visual imagery conceivable. Framed in gold, it is however a mirror darkened by a tattered black veil that clings to it. A shabby remnant of thin, cotton fabric. Hammons's mere breath of a gesture opens the sluices of association, evoking such keywords as slave trade, plantations, cotton, and brutality.

David Hammons's *A Cry From the Inside*, 1969 (ill. p. 118), also retrieves the dark side, drags it up to the surface from the deepest of historical depths. The black traces of a face crowned with many hands emerge on a gold ground. A Veronica's veil of a different order. An allusion to Hammons's Afro-American ancestors. The *Vera Icon* has become a silhouette of agony, an amalgam linked with the warming splendor of gold. But also an image strung tautly, in high tension between image and the object it represents: a monotype that incorporates the use of the artist's own body appears to be a living imprint of his hands and face. But at the same time, it is a secular icon, an *acheiropoieton*,[4] which has not been created by the artist alone—quite simply as a return of the suppressed. There is no "mediating" step in the image, no medium in between. Is this the purified meaning of *Vera Icon*, the "True Image"?

As an icon, the work is invested with the healing powers popularly attributed to it. It follows that a redemptive transformation also lies at the heart of the Christian concept of the Eucharist, the Lord's Supper. The works in this exhibition repeatedly show symbolism taking a cathartic turn to the point of echoing Situationist *détournement*.

Someone stands there selling snowballs spread out on a blanket on the ground: it is David Hammons in Cooper Square, New York, in *Bliz-aard Ball Sale*, 1983. What a subversively poetic action to offer for sale such a frail piece of nothing, so pure and guileless!

Undermining venerable pictorial tradition, Tintoretto affronted his pious contemporaries when he pictured the city's patron saint flying through the air head over heels in a painting that instantly catapulted him to fame in Venice, *The Miracle of the Slave* (also known as *The Miracle of San Marco*), unveiled in 1548 in the Scuola Grande di San Marco. He painted the moment when the evangelist rescues the converted Christian slave from torture and death and makes him invulnerable to the instruments of torture lying broken on the ground—such an unmistakable indictment of Tintoretto's contemporaries since not a few Venetians owned slaves, were involved in human trafficking, and made use of torture!

In his large-format *Roofing Exercise*, 2012 (ill. p. 102), Theaster Gates uses building materials to draw attention to the rough-and-ready working world, the heat and the stifling smell of tar; at the same time, he succeeds in sublimely evoking the abstraction and symbolism of spiritual verticality. Every fiber of this painting, weighing over 100 kilos, is a strikingly haptic representation of existential thoughts of submitting to higher forces, but also of resistance.

Or do the projections of an initiated art public deliberately resonate here? Dayanita Singh's pictures of the archives of the Maharana of Udaipur show series of bundles wrapped in reddish, cotton fabric, like wrinkled cushions. The traces of time are legible in the faded sides of the once stacked bundles. They contain documents and yet the soft, physical shapes drenched in red are powerfully suggestive, hinting at the immediacy of precarious life, at shrouded bodies. Subtle variations in the knotting individualize the bundles while the photographs merely capture how they have been shaped by time. The photographer has built a "memorial" to the secrets harbored in the bundles in the never-ending flow of time.

Essence, condensation, abbreviation: here we encounter Beckett or Heidegger's *Being and Time* with Sherrie Levine (being) and On Kawara (time).

An exhibition of 1990 at Le Consortium in Dijon juxtaposed On Kawara's *Date Paintings* with sculptures of women by Alberto Giacometti, a dialogue curated by On Kawara himself and titled "Conscience."[5] The radical conceptual artist had explicitly associated himself with a sculptor, who deliberately dared to "return" to figuration after the Second World War. It was a juxtaposition that also marked a sea change with the rediscovery of open form. The common ground between the two artists was reduction and, at the same time, venturing into the terrain of redesigning symbols, adapted to a ceaselessly changing world. Giacometti's *Femmes de Venise*, which he presented in 1956 in the French pavilion of the Biennale, might come to mind in contemplating Kimsooja's *Needle Woman* (1999–2000, ill. pp. 142–149). She stands still, like a needle in the enormous haystack of the metropolis, with the masses flowing around her as if she were parting the waters of the Red Sea. We watch her, or more precisely, we watch the outline of her figure seen from the back.

Icons silence sound: they create an aura of stillness but no standstill. John Cage's *4'33"* composed in 1952 is an abstract, invisible icon. The three movements of the composition are no doubt the most silent in the entire history of music. In 1948, Cage is reported to have said in a lecture that he wants, "to compose a piece of uninterrupted silence," titled *Silent Prayer*.[6]

The icon *4'33"* was also associated with popular culture given that Cage dedicated his composition to the Muzak Company[7] and asserted that its now mythical length corresponds to the "standard length of canned music."[8] Having simultaneously encroached on classical music, pop culture, and art, this controversial composition, and indeed Cage's oeuvre as a whole, was drastically dubbed a "land grab."[9]

During the 1993 Biennale in Venice, Alanna Heiss dedicated an exhibition to John Cage in the *Granai delle Zitelle*.[10] She produced the album *Caged/Uncaged—A Rock/Experimental Homage to John Cage* with contributions by such musicians as David Byrne, Arto Lindsay, Debbie Harry, Lou Reed, John Zorn, John Cale, Eliott Sharp, and Joey Ramone, as well as many excerpts from Cage's compositions. It was, completely in tune with the times, a hinge year in the history of the Biennale.[11]

John Cage's *4'33"* is a caesura that opens perception to the immediacy of the present; its silence is experienced as fusion. Silence might be compared to glass (although not to Duchamp's *Large Glass* with its psychological bachelor fantasies). Glass is a factor of both focus and detachment. Recently, while riding a vaporetto on the Canal Grande, I studied the glass in the windows of the Palazzi. Most of them have transparent (industrially manufactured) panes of glass. The crown-glass windows with round leaded panes of glass, known as bull's eyes (formerly known in Venice as *rùi*, rollers, or *vessighe*, bubbles), have gradually disappeared over the centuries for various reasons, damaged perhaps or to provide more light and a better view.

But the notion of Venetian windows as a kind of membrane remains. These were more introverted than today's transparent windows; they were "osmotically" pulsating links to the outside world with their subtle, sometimes colored distortions of visible reality. They filtered and reflected light, generating a diversity of wandering reflexes from the dancing rays of the sun shining in from outside by day to the chandeliers and candles everywhere by night. The panes of glass, also known as "cristallo" like a fortune teller's crystal ball, stand for dreamy metamorphoses, pointing both within and without. It is not Sigmund Freud's individualistic, psychological dream world that they reflect but rather those tamed gothic monsters on buildings described by Joseph Brodsky in *Watermark*, his lucid essay about Venice: "Small wonder that here, in this city sprung from water, they abound."[12]

The ground of paintings is also a membrane that activates meditation, often serving to frighten away ghosts so that peace can reign once again, as in prayer and also in the circular signs on Agnes Martin's rectangular canvas. In *O Ovo*, 1967 (ill. p. 95), Lygia Pape breaks a metaphorical eggshell in an unmistakably physical demonstration of the metaphysical, of passage and transit—filmed, photographed against pulsating ocean breakers. Lucio Fontana was also filmed for television in 1962 with Zero artist Jef Verheyen; sporting a suit and a tie, he is seen using a burin to poke a circle into a canvas.

As guardians of icons, churches themselves are iconic in nature. They ensure intimacy and contemplative moments of rest within the collective. And yet, having become erratic signs of times gone by, they are exposed even more to today's forces of Godless change. In Theaster Gates's video *Gone are the Days of Shelter and Martyr*, 2014 (ill. p. 100), we see this comforting symbol of constancy subjected to sudden destruction. Chaotic and contradictory is the wild beauty of the music and gospel songs that mix with the noise of the demolition. They convey a mood between lament, liberation, and euphoric change; they invoke the mental, spiritual, and emotional forces at work in times of cultural turmoil.

The events of great upheaval and cultural revolution underpin Chen Zhen's deeply archaic and modest objects, as if his sculptures were household altars dedicated to all the millions, indeed billions of abandoned homes and villages. Becandled relics of a pre-revolutionary, pre-industrial, pre-capitalist, pre-digital age. And yet an extremely contemporary memento, based exclusively on a rudimentary vertical/horizontal order and the basic structure of a chair, with diagonals in between and layered candles as protective roofs. They are built after the same principle as house and church; they are bodies of wood and wax; their elements are set up, layered, upright or flat, sitting or leaning, like human candles.

In decades past, some churches in Venice have acquired iconic significance in the history of performance and exhibitions associated with the Biennale, like San Lorenzo and San Staë. They have been secularized, as it is called.

Patti Smith is the foremost secular preacher of pop culture. She has unsurprisingly been dubbed an "icon" and a "priestess." Anyone who has seen one of her concerts, often in churches, knows why.[13] Her gestures are bewilderingly reminiscent of the symbolism of blessings and her performances are of exceptionally appealing simplicity and great emotional gravitas. Her anthem *People Have the Power* is as uplifting as her concerts. A deed stands at the beginning of her career which might be described as a second secularization of New York's mythical St. Mark's Church. The twenty-five-year-old did not yet consider herself a musician when she appeared with Lenny Kaye and his electric guitar in 1971, having been invited to recite her poems at the Poetry Project. All of New York's important poets in those days regularly recited their poetry at this charismatic event, inaugurated in 1966: Allen Ginsberg, Wystan Hugh Auden, Anne Waldman, Frank O'Hara, William Burroughs. Smith walked on stage with a borrowed Fender guitar, in itself, the icon incarnate of the quantum leap of pop culture in the second half of the twentieth century.[14]

And there she was on September 3, 2011, sitting with Karl Holmqvist[15] on the stage of Oscar Tuazon's parapavilion (ill. p. 36) in the Giardini of the Biennale, titled ILLUMI*nations*, in reference, of course, to Arthur Rimbaud's famous poem. Both artists had cherished Rimbaud since their youth; they wanted to share their thoughts about him in front of a random audience, who rubbed their eyes when they realized who and what they were about to see up there on that stage. Crackling electricity, the powerful icon of Venice, and an overwhelmingly simple situation: two people on two chairs talking to one another, one of them with a guitar and occasionally breaking into song. It was a brief, unanticipated re-enchantment of a disenchanted world.

1 — "Signs through the Fire," dialogue between Jean-Luc Nancy and Tommaso Tuppini, in the catalogue of the 54th Venice Biennale, 2011. **2** — For this reason I asked four artists to create so-called parapavilions as architectural and sculptural structures, which in turn housed the works of other artists. For example, Dayanita Singh presented a slide show inside Franz West's parapavilion in the Arsenale. West had built a replica of his kitchen in Vienna and turned it inside out by mounting all the pictures by his artist friends that ordinarily hung on the green-and-white on the outside walls of his parapavilion. **3** — Two more works by Tintoretto from the Accademia took up temporary residence in the hall as well: *The Abduction of the Body of Saint Mark*, dated between 1562 and 1566 (ill. p. 39) and *The Creation of the Animals*, 1550–1553 (ill. pp. 28–29). **4** — In the New Testament, *acheiropoieta* refers to icons "made without hands" or *Vera Icon*, the true image. **5** — Twenty-four *Date Paintings* by On Kawara (1966–1989) were juxtaposed with five Giacometti sculptures of women (1948–1960). **6** — Lecture at Vassar College, New York, in John Cage, "A Composer's Confessions" (1948), *MusikTexte*, 40/41 (August 1991), 65. **7** — Muzak is the name of a company that pioneered the installation of sound systems in public and semi-public spaces, piping in so-called ambient music. **8** — James Pritchett, The Music of John Cage (Cambridge/New York: Cambridge University Press, 1993). **9** — Alex Ross, "The John Cage Century," in *The New Yorker*, September 4, 2012. https://www.newyorker.com/culture/culture-desk/the-john-cage-century. **10** — *Il Suono Rapido delle Cose / The Swift Sound of Things*, produced by the Guggenheim Foundation. **11** — See Clarissa Ricci, *Towards a Contemporary Venice Biennale: Reassessing the Impact of the 1993 Exhibition*, OBOE Journal I, 1 (2020), 78–98. **12** — Penguin Classics, London, 2013, 82. **13** — The choice of words appears in an article published in *Le Parisien* on October 5, 2008, titled "La messe intime de Patti Smith": "(...) The punk rock icon refused to be photographed inside the building. (...) At 9:45 p.m., Patti Smith's entrance on the altar tore through the religious silence, when a few 'woohoo's' almost involuntarily escaped. Last night, the priestess Patti Smith delighted all her parishioners, improvising late into the night." https://www.leparisien.fr/culture-loisirs/la-messe-intime-de-patti-smith-05-10-2008-265652.php. **14** — Patti Smith tells the story herself. See: https://www.youtube.com/watch?v=tNOuHNIZwEk. **15** — See Karl Holmqvist's essay "Rimbaud in Africa" in the catalogue of the 54th Venice Biennale (Venice: Marsilio editori, 2011), 94–99, and Pierre Lemarchand, *Patti Smith & Arthur Rimbaud. Une constellation intime* (Paris: le Mot e le Reste, 2021).

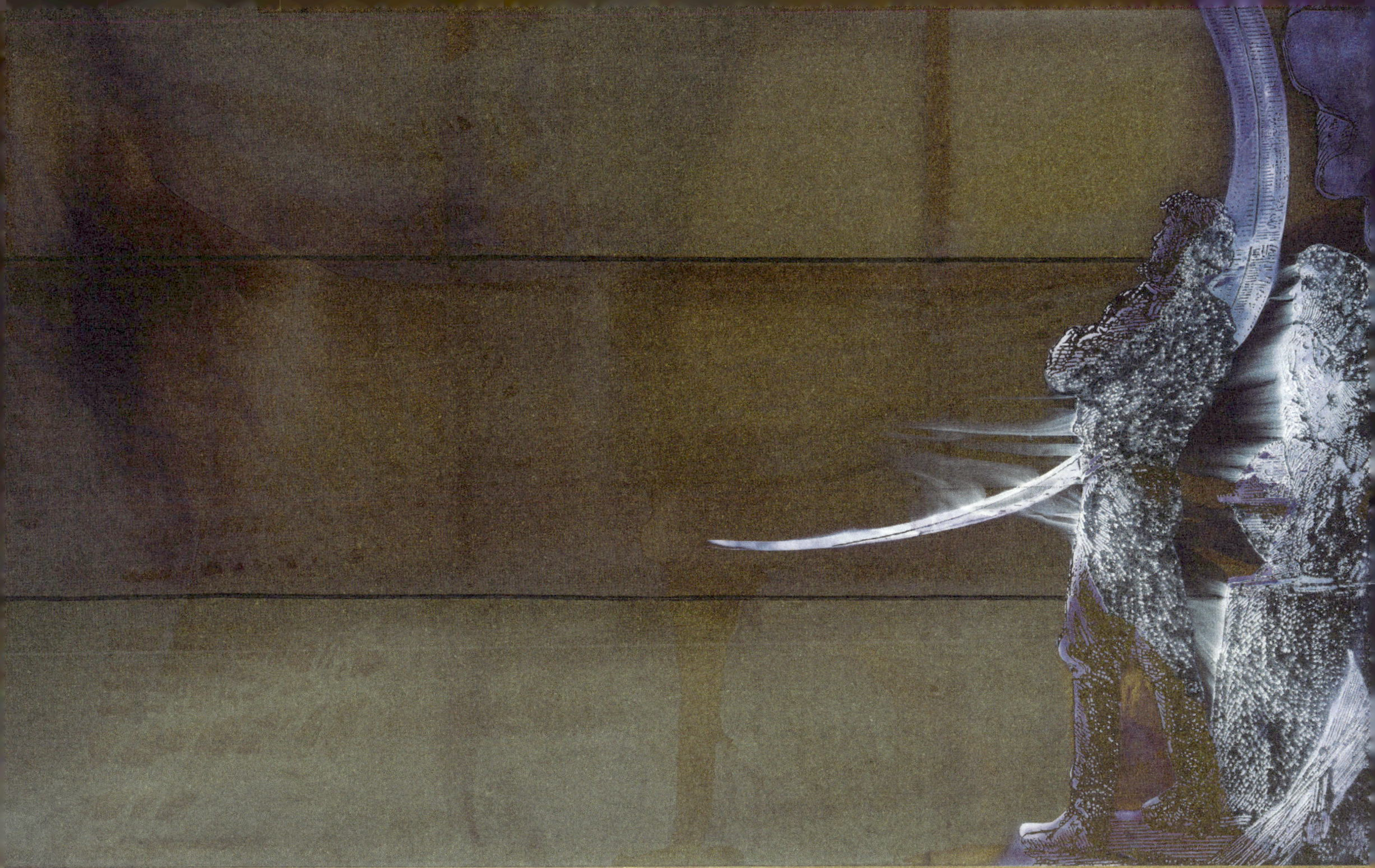

Sigmar Polke, *Forward*, da / de / from ***Axial Age*, 2005-2007**. Pinault Collection

Tintoretto, *Trafugamento del corpo di san Marco*, 1562-1566. Gallerie dell'Accademia, Venezia / Venise / Venice

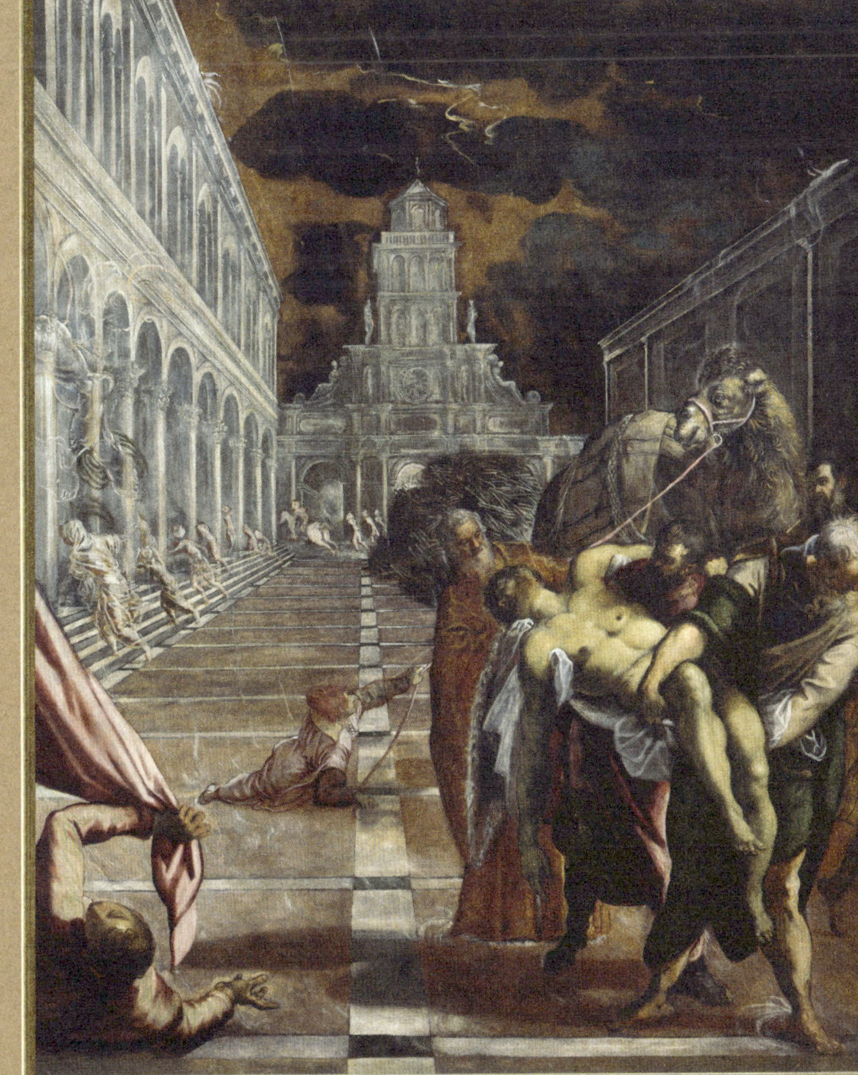

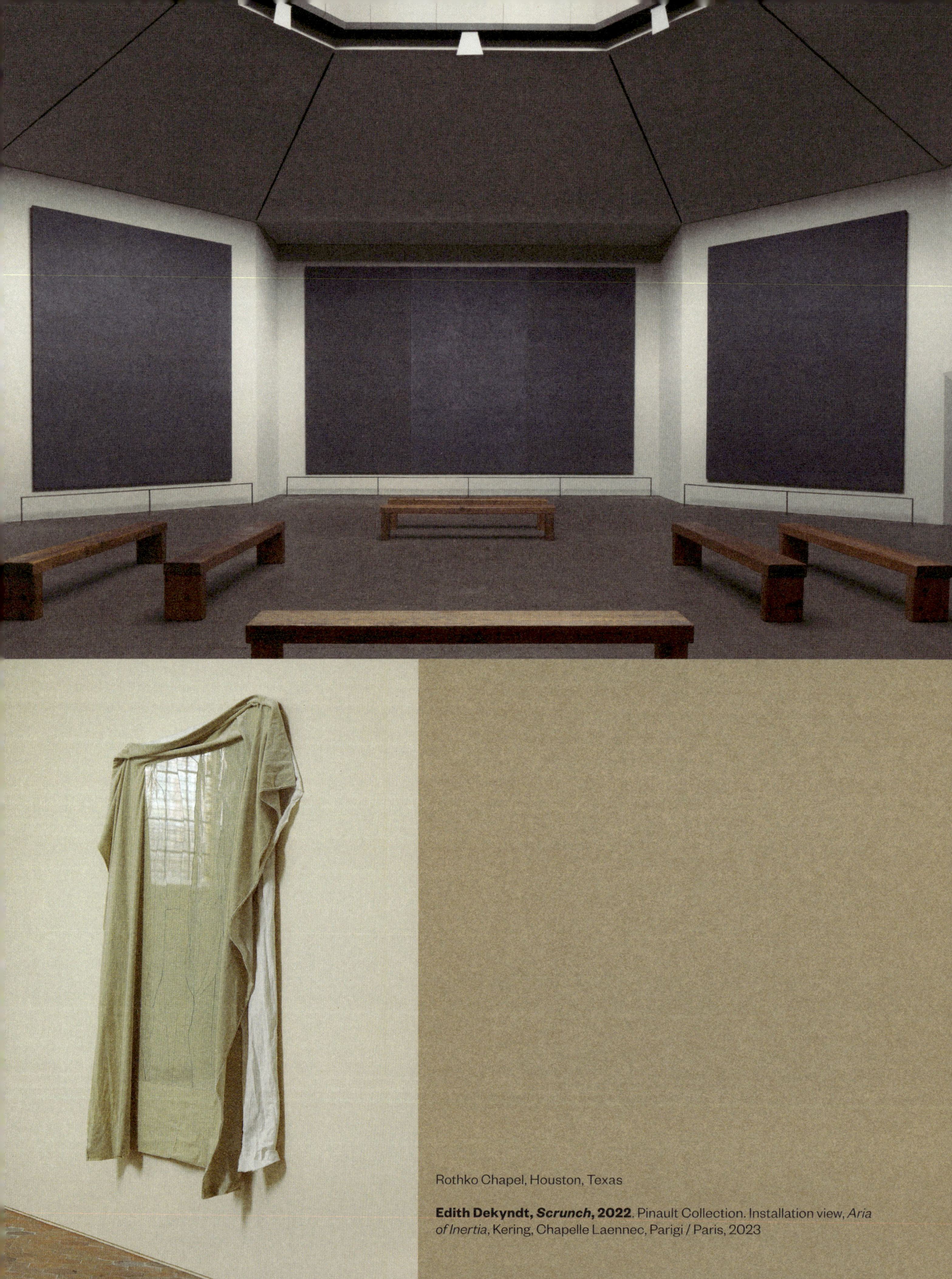

Rothko Chapel, Houston, Texas

Edith Dekyndt, *Scrunch*, 2022. Pinault Collection. Installation view, *Aria of Inertia*, Kering, Chapelle Laennec, Parigi / Paris, 2023

IT «L'essenza propria del visibile è di avere un doppio di invisibile.»
Maurice Merleau-Ponty[1]

Attraverso il suo film *Andrej Rublëv* (1966, ill. pp. 8, 45, 54), dedicato al pittore di icone del XV secolo, Andrej Tarkovskij analizza la capacità delle immagini di incarnare, al di là dei secoli e delle vicissitudini della storia, «l'idea della libertà assoluta del potenziale spirituale dell'uomo»[2]. Il regista pensa all'arte e al cinema come a una ricerca «di armonia in un'umanità che non la possedeva»[3] ed evidenzia quanto l'immagine della santa icona della *Trinità* abbia «attraversato i secoli continuando a vivere oggi»[4]. Mentre Philippe Descola, nella sua opera *Les formes du visible*[5], sottolinea come l'invenzione della prospettiva nei primi decenni del XV secolo produca uno strumento che media la relazione tra l'artista e il mondo mettendo in risalto l'unità spaziale del visibile, Tarkovskij difende il disinteresse di Rublëv e dei pittori russi nei confronti dei presupposti di quell'allargamento della visione. E ricorda la riflessione di padre Pavel Florenskij che, nel saggio *Iconostasi*, considera che la prospettiva rovesciata nella pittura russa antica «non ha niente a che vedere con l'ignoranza delle leggi ottiche del Rinascimento italiano elaborate da Leon Battista Alberti che poteva caratterizzare quei pittori di icone»[6]. A suo parere, Andrej Rublëv avrebbe visitato Venezia e non avrebbe dunque potuto ignorare l'invenzione della prospettiva. L'arte dell'icona se ne allontana per esprimere «la necessità di uno sguardo particolare su alcune questioni spirituali»[7], e rendere sensibile ciò che resta nell'incommensurabile oscurità di un mondo invisibile. Radicandosi nel substrato delle immagini, la poetica del regista russo rimette in gioco la questione del divenire dell'invisibile e dello spirituale in un mondo che di quelle immagini è saturo. Marie-José Mondzain, nella sua opera *Immagine, icona, economia*, difende l'idea dell'immagine e del suo valore simbolico e vede l'arte dell'icona come «la migliore introduzione storica al modo di procedere astratto»[8].

Veli da meditazione

È un dato di fatto che l'essenza stessa dell'icona traspare nel passaggio all'astrazione operato da Kandinskij e Malevič, che sperimentano spazi trasfigurati proprio dalla presenza di icone, che si tratti di chiese, cappelle o isbe dai muri dipinti come quelle che Kandinskij scopre nel 1889 durante il suo viaggio nella provincia di Vologda. L'immersione nel colore associato alla luminosità delle icone, che si ammantano di rosso alla luce delle candele nell'angolo orientale e sacro delle case, è una fase decisiva nella sua ricerca di un invisibile che nel 1912, in *Lo spirituale nell'arte*, definirà appunto «spirituale». In occasione dell'*Ultima mostra futurista 0,10* a Pietrogrado (oggi San Pietroburgo) nel 1915, Malevič traspone nello spazio quel bell'angolo rosso in cui sono disposte le icone, per farne lo scrigno del *Quadrato nero su fondo bianco* da lui considerato l'icona del nostro tempo. Ispirato tanto dai pittori di icone che non utilizzano alcun colore o forma fedeli alla realtà, quanto dalla poesia sonora e ritmica di Chlebnikov, Malevič inventa elementi plastici autonomi che si affrancano dal mondo visibile e dalla *mimésis*. Nel suo manifesto *Il suprematismo o il mondo senza oggetto* (1919-1922), aspira a esplorare le modalità di esistenza del mondo al di là dal visibile. Come ha analizzato Bruno Duborgel in *Malévitch, la question de l'icône*[9], il suo obiettivo è rendere sensibile la relazione tra il visibile e l'invisibile, rivelare la natura dell'immagine non solo nella sua visibilità, ma soprattutto nel suo legame con l'invisibile. La nascita dell'astrazione si radica in quell'aspirazione alla trascendenza nata dalla contemplazione delle icone, più idonee rispetto alla dinamica dello spazio illusionistico nato dalla prospettiva ad aprire le porte della percezione del mondo nelle sue dimensioni inafferrabili.

Questa ricerca emerge nella pratica di artisti che, attraverso un'ascesi formale, ai confini del visibile, si riallacciano alle origini metafisiche dell'astrazione. La pittura deve rispondere a una necessità interiore, far entrare in vibrazione l'animo umano. In linea con Mark Rothko — i cui dipinti tendono ad appropriarsi del finito e dell'infinito e che, per riprendere le parole di Werner Haftmann, sono «veli da meditazione, icone, dipinti da contemplazione, tende decorate che dissimulano il divino»[10] —, Agnes Martin cattura la luce sulle tele in cui traccia linee appena tremule, mentre Roman Opałka si appropria dell'evanescenza del passaggio del tempo. Robert Ryman, che aspirava a diventare musicista jazz, utilizza il bianco come strumento privilegiato delle sue variazioni plastiche. «Non penso neanche di dipingere dei quadri bianchi. Il bianco è solo un mezzo per esporre altri elementi della pittura. [...] Il bianco permette ad altre cose di diventare visibili»[11]. L'opera è connaturata al suo ambiente, alla sua luce, e trasforma la pittura in un'esperienza «di illuminazioni, incanto, benessere, precisione»[12]. Queste ascesi formali disegnano nuove linee che aprono a uno spazio percettivo illimitato, orientato al silenzio e alla contemplazione. Come scrive Joseph Kosuth nel suo testo-manifesto *Art after Philosophy*, nel 1969, «può essere che, dopo la filosofia e la religione, l'arte sia un tentativo per soddisfare i bisogni spirituali dell'uomo»[13].

Campi magnetici

«Attualmente il cammino dell'uomo si realizza attraverso lo spazio... [...] Il mare bianco e libero [...] si stende davanti a voi», annuncia Malevič nel 1918 a proposito della sua nuova opera iconica, *Quadrato bianco su fondo bianco*. La metabolizzazione dello spazio da parte dell'icona e del suo irradiarsi, al di là della bidimensionalità dell'opera che aveva segnato Kandinskij e Malevič allora impegnati nella rivoluzione dell'astrazione, apre la strada alle ricerche degli artisti che, all'indomani della *tabula rasa* della Seconda guerra mondiale, si liberavano dalla cornice della pittura per avventurarsi nella ricerca dell'immaterialità dell'arte. Nel 1946 Lucio Fontana formula i principi dello spazialismo, liberando l'arte dalle contingenze della materia, dello spazio e del tempo. «Non ho intenzione di fare un dipinto: voglio aprire uno spazio, creare una nuova dimensione dell'arte, entrare in rapporto con il cosmo che si espande all'infinito oltre la limitata superficie del dipinto»[14] dichiara l'artista. È con un gesto primordiale e a prima vista iconoclasta, incidendo la tela, che Fontana stabilisce una continuità visiva e sensibile tra la superficie dell'opera e l'ambiente in cui essa si trova. I suoi *Concetti spaziali* e *Ambienti spaziali* generano una situazione meditativa e incommensurabile, come gli spazi lumino-cromatici creati con la luce nera (*Ambiente spaziale a luce nera*, 1949), che invitano a un'esperienza fenomenologica. La sua riflessione sull'idea di infinito rimette in discussione le credenze religiose e la finalità stessa dell'arte, rendendo al contempo concreta l'essenza della forma e dello spazio del sacro. La sua opera incontra e rafforza il pensiero di Yves Klein e il suo desiderio di «superare la problematica dell'arte»[15]. Accanto ai *monochromes IKB*, una serie ascetica di tredici monocromi bianchi prefigura lo spazio immateriale del «Vuoto». Dal 28 aprile al 5 maggio 1958, nel corso dell'esposizione *La Spécialisation de la sensibilité à l'état matière première en sensibilité picturale stabilisée*, organizzata alla galleria Iris Clert, Yves Klein mette in scena quel fenomeno plastico incredibile che ribattezzerà «Vuoto». «Desidero, con questo tentativo, creare, fissare e presentare al pubblico uno stato sensibile pittorico entro i limiti di una comune sala mostre. In altri termini, creare un ambiente, un clima pittorico invisibile ma presente, nello stesso spirito di ciò che Delacroix chiama nel suo diario "l'indefinibile"»[16]. Lo spazio, immaginato da Klein come la nascita del «regno del sensibile», come una «manifestazione di sintesi percettiva» condivisa con il pubblico, si trasforma con una metamorfosi quasi impercettibile in una scena vuota e al contempo satura di «sensibilità pittorica allo stato puro» che si impregna progressivamente di un'intensità invisibile. Nel frattempo, in un movimento costante tra dissipazione della forma e incarnazione, Yves Klein porta avanti la sua relazione alchemica con l'oro. I suoi *Monogolds*, realizzati con foglie d'oro puro da 24 carati, perpetuano una simbologia radicata tanto nella teologia dell'Egitto antico quanto in quella delle icone ortodosse che manifestano l'irradiarsi della luce divina. Questa sensibilità esacerbata, che attribuisce all'opera d'arte una condizione di instabilità tra visibile e invisibile, è ugualmente sottesa al lavoro di Lygia Pape. Ispirata dai raggi di luce che penetrano nell'oscurità e nella densità della foresta tropicale come nella penombra delle chiese o delle cattedrali, ma anche dall'architettura delle ragnatele che, secondo le sue parole, tessono reti «tra la vita e la morte», incanta lo spazio con le sue *Ttéia* (2003-2017, ill. pp. 90-93) di fili d'oro o argento tesi in un'illuminazione quasi irreale, stimolando la consapevolezza percettiva e collegando tra loro i corpi dei visitatori. Di conseguenza, «non c'è più né interno né esterno», ma un piano continuo, uno «spazio che introduce l'idea che l'arte e la vita si fondono, abolendo o negando lo spazio sacralizzato del luogo espositivo»[17]. Le sue *Ttéia* invitano a fare l'esperienza collettiva di uno «spazio magnetico», secondo le parole dell'artista, come se «diventasse vivo»[18].

L'immaterialità dell'opera si nutre delle spiritualità e filosofie orientali che alimentano la pratica di artisti come Lee Ufan, pioniere e teorico del Mono-ha. Impregnato del pensiero di Merleau-Ponty e Foucault, ma anche della filosofia religiosa di Nishida Kitaro, Lee Ufan aspira a creare un'arte che sia espressione delle specificità dell'universo psicosensoriale dell'Estremo Oriente. L'opera è immaginata come mondo, che si tratti di tele che cercano di esprimere l'infinito attraverso la ripetizione e le variazioni di punti, creando così una «spazialità indeterminata e intermedia» e delle «terre di alterità, evocate dall'intuizione e dalla premonizione dei temi del dipinto»[19], o si tratti di ambienti, case da tè, sale da meditazione che invitano ad abitare il tempo, qui e ora, e a pensare allo spazio come al prolungamento della tela. L'opera di Chen Zhen conserva fin dentro i suoi piccoli «altari di luce», costituiti da sedie e candele votive, la memoria fertile dei tre mesi che l'artista ha trascorso in Tibet, dove ha avuto la possibilità di entrare in un tempio tibetano di norma chiuso al pubblico e sentire i monaci recitare le preghiere. «Misurare il mio corpo con un "ambiente immateriale" è stata un'esperienza eccezionale»[20]. Kimsooja si serve dello specchio per approfondire l'architettura, metabolizzarla in un organismo che sembra liquido; ne fa vacillare la stabilità e lascia che vi si formi un vuoto pensato come lo spazio interstiziale essenziale alla dialettica dello Yin e dello Yang, alla base della vita. La sua ricerca di immaterialità ricorda quella di Klein. L'artista afferma: «Vorrei creare opere che fossero come l'acqua e l'aria, che non possono essere possedute»[21].

Risonanza

«Quando, nella sala da concerto, riapro gli occhi, lo spazio visibile mi sembra angusto rispetto a quell'altro spazio in cui poco fa si dispiegava la musica, e anche se tengo aperti gli occhi mentre viene eseguito il pezzo, mi sembra che la musica non sia veramente contenuta in questo spazio preciso e meschino. Attraverso lo spazio visibile, essa insinua una nuova dimensione in cui dilaga: allo stesso modo, negli allucinati, lo spazio chiaro delle cose percepite si sdoppia misteriosamente in uno "spazio buio" in cui sono possibili altre presenze»[22], sottolinea Maurice Merleau-Ponty nella *Fenomenologia della percezione*. Nell'epoca della proliferazione delle immagini, alcune opere generano ambienti sonori, cappelle immateriali che coinvolgono l'ascolto più profondo e rendono percepibili altre immagini, sensazioni e affetti. Nel torrino di Punta della Dogana, rivestito di specchi e di pellicole che diffrangono la luce, la polifonia composta da Kimsooja amplifica l'esperienza spaziale che aspira alla trascendenza. La musica si impadronisce dei corpi nell'opera di Camille Norment in cui i visitatori, seduti su panche di legno, sono attraversati dalle vibrazioni delle onde sonore che, attraverso i gemiti dei cori gospel afroamericani, producono un'esperienza sensoriale capace di risvegliare la memoria delle comunità nere. Nell'opera di Dineo Seshee Bopape, *Mothabeng* (2022, ill. p. 152), i suoni provenienti da una cava di pietra in Toscana fanno vibrare la cappella di argilla attraversata dalla luce e permettono di riconciliare con la terra i corpi offesi, radicandoli nuovamente in una memoria geologica primordiale. Girato tra le macerie della chiesa di Saint Laurence nel quartiere afroamericano di South Side a Chicago, *Gone are the Days of Shelter and Martyr* di Theaster Gates (2014, ill. p. 100) ci fa percepire la scomparsa dei luoghi di comunione, il lutto (*mourning*) senza fine di una comunità. La musica permette all'artista di trasformare la violenza della situazione in un'esperienza del sublime. Il canto gospel, carico di emozioni, porta la speranza di una rinascita. Come antidoto alla distruzione di questa chiesa l'artista sviluppa il suo progetto di *Black Chapel* (2022, ill. p. 103), che si incarna in un'architettura effimera costruita con il supporto dell'architetto David Adjaye nel parco di Kensington, vicino alla Serpentine Gallery di Londra. La cappella, che rappresenta la sintesi ecumenica tra le forme del tempietto di Bramante a Roma, le capanne tradizionali del Camerun e le tombe di Kasabi in Uganda, ospita alcuni dipinti che evocano quelli di Mark Rothko, scuri e trascendentali, che ornano la cappella ottagonale di Houston. Come una reliquia, la campana della chiesa martire di Chicago trova il proprio posto accanto all'edificio di legno nero e dimostra il potere della musica di reinventare una comunità. Per Theaster Gates, questa cappella sacra «non fa riferimento al mondo invisibile dell'architettura di Dio, ma alla presunzione di vincere a tutti i costi e alla capacità di costruire un'eredità che, quando occupa lo spazio, ne modifica la natura»[23].

Nella *Quinta del Sordo* di Philippe Parreno (2021, ill. pp. 96-99), il suono e la luce rivelano, riportandole in vita, le quattordici pitture nere realizzate da Goya nella sua casa vicino a Madrid tra il 1819 e il 1823. In contrasto con la brillantezza mistica dei cicli di raffigurazioni religiose che aveva eseguito per i re e per la Chiesa durante la sua carriera, l'artista crea, direttamente sulle pareti, dipinti a olio in cui predomina il nero, sfumato di ocra e di terra. Ogni traccia di sacro sembra essere definitivamente scomparsa da questa Via Crucis, questo testamento pittorico ossessionato dai fantasmi del suo mondo interiore e dalla sua visione politica pessimista che critica l'oscurantismo e l'Inquisizione. Le figure allucinate ed estatiche di un mondo occulto, prima di essere illuminate e adeguate allo spazio di un museo in occasione del loro trasferimento nelle sale bianche del Prado, sono assorbite dall'oscurità e dal silenzio. Marie-José Mondzain sottolinea come «ogni grande arte è kenotica»[24], in riferimento alla nozione di kenosi presente nell'arte dell'icona e che definisce il vuoto, la scomparsa del divino. Le figure sacre hanno lasciato il posto alle streghe, al mostro saturnino, alle scene di sabba e al cane randagio, come in una Cappella Sistina laica abitata dalla consapevolezza della morte. La telecamera, con la sua definizione di 500.000 immagini al secondo, entra come un endoscopio nel corpo stesso della pittura per sondarne i misteri: rende visibile ogni pennellata, gli spazi interstiziali tra le opere o il loro rapporto connaturato con la casa che le ha generate, riproducendo anche il paesaggio sonoro immaginario di questo cenotafio attraverso la creazione in 3D di un'architettura acustica dello spazio. Il crepitio del fuoco nel focolare, il soffio del vento tra gli alberi, il suono ovattato delle campane e il ritmo della respirazione ci immergono in un'intensa vicinanza, un patto con il pittore, una comunione che abolisce il tempo. Alla fiamma della candela che fa fluttuare la polvere, Philippe Parreno ci ricorda come questo ciclo alchemico apra le porte della sensibilità moderna e la coscienza di un mondo progressivamente abbandonato dagli dei, ma nel quale, sulla superficie dello specchio cupo che ci viene teso, il chiarore delle immagini passate e di quelle in divenire continua ad avvicinarsi il più possibile alle energie plastiche dell'invisibile.

1 — Maurice Merleau-Ponty, *L'occhio e lo spirito*, traduzione di Anna Sordini, SE, Milano 1989, p. 58. **2** — Andrej Tarkovskij, *Le Temps scellé*, Éd. Philippe Rey, Paris 2014, pp. 275-276 **3** — *Ibid.* **4** — Ivi, p. 93. **5** — Philippe Descola, *Les formes du visible. Une anthropologie de la figuration*, Éd. du Seuil, Paris 2021. **6** — Ivi, p. 96. **7** — Ivi, p. 97. **8** — Marie-José Mondzain, *Immagine, icona, economia. Le origini bizantine dell'immaginario contemporaneo* [1996], traduzione di Aldo Granata, Jaca Book, Milano 2006, p. 119. **9** — Bruno Duborgel, *Malévitch, la question de l'icône*, PU Saint-Étienne, Saint-Étienne 1997. **10** — *Mark Rothko*, catalogo della mostra, Musée National d'Art Moderne, Paris 1972, p. IX. **11** — *Collection du musée national d'art moderne*, Centre Pompidou, a cura di Agnès de La Beaumelle, Paris 1987, p. 313. **12** — *Ibid.* **13** — Joseph Kosuth, *L'arte dopo la filosofia: il significato dell'arte concettuale*, Costa & Nolan, Milano 2009. **14** — Lucio Fontana, citato in Jan van der Marck, Enrico Crispolti, *Lucio Fontana: Dalla tradizione all'utopia*, in *Lucio Fontana: Catalogue Raisonné*, I, La Connaissance, Bruxelles 1974, p. 7. **15** — Kazimir Malevič, *Catalogue du Xe Salon d'Etat de Moscou*, 1918. **16** — Yves Klein, *L'evoluzione dell'arte verso l'immateriale. Conferenza Sorbona* [1959], in Yves Klein, *Verso l'immateriale nell'arte*, a cura e traduzione di Giuliana Prucca, Edizioni O barra O, Milano 2009, ebook. **17** — Lygia Pape, *Ttéia. Open area*, 1979, in Lygia Pape, *Magnetized Space*, catalogo della mostra (Madrid, Londra, San Paolo, 2011-2012), Museo Nacional Centro de Arte Reina Sofía, Madrid, JRP Ringier, Zürich 2014, p. 369. **18** — *Ibid.* **19** — *Collection du Centre Pompidou*, Éd. du Centre Pompidou, Paris 1993, p. 349. **20** — Chen Zhen, *Invocation of Washing Fire*, a cura di David Rosenberg, Gli Ori, Prato-Siena 2003, p. 40. **21** — Kimsooja, intervista con l'autrice, Metz 2015. **22** — Maurice Merleau-Ponty, *Fenomenologia della percezione* [1945], traduzione di Andrea Bonomi, Bompiani, Milano 2014, ebook. **23** — Theaster Gates, *Black Chapel*, Haus der Kunst, Éd. Walther & Franz König, München 2019, p. 7. **24** — Marie-José Mondzain, *Immagine, icona, economia*..., cit., p. 119.

FR « Le propre du visible est d'avoir une doublure d'invisible. » Maurice Merleau-Ponty[1]

À travers son film *Andreï Roublev* (1966, ill. pp. 8, 45, 54), consacré au peintre d'icônes du 15e siècle, Tarkovsky interroge la capacité des images à incarner, au-delà des siècles et des vicissitudes de l'Histoire, « l'idée de la liberté absolue du potentiel spirituel de l'homme[2] ». Il envisage l'art et le cinéma comme une quête « d'harmonie dans une humanité qui n'en avait pas[3] » et explore combien l'image de la sainte *icône de la Trinité* a « traversé les siècles et continue à vivre aujourd'hui[4] ». Alors que Philippe Descola, dans son ouvrage *Les formes du visible*[5], souligne la façon dont l'invention de la perspective dans les premières décennies du 15e siècle devient un instrument médiateur de la relation entre l'artiste et le monde, mettant en évidence l'unité spatiale du visible, Tarkovsky défend le désintérêt de Roublev et des peintres russes pour les prémisses de cet élargissement de la vision. Il rappelle la réflexion du père Paul Florensky qui, dans son livre *L'Iconostase,* considère que la perspective inversée dans la peinture russe ancienne « n'a rien à voir avec l'ignorance que pouvaient avoir ces peintres d'icônes des lois optiques de la Renaissance italienne élaborées par Leon Battista Alberti[6] ». Selon lui, Andreï Roublev se serait rendu à Venise et ne pouvait donc ignorer l'invention de la perspective. L'art de l'icône s'en détourne pour exprimer « la nécessité d'un regard particulier jeté sur certains problèmes spirituels[7] » et rendre sensible ce qui reste dans l'obscurité incommensurable d'un monde invisible. La poétique du cinéaste russe, en s'enracinant dans le substrat des images, remet en jeu la question du devenir de l'invisible et du spirituel dans un monde saturé d'images. Marie-José Mondzain, dans son ouvrage *Image, icône, économie*, défend la pensée de l'image et de sa valeur symbolique et envisage l'art de l'icône comme « la meilleure introduction historique à la démarche abstraite[8] ».

Voiles de méditation

Il est acquis que l'essence même de l'icône transparait dans le passage à l'abstraction de Kandinsky et Malévitch, lesquels font l'expérience d'espaces transfigurés par la présence d'icônes, qu'il s'agisse d'églises, de chapelles ou d'isbas aux murs peints, telles que Kandinsky les découvre lors de son voyage dans la province de Vologda en 1889. L'immersion dans la couleur associée au rayonnement des icônes, rougeoyant à la lumière des bougies dans l'angle oriental et sacré des maisons, est une étape décisive dans sa quête d'un invisible qu'il nommera « spirituel » dans *Du Spirituel dans l'art* en 1912. Malévitch, lors de l'exposition « Dernière Exposition futuriste 0,10 » à Pétrograd en 1915, transpose dans l'espace ce beau coin rouge où sont disposées les icônes, afin qu'il devienne l'écrin au *Carré noir sur fond blanc* qu'il considère comme l'« icône de notre temps ». Inspiré par les peintres d'icônes qui n'utilisent aucune couleur ni forme fidèles à la réalité, autant que par la poésie sonore et rythmique du poète Khlebnikov, Malévitch invente des éléments plastiques autonomes qui s'affranchissent du monde visible et de la *mimésis*. Dans son manifeste *Le suprématisme : le monde sans objet ou le repos éternel*, 1919-1922, il tend à explorer les modalités d'existence du monde au-delà du visible. Tel que l'a analysé Bruno Duborgel dans *Malévitch, la question de l'icône*[9], l'enjeu pour lui est de rendre sensible la relation entre le visible et l'invisible, de révéler la nature de l'image non seulement dans sa visibilité mais surtout dans son lien à l'invisible. La naissance de l'abstraction s'enracine dans cette aspiration à la transcendance née de la contemplation des icônes, plus à même d'ouvrir les portes de la perception du monde dans ses dimensions insaisissables que la dynamique de l'espace illusionniste né de la perspective.

Cette quête transparait dans les démarches d'artistes qui, par une ascèse formelle, aux confins du visible, renouent avec ces origines métaphysiques de l'abstraction. La peinture doit répondre à une nécessité intérieure, mettre l'âme humaine en vibration. Dans le droit fil de Mark Rothko, dont les tableaux tendent à se saisir du fini et de l'infini et qui sont, pour reprendre les mots de Werner Haftmann, « des voiles de méditation, des icônes, des tableaux de contemplation, des toiles de tentes décorées qui dissimulent le divin[10] », Agnes Martin capte la lumière sur des toiles où elle inscrit des lignes au léger tremblé, Roman Opałka se saisit de l'évanescence du passage du temps. Robert Ryman, qui aspirait à devenir musicien de jazz, fait du blanc l'instrument privilégié de ses variations plastiques. « Je n'estime pas que je peigne des peintures blanches. Le blanc est seulement un moyen d'exposer d'autres éléments de la peinture. [...] Le blanc permet à d'autres choses de devenir visibles[11]. » L'œuvre est reliée consubstantiellement à son environnement, à sa lumière, faisant de la peinture une expérience « d'illuminations, de ravissement, de bien-être, de justesse[12] ». Ces ascèses formelles dessinent de nouvelles lignes qui ouvrent à un espace perceptif illimité, aspirant au silence et à la contemplation. Tel que l'écrit Joseph Kosuth dans son texte manifeste *Art after Philosophy*, en 1969, « Il se peut que, à la suite de la philosophie et de la religion, l'art soit une tentative pour satisfaire les besoins spirituels de l'homme[13] ».

Champs magnétiques

« À présent, le chemin de l'homme se trouve à travers l'espace... [...] La blanche mer libre s'étend devant vous », annonce Malévitch en 1918 à propos de sa nouvelle icône le *Carré blanc sur fond blanc.* La métabolisation de l'espace par l'icône, par son rayonnement, au-delà de la bidimensionnalité de l'œuvre qui avait marqué Kandinsky et Malévitch alors engagés dans la révolution de l'abstraction, ouvre la voie aux recherches d'artistes qui, au lendemain de la *tabula rasa* de la Seconde Guerre mondiale, s'extraient du cadre de la peinture pour s'aventurer dans la quête de l'immatérialité de l'art. En 1946, Lucio Fontana formule les principes du spatialisme, délivrant l'art des contingences de la matière, de l'espace et du temps. « Je ne veux pas faire de peinture. Je veux ouvrir un espace, créer une nouvelle dimension, nouer un lien avec le cosmos, qui s'étend sans cesse au-delà du plan confiné d'une image[14] », explicite l'artiste. C'est par un geste primordial, au premier abord iconoclaste, en incisant la toile, qu'il établit une continuité visuelle et sensible entre le plan de l'œuvre et l'environnement qui l'entoure. Ses *Concetti spaziali* et *Ambienti spaziali* créent une situation méditative et sidérale, à l'image des espaces lumino-chromatiques conçus avec la lumière noire (*Ambiente spaziale a luce nera*, 1949), invitant à une expérience phénoménologique. Sa réflexion sur l'idée d'infini remet en cause les croyances religieuses et la finalité même de l'art, tout en matérialisant l'essence de la forme et de l'espace du sacré. Son œuvre rencontre et affermit la pensée d'Yves Klein et son désir de « dépasser la problématique de l'art[15] ». Aux côtés des *monochromes IKB*, une série ascétique de treize monochromes blancs préfigure l'espace immatériel du « Vide ». Du 28 avril au 5 mai 1958, lors de son exposition « La Spécialisation de la sensibilité à l'état matière première en sensibilité picturale stabilisée », organisée à la galerie Iris Clert, Yves Klein met en scène ce phénomène plastique ineffable qu'il renommera le « Vide ». « Je désire, avec cette tentative, créer, établir et présenter au public, un état sensible pictural dans les limites d'une salle d'exposition de peinture ordinaire. En d'autres termes, créer une ambiance, un climat pictural invisible, mais présent, dans l'esprit de ce que Delacroix appelle dans son journal "l'indéfinissable"[16]. » Envisagé par Klein comme la naissance du « règne du sensible », comme une « manifestation de synthèse perceptive » partagée avec le public, l'espace se mue dans une métamorphose quasi imperceptible en une scène vide et en même temps saturée de « sensibilité picturale à l'état pur » qui s'imprègne progressivement d'une intensité invisible. Parallèlement, en un mouvement constant entre dissipation de la forme et incarnation, Yves Klein poursuit sa relation alchimique avec l'or. Ses *Monogolds*, réalisés avec des feuilles d'or pur de 24 carats, perpétuent une symbolique ancrée dans la théologie de l'Égypte ancienne comme dans celle des icônes orthodoxes manifestant l'irradiation de la lumière divine. Cette sensibilité exacerbée, qui fait de l'œuvre d'art un état instable entre visible et invisible, sous-tend également l'œuvre de Lygia Pape. Inspirée par les rayons de lumières qui pénètrent dans l'obscurité et la densité de la forêt tropicale comme dans la pénombre des églises ou des cathédrales, mais aussi par l'architecture des toiles d'araignées qui tissent selon ses mots des réseaux « entre vie et mort », elle magnétise l'espace avec ses *Ttéias* de fils d'or ou d'argent tendus en une illumination quasi irréelle, aiguisant la conscience perceptuelle et reliant entre eux les corps des visiteurs (2003-2017, ill. pp. 90-93). Dès lors, « il n'y a plus ni intérieur ni extérieur », mais un plan continu, un « espace qui introduit l'idée de l'art et de la vie se mêlant, abolissant ou niant l'espace sacralisé de l'espace d'exposition[17] ». Ses *Ttéias* invitent à faire l'expérience collective d'un « espace magnétique » selon les mots de l'artiste, comme s'il « devenait vivant[18] ».

L'immatérialité de l'œuvre se nourrit des spiritualités et philosophies orientales qui irriguent la démarche d'artistes comme Lee Ufan, pionnier et théoricien du Mono-ha. Imprégné des pensées de Merleau-Ponty et de Foucault, mais aussi de la philosophie religieuse de Nishida Kitaro, il aspire à créer un art qui traduise les spécificités de l'univers psychosensoriel extrême-oriental. L'œuvre d'art est envisagée en tant que monde, qu'il s'agisse de toiles qui tentent d'exprimer l'infini par la répétition et les variations de points, créant ainsi une « spatialité indéterminée et intermédiaire » et des « terres d'altérité, convoquées par l'illumination et la prémonition des motifs du tableau[19] », ou d'environnements, maison du thé, chambre de méditation invitant à habiter le temps, ici et maintenant, et à envisager l'espace comme le prolongement de la toile. L'œuvre de Chen Zhen conserve jusque dans ses petits « autels de lumière », constitués de chaises et de bougies votives, la mémoire fertile de son séjour de trois mois au Tibet, où il a pu pénétrer dans un temple tibétain normalement fermé au public et entendre les moines réciter les prières. « Mesurer mon corps à un "environnement immatériel" fut une expérience exceptionnelle[20]. » Kimsooja se sert du miroir pour creuser l'architecture, la métaboliser en un organisme qui semble liquide ; elle en fait vaciller la stabilité et y laisse advenir un vide, envisagé comme l'espace interstitiel essentiel à la dialectique du Yin et du Yang, à la base de la vie. Sa quête d'immatérialité rappelle celle de Klein, et elle confie : « Je voudrais créer des œuvres qui soient comme l'eau et l'air, qui ne peuvent être possédées[21] ».

Résonance

« Dans la salle de concert, quand je rouvre les yeux, l'espace visible me paraît étroit en regard de cet autre espace où tout à l'heure la musique se déployait, et même si je garde les yeux ouverts pendant que l'on joue le morceau, il me semble que la musique n'est pas vraiment contenue dans cet espace précis et mesquin. Elle insinue à travers l'espace visible une nouvelle dimension où elle déferle, comme, chez les hallucinés, l'espace clair des choses perçues se redouble mystérieusement d'un "espace noir" où d'autres présences sont possibles[22] », analyse Maurice Merleau-Ponty dans la *Phénoménologie de la perception*. À l'ère de la prolifération des images, certaines œuvres génèrent des environnements sonores, chapelles immatérielles qui réinvestissent les profondeurs de l'écoute et rendent perceptibles d'autres images, sensations et affects. Dans le Torrino de la Punta della Dogana, recouvert de miroirs et de films diffractant la lumière, la polyphonie composée par Kimsooja amplifie l'expérience spatiale qui tend à la transcendance. La musique s'empare des corps dans l'œuvre de Camille Norment où, assis sur des bancs d'église, les visiteurs sont traversés par les vibrations des ondes sonores qui laissent advenir, parmi les gémissements des chœurs gospel afro-américains, un espace de savoir sensoriel qui réveille la mémoire des communautés noires. Dans l'œuvre de Dineo Seshee Bopape, *Mothabeng* (2022, ill. p. 152), les sons extraits d'une carrière de pierre en Toscane font vibrer la chapelle de glaise traversée par la lumière et permettent de réconcilier les corps meurtris avec la terre, les ancrant à nouveau dans une mémoire géologique primordiale. Filmé parmi les décombres de l'église

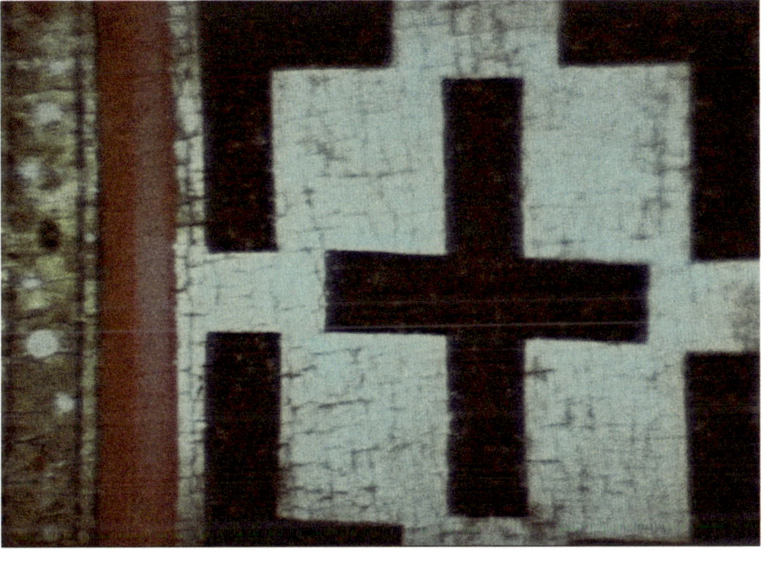

Andrej Tarkovskij, *Andrej Rublëv*, 1966

St Laurence, dans le quartier afro-américain de South Side à Chicago, *Gone are the Days of Shelter and Martyr* de Theaster Gates (2014, ill. p. 100) nous fait ressentir la disparition des lieux de communion, le deuil (*mourning*) à jamais résolu d'une communauté. La musique permet à l'artiste de transmuter la violence de la situation en une expérience du sublime. Chargé d'émotions, le chant gospel porte l'espoir d'une renaissance. Antidote à la destruction de cette église, l'artiste développe son projet de *Black Chapel* (2022, ill. p. 103) qui s'incarne dans une architecture éphémère, construite avec le soutien de l'architecte David Adjaye dans le parc de Kensington, près de la Serpentine Gallery de Londres. Cette chapelle, qui synthétise de façon œcuménique les formes du Tempietto de Bramante de Rome avec les huttes traditionnelles du Cameroun et les tombes de Kasabi en Ouganda, abrite un ensemble de peintures qui évoquent celles de Mark Rothko, sombres et transcendantales, ornant la chapelle octogonale de Houston. Telle une relique, la cloche de l'église martyrisée de Chicago trouve sa place au flanc de l'édifice de bois noir et témoigne du pouvoir de la musique à réinventer une communauté. Pour Theaster Gates, cette chapelle sacrée « ne fait pas référence au monde invisible de l'architecture de Dieu mais à l'idée d'une victoire coûte de coûte, et à la capacité de construire un héritage qui modifie la nature d'un espace quand il l'occupe[23] ».

Dans la *Quinta del Sordo* de Philippe Parreno (2021, ill. pp. 96-99), le son autant que la lumière viennent révéler et redonner vie aux quatorze peintures noires de la Villa du Sourd, réalisées entre 1819 et 1823 par Goya, dans sa maison près de Madrid. À rebours de l'éclat mystique des cycles de peintures religieuses qu'il réalisa pendant sa carrière pour les rois et l'Église, il peint directement sur les murs des peintures à l'huile où prédomine le noir, nuancé d'ocres et de terres. De ce chemin de croix, de ce testament pictural, hanté par les fantômes de son monde intérieur, par sa vision politique pessimiste qui critique l'obscurantisme et l'Inquisition, toute trace de sacré semble s'être définitivement dissipée. Les figures hallucinées et extatiques d'un monde occulte, avant qu'elles ne soient éclairées et muséifiées lors de leur transfert dans les salles blanches du Prado, sont absorbées par l'obscurité et le silence. Marie-José Mondzain précise combien « tout grand art est kénotique[24] », en référence à la notion de kénose présente dans l'art de l'icône et qui définit le vide, le retrait du divin. Les figures sacrées ont cédé la place aux sorcières, monstre saturnien, scènes de sabbat et chien errant, constituant une chapelle Sixtine laïque habitée par la conscience de la mort. La caméra, avec sa définition de 500 000 images par seconde, rentre tel un endoscope dans le corps même de la peinture et vient en sonder les mystères ; elle rend ainsi chaque coup de pinceau visible, tout comme les espaces interstitiels entre les œuvres ou leur rapport consubstantiel avec la maison qui les a engendrées, et elle recrée également le paysage sonore imaginaire de ce cénotaphe à travers la création 3D d'une maquette acoustique de l'espace. Le craquement du feu dans l'âtre, le souffle du vent dans les arbres, le son assourdi des cloches et le rythme de la respiration nous plongent dans une intense proximité, une alliance avec le peintre, une communion qui abolit le temps. À la flamme de la bougie qui fait voler la poussière, Philippe Parreno nous rappelle combien ce cycle alchimiste ouvre les vannes de la sensibilité moderne et la conscience d'un monde progressivement abandonné des Dieux, mais dans lequel, à la surface du miroir sombre qu'il nous tend, la lueur des images passées et en devenir continuent d'approcher au plus près les ressorts plastiques de l'invisible.

1 — Maurice Merleau-Ponty, *L'Œil et L'Esprit*, Paris, Gallimard, 1964, p. 85. **2** — Andreï Tarkovski, *Le Temps scellé*, Paris, Éd. Philippe Rey, 2014, p. 275-276. **3** — *Ibid.* **4** — *Ibid.*, p. 93. **5** — Philippe Descola, *Les formes du visible. Une anthropologie de la figuration*, Paris, Éd. du Seuil, 2021. **6** — *Ibid.*, p. 96. **7** — *Ibid.*, p. 97. **8** — Marie-José Mondzain, *Image, icône, économie*, Paris, Éd. du Seuil, 1996, p. 121. **9** — Bruno Duborgel, *Malévitch, la question de l'icône*, Saint-Étienne, PU Saint-Étienne, 1997. **10** — Cat. Mark Rothko, Paris, 1972, p. IX. **11** — *Collection du musée national d'art moderne*, Paris, Centre Pompidou, sous la dir. d'Agnès de La Beaumelle, 1987, p. 313. **12** — *Ibid.* **13** — Joseph Kosuth, «Art After Philosophy», 1969, in *Conceptual Art: A Critical Anthology*, sous la dir. d'Alexander Alberro et Blake Stimson, Cambridge, MA-London, MIT Press, 1999, p. 170. **14** — Fontana cité dans Jan van der Marck et Enrico Crispolti, *Lucio Fontana*, Bruxelles, La Connaissance, 1974, p. 17. **15** — Kasimir Malevitch, *Catalogue du Xe Salon d'Etat de Moscou*, 1918. **16** — Yves Klein, « L'évolution de l'art vers l'immatériel. Conférence Sorbonne », dans Yves Klein, *Le dépassement de la problématique de l'art et autres écrits*, Paris, Beaux-Arts de Paris éditions, 2011, p. 131. **17** — Lygia Pape, *Ttéia. Open area,* 1979, Lygia Pape, *Magnetized Space*, cat. Museo Nacional Centro de Reina Sofia, Madrid, 2011, p. 369. **18** — *Ibid.* **19** — *Collection du Centre Pompidou*, Paris, Éd. du Centre Pompidou, 1993, p. 349. **20** — Chen Zhen, *Invocation of Washing Fire*, dir. David Rosenberg, Prato-Siena, Gli Ori, 2003, p. 40. **21** — Kimsooja, entretien avec l'auteure, Metz 2015. **22** — Maurice Merleau-Ponty, *Phénoménologie de la perception*, dans *Œuvres*, Paris, Gallimard, coll. « Quarto », 2010, p. 256. **23** — Theaster Gates, *Black Chapel*, Haus der Kunst, Munich, Éd. Walther & Franz König, 2019, p. 7. **24** — Marie-José Mondzain, *Image, icône, économie*, *op. cit.*

EN "The hallmark of the visible is to have a lining of invisibility."[1]
Maurice Merleau-Ponty

In his movie *Andrei Rublev* (1966, ill. pp. 8, 45, 54), the story of the titular fifteenth-century icon painter, Andrei Tarkovsky examines images' ability to embody, across time and beyond the vicissitudes of history, "the absolute freedom of man's spiritual potential."[2] Tarkovsky considered that art's "very existence kept alive in discordant humanity the idea of harmony,"[3] and explored how the image of the holy icon of the Trinity has "gone on living through the centuries."[4] In his book *The Forms of the Visible*, Philippe Descola explains how perspective, as developed during the first decades of the fifteenth century, came to mediate artists' relationships to the world, highlighting the spatial unity of the visible.[5] But Tarkovsky defends instead Rublev's and the Russian painters' disinterest in the premises of this expanded vision. He evokes Father Pavel Florensky and his book *Iconostasis*, in which Florensky argues that the inverted perspective found in ancient Russian paintings "had nothing to do with these icon painters' ignorance of the optical laws of the Italian Renaissance, as elaborated by Leon Battista Alberti."[6] In fact, according to Florensky, Rublev traveled to Venice, and so must have been aware of the invention of perspective. But icon painters deliberately turned away from it, to express instead "the necessity of a particular glance on certain spiritual problems"[7] and to allow its viewer to perceive all that remains in the incommensurable obscurity of an invisible world. The poetics of the Russian filmmaker, rooted in the substratum of images, brings into play the question of the future of the invisible and the spiritual in a world saturated with images. In her book *Image, icône,* économie, Marie-José Mondzain defends the thought of the image and its symbolic value and considers the art of the icon as "the best historical introduction to abstraction."[8]

Veils of Meditation
It is a given that the very essence of the icon is reflected in the move toward abstraction effected by Wassily Kandinsky and Kazimir Malevich, both of whom experienced spaces transfigured by the presence of icons, whether in churches, chapels, or izbas (traditional Slavic countryside dwellings) with painted walls, such as the ones Kandinsky discovered during a trip to the Vologda province in 1889. His immersion in color, associated with the radiance of icons, glowing in the light of candles in the sacred Eastern corner of houses, was a decisive step in Kandinsky's quest for an invisible that he characterizes as "spiritual" in his 1912 text "Concerning The Spiritual in Art." Malevich, during the 1915 *Last Futurist Exhibition 0.10* in Petrograd, transposed into space this 'red' or 'beautiful' corner in which icons are displayed, to present his *Black Square* on a white background, which he considered the icon of our era. Inspired by icon painters, who did not borrow color or form from reality, as well as by the sound and rhythmic poetry of the poet Khlebnikov, Malevich invented autonomous plastic elements that functioned independently of the visible world and mimesis. In his manifesto "Suprematism: The World As Non-Objectivity, or Eternal Rest" of 1919–1922, he explored the modes of existence of the world beyond the visible. As analyzed by Bruno Duborgel in *Malevich: La Question de l'icône*, the goal was to make viewers perceive the relation between the visible and the invisible, to reveal the nature of the image not only in its visibility, but especially in its connection to the invisible.[9] The birth of abstraction is rooted in this aspiration to transcendence, born of the contemplation of icons, more capable of opening the doors of perception to the world in its elusive dimensions than the dynamics of illusionistic space as carried by perspective.

This quest is apparent in the approaches of artists who, through a formal asceticism, at the limits of the visible, return to the metaphysical origins of abstraction. Painting must respond to an inner necessity, to make the human soul vibrate. Like Mark Rothko, whose paintings tend to seize the finite and the infinite, and which are, in the words of Werner Haftmann, "veils of meditation, icons, paintings of contemplation, decorated tent canvases that conceal the divine,"[10] Agnes Martin captures light on the canvases on which she inscribes lines with a slight tremor, and Roman Opalka seizes the evanescence of the passage of time. Robert Ryman, who aspired to become a jazz musician, makes white the privileged instrument of his plastic variations: "It was never an intention of mine to make white paintings. White is just a means of exposing other elements of the painting. [...] White enables other things to become visible."[11] The work is intimately tied to its environment, to its light, making painting an experience, in Ryman's words, of "illuminations, of rapture, of well-being, of rightness."[12] These formal asceticisms drew new trajectories that opened to an unlimited perceptive space, aspiring to silence and contemplation. As Joseph Kosuth wrote in his 1969 manifesto "Art after Philosophy," "after philosophy and religion, art may possibly be one endeavor that fulfills what another age might have called 'man's spiritual needs.'"[13]

Magnetic Fields
"At present, man's path lies across space... [...] Sail on! The white, free depths, eternity, is before you," announced Malevich in 1918 about his new icon *Suprematist Composition: White on White*. The metabolization of the space by the icon, by its radiation, beyond the two-dimensionality of the work which had marked Kandinsky and Malevich, then engaged in the revolution of abstraction, opened the way to the research of artists who, in the aftermath of the tabula rasa of the Second World War, extracted themselves from the frame of the painting to venture in search of the immateriality of art. In 1946, Lucio Fontana formulated the principles of Spatialism, freeing art from the contingencies of matter, space, and time. "I do not want to make a painting; I want to open space,

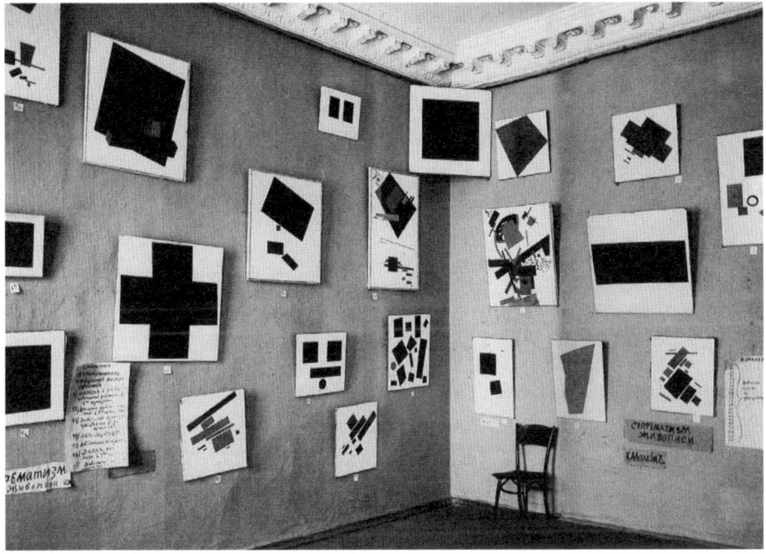

Ultima mostra futurista 0,10 / « Dernière Exposition futuriste 0,10 » / *Last Futurist Exhibition 0.10*. Pietrogrado / Pétrograd / Petrograd, 1915

create a new dimension, tie in the cosmos, as it endlessly expands beyond the confining plane of the picture,"[14] explained Fontana. It is by a primordial gesture, at first seemingly iconoclastic, of incising the canvas, that he established a visual and sensitive continuity between the plane of the work and the environment that surrounds it. His *Concetti spaziali* and *Ambienti spaziali* create a meditative and sideral situation, as do the lumino-chromatic spaces he conceived with black light (*Ambiente spaziale a luce nera*, 1949, for example), inviting to a phenomenological experience. His reflection on the idea of infinity challenges religious beliefs and the very purpose of art, while materializing the essence of form and space of the sacred. His work meets and affirms the thought of Yves Klein and his desire to "overcome the problems of art."[15] Alongside his IKB Monochromes, an ascetic series of thirteen white monochromes prefigured the immaterial space of the "Void." From April 28 to May 5, 1958, during his exhibition *La Spécialisation de la sensibilité à l'état matière première en sensibilité picturale stabilisée* (The Specialization of Sensitivity in the Raw Material State into Stabilized Pictorial Sensitivity), organized at Iris Clert Gallery, Klein staged this ineffable plastic phenomenon that he renamed the "Void." "With this attempt I wished to create, establish, and present to the public a sensible pictorial state within the confines of a picture gallery. In other words, I sought to create an ambience, a pictorial climate that is invisible but present, in the spirit of what Delacroix referred to in his journal as 'the indefinable.'"[16] Envisaged by Klein as the birth of the "reign of the sensitive," as a "manifestation of perceptive synthesis" shared with the public, the space is transformed, in an almost imperceptible metamorphosis, into an empty scene, yet, at the same time, saturated with "pictorial sensibility in its pure state," which is gradually impregnated with an invisible intensity. At the same time, in a continuous movement between dissipation of form and embodiment, Klein pursued his alchemical relationship with gold. His "Monogolds," made with pure 24-carat gold leaf, perpetuate a symbolism rooted in ancient Egyptian theology as well as in Orthodox icons manifesting the irradiation of divine light.

This heightened sensitivity, which places the work of art in an unstable state, between the visible and the invisible, also underlies the work of Lygia Pape. Inspired by the rays of light that penetrate the darkness and density of the rainforest and the gloom of churches and cathedrals, but also by the architecture of spider webs that weave, in her words, networks "between life and death," she magnetizes the space with her gold or silver thread *Ttéias* (2003–2017, ill. pp. 90–93) stretched in a quasi-unreal illumination, sharpening perceptual awareness and linking the bodies of the visitors together. From then on, "you don't have an inside or an outside anymore," but "a continuous plane" that "introduces the idea of art and life mingling, abolishing or denying the sacralized space of the exhibition room."[17] Her *Ttéias* invite the collective experience of a "magnetic space," in the artist's words, as if it "became alive."[18] The immateriality of the work is fed by Eastern spiritual philosophies that enrich the approach of artists like Lee Ufan, pioneer and theorist of Mono-ha. Imbued with the thoughts of Merleau-Ponty and Foucault, but also with the religious philosophy of Nishida Kitaro, he aspired to create an art that translates the specificities of the Far-Eastern psychosensory universe. The work of art is envisaged as a world in itself: whether canvases that attempt to express infinity through repetition and variations of points, creating an "indeterminate and intermediate spatiality" or "lands of otherness, summoned by the illumination and premonition of the painting's motifs"[19]; or environments, a tea house, a meditation room, inviting visitors to inhabit time, here and now, and to consider space as an extension of the canvas. Chen Zhen's work preserves the fertile memory of his three-month stay in Tibet, where he was able to enter a Tibetan temple typically closed to the public and hear monks recite prayers, in his small "altars of light" made of chairs and votive candles. "Measuring my body against an 'immaterial environment' was an exceptional experience,"[20] he recalled. Kimsooja uses the mirror to hollow out architecture, to metabolize it into a seemingly liquid organism; it wavers its stability and allows a void to emerge, envisioned as the interstitial space essential to the dialectic of Yin and Yang, the basis of life. Her quest for immateriality is reminiscent of Klein's. She confides: "I would like to create works that are like water and air, that cannot be possessed."[21]

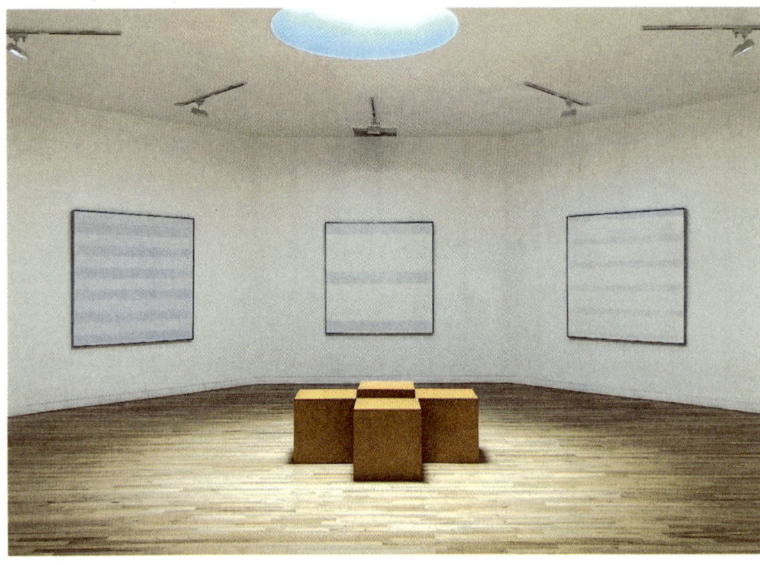

Agnes Martin Gallery, Harwood Museum of Art, Taos, New Mexico

Resonance

"When, in the concert hall, I open my eyes again, visible space seems to me cramped compared to that other space through which, a moment ago, the music was unfolding, and even if I keep my eyes open while the piece is played, I have the impression that the music is not really contained in this circumscribed and unimpressive space. It brings a new dimension stealing through visible space, and in this it surges just as, in the victims of hallucinations, the clear space of things perceived is mysteriously duplicated by a 'dark space' in which other presences are possible,[22] analyzes Maurice Merleau-Ponty in *The Phenomenology of Perception*.

In our era of the proliferation of the images, certain works generate sound environments, immaterial chapels that reinvest the depths of listening and make perceptible other images, sensations, and affects. In the Torrino of the Punta della Dogana, covered with mirrors and films that diffract light, the polyphony composed by Kimsooja amplifies a spatial experience that tends towards transcendence. Music takes hold of visitors' bodies, seated on the church pews of Camille Norment's installation, traversed by the vibrations of sound waves that allow, among the moans of Afro-American gospel choirs, a space of sensory knowledge that awakens the memory of Black communities. In Dineo Seshee

Bopape's *Mothabeng* (2022, ill. p. 152), the sounds extracted from a stone quarry in Tuscany vibrate in the clay chapel through which light shines, reconciling the battered bodies with the earth, anchoring them again in a primordial geological memory. Filmed among the rubble of St. Laurence's Church, on Chicago's South Side, Theaster Gates's *Gone are the Days of Shelter and Martyr* (2014, ill. p. 100) makes us experience the disappearance of places of communion, the mourning of a community forever resolved. Music allows the artist to transmute the violence of the situation into an experience of the sublime. Emotionally charged, the gospel song carries the hope of rebirth. As an antidote to the destruction of this church, the artist develops his *Black Chapel* project (2022, ill. p. 103), embodied in an ephemeral architecture, built with the support of the architect David Adjaye in London's Kensington Gardens, near the Serpentine Gallery. The chapel, which ecumenically synthesizes the forms of Bramante's Tempietto in Rome with the traditional huts of Cameroon and the tombs of Kasabi in Uganda, houses a set of paintings reminiscent of Rothko's dark and transcendental paintings in the octagonal chapel in Houston. Like a relic, the bell from Chicago's martyred church finds its place at the side of the black wooden edifice and speaks to the power of music to reinvent a community. For Theaster Gates, this sacred chapel "refers not to the invisible world of the architecture of God, but the conceit of winning against all costs and the capacity to build a legacy that when it occupies space, shifts the nature of space."[23]

In Philippe Parreno's *Quinta del Sordo* (2021, ill. pp. 96–99), sound and light reveal and bring to life the fourteen black paintings of Goya's Villa del Sordo, created between 1819 and 1823, near Madrid. In contrast to the mystical brilliance of the cycles of religious paintings Goya produced for the monarchy and the Church during his career, he painted directly on the walls oil paintings in which black predominates, shaded with ochre and earth. From this Way of the Cross, from this pictorial testament, haunted by the ghosts of his inner world, by his pessimistic political vision that criticizes obscurantism and the Inquisition, all traces of the sacred seem to have disappeared for good. The hallucinated, ecstatic figures of an occult world, before they are illuminated and transformed as they were transferred into the white rooms of the Prado, are absorbed by darkness and silence. Marie-José Mondzain noted how much "all great art is kenotic,"[24] in reference to the concept of kenosis, present in the art of the icon and which defines the emptiness, the withdrawal of the divine. The sacred figures have given way to witches, saturnine monsters, sabbath scenes and stray dogs, constituting a secular Sistine Chapel, in the words of Goya's biographer Valeriano Bozal, inhabited by the awareness of death. The camera, with its 500,000 images per second, enters like an endoscope into the very body of the painting and probes its mysteries; it thus makes each brushstroke visible, as well as the interstitial spaces between the works or their consubstantial relationship with the house that generated them. It also recreates the imaginary soundscape of this cenotaph through the 3D creation of an acoustic model of the space. The crackling fire in the hearth, the breath of the wind in the trees, the muffled sound of the bells and the rhythm of breathing plunge us into an intense proximity, an alliance with the painter, a communion that abolishes time. As the candle's flame makes the dust fly, Parreno reminds us how much this alchemist cycle opens the floodgates of modern sensibility and the conscience of a world progressively abandoned by the gods, but in which, on the surface of the dark mirror that he holds up to us, the gleam of the past images and those in the making continues to approach the plastic springs of the invisible.

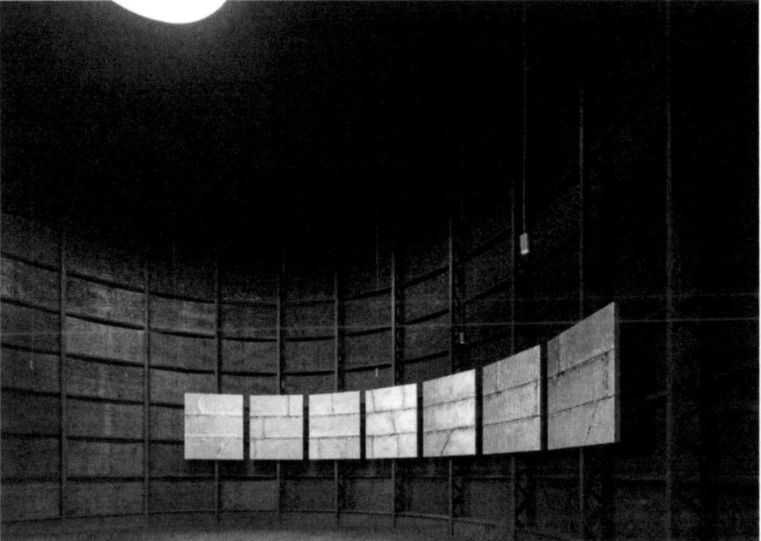

Theaster Gates, *Black Chapel*, 2022. Serpentine Pavilion, Londra / Londres / London

pp. 50-51 **Joseph Kosuth, *The Language of Equilibrium / Il Linguaggio dell'Equilibrio*, 2007**. Installation view, 52. Biennale di Venezia, Monastero Mekhitarista, Isola di San Lazzaro degli Armeni, Venezia / Venise / Venice. Courtesy of Lia Rumma and the artist

1 — Maurice Merleau-Ponty, *L'Oeil et L'Esprit* (Paris: Gallimard, 1964), 85; in *The Merleau-Ponty Aesthetics Reader*, ed. Galen A. Johnson and Michael B. Smith (Evanston, IL: Northwestern University Press, 1993), 147. **2 —** Andrei Tarkovsky, *Sculpting in Time: Reflections on the Visible*, trans. Kitty Hunter-Blair (University of Texas Press, 1989), 237. **3 —** Ibid., 238. **4 —** Ibid., 79. **5 —** Philippe Descola, *Les formes du visible. Une anthropologie de la figuration* (Paris: Éd. du Seuil, 2021). **6 —** Ibid., 96. **7 —** Ibid., 97. **8 —** Marie-José Mondzain, *Image, icône, économie*, (Paris: Éd. du Seuil, 1996), 121. **9 —** Bruno Duborgel, *Malévitch, la question de l'icône*, (Saint-Étienne: PU Saint-Étienne, 1997). **10 —** Werner Haftmann, in *Mark Rothko* (Paris: Musée National d'Art Moderne, 1972). **11 —** *Collection du musée national d'art moderne*, Paris, Centre Pompidou, edited by Agnès de La Beaumelle, 1987, 313. **12 —** Ibid. **13 —** Joseph Kosuth, "Art After Philosophy," 1969, in *Conceptual Art: A Critical Anthology*, ed. Alexander Alberro and Blake Stimson (Cambridge, MA, and London: MIT Press, 1999), 170. **14 —** Lucio Fontana, 1965, quoted in Fontana, "Concetto spaziale, Attese (Spatial Concept, Waiting), 1960," Buffalo AKG Art Museum, https://buffaloakg.org/artworks/197148-concetto-spaziale-attese-spatial-concept-waiting. **15 —** Klaus Ottmann, ed., *Overcoming the Problems of Art: The Writings of Yves Klein* (Washington, DC: Spring Publications, 2007). **16 —** Yves Klein, "The Evolution of Art towards the Immaterial," lecture at the Sorbonne, Paris, June 3, 1959, quoted in *Yves Klein: Long Live the Immaterial*, ed. Gilbert Perlein and Elio Ballardini (New York: Delano Greenidge Editions, 2000), 50. **17 —** Lygia Pape, "Ttéia. Open area," 1979, in *Lygia Pape, Magnetized Space*, Madrid, Museo Nacional Centro de Reina Sofia, 2011, 369. **18 —** Ibid. **19 —** *Collection du Centre Pompidou*, (Paris: Éd. du Centre Pompidou, 1993), 349. **20 —** David Rosenberg, *Chen Zhen, Invocation of Washing Fire* (Prato-Siena: Gli Ori, 2003), 40. **21 —** Kimsooja, interview with the author, Metz 2015. **22 —** Maurice Merleau-Ponty, "Phénoménologie de la perception," *Œuvres* (Paris: Gallimard, 2010), 256. **23 —** Theaster Gates, *Black Chapel*, Haus der Kunst, (Munich: Éd. Walther & Franz König, 2019), 7. **24 —** Marie-José Mondzain, *Image, icône, économie*, (Paris: Éd. du Seuil, 1996), 121.

icônes

OPERE DELLA PINAULT COLLECTION / ŒUVRES DE LA PINAULT COLLECTION / WORKS FROM THE PINAULT COLLECTION

IT **Andrej Tarkovskij: incarnare sullo schermo** Quando vidi per la prima volta *Andrej Rublëv* provai una forte emozione [...]. Vedevo chiaramente il percorso di quella passione, la lezione delle tenebre che attraversava lo spazio del dolore, del silenzio e della morte per condurre l'artista dalla notte silente fino alla luce pasquale. Ho visto manifestarsi insieme il linguaggio e l'immagine, lo scampanio del trionfo e della redenzione. Ma questo mondo così familiare, per il filosofo teologo o per il credente, non era più quello delle icone bensì quello del cinema, di un cinema nato in terra sovietica.

[...] Tarkovskij risponde di ciò che fa, come ogni grande artista risponde di un'immagine dell'umanità. Potrei dirlo ancora diversamente, sottolineando che la libertà del cineasta, la sua responsabilità spirituale e politica, è inscritta nel retaggio più enigmatico del cristianesimo. Qui l'incarnazione non è una questione divina né religiosa, ma una questione umana intesa in termini di immagine e di gestione della visibilità terrena. Il cinema di Tarkovskij non è né religioso né sacralizzante, è un cinema «antropogenico». [...] Tarkovskij colloca il gesto cinematografico in un contesto di responsabilità storica nell'ambito della definizione moderna dell'umanità. M.-J.M.

Estratto da Marie-José Mondzain, *Andreï Tarkovski: incarner à l'écran*, in «Esprit», 305, luglio 2004, pp. 103-114.

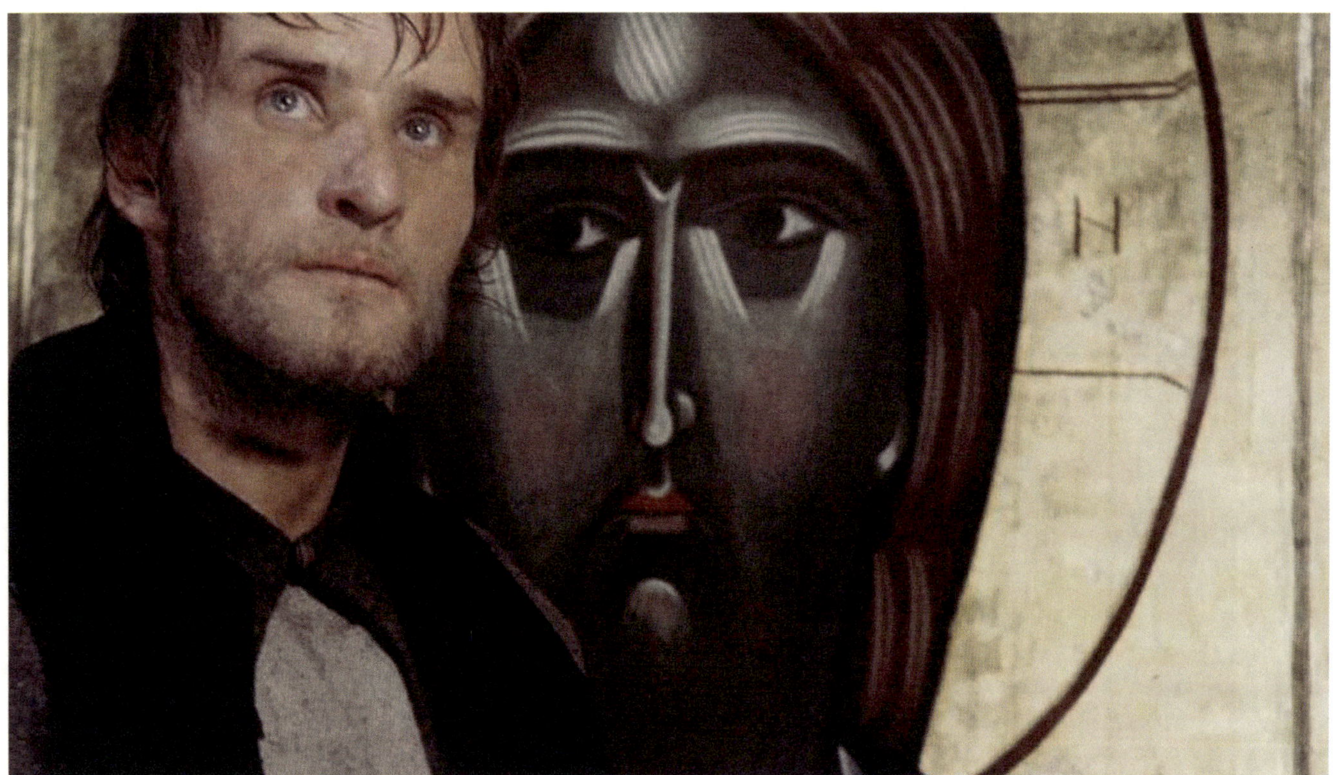

Andrej Rublëv, 1966. Film in bianco e nero, scene finali a colori, sonoro / Film noir et blanc, scènes finales en couleur, sonore / Black and white and color film, sound

FR **Andreï Tarkovski : incarner à l'écran**
Lorsque je vis pour la première fois *Andreï Roublev*, mon émotion fut considérable [...]. Je voyais bien le chemin passionnel, la leçon des ténèbres qui parcourait l'espace de la douleur, du silence et de la mort pour conduire l'artiste depuis la nuit mutique jusqu'à la lumière pascale. J'ai vu jaillir ensemble le verbe et l'image, le carillon du triomphe et de la rédemption. Mais ce monde totalement familier, pour le philosophe théologien ou pour le croyant, n'était plus ici celui des icônes, mais bel et bien celui du cinéma d'un cinéma, né en terre soviétique.

[...] Tarkovski répond de ce qui fait ainsi que tout grand artiste répond d'une image de l'humanité. Je pourrais encore le formuler autrement en disant que la liberté du cinéaste, sa responsabilité spirituelle et politique est inscrite dans l'héritage le plus énigmatique du christianisme. L'incarnation n'y est pas une affaire divine ni religieuse, mais une affaire humaine comprise en termes d'image et de gestion des visibilités terrestres. Le cinéma de Tarkovski n'est ni religieux ni sacralisant, c'est un cinéma « anthropogène ». [...] Tarkovski pose le geste cinématographique dans un site de responsabilité historique quant à la définition moderne de l'humanité. M.-J.M.

Extrait de Marie-José Mondzain, « Andreï Tarkovski : incarner à l'écran », in *Esprit*, 305, juillet 2004, pp. 103-114.

EN **Andrei Tarkovsky: Embodying on Screen** I had a strong emotional reaction the first time I saw *Andrei Rublev* [...]. I could see distinctly the path of passion, the lesson of darkness, through pain, solitude, and death, leading the artist from the silent night to the Easter light. I saw the word and the image, the chime of triumph and redemption, emerge together. But, for the philosopher-theologian or for the believer, this familiar world was no longer that of the icon, but of the cinema, a cinema born in Soviet territory [...].

Tarkovsky answers for what makes every great artist answer to an image of humanity. I could formulate it in another way, by saying that the freedom of the filmmaker, his spiritual and political responsibility, is inscribed in the most enigmatic heritage of Christianity. Incarnation is not a divine or religious affair, but a human affair understood in terms of image and management of earthly visibilities. Tarkovsky's cinema is neither religious nor sacralizing, it is "anthropogenic." [...] Tarkovsky places the cinematographic gesture in a site of historical responsibility for the modern definition of humanity. M.-J.M.

Excerpted from Marie-José Mondzain, "Andreï Tarkovski: incarner à l'écran," *Esprit* 305 (July 2004), 103–114.

IT ***Ivan il Terribile*, un «film-icona»** Nel 1941 Stalin affida a Sergej Eisenstein il compito di dedicare un film allo zar Ivan IV, detto «il Terribile», nell'ottica di esaltare alcune figure nazionali forti. Invece della sua fama di monarca sanguinario, a dover essere sottolineato è il ruolo decisivo nel processo di unificazione dello Stato russo nel XVI secolo, così da giustificare implicitamente il ricorso di Stalin al Terrore.

Per portare a termine il delicato incarico, Eisenstein immagina un dramma shakespeariano che mette in scena uno zar in preda al dubbio e alla solitudine: mentre la prima parte ottiene il premio Stalin nel 1946, la seconda viene censurata e la terza mai girata. Nel suo progetto ambizioso, concepito come un'opera d'arte globale, il regista moltiplica i riferimenti, con una marcata predilezione per l'arte dell'icona bizantina e russa. La sua estetica ieratica impone agli attori — in particolare a Nikolaj Čerkasov che interpreta lo zar — tanto l'aspetto quanto la recitazione. La composizione di numerose inquadrature ne riprende i codici iconografici: la relazione tra Ivan e la sua sposa è trattata a più riprese secondo il modello della Vergine Eleusa. Il film è, soprattutto, popolato di affreschi e icone, la maggior parte dei quali appositamente riprodotti o ideati per l'occasione. Al di là della funzione decorativa, le icone svolgono un ruolo determinante quanto quello degli attori in carne e ossa, dotando i piani del film di una ricca polisemia, anche di natura politica, che non cessa di stimolare l'esegesi. A.A.

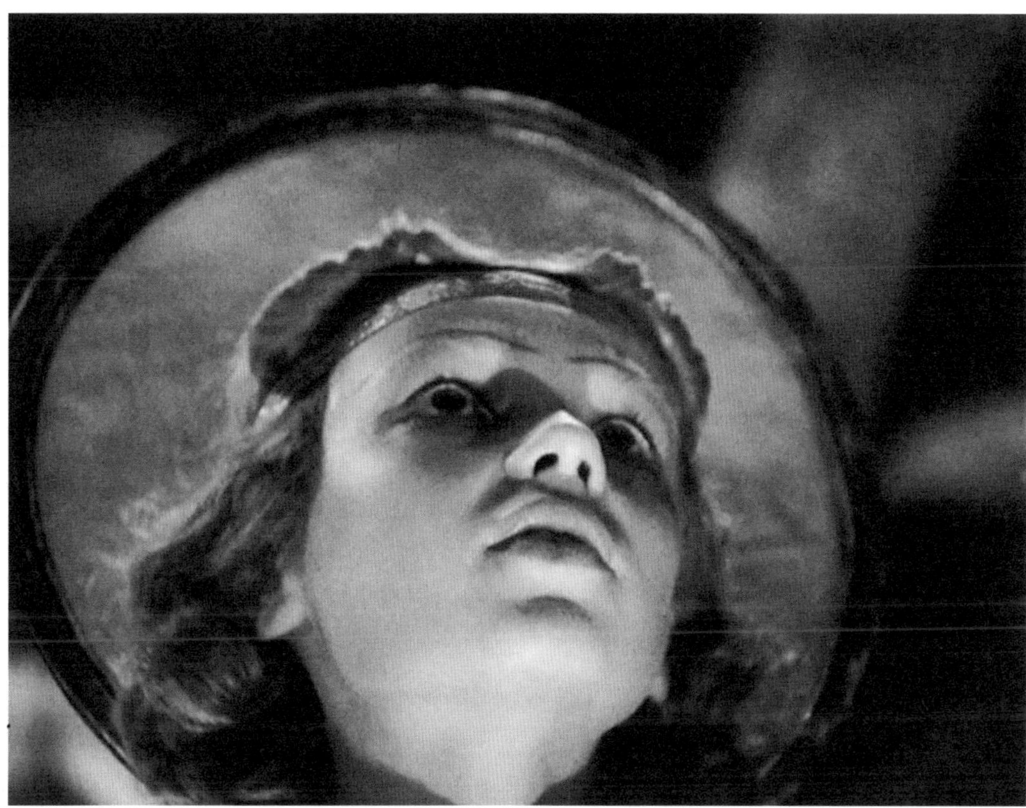

***Ivan il Terribile / Ivan le Terrible / Ivan the Terrible*, 1943-1946**. Film in bianco e nero, sonoro / Film noir et blanc, sonore / Black and white film, sound

FR ***Ivan le Terrible*, un « film-icône »** En 1941, Sergueï Eisenstein se voit confier par Staline la tâche de consacrer un film au tsar Ivan IV, dit le Terrible, dans la perspective d'exalter des figures nationales fortes. À rebours de sa réputation de monarque sanguinaire, il s'agit d'insister sur son rôle décisif dans le processus d'unification de l'État russe au 16e siècle — et de justifier implicitement le recours de Staline à la Terreur.

Pour s'acquitter de cette commande délicate, Eisenstein imagine un drame shakespearien mettant en scène un tsar en proie au doute et à la solitude : si la première partie remporta le prix Staline en 1946, la deuxième fut censurée et la troisième jamais tournée. Pour ce projet ambitieux conçu comme une œuvre d'art totale, le cinéaste multiplie les références, avec une appétence marquée pour l'art de l'icône byzantine et russe. Son esthétique hiératique dicte aux acteurs, et notamment à Nikolaï Tcherkassov qui incarne le tsar, leur apparence comme leur jeu. La composition de nombreux plans en reprend les codes iconographiques : la relation entre Ivan et son épouse est à plusieurs reprises traitée sur le modèle de la Vierge Eléousa. Surtout, le film est peuplé de fresques et d'icônes, dont la plupart furent spécialement reconstituées ou conçues pour l'occasion. Au-delà d'une fonction décorative, ces icônes jouent un rôle aussi déterminant que celui des acteurs en chair et en os : elles dotent les plans du film d'une riche polysémie, y compris politique, qui continue à stimuler l'exégèse. A.A.

EN ***Ivan the Terrible*, "a film icon"** In 1941, Sergei Eisenstein was entrusted by Stalin with the task of making a film about Tsar Ivan IV, known as the Terrible, with the goal of exalting strong national figures. Rather than upholding his reputation as a bloodthirsty monarch, the aim was to emphasize his decisive role in the unification of the Russian state in the sixteenth century —and implicitly, to justify Stalin's Great Purge.

To fulfill this delicate assignment, Eisenstein imagined a Shakespearean drama featuring a tsar plagued by doubt and loneliness: the first part won the Stalin Prize in 1946, the second part was censored, and the third part was never realized. For this ambitious project, conceived as a total work of art, the filmmaker multiplies references, with a marked predilection for the Byzantine and Russian icon. His hieratic aesthetic determines the appearance and acting of the actors, in particular Nikolai Cherkasov, who played the Tsar. The composition of many shots was based on iconographic codes: the relationship between Ivan and his wife, for instance, is repeatedly modeled on the Virgin Eleusya. Above all, the film is populated with frescoes and icons, most of which were specially reconstructed or designed for this purpose. Beyond their decorative function, these icons play a role as important as that of the live actors. They endow the film's shots with a rich polysemy, including a range of political interpretations, which continue to be studied and analyzed to this day. A.A.

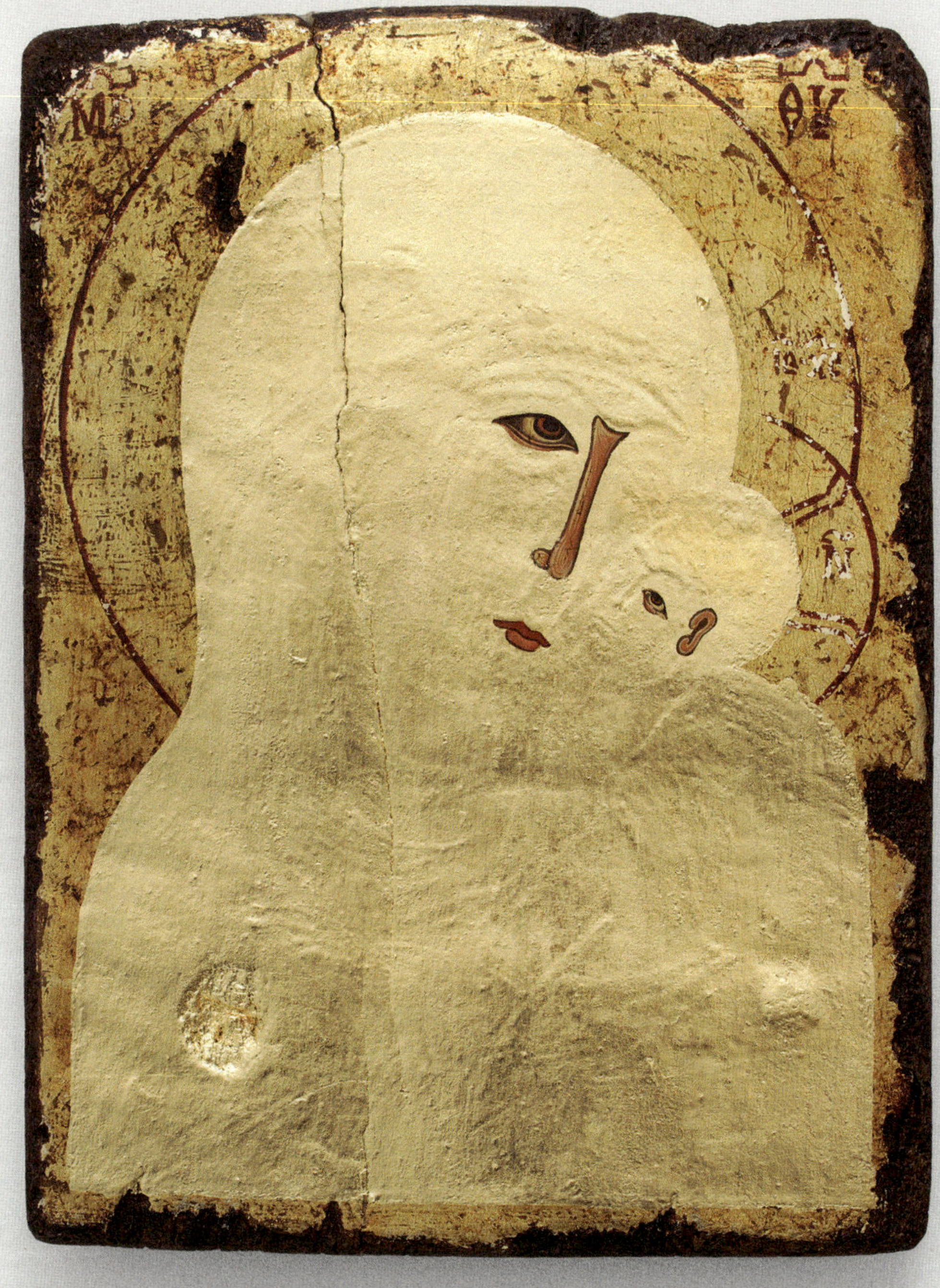

***Uncreature*, 2022**. Tempera e foglia d'oro su pannello ligneo / Tempéra et feuille d'or sur panneau de bois / Tempera and gold leaf on wood panel

IT In *Uncreatures* e *Stase*, due serie di opere recenti, Étienne Chambaud modifica alcune icone religiose coprendole di foglie d'oro (con l'eccezione di alcuni organi di senso) o inglobando materiali stampati in 3D, trasformando il loro aspetto originario e la percezione di chi osserva.

La «defigurazione» — alterazione significativa del volto di cui non esiste l'equivalente per le altre parti del corpo — imposta dall'artista alle sue *Uncreatures*, applicando una doratura nuova che contrasta con l'originale accentua, paradossalmente, la presenza della figura coperta. Così tramutate da quella «irreparabile cesura»[1] con ciò che sono state, le icone acquisiscono un'aura tanto più forte e inquietante perché assumono la forma di un enigma inafferrabile.

La serie *Stase*, che prende come punto di partenza le protezioni metalliche utilizzate per decorare e salvaguardare le icone religiose, è un'evoluzione di *Uncreatures*. Il titolo rimanda sia alla nozione di immobilità, di sospensione, sia al termine medico di metastasi. Le protuberanze bianche quasi surrealiste — che si sviluppano a partire dallo spazio lasciato vuoto dalla scomparsa dell'icona — sono il risultato di simulazioni informatiche che modellizzano crescite mutanti tra l'organico e il minerale. Queste opere incarnano una tensione «tra assenza e presenza, tra essere e divenire, tra il qui e l'altrove, tra ciò che esiste, ciò che è presente e ciò che potrebbe apparire»[2]. A.B.

1 — Citazione di Étienne Chambaud in occasione della sua esposizione personale intitolata *Contre-histoire de la Séparation,* al Centre International d'Art et du Paysage sull'isola di Vassivière nel 2010. **2 —** Chambaud in un video dedicato alla sua esposizione personale intitolata *Inexistence*, presentata alla galleria Esther Schipper di Berlino dal 3 luglio al 28 agosto 2021, https://www.youtube.com/watch?v=f6bn7IWGReY.

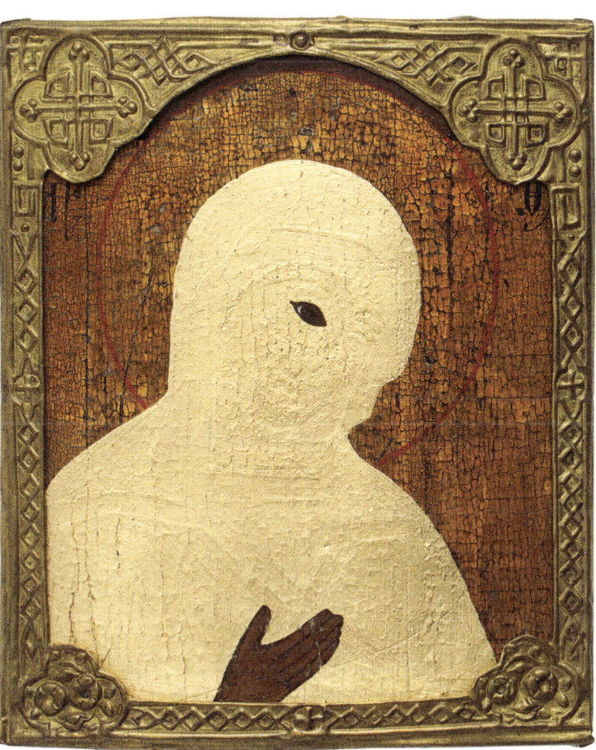

***Uncreature*, 2022**. Ottone, tempera e foglia d'oro su pannello ligneo / Laiton, tempéra et feuille d'or sur panneau de bois / Brass, tempera and gold leaf on wood panel

FR Les « Uncreatures » et « Stase » constituent deux séries d'œuvres récentes d'Étienne Chambaud : des icônes religieuses modifiées par l'artiste. En les recouvrant de feuilles d'or (à l'exception de quelques organes de sens) ou en leur agglomérant des matériaux imprimés en 3D, l'artiste transforme leur apparence originelle et la perception que nous en avons.

La « défiguration » — altération sérieuse du visage dont il n'existe aucun équivalent pour les autres parties du corps — que l'artiste fait subir à ses « Uncreatures » en leur appliquant une dorure nouvelle qui contraste avec l'originale accentue paradoxalement la présence de la figure dissimulée. Ainsi métamorphosées par cette « irréparable césure[1] » avec ce qu'elles ont été, les icônes acquièrent une aura d'autant plus forte et troublante qu'elles prennent la forme d'une énigme insaisissable.

Prenant comme point de départ les protections métalliques utilisés pour décorer et protéger les icônes religieuses, la série « Stase » est une évolution des « Uncreatures ». Le titre renvoie aussi bien à la notion d'immobilité, de suspension, qu'au terme médical de métastase. Ces protubérances blanches presque surréalistes — développées à partir de l'espace laissé vacant par la disparition de l'icône — sont le résultat de simulations informatiques modélisant des croissances mutantes entre l'organique et le minérale. Ces œuvres portent en elles une tension « entre absence et présence, entre être et devenir, entre l'ici et l'ailleurs, entre ce qui existe, ce qui est présent et ce qui pourrait apparaître[2] ». A.B.

1 — Citation d'Étienne Chambaud pour son exposition personnelle intitulée *Contre-histoire de la Séparation* au Centre International d'Art et du Paysage de l'île de Vassivière en 2010. **2 —** Chambaud dans une vidéo consacrée à son exposition personnelle intitulée « Inexistence », présentée à la galerie Esther Schipper de Berlin du 3 juillet au 28 août 2021 : https://www.youtube.com/watch?v=f6bn7IWGReY.

***Uncreature*, 2022**. Tempera e foglia d'oro su pannello ligneo / Tempéra et feuille d'or sur panneau de bois / Tempera and gold leaf on wood panel

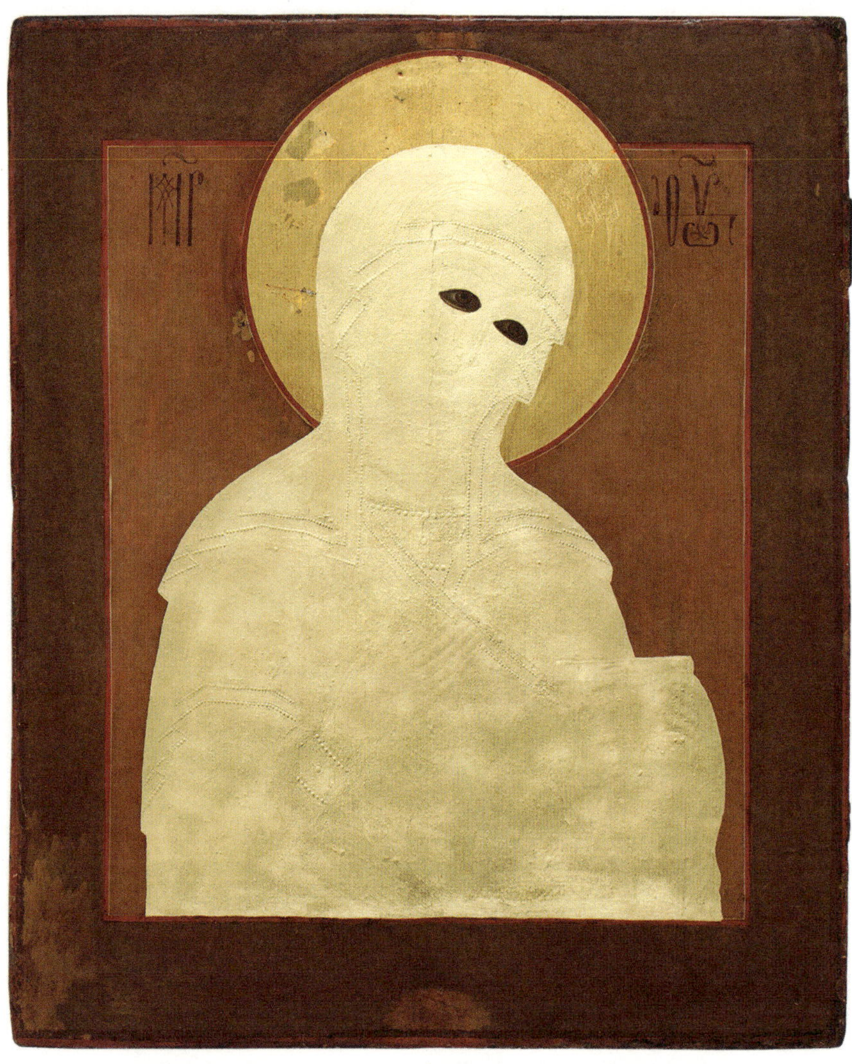

EN In "Uncreatures" and "Stase," two recent series of works, Étienne Chambaud modifies religious icons by covering them with gold leaf (except for a few sensory organs) or by agglomerating 3D-printed materials, transforming their original appearance and the perception we have of them.

The "disfigurement" —a serious alteration of the face for which there is no equivalent for other parts of the body—to which the artist subjects his "Uncreatures" by applying new gilding that contrasts with the original paradoxically accentuates the presence of the hidden figure. Thus metamorphized by this "irreparable caesura,"[1] the icons become elusive enigmas, their presence stronger and more disturbing.

Taking as its starting point the metallic protections used to decorate and preserve religious icons, the series "Stase" is an evolution of the "Uncreatures." The title itself refers to the notion of immobility, of suspension, but it also evokes the medical term *metastasis*. These almost surreal white protuberances, developed from the space left vacant by the disappearance of the icon—are the result of computer simulations modeling mutant growths, between the organic and the mineral.

Chambaud's works carry within them a tension "between absence and presence, between being and becoming, between here and elsewhere, between what exists, what is present and what could appear."[2] A.B.

1 — Étienne Chambaud, presentation of his exhibition *Contre-histoire de la Séparation* at the Centre International d'Art et du Paysage de l'île de Vassivière, 2010. **2 —** Chambaud, in a video accompanying his exhibition *Inexistence*, Galerie Esther Schipper, Berlin, July 3 - August 28, 2021. https://www.youtube.com/watch?v=f6bn7IWGReY.

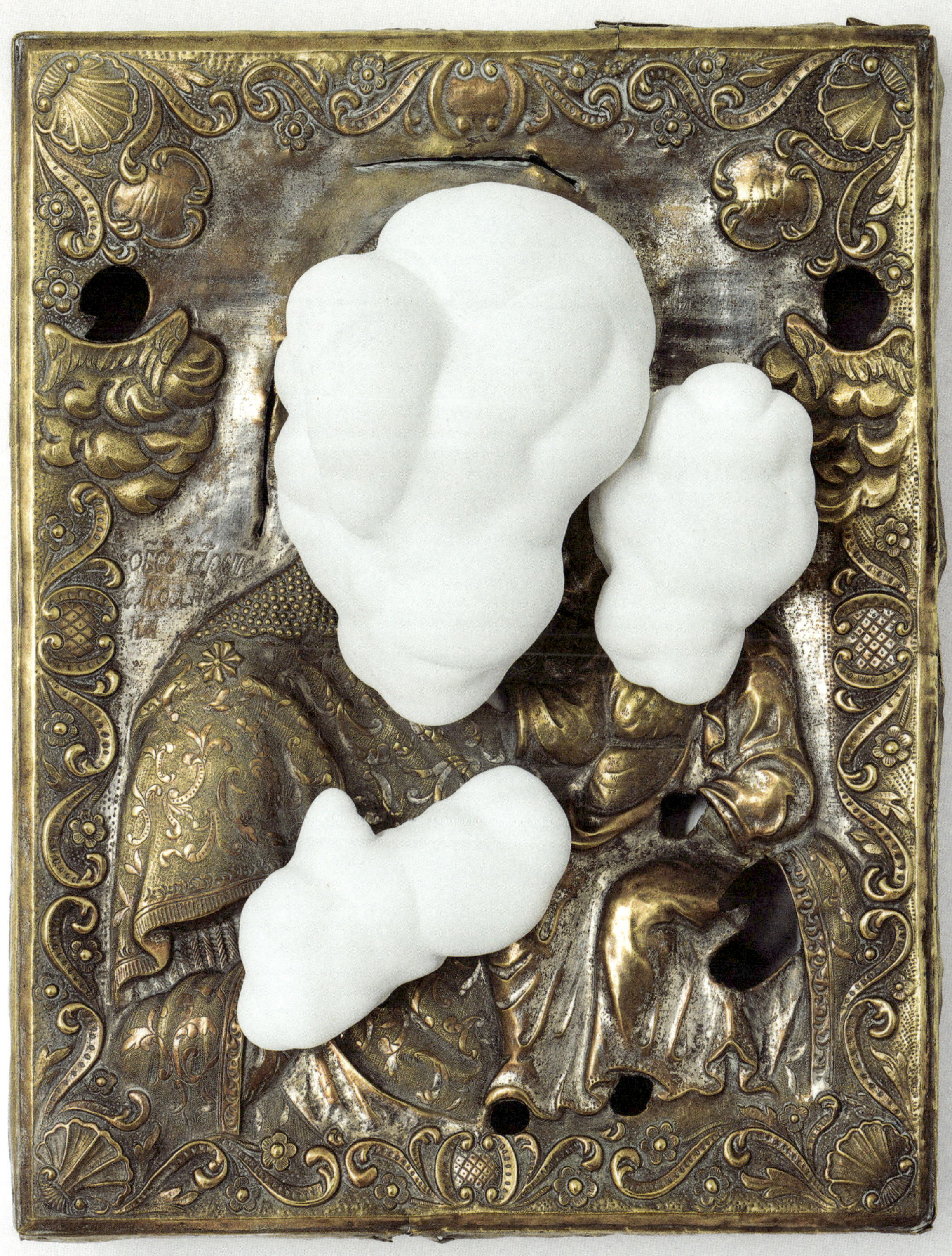

***Stase*, 2022**. Ottone, acciaio, stampa stereolitografica, vernice / Laiton, acier, impressions stéréolithographiques, peinture / Brass, steel, stereolithographic prints, paint

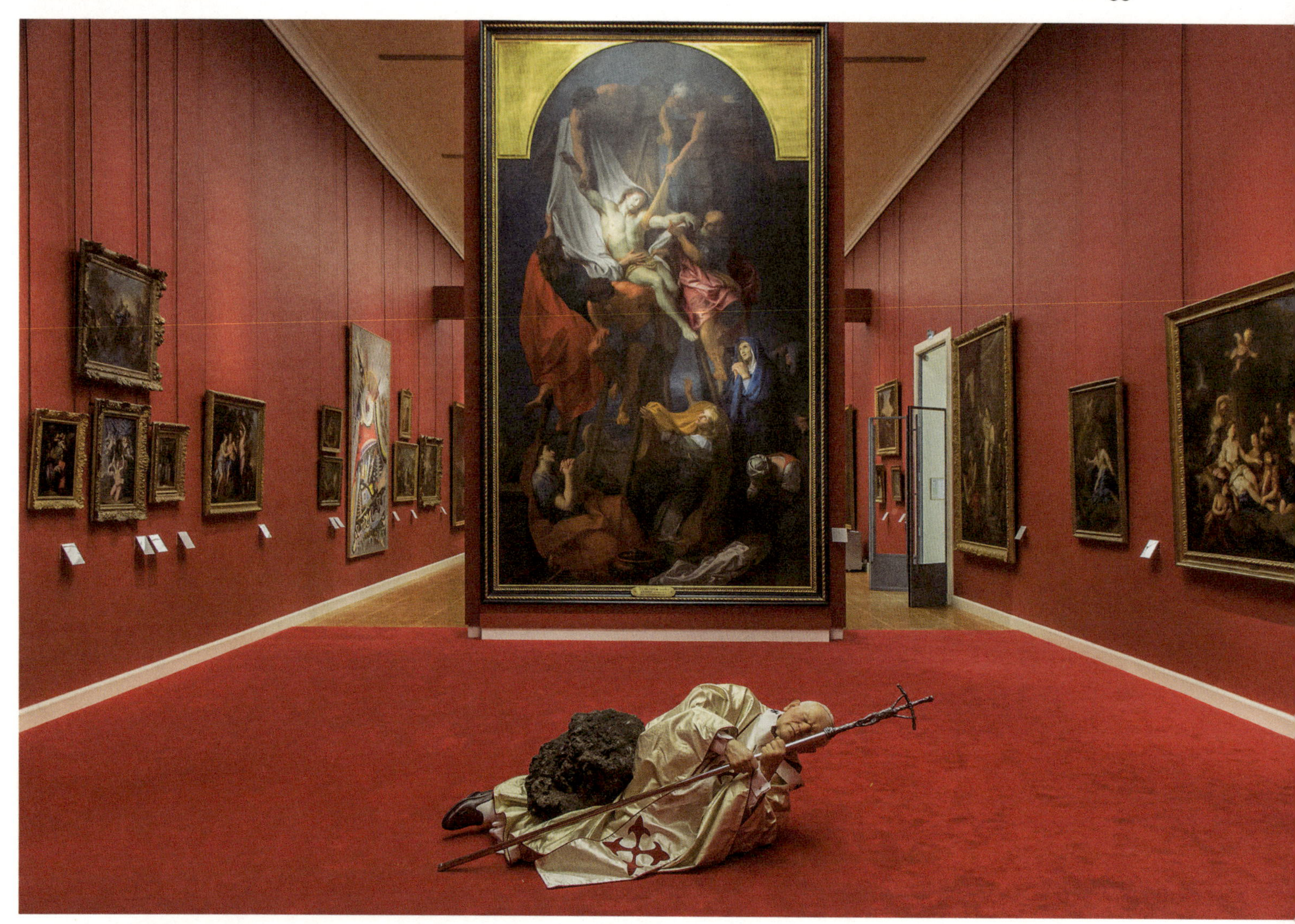

IT «Non ho mai deciso a tavolino di fare scandalo o di provocare [...] le immagini alle volte riescono ad anticipare il futuro e forse è questo che scandalizza il pubblico, non riconoscersi ancora in quello che vedono.»[1]

La Nona Ora è una delle opere più iconiche di Maurizio Cattelan. La statua di cera molto realistica di papa Giovanni Paolo II — abbattuto da un meteorite, aggrappato alla sua ferula — è al centro di una messa in scena elaborata, «un dipinto teatrale», tra la caduta degli elementi verticali e l'orizzontalità della moquette porpora che ricopre tutto il pavimento della sala. Il titolo rimanda all'ultima ora di Cristo, un'immagine potente, allegoria del peso della funzione ecclesiastica. Nel lavoro dell'artista, il papa è una delle numerose incarnazioni del contrasto tra potere e vulnerabilità. L'opera fu peraltro vandalizzata («in nome della dignità del Santo Padre») nel 2001, quando fu presentata alla Zacheta Gallery of Contemporary Art di Varsavia, nella Polonia nativa di Giovanni Paolo II. Cattelan rifiuta tuttavia di attribuire a *La Nona Ora* qualsiasi dimensione anticlericale: «Non credo che fosse [...] anticattolica. Proprio da me che sono cresciuto tra santini e chierichetti cantando nel coro della chiesa. Il papa è più che altro un modo per ricordarsi che il potere, qualunque potere, ha la data di scadenza, come il latte»[2]. A crollare sotto i nostri occhi è anche la figura mediatica di papa Giovanni Paolo II, colui che nel 1999 scriveva agli artisti: «L'arte è per sua natura una sorta di appello al Mistero». Rappresentato nell'intensità di una sofferenza silenziosa, a occhi chiusi come in un momento di preghiera, il papa, che aveva rischiato di morire assassinato, può anche essere considerato, lo suggerisce il titolo dell'opera, come una figura cristica. A.B.

1 — Maurizio Cattelan citato in Andrea Bellini, *Un'intervista con Maurizio Cattelan*, in «Sculpture», 24, n. 7, settembre 2005. **2** — *Ibid.*

***La Nona Ora*, 1999.** Resina di poliestere, cera dipinta, capelli umani, tessuto, abiti, accessori, pietra e tappeto / Résine de polyester, cire peinte, cheveux humains, tissu, vêtements, accessoires, pierre et tapis / Polyester resin, painted wax, human hair, fabric, clothing, accessories, stone and carpet.
p. 60 Installation view, Musée des Beaux-Arts de Rennes, 2014
pp. 62-63 Installation view, *Maurizio Cattelan*, Palazzo Reale, Sala delle Cariatidi, Milano / Milan, 2010

FR « Je ne fais jamais exprès de créer un scandale ou de faire de la provocation... Les images sont parfois capables d'anticiper l'avenir et c'est peut-être cela qui scandalise le public — de ne pas se reconnaître dans ce qu'ils voient[1]. »

La Nona Ora est l'une des œuvres les plus iconiques de Maurizio Cattelan. Cette statue de cire très réaliste du pape Jean-Paul II — projeté au sol par une météorite, s'accrochant à sa férule crucifère — est au cœur d'une mise en scène élaborée, « un tableau théâtral », entre la chute des éléments verticaux et l'horizontalité de la moquette pourpre qui recouvre le sol entier de la salle. Son titre fait référence à la dernière heure du Christ, une image puissante, allégorie du poids de la fonction ecclésiastique. Dans l'œuvre de l'artiste, le pape est l'une des nombreuses incarnations du contraste entre pouvoir et vulnérabilité. L'œuvre fut d'ailleurs vandalisée (« au nom de la dignité du Saint-Père ») en 2001, lorsqu'elle fut présentée à la Zacheta Gallery of Contemporary Art de Varsovie, dans la Pologne native de Jean-Paul II. Toutefois, Cattelan dénie toute dimension anticléricale à *La Nona Ora*. « Venant de moi, il ne s'agit pas du tout d'une œuvre anti-catholique : j'ai grandi entre les saints et les enfants de chœur et j'étais dans la chorale de l'église. Le pape est là pour nous rappeler que toute les formes de pouvoir ont, comme le lait, une date d'expiration[2]. » C'est aussi la figure médiatique du pape Jean-Paul II qui s'effondre sous nos yeux, celui qui en 1999 écrivait aux artistes : « L'art est, par nature, une sorte d'appel au Mystère ». Représenté dans l'intensité d'une souffrance muette, les yeux fermés comme dans un moment de prière, le pape, qui avait failli mourir assassiné, peut aussi être considéré, ainsi que le suggère le titre de l'œuvre, comme une figure christique. A.B.

1 — Maurizio Cattelan cité dans Andrea Bellini, « An interview with Maurizio Cattelan », *Sculpture* 24, n° 7, septembre 2005. **2 —** *Ibid.*

EN "I never purposely decide to create a scandal, to provoke... Images sometimes manage to anticipate the future, and maybe that's what scandalizes the public—not to recognize themselves in what they see."[1]

La Nona Ora is one of Maurizio Cattelan's most iconic works. This highly realistic wax statue of Pope John Paul II, pinned to the ground by a meteorite, clinging to his cruciferous ferule, is at the heart of an elaborate staging, "a theatrical tableau," framed by the fallen vertical elements and the horizontality of the crimson carpet that covers the entire floor of the room. The title refers to the last hour of Christ's life, a powerful image, allegory of the significance of the ecclesiastical function. In the artist's work, the pope is one of many embodiments of the contrast between power and vulnerability. The work was in fact vandalized ("in the name of the dignity of the Holy Father") in 2001 when it was presented at the Zacheta Gallery of Contemporary Art in Warsaw, Poland, the home of John Paul II. But Cattelan denies any anticlerical dimension to *La Nona Ora*: "It was certainly not anti-Catholic, coming from me, who grew up singing in the church choir between saints and altar boys. The pope is more a way of reminding us that power, whatever power, has an expiration date, just like milk."[2] Pope John Paul II, a mediatic figure who, in 1999, wrote to artists that "Art is by its nature a kind of appeal to the mystery," collapses before our eyes. Trapped in a moment of intense, silent suffering, eyes closed as if in a moment of prayer, the pope, who was almost assassinated, can also be considered a Christ-like figure, as the title of the work suggests. A.B.

1 — Maurizio Cattelan cited in Andrea Bellini, "An Interview with Maurizio Cattelan," *Sculpture* 24, no. 7, September 2005. **2—** Ibid.

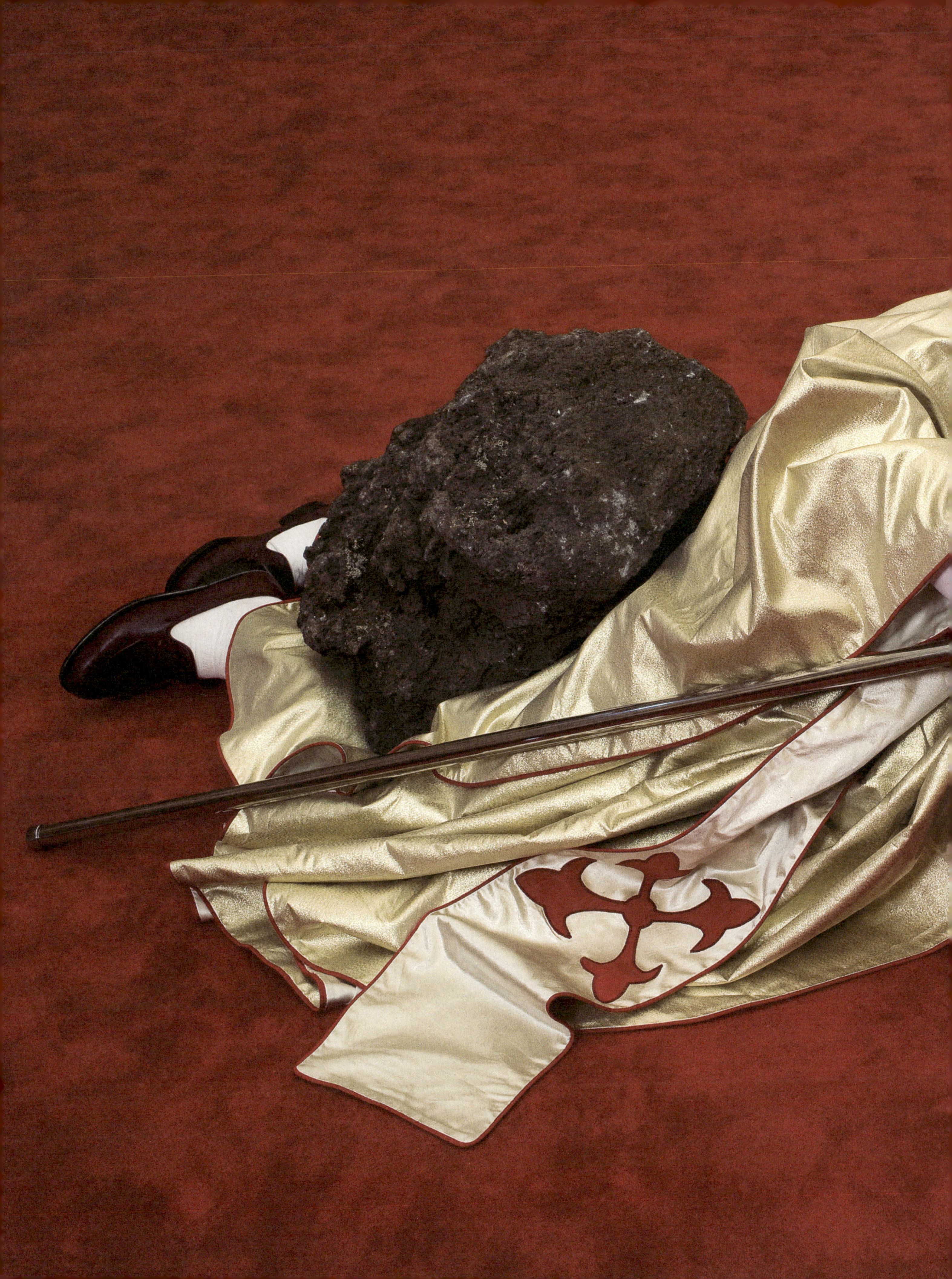

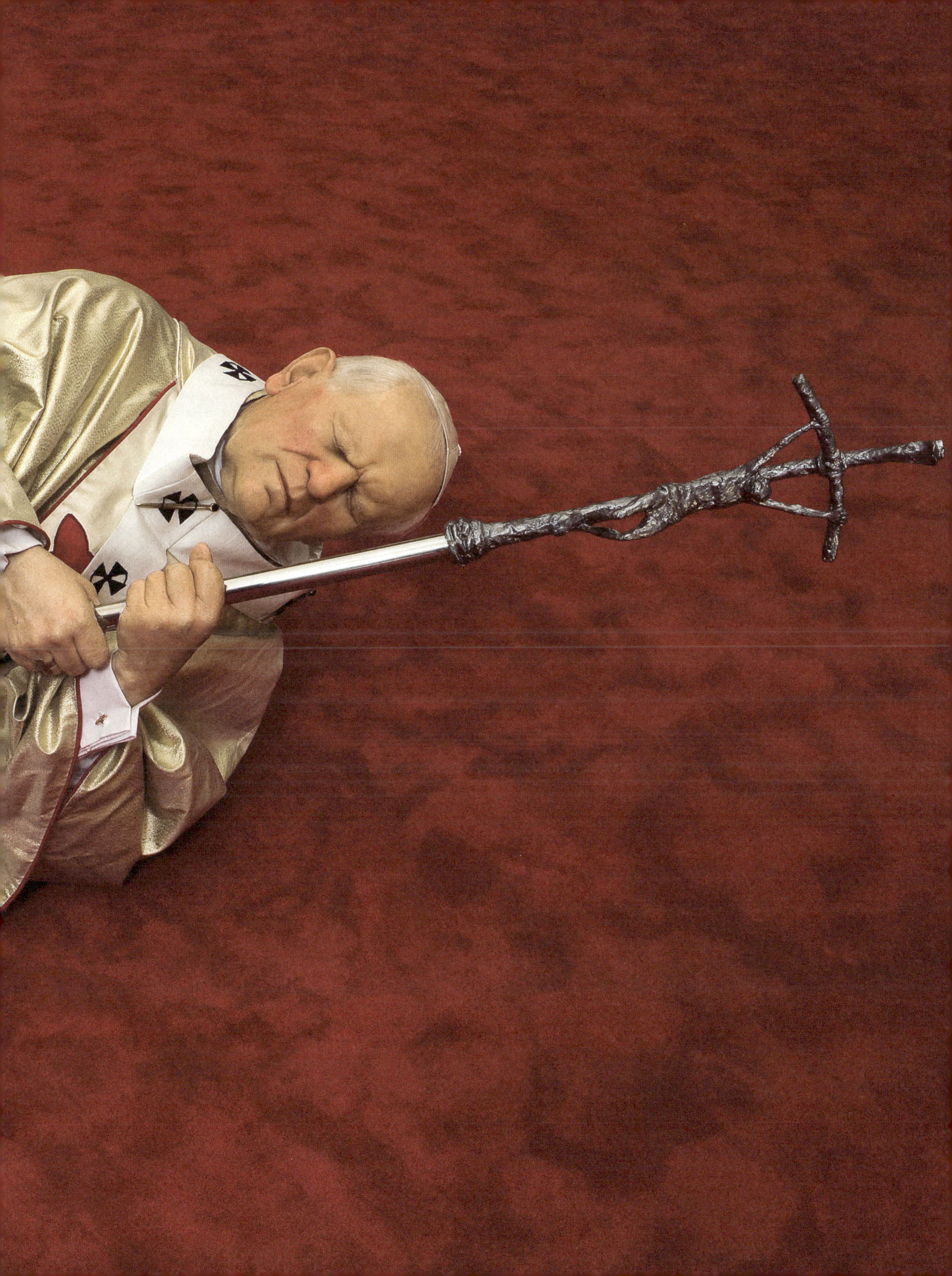

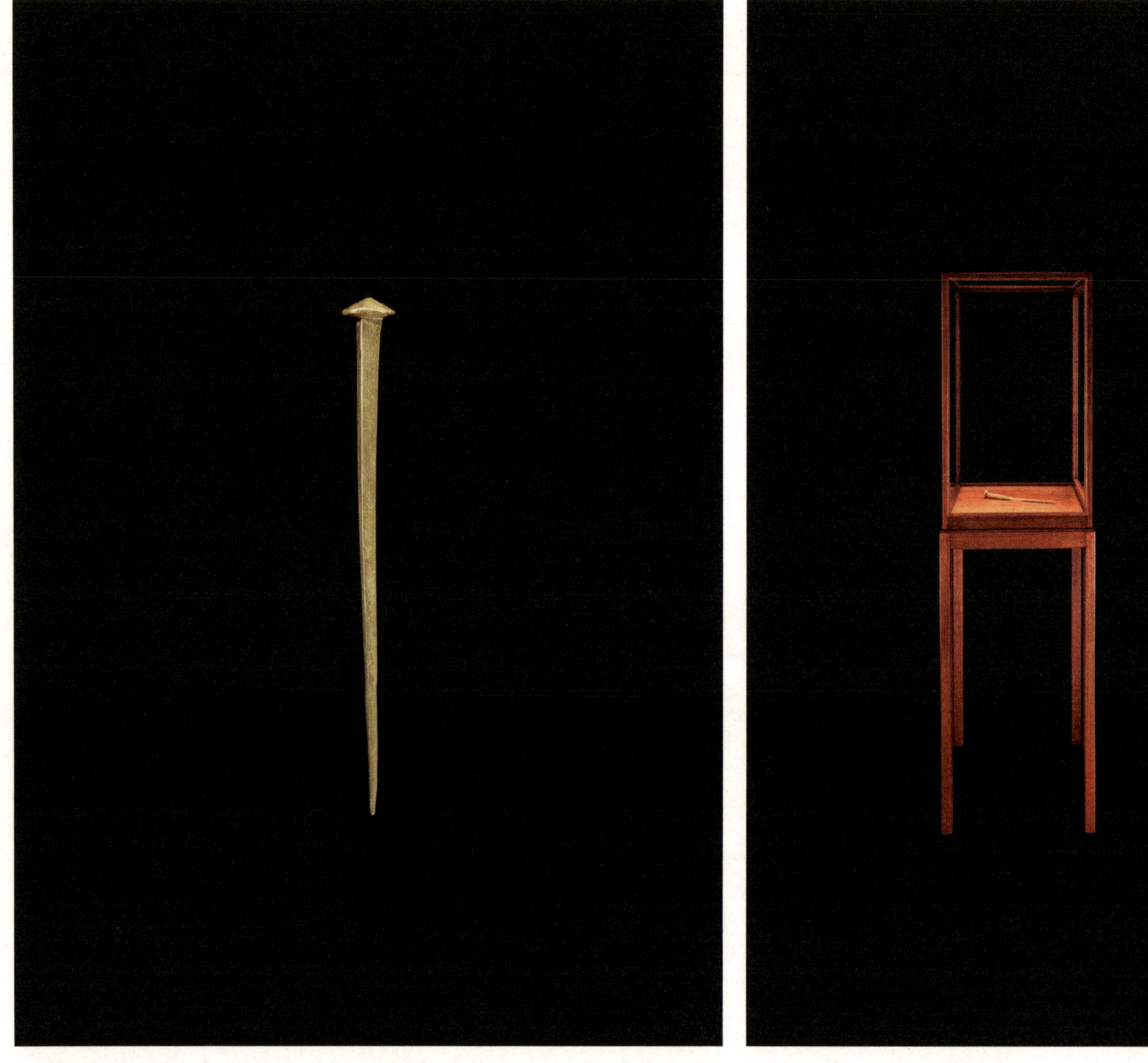

***The Philosophical Nail*, 1986**. Ferro dorato / Fer doré / Gilded iron

IT *The Golden Tower* opera fondamentale di James Lee Byars, è il frutto di un lungo lavoro avviato nel 1974, che ha dato origine a molteplici versioni e schizzi. Concepito come un monumento dedicato all'umanità nel suo complesso e alla sua crescita spirituale, l'imponente monolite cilindrico sembra composto di luce, tale è il bagliore prodotto dalle foglie d'oro che lo rivestono e che irradia la stanza. Si tratta di una illuminazione, in tutti i sensi. Il nostro sguardo si lascia guidare dal suo impulso verticale, diretto verso le stelle e il sole. Attraverso la sua scultura, l'artista ha voluto stabilire un legame cosmico tra la terra e il cielo; l'opera diventa un punto di riferimento dal quale prendere coscienza del nostro posto nell'universo.

In quanto materializzazione del sacro, l'oro interviene a più riprese nella pratica di Byars. Nella sua opera *The Philosophical Nail*, l'artista espone un chiodo dorato in una teca di mogano. La modalità stessa dell'esposizione rafforza il mistero che circonda l'oggetto, conferendogli l'aura di un manufatto di grande valore, una sorta di reliquia. Il significato rivestito dal chiodo, che evoca al tempo stesso l'iconografia cristiana, l'architettura e la sensazione di dolore, è lasciato scientemente aperto dall'artista. Trascendentali pur restando saldamente ancorate nella materia, le opere di Byars si mostrano come enigmi da interpretare. La loro esposizione a Venezia è significativa, dati gli stretti legami che uniscono l'artista alla città. A partire dal 1982, infatti, vi ha vissuto a periodi alterni, collaborando con artigiani vetrai di Murano e partecipando a quattro edizioni della Biennale. R.G.

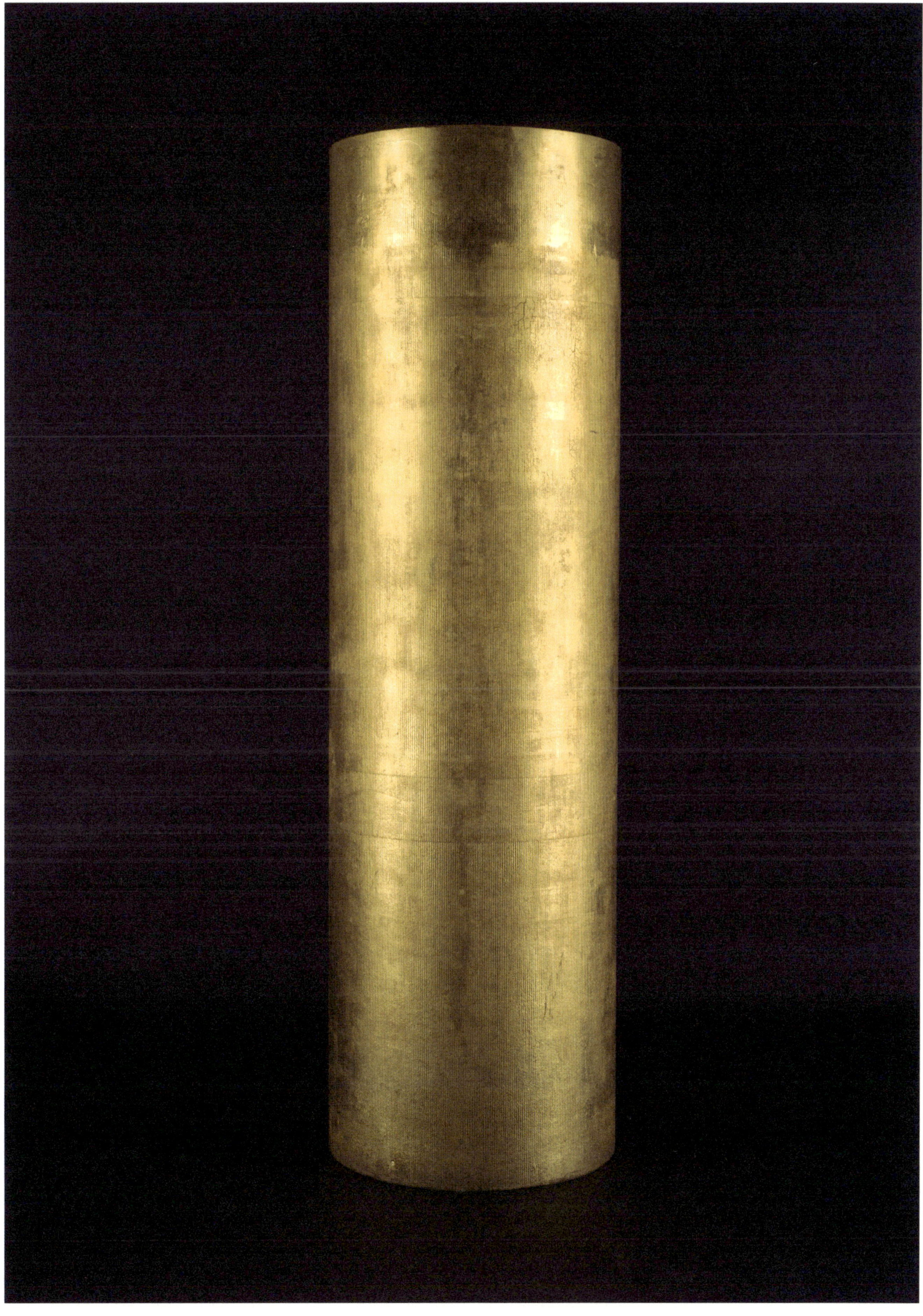

***The Golden Tower*, 1974**. Colonna dorata / Colonne dorée / Gilded column

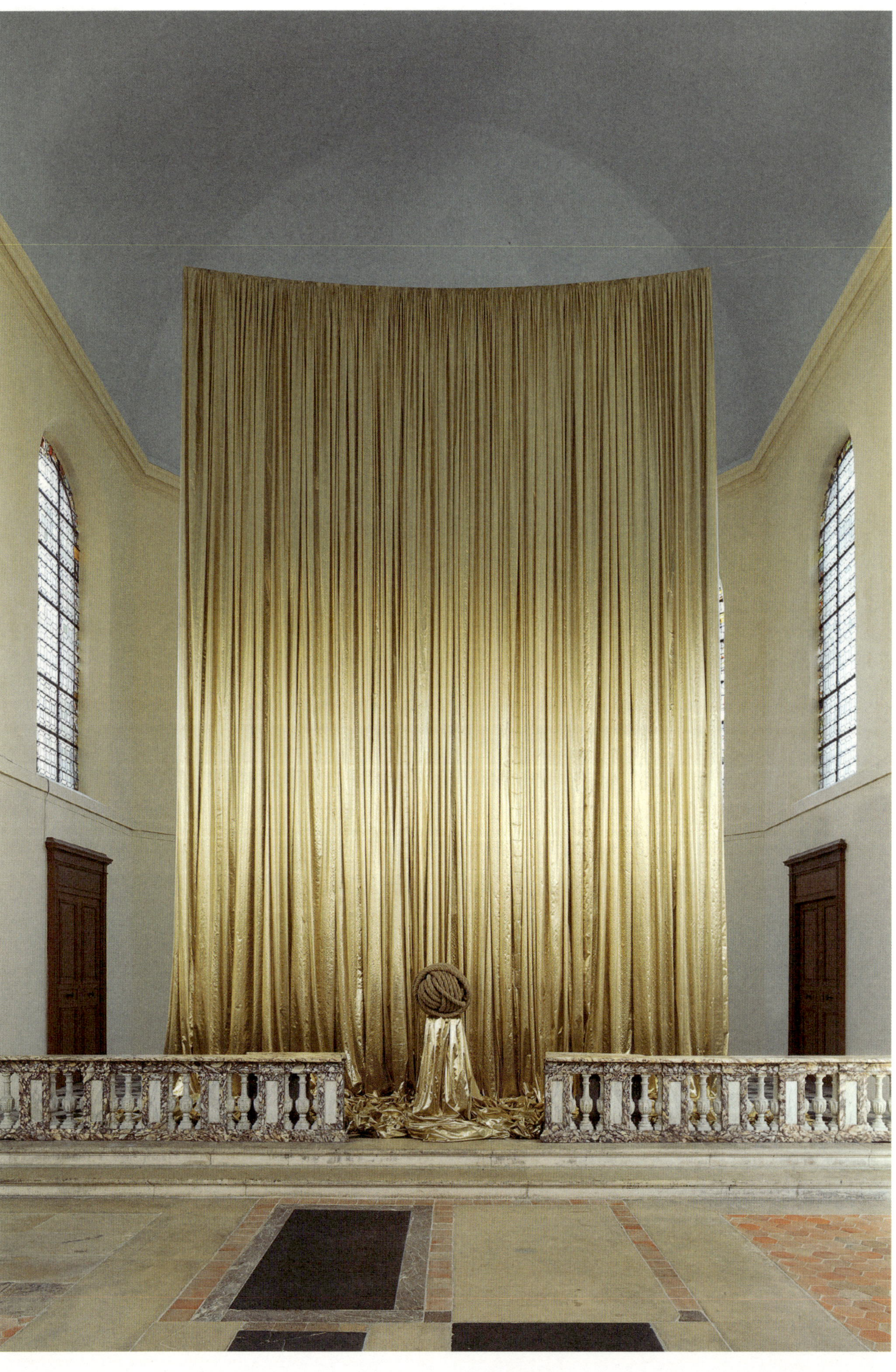

***Byars is elephant*, 1997**. Pinault Collection. Corda e tessuto dorato / Corde et tissu doré / Rope and golden fabric. Installation view, *Reliquaires*, Kering, Chapelle Laennec, Parigi / Paris, Journées Européennes du Patrimoine 2018

FR Œuvre majeure de James Lee Byars, *The Golden Tower* est le fruit d'un long travail entamé en 1974 et qui donna lieu à de multiples versions et esquisses. Conçu comme un monument dédié à l'humanité tout entière et à son ascension spirituelle, l'imposant monolithe cylindrique semble composé de lumière, tant l'éclat des feuilles d'or qui le recouvrent irradie la pièce. Il s'agit d'une illumination, dans tous les sens du terme. Notre regard se laisse guider par son impulsion verticale, emporté vers les étoiles et le soleil. L'artiste a voulu établir par sa sculpture un lien cosmique entre la terre et le ciel. Elle devient un point de repère d'où prendre conscience de notre place dans l'univers.

L'or, en tant que matérialisation du sacré, intervient à de multiples reprises dans la pratique de Byars. Pour son œuvre *The Philosophical Nail*, l'artiste expose un clou doré dans une vitrine en acajou. Ce dispositif de monstration vient renforcer le mystère qui entoure l'objet, en lui conférant l'aura d'un artéfact de grande valeur, à l'instar d'une relique. La signification que revêt le clou, évoquant à la fois l'iconographie chrétienne, l'architecture et la sensation de douleur, est laissée sciemment ouverte par l'artiste. Transcendantales, tout en restant fermement ancrées dans la matière, les œuvres de Byars se déploient telles des énigmes à interpréter. Leur présentation à Venise est significative, étant donné les liens étroits qui unissent l'artiste à cette ville. À partir de 1982, en effet, il y vécut par intermittence, collaborant avec des artisans verriers de Murano et participant à quatre éditions de la Biennale. R.G.

EN *The Golden Tower*, one of James Lee Byars's major works, is the result of a long process that began in 1974, going through multiple versions and sketches. Conceived as a monument dedicated to the entirety of humanity and its spiritual ascent, the imposing cylindrical monolith, covered in brilliant gold leaf, seems composed of light—an illumination, in every sense of the word. Our gaze is guided upward by its vertical impulse, toward the stars and the sun. The artist hoped to establish a cosmic link between the earth and the sky with this sculpture; he intended it as a reference point from which we can become aware of our place in the universe.

Gold, as a materialization of the sacred, appears repeatedly in Byars's practice. His work *The Philosophical Nail* consists of a golden nail, presented in a mahogany display case, reinforcing the mystery surrounding the object by endowing it the aura of a valuable artifact or relic. The significance of the nail, which evokes Christian iconography, architecture, and the sensation of pain, is deliberately left open by the artist. Transcendent, yet firmly anchored in their materiality, Byars's works unfold like enigmas to be interpreted. Their presentation in Venice is significant, given the close ties that united the artist to this city. From 1982 onward, he lived there intermittently, collaborating with glass artisans in Murano and participating in four editions of the Biennale. R.G.

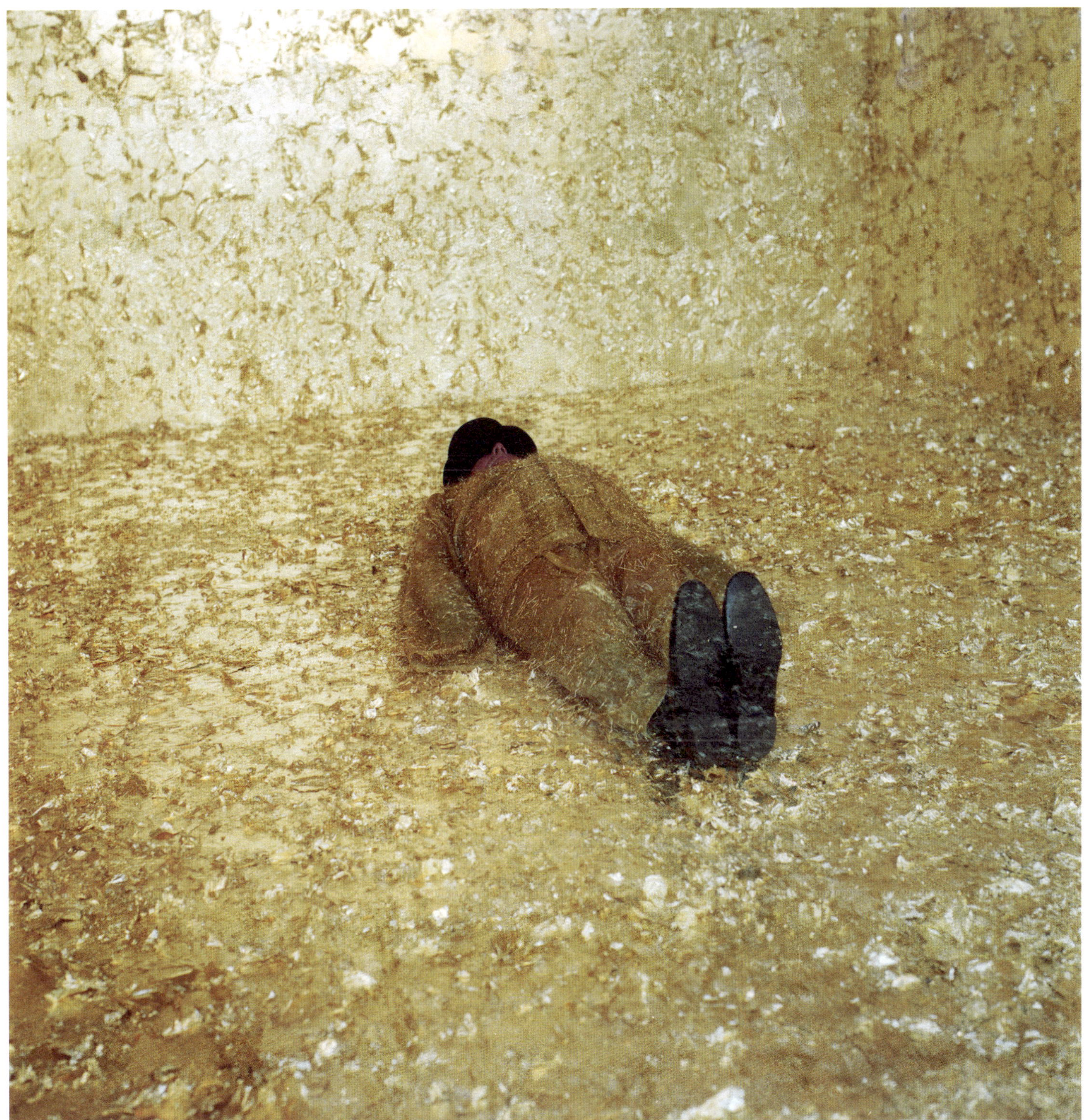

***The Death of James Lee Byars*, 1994**. Foglia d'oro, cristallo, vetro / Feuilles d'or, cristaux, verre / Gold leaf, crystals, glass

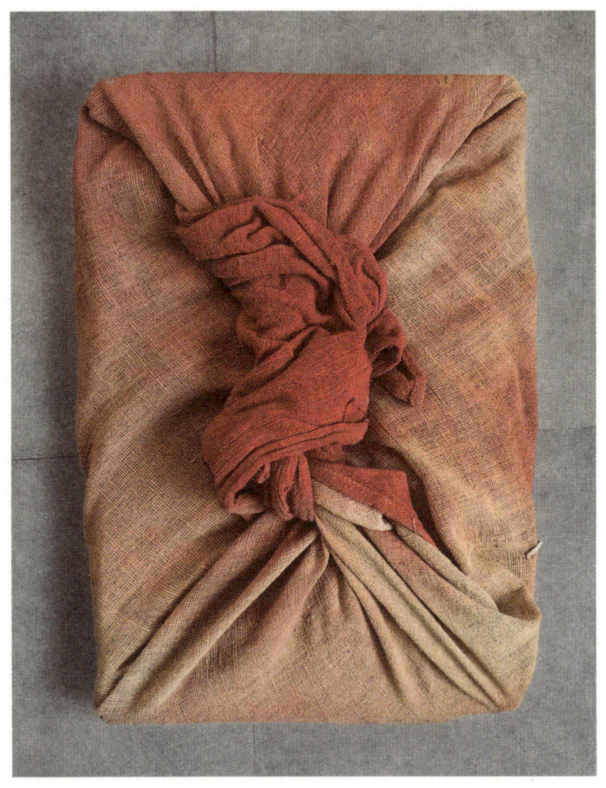

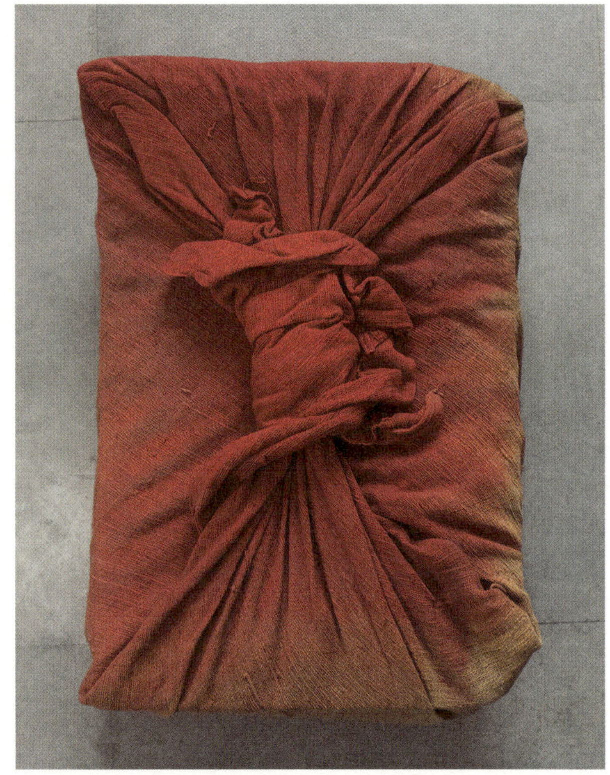

IT «Non mi interessa un'immagine intera che rappresenti un riferimento fisso, non voglio raccontare una storia dall'inizio alla fine perché nessuna storia è mai completa; cambia continuamente, quindi la stessa foto significa una cosa ora, ma in un altro contesto significherà qualcosa di diverso.» Dayanita Singh

«Time measures/Nothing but itself» (Il tempo non misura/Altro che se stesso), osservava lo scrittore tedesco Winfried G. Sebald[1], ispirando il titolo di questa serie fotografica dell'artista indiana Dayanita Singh.

Time Measures, un insieme di trentaquattro fotografie nato dall'interesse che l'artista nutre da tempo per gli archivi cartacei, è un'opera atipica nel lavoro di Dayanita Singh che utilizza di rado il colore. I trentaquattro fagotti annodati, fotografati dall'alto — le cui differenti sfumature di rosso sbiadito testimoniano tanto il tempo passato quanto l'importanza del loro contenuto riservato, custodito al riparo dagli sguardi — formano un paesaggio astratto. Come le icone presenti in molte religioni, questi documenti si distinguono per l'assenza di incarnazione, perché a essere mostrato è solo il fagotto e non la fisicità dell'archivio. Rappresentare il sacro è sempre oggetto di risposte complesse e talvolta contraddittorie.

Scoperti in un archivio indiano, i fagotti rimandano a un momento indeterminato; i documenti impacchettati restano per noi sconosciuti e inaccessibili, ripiegati in un lembo di tessuto a sua volta chiuso da un nodo sistemato con cautela. I nodi, nessuno dei quali è perfettamente identico a un altro, i tessuti usati e i colori sbiaditi conferiscono a ogni fagotto un aspetto unico, che trasforma ogni immagine in un ritratto singolare. Grazie alla sua permanente oscillazione fra ripetizione e singolarità, quest'opera di Dayanita Singh, per quanto figlia di una cultura ben diversa, ripropone una delle caratteristiche dell'icona bizantina.

Ciò che affascina l'artista nel suo approccio concettuale e performativo della fotografia non è tanto l'immagine individuale, quanto la maniera in cui si sviluppano le relazioni tra le fotografie. A.B.

1 — «Nichts als sich selbst/misst die Zeit», Winfried G. Sebald, *Giuliettas Geburtstag*, in *Über das Land und das Wasser: Ausgewählte Gedichte 1964-2001*, Hanser, München 2008, p. 28. Traduzione inglese in Id., *Across the Land and the Water. Selected Poems 1964-2001*, Modern Library, New York 2013, p. 24.

FR «L'image complète, à laquelle on peut se raccrocher, ne m'intéresse pas. Je n'ai pas envie de vous raconter toute l'histoire parce que l'histoire complète n'existe pas; l'histoire change continuellement, de sorte qu'une photographie qui signifie une chose ici peut en signifier une autre dans un contexte différent.» Dayanita Singh

«Time measures/Nothing but itself» («Le temps ne mesure/Rien d'autre que lui-même»), notait l'écrivain allemand Winfried G. Sebald[1], inspirant le titre de cette série photographique de l'artiste indienne Dayanita Singh.

Time Measures, un ensemble de 34 photographies né de l'intérêt de longue date de l'artiste pour les archives papier, est une œuvre atypique dans le travail de Dayanita Singh, qui utilise rarement la couleur. Ces 34 ballots noués, photographiés de haut, dont les différentes nuances de rouge délavé témoignent aussi bien du temps passé que de l'importance de leur contenu confidentiel, conservé à l'abri des regards, forment un paysage abstrait. À l'instar des icônes dans nombre de religions, ces documents brillent par leur absence d'incarnation, seul le ballot étant donné à voir plutôt que la matérialité des archives. Représenter le sacré fait toujours l'objet de réponses complexes et parfois contradictoires.

Découverts dans des archives en Inde, les ballots renvoient à un moment indéterminé; les documents empaquetés nous demeurent inconnus et inaccessibles, pliés dans un tissu, lui-même fermé par un nœud précautionneusement ajusté. Les nœuds dont aucun n'est parfaitement identique, les tissus usés et les couleurs délavées confèrent à chaque ballot une apparence unique, transformant chaque image en un portrait singulier. Par son oscillation permanente entre répétition et singularité, cette œuvre de Dayanita Singh, bien que relevant d'une tout autre culture, rejoint l'une des caractéristiques de l'icône byzantine.

Ce qui fascine l'artiste dans son approche conceptuelle et performative de la photographie n'est pas tant l'image individuelle, mais plutôt la façon dont se développent les relations entre les photographies. A.B.

1 — «Nichts als sich selbst/misst die Zeit», Winfried G. Sebald, *Giuliettas Geburtstag*, in *Über das Land und das Wasser: Ausgewählte Gedichte 1964-2001*, Munich, Hanser, 2008, p. 28. Traduction anglaise: *Across the Land and the Water. Selected Poems 1964-2001*, New York, Modern Library, 2013, p. 24.

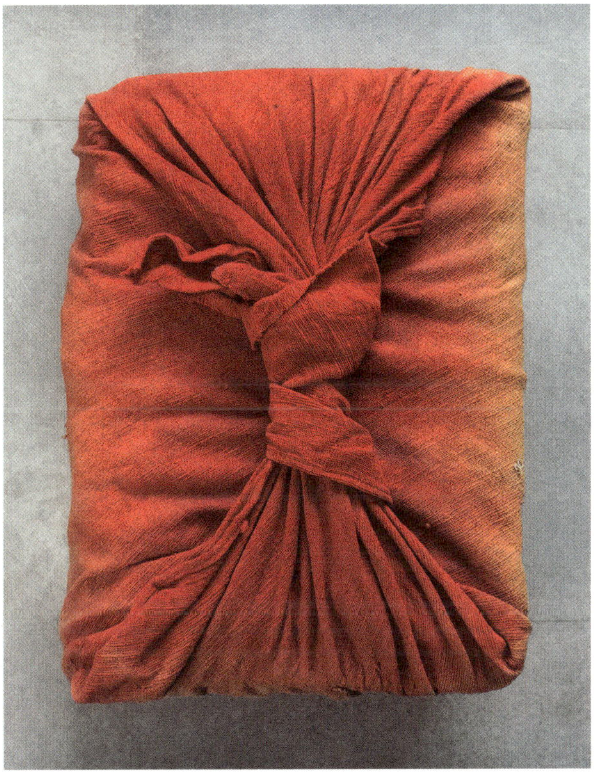

pp. 70-71 ***Time Measures, Sequence III*, 2016**. 3 stampe d'archivio pigmentate / impressions pigmentaires d'archives / archival pigment prints

EN "I am not interested in the complete picture that you can hold onto, I don't want to tell you the whole story because there is no complete story; the story keeps changing, so the same photograph here means something, but in another context it will mean something else." Dayanita Singh

"Time measures/Nothing but itself," noted the German author Winfried G. Sebald,[1] inspiring the title of Dayanita Singh's series of photographs.

Time Measures, a set of thirty-four photographs that pursue Dayanita Singh's longstanding interest in paper archives, is unusual for the artist, who rarely uses color. Thirty-four knotted bundles in different shades of faded red, photographed from above, bear witness to both the passage of time and to the significance of their contents—even as these remain confidential, kept out of sight. Together the bundles form an abstract landscape. Like the icons of many religions, these documents shine by their absence of embodiment, showing only the wrapped cloth rather than the material archives contained within. The depiction of the sacred has always elicited complex, at times contradictory, responses.

Discovered in an archive in India, the bundles evoke an indeterminate moment in time; we can never know what is contained within each bundle, wrapped in a folded cloth, enclosed with a carefully tied knot. The knots, none of which are perfectly identical, the worn fabrics and faded colors, give each bundle a unique appearance, transforming each image into a singular portrait. In its constant oscillation between repetition and singularity, this work by Dayanita Singh calls to mind certain characteristics of Byzantine icons, even though it stems from a completely different culture.

It is not so much the individual image, but rather the way in which relationships between photographs develop, that motivates the artist's conceptual and performative approach to photography. A.B.

1 — "Nichts als sich selbst/misst die Zeit," Winfried G. Sebald, *Giuliettas Geburtstag*, in *Über das Land und das Wasser: Ausgewählte Gedichte 1964–2001* (München: Hanser, 2008), 28. English translation: *Across the Land and the Water. Selected Poems 1964–2001* (New York: Modern Library, 2013), 24.

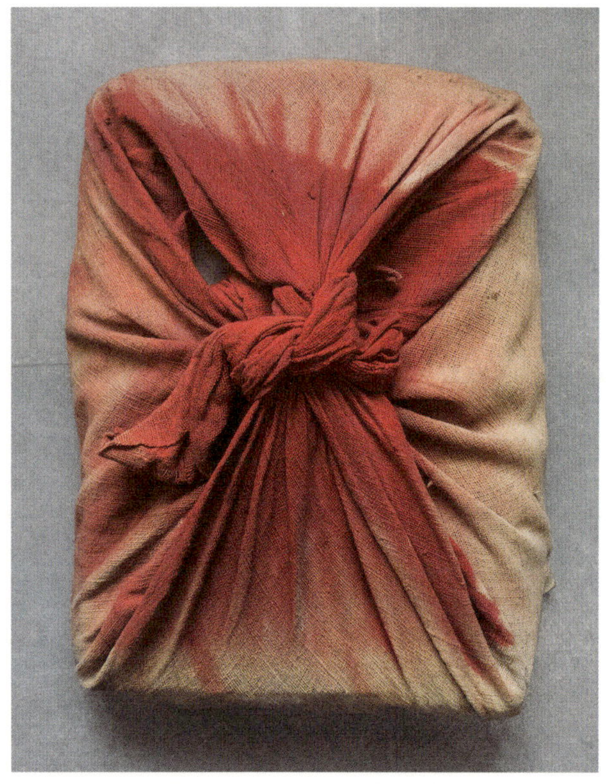

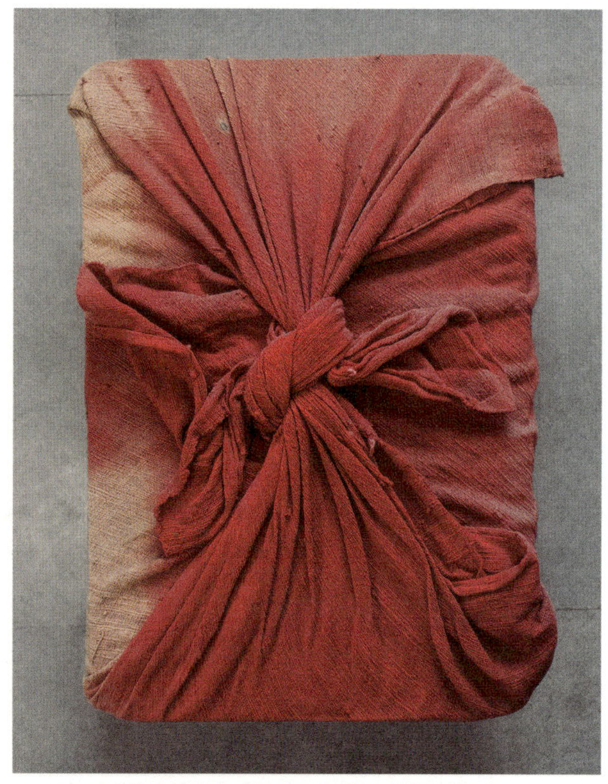

***Time Measures, Sequence VI*, 2016**. 2 stampe d'archivio pigmentate / impressions pigmentaires d'archives / archival pigment prints
***Time Measures*, 2016**. 34 stampe d'archivio pigmentate / impressions pigmentaires d'archives / archival pigment prints. Installation view, *Dayanita Singh: Dancing with my Camera*, Museum Villa Stuck, Monaco / Munich, 2023

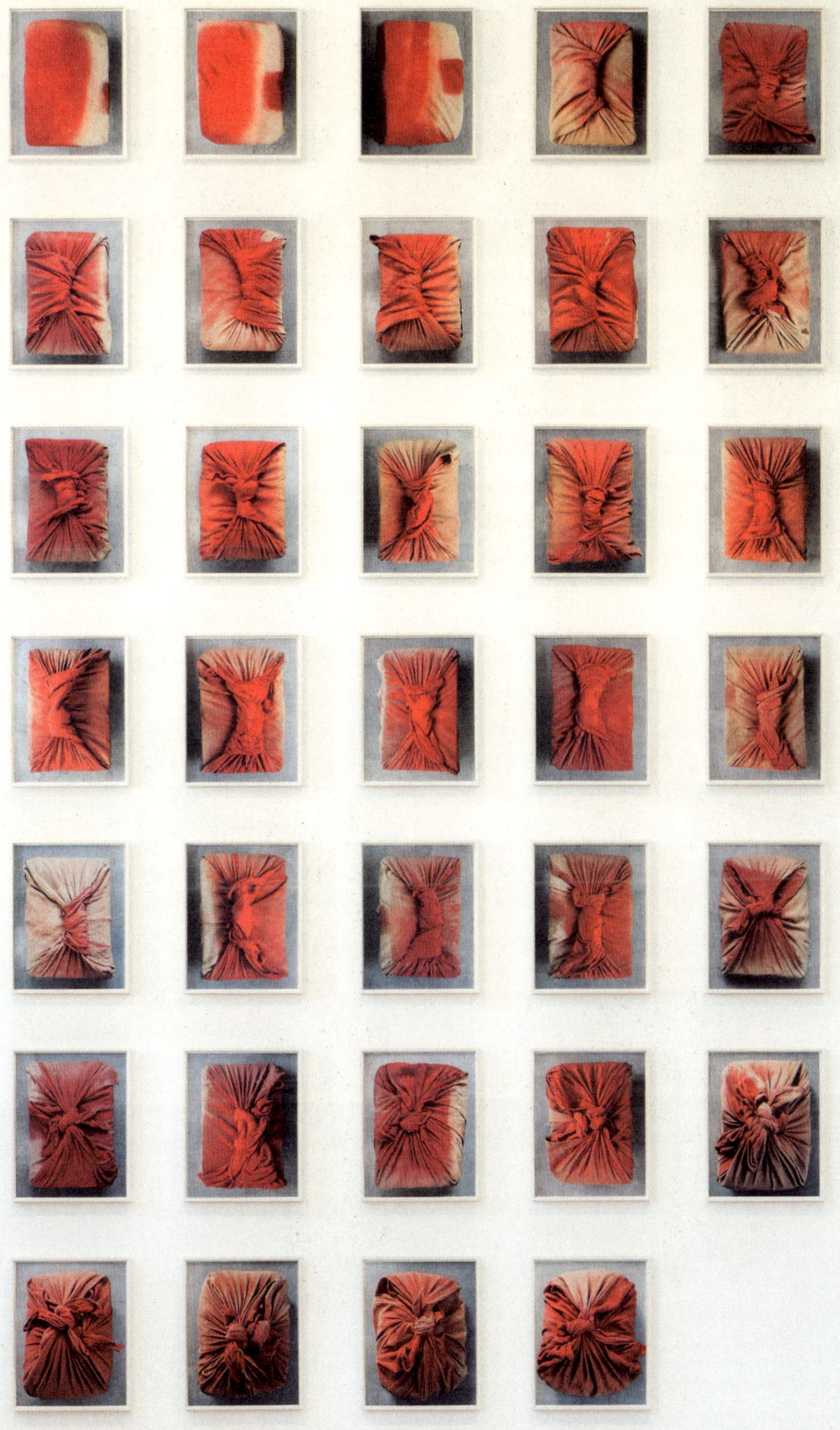

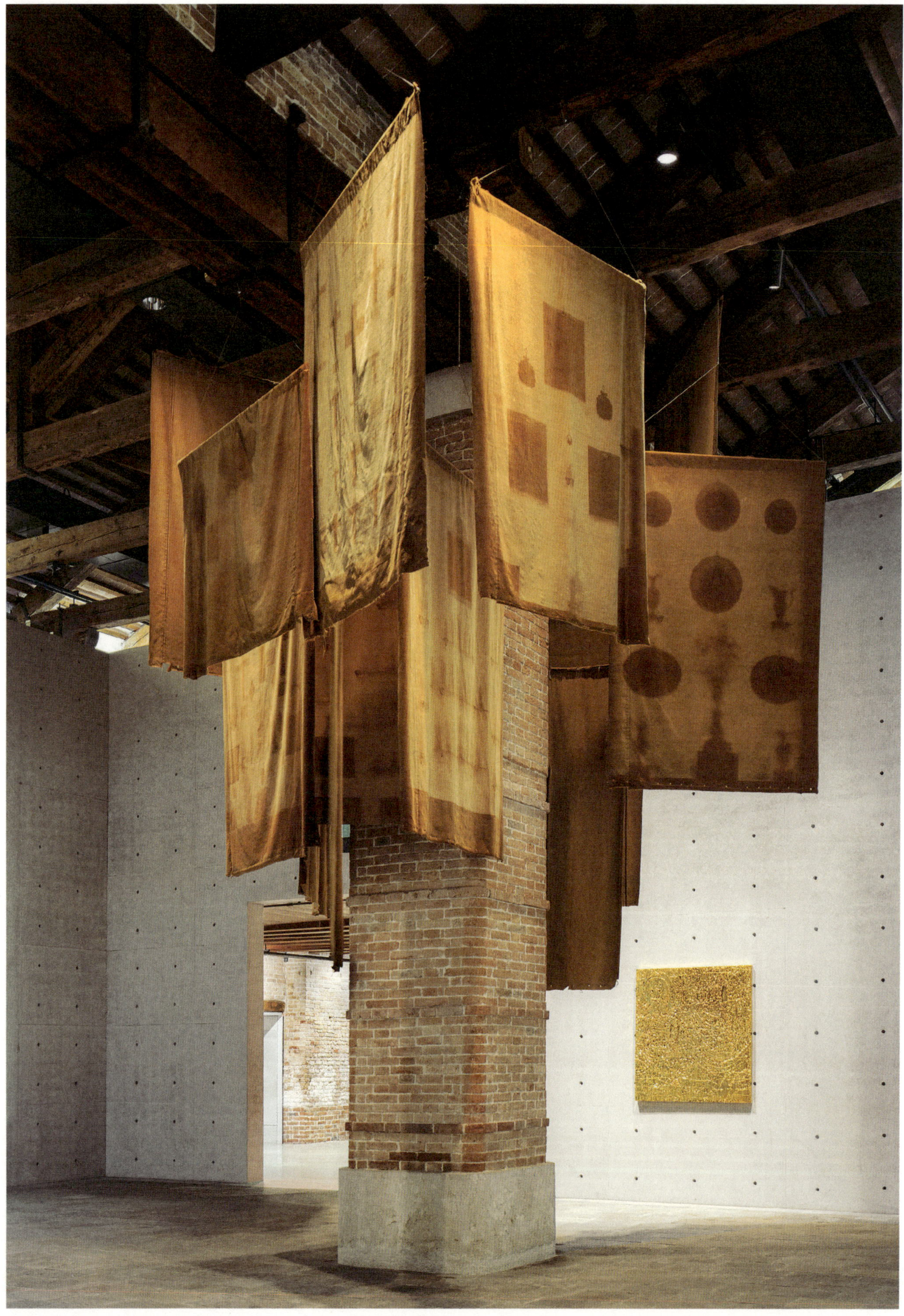

Installation view, *Icônes*, Punta della Dogana, Venezia / Venise / Venice, 2023

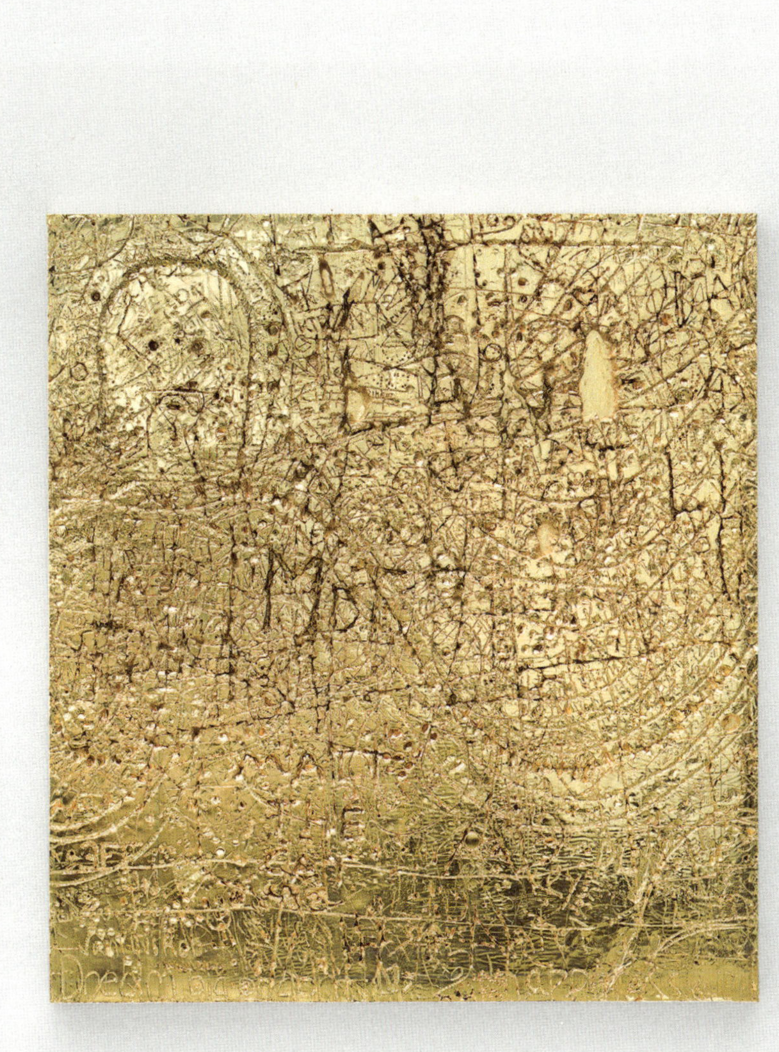

Rudolf Stingel, *Untitled*, 2009.
Rame elettroformato, nichel e oro placcato, acciaio inossidabile / Cuivre électroformé, plaqué nickel et or, acier inoxydable / Electroformed copper, plated nickel and gold, stainless steel

IT **Rudolf Stingel / Danh Vo, l'epifania delle immagini** La tradizione bizantina fa risalire l'origine delle icone (dal greco *εικόνα*, immagine) al *Mandylion di Edessa*; il lembo di tessuto, sul quale il volto di Cristo sarebbe miracolosamente comparso, è considerato la prima rappresentazione acheropita, ovvero non fatta dalla mano dell'uomo. Secondo diverse narrazioni, Gesù, non potendosi recare al capezzale del re di Edessa, colpito dalla lebbra, gli avrebbe inviato un telo con il quale si era asciugato il viso. Scoprendo il Sacro Volto sul *Mandylion*, il re siriano sarebbe — si dice — immediatamente guarito. La reliquia, trasferita in seguito a Costantinopoli, divenne la prima icona venerata dai cristiani ortodossi. La fascinazione per questi segni che appaiono miracolosamente attraverserà i secoli oltrepassando la sfera religiosa per suscitare più ampiamente interrogativi di ordine scientifico, antropologico o artistico. Presenze spettrali, impronte sovrannaturali, aure di fantasmi rivelate dai precursori della fotografia e dei raggi X, sono altrettanti misteri che alimenteranno secoli di creazione; senza dimenticare l'alone lasciato da opere d'arte scomparse, come quando nel 1911 al Louvre fu rubata la *Gioconda* e il museo conobbe un picco di ingressi senza precedenti, poiché i visitatori volevano a tutti i costi contemplare lo spazio lasciato vuoto.

Immaginiamo un bambino che visita il Vaticano con i suoi genitori, in occasione di un Natale a Roma. Il bambino forse è un adulto, poco importa. Il suo sguardo indugia là dove altri sorvolano, sulle pareti e sulle teche svuotate delle loro opere, ma sempre rivestite da quei velluti antiquati che rendono affascinante la museografia antica. Il sole ha fatto il suo lavoro e scolorito il tutto. Tuttavia, là dove si trovavano gli oggetti religiosi, la brillantezza originale del tessuto è stata preservata, lasciando indovinare grazie all'impronta la disposizione geometrica di crocifissi, calici, pissidi o ostensori dalle forme elaborate. Queste pelli delicate dalle presenze fantomatiche, recuperate da Danh Vo, esprimono una tensione non appena vengono mostrate: in un cumulo informe sono paradossalmente al riparo, mentre una volta distese nello spazio sono inesorabilmente esposte alla propria lenta distruzione operata dalla luce.

Anche le opere di Rudolf Stingel, con le quali sono in dialogo, indagano i misteri della creazione e dell'apparizione di un'immagine. Le superfici dei dipinti di Stingel, dove sono conservate le tracce di gesti diversi, oscillano tra leggerezza aerea e spessore della materia. Alla fragilità dell'immagine, che conserva a tratti il ricordo di una vocazione decorativa, corrisponde la preziosità dell'oro, che gioca con la luce; quello stesso oro, terreno fertile delle apparizioni sacre, che rappresentava lo spazio incommensurabile del divino nelle icone bizantine. Stingel ha anche realizzato un calco di un frammento di una delle sue opere dove il pubblico era invitato a lasciare liberamente le proprie tracce su un materiale murario malleabile. Più le scritte coprono l'opera, più questa scompare. Come un gesto estremo, l'artista preleva questa pelle scarificata e la modella in un materiale solido, scongiurando il suo destino. Ciascuna a proprio modo, le impronte e le tracce di Vo e Stingel, acheropite o collettive che siano, sono coronate di mistero. Queste testimonianze del tempo che passa sono nuovi oggetti di devozione, offerti nella loro fragilità sospesa tra presenza e assenza. J.-M.G.

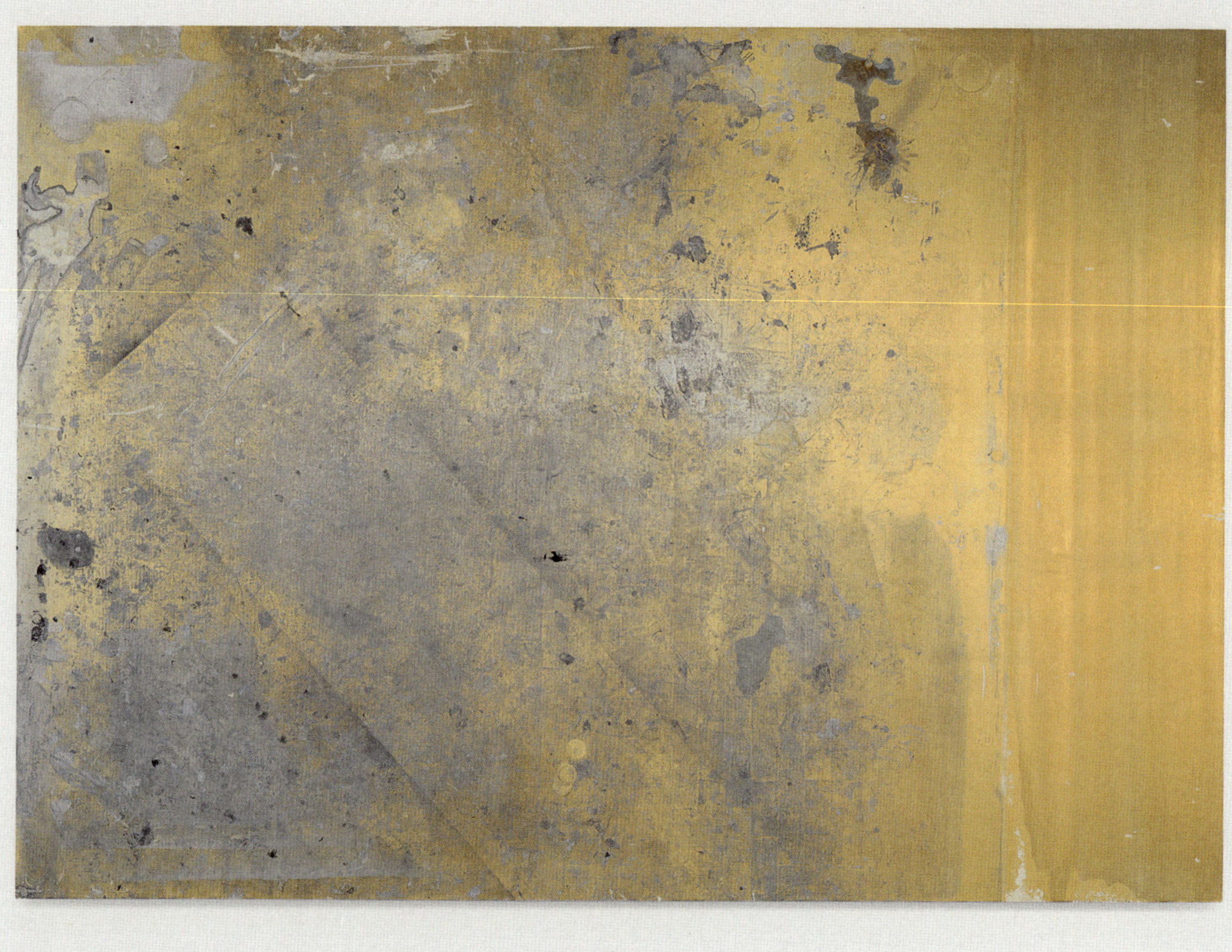

Rudolf Stingel, *Untitled*, 2010. Olio e smalto su tela / Huile et émail sur toile / Oil and enamel on canvas

FR Rudolf Stingel / Danh Vo, l'apparition des images

La tradition byzantine fait remonter l'origine des icônes (du grec εικόνα, image) au *Mandylion d'Edesse*; cette pièce de tissu, sur laquelle le visage du Christ serait miraculeusement apparu, est considérée comme la première représentation *acheiropoïète*, autrement dit « non faite de la main de l'homme. » Selon divers récits, Jésus, ne pouvant se rendre au chevet du roi lépreux d'Edesse, lui aurait envoyé un linge avec lequel il s'était essuyé le visage. En découvrant la Sainte Face sur le *Mandylion*, le roi syrien fut, dit-on, immédiatement guéri. La relique, transférée par la suite à Constantinople, devint la première icône vénérée par les chrétiens orthodoxes. La fascination pour ces traces qui apparaissent miraculeusement va traverser les âges et dépasser la sphère religieuse pour susciter plus largement des interrogations d'ordre scientifique, anthropologique ou artistique. Présences spectrales, empreintes surnaturelles, auras de fantômes révélés par les prémisses de la photographie et des rayons X sont autant de mystères qui vont alimenter des siècles de création; sans oublier les halos d'œuvres d'art disparues, comme lorsque *La Joconde* fut volée au Louvre en 1911 et que le musée connut un pic de fréquentation sans précédents, les visiteurs voulant à tout prix contempler l'emplacement vide.

Il faut s'imaginer un enfant visitant le Vatican avec ses parents, à l'occasion d'un Noël à Rome. L'enfant est peut-être un adulte, peu importe. Son regard s'arrête là où d'autres glissent sur les murs et fonds de vitrines vidées de leurs œuvres, mais toujours tendues de ces velours surannés qui font le charme des muséographies anciennes. Le soleil aura fait son œuvre et décoloré l'ensemble. Cependant, là où se trouvaient les objets religieux, l'éclat original du tissu aura été préservé, laissant deviner par empreinte l'agencement géométrique de crucifix, calices, ciboires ou ostensoirs aux formes élaborées. Prélevées par Danh Vo, ces peaux délicates aux présences fantomatiques sont désormais en tension dès lors qu'elles sont montrées: en tas informe, elles sont paradoxalement à l'abri, tandis que déployées dans l'espace, elles s'exposent inexorablement à leur lente destruction par la lumière.

Les œuvres de Rudolf Stingel, avec lesquelles elles dialoguent, questionnent également les mystères de la création et de l'apparition d'une image. Les surfaces des peintures de Stingel, où sont conservées les traces de gestes variés, oscillent entre légèreté aérienne et épaisseur de la matière. À la fragilité de l'image, qui garde par endroits le souvenir d'une vocation décorative, répond la préciosité de l'or, qui joue avec la lumière; ce même or, terreau des apparitions sacrées, qui représentait l'espace incommensurable du divin dans les icônes byzantines. Stingel a également moulé un fragment de l'une de ses œuvres pour laquelle le public était invité à laisser librement ses traces sur une matière murale malléable. Plus les écritures couvrent l'œuvre, plus celle-ci disparaît. Comme un geste ultime, l'artiste prélève cette peau scarifiée et la moule dans un matériau solide, conjurant son sort. Chacune à leur manière, les empreintes et traces de Vo et Stingel, *acheiropoïètes* ou collectives, sont auréolées de mystère. Ces témoignages du temps qui passe sont de nouveaux objets de dévotion, offerts dans leur fragilité suspendue entre présence et absence. J.-M.G.

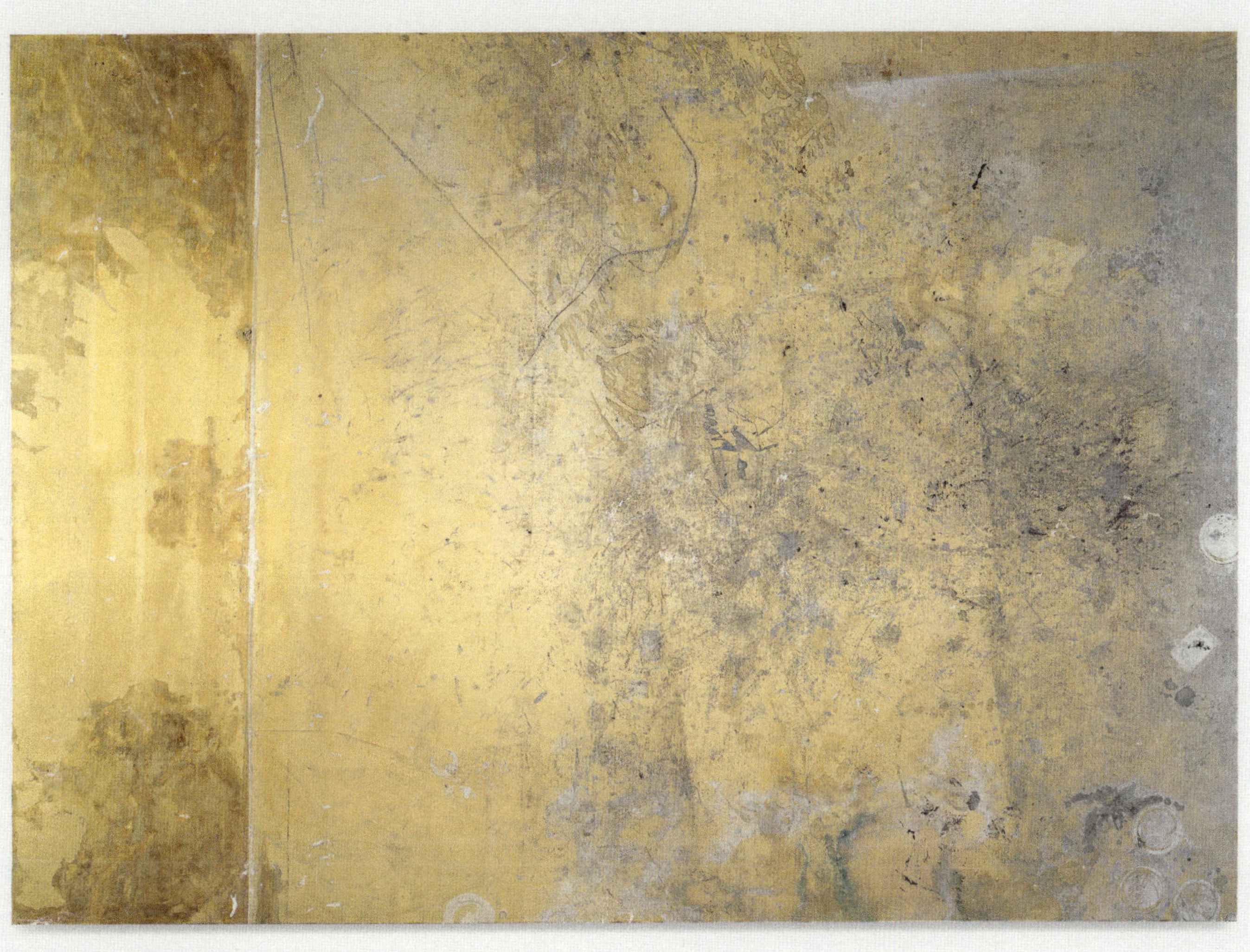

Rudolf Stingel, *Untitled*, 2010. Olio e smalto su tela / Huile et émail sur toile / Oil and enamel on canvas

EN Rudolf Stingel / Danh Vo, The Appearance of Images

Byzantine tradition traces the origin of icons (from the Greek *εικόνα*, image) to the Image of Edessa (also known as the Mandylion): this piece of cloth, on which the face of Christ is said to have miraculously appeared, is considered to be the first acheiropoietic depiction, meaning "not made by human hands." According to various accounts, Jesus, unable to reach the bedside of the leprous King of Edessa, sent him a cloth with which he had wiped his face. The Syrian king was said to be immediately healed by this imprint of the Holy Face. The relic, later housed in Constantinople, was the first icon venerated by Orthodox Christians. This fascination for miraculously appearing traces endured throughout the following centuries, going beyond the religious sphere to the sciences, anthropology, and the visual arts. Spectral presences, supernatural imprints, and the auras of ghosts revealed in photographs and X-rays are mysteries that fed centuries of creation. Then there are the halos of missing works of art; for instance, when the *Mona Lisa* was stolen from the Louvre in 1911, the museum saw an unprecedented peak in attendance, with visitors eager to contemplate the empty site.

Imagine a child visiting the Vatican with his parents, during a family vacation in Rome. He gazes at the walls and backdrops of display cases emptied of the artworks they once contained, still lined in that charming old-fashioned velvet of ancient museography. The sun has done its work and faded the fabric; the religious objects that once hung there protected the original shine of the fabric behind them, reproducing the elaborate shapes and geometric arrangements of crucifixes, chalices, ciboria, and monstrances. Taken by Vo, these delicate skins with ghostly presences are now in tension when they are exhibited: in a shapeless heap, they are paradoxically sheltered; while deployed in space, they are inexorably subject to a slow destruction by the light.

The works by Rudolf Stingel exhibited alongside them also call into question the mysteries of the creation and appearance of images. The surfaces of Stingel's paintings, on which the traces of various gestures are preserved, oscillate between airy weightlessness and the thickness of the material. The fragility of the image, which in places retains the memory of a decorative vocation, is matched by the preciousness of the gold, which plays with the light—that same gold, the material of sacred apparitions, which represented the immeasurable space of the divine in Byzantine icons. Stingel also cast a fragment of one of his works, a malleable wall material on which the public was invited to leave marks and traces. The more their handwritten inscriptions covered the wall, the more it disappeared. Then, as a final gesture, the artist took this scarified skin and molded it in a solid material, conjuring its fate. Each in their own way, the prints and traces of Vo and Stingel, whether acheiropoietic or collective, are shrouded in mystery. These testimonies to the passage of time are new objects of devotion, offered in their fragility suspended between presence and absence. J.-M.G.

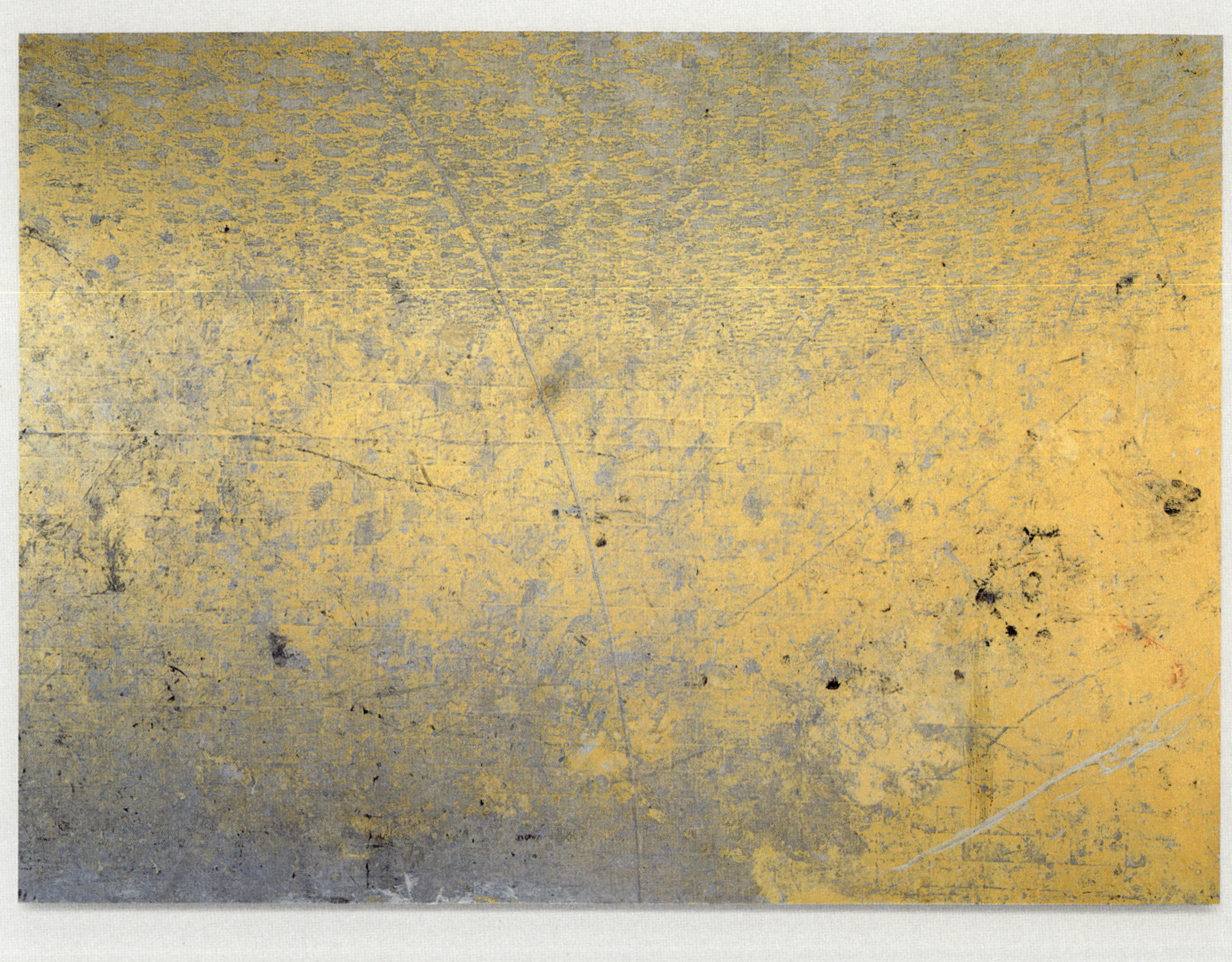

Rudolf Stingel, *Untitled*, 2009. **Rudolf Stingel, *Untitled*, 2010**.
Olio e smalto su tela / Huile et émail sur toile / Oil and enamel on canvas
Danh Vo, *Christmas (Rome), 2012*, 2013. Pezze di velluto / Pièces individuelles de velours / Individual pieces of velvet fabric. Installation view, *Icônes*, Punta della Dogana, Venezia / Venise / Venice, 2023

pp. 80-81 Installation view, *Icônes*, Punta della Dogana, Venezia / Venise / Venice, 2023

pp. 82-83 **Danh Vo**, Installation view, 55. Biennale di Venezia, Corderie, Arsenale, Venezia / Venise / Venice, 2013

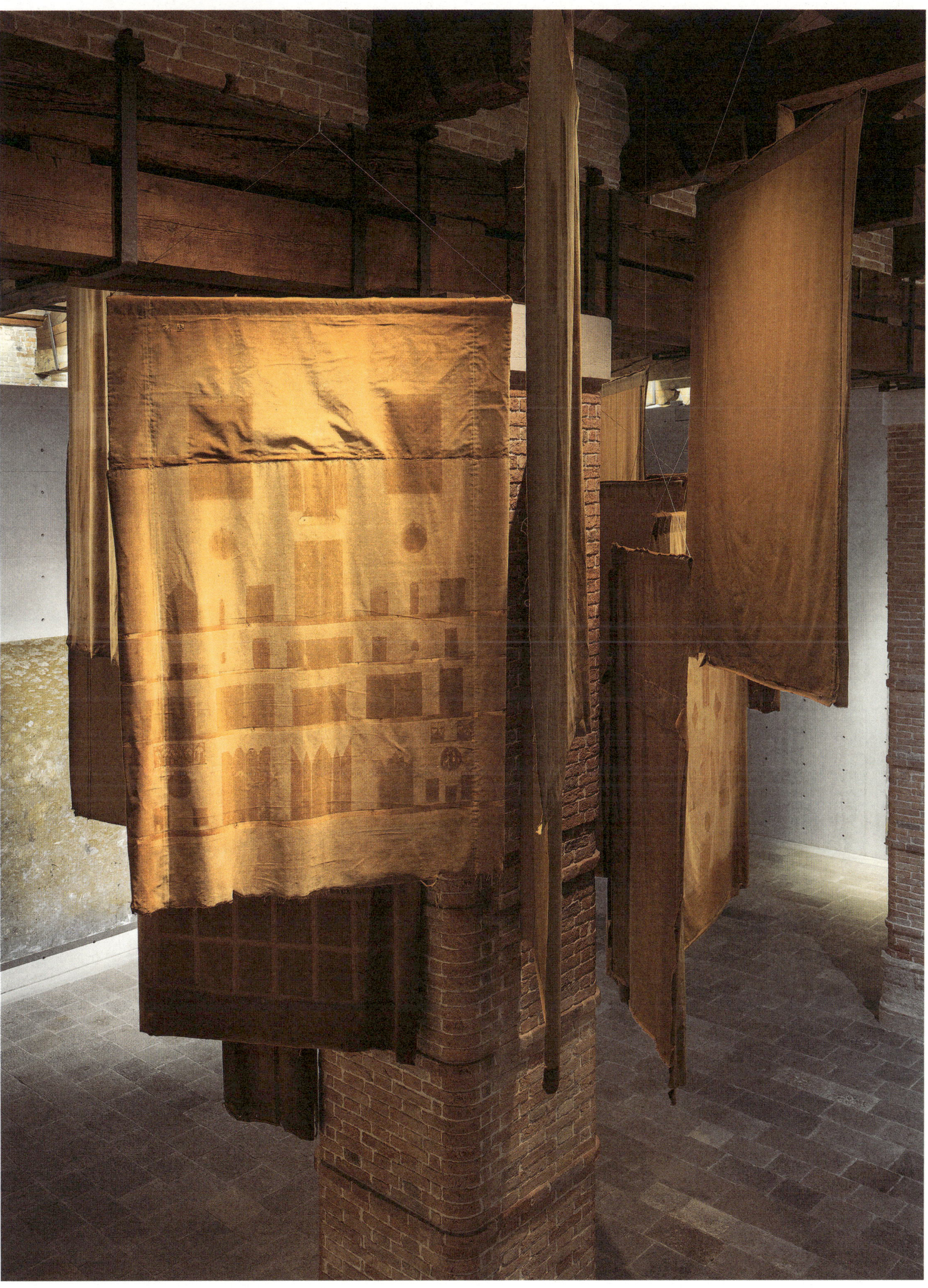

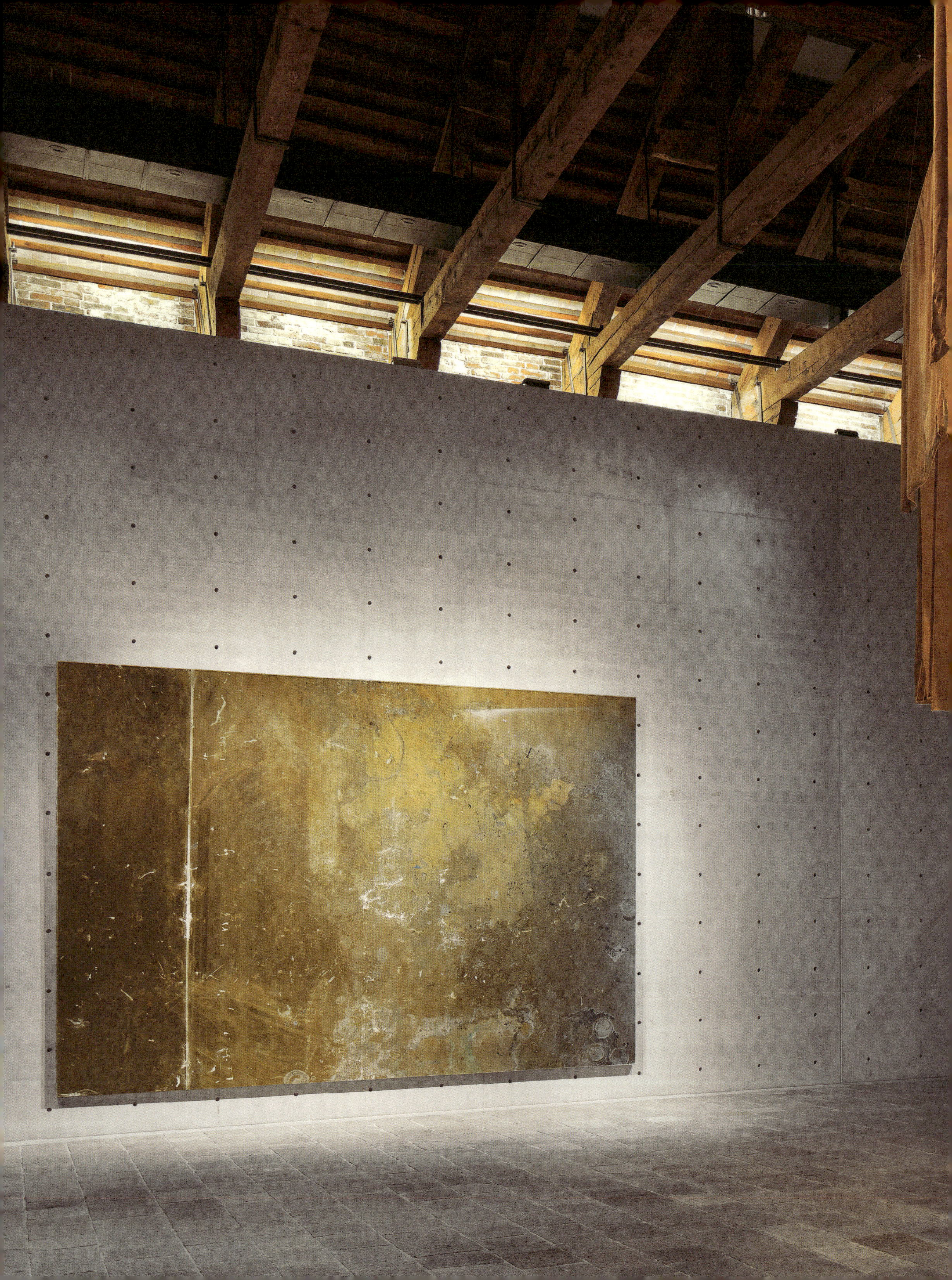

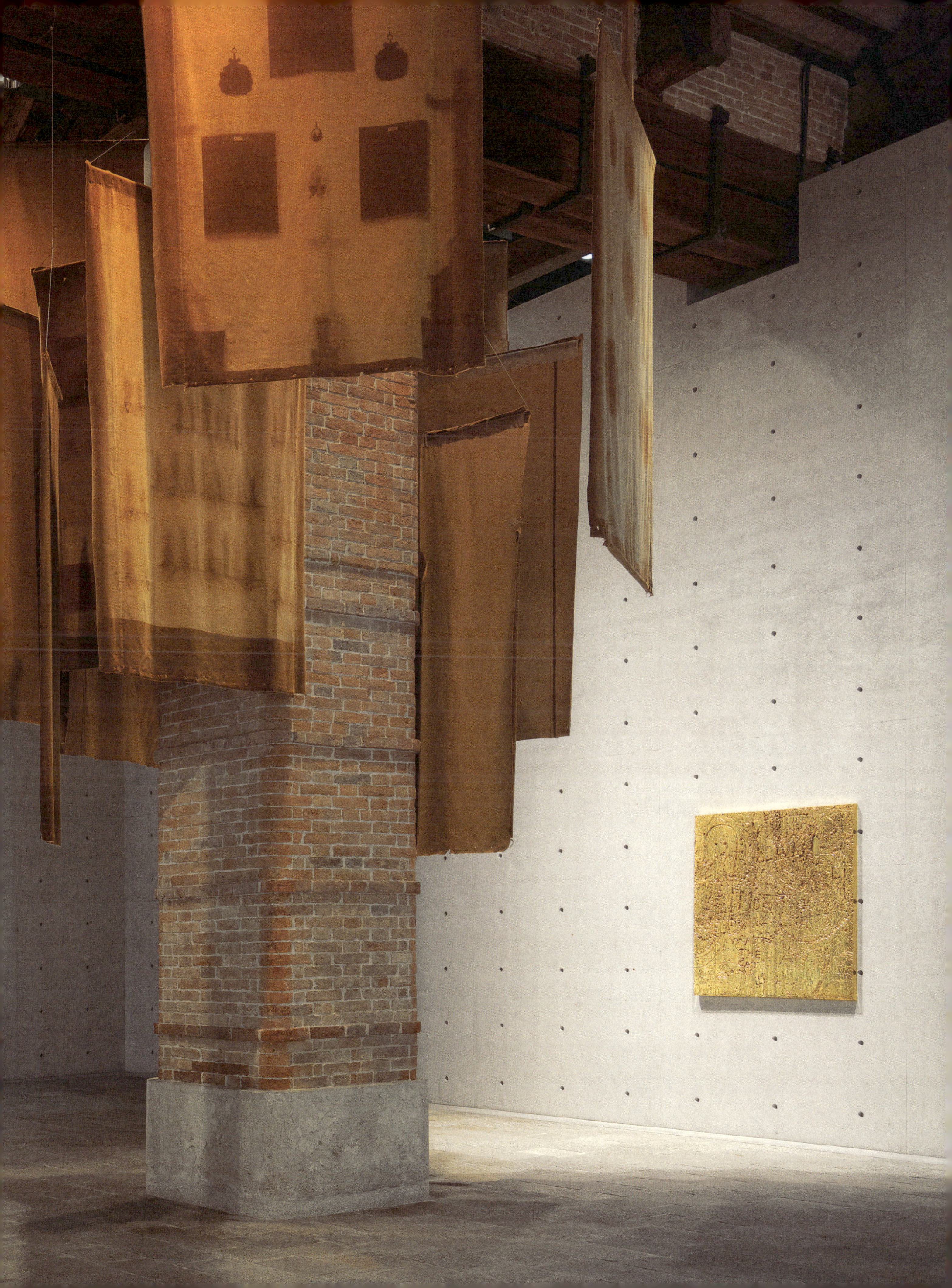

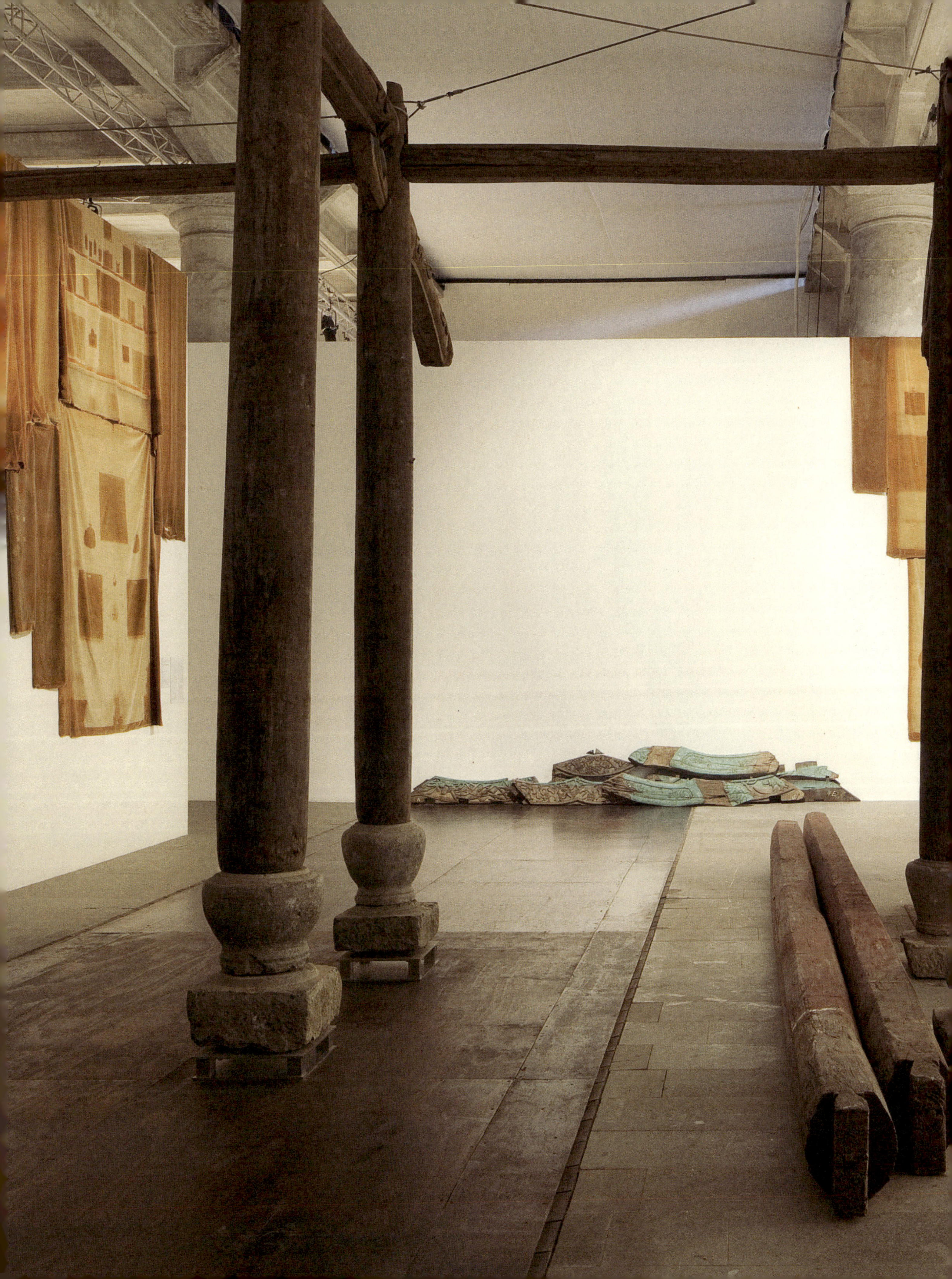

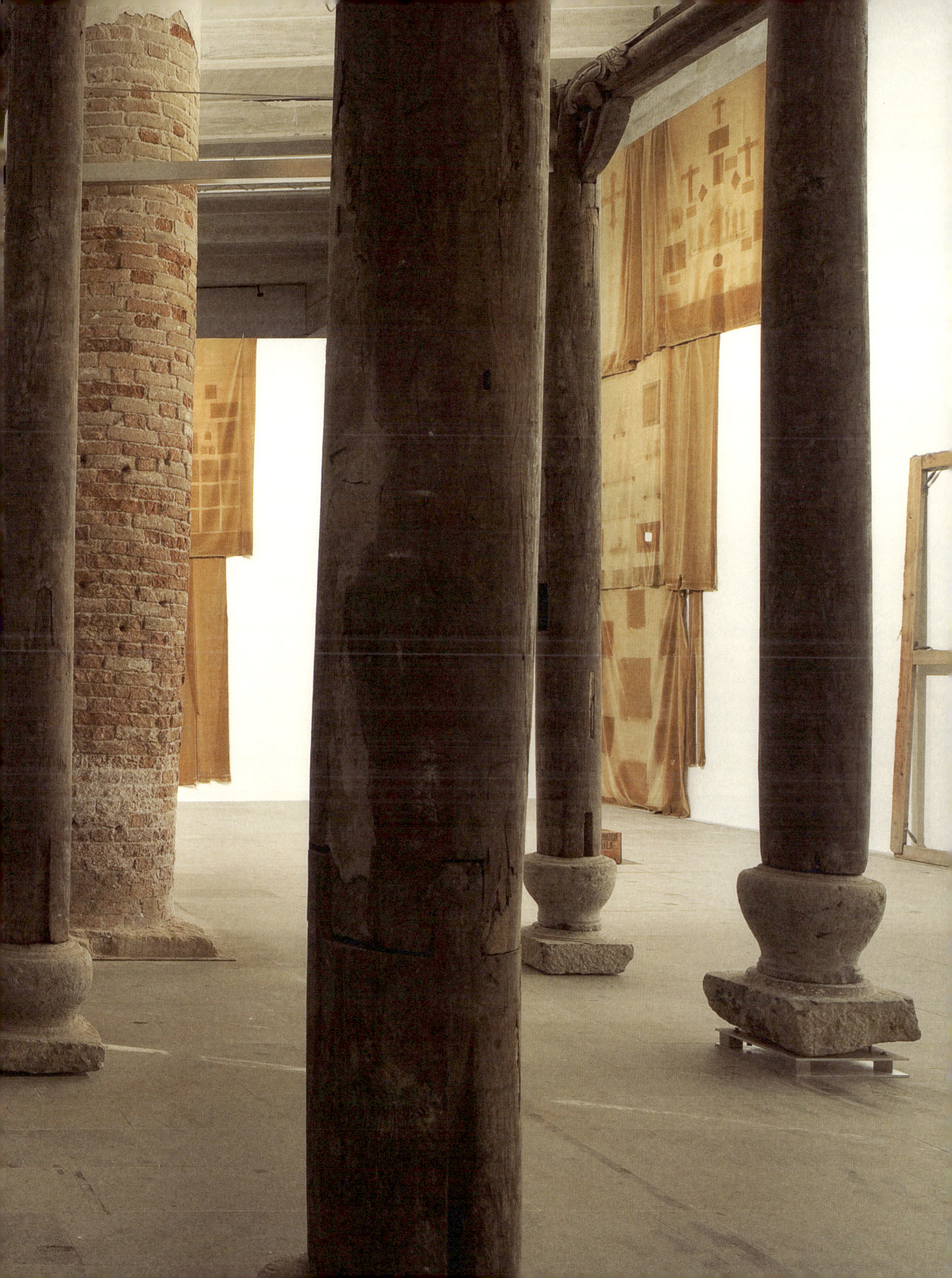

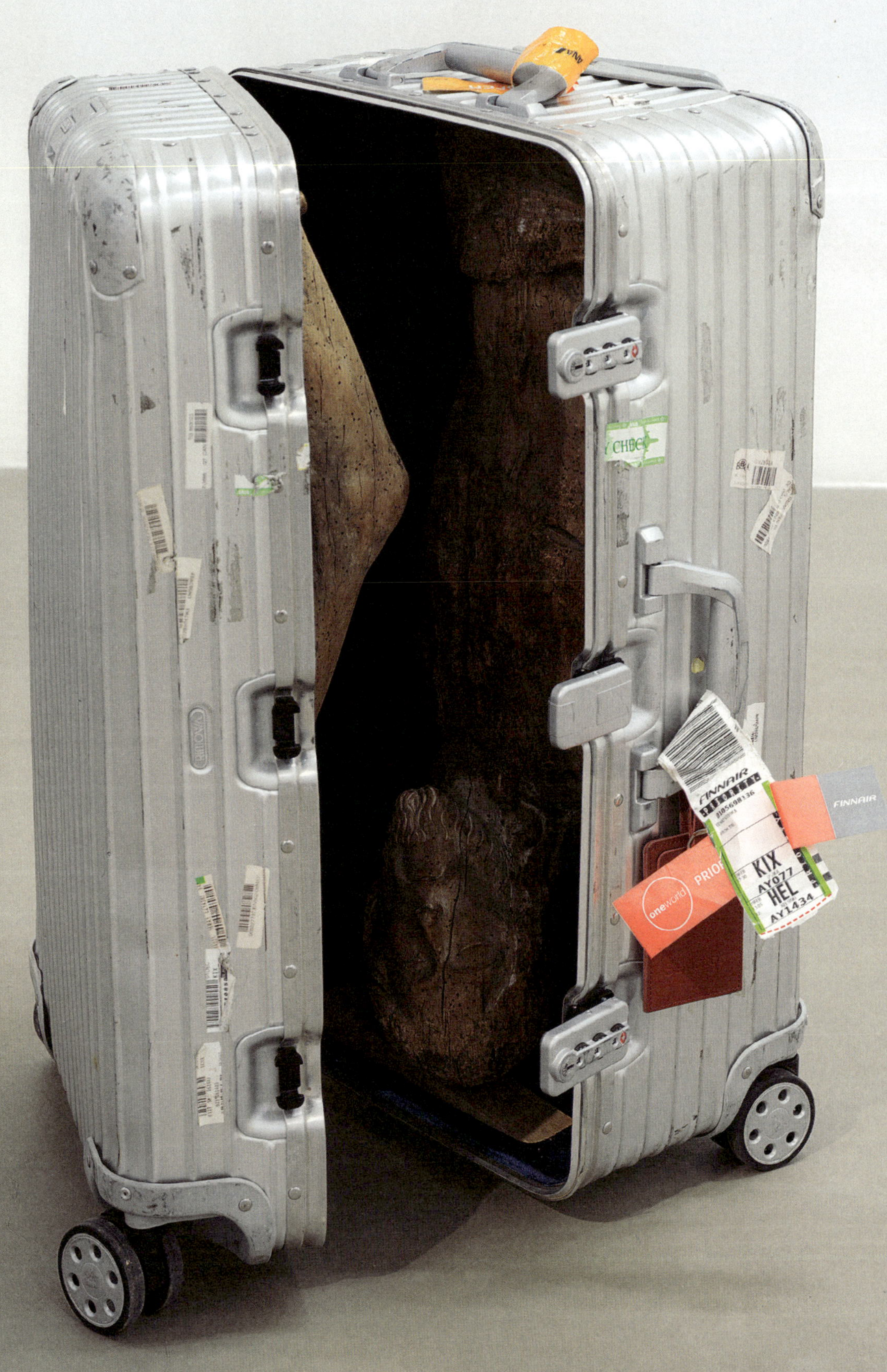
FINNAIR
FINNAIR
KIX
AY077
HEL
AY1434
oneworld

IT Danh Vo, artista di nazionalità vietnamita e danese, figlio di *boat people* emigrati nel paese scandinavo, è per il suo vissuto il prodotto di un cambiamento radicale. Quell'evento fondamentale lo ha obbligato ad adattarsi e a vivere tra due culture, ma la sua storia — ci dice — è anche la nostra: ognuno di noi, in un modo o nell'altro, porta in sé le lacerazioni della guerra del Vietnam, dell'evangelizzazione cristiana, dei conflitti politici tra l'Occidente e gli altri continenti, della mescolanza delle nostre origini. Le opere presentate in mostra sono tutte recenti e ognuna di esse rimanda a questi temi: che si tratti di *untitled* (2021), frigorifero che contiene il calco dei piedi di Heinz Peter Knes in una posizione identica a quella del Cristo crocifisso; di *untitled* (2020), una valigia all'interno della quale sono collocati i frammenti di una scultura religiosa che ricorda le icone di piccolo formato da portare in viaggio, in guerra o in pellegrinaggio al di là delle frontiere; o anche di *untitled* (2021), che si confronta con l'ideale cristiano e la sua dolcezza attraverso un dipinto della Madonna con il Bambino che intravediamo tra gli squarci di una bandiera degli Stati Uniti segnata dalla guerra, ovvero sporca e crivellata dai proiettili.

Al di là delle lacerazioni della storia individuale o collettiva, le tre opere di Danh Vo ci invitano a una consapevolezza di ciò che è comune, orientata verso un possibile futuro. C.B.

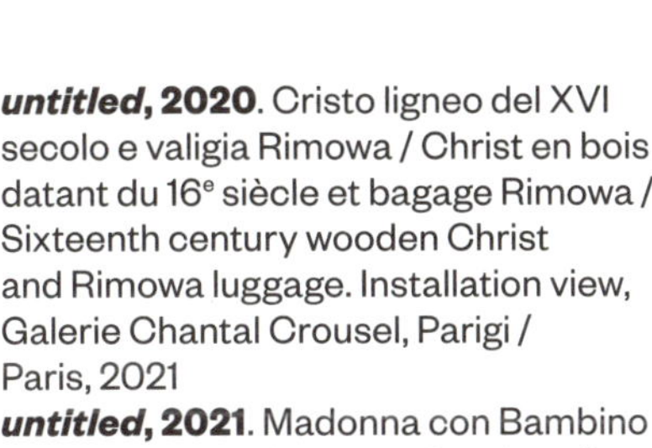

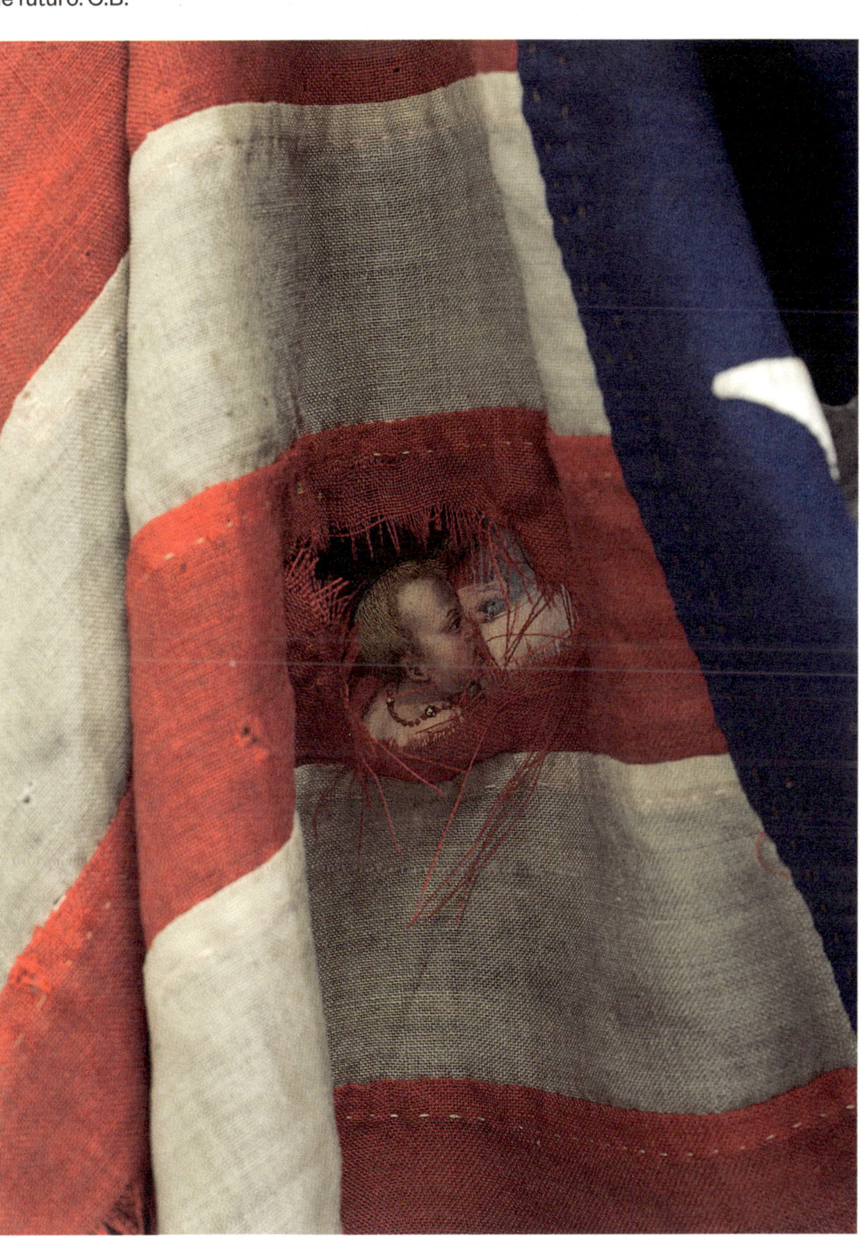

***untitled*, 2020**. Cristo ligneo del XVI secolo e valigia Rimowa / Christ en bois datant du 16e siècle et bagage Rimowa / Sixteenth century wooden Christ and Rimowa luggage. Installation view, Galerie Chantal Crousel, Parigi / Paris, 2021

***untitled*, 2021**. Madonna con Bambino del XV secolo, olio su tavola, e bandiera americana a 13 stelle / Vierge à l'Enfant du 15e siècle, peinture à l'huile sur bois et drapeau américain à 13 étoiles / Fifteenth century Madonna and Child oil paint on wood and 13-star American flag

FR Danh Vo, artiste de nationalité vietnamienne et danoise, enfant de boat people ayant émigré dans ce pays scandinave, est de par son histoire issu d'un déplacement radical. Si cet événement fondateur l'a obligé à s'adapter et à vivre entre deux cultures, son histoire, dit-il, est aussi la nôtre : chacun de nous, d'une façon ou d'une autre, porte en soi les déchirements de la guerre du Vietnam, de l'évangélisation chrétienne, des conflits politiques entre l'Occident et les autres continents, de la mixité de nos origines. Les œuvres présentées dans l'exposition sont toutes récentes et renvoient chacune à ces questions : que ce soit *untitled* (2021), réfrigérateur contenant le moulage des pieds de Heinz Peter Knes dans une position identique à celle du Christ crucifié ; *untitled* (2020), une valise dans laquelle sont logés des fragments d'une sculpture religieuse rappelant les icônes de petit format emportées en voyage, à la guerre ou en pèlerinage au-delà des frontières ; ou encore *untitled* (2021), qui confronte l'idéal chrétien et sa douceur, au travers d'un tableau de Vierge à l'Enfant que l'on entraperçoit dans les déchirures d'un drapeau des États-Unis porteur de tous les stigmates de la guerre : souillé et troué de balles.

Ces trois œuvres de Danh Vo nous invitent, au-delà des déchirements de l'histoire individuelle ou collective, à une conscience du commun tournée vers un éventuel avenir. C.B.

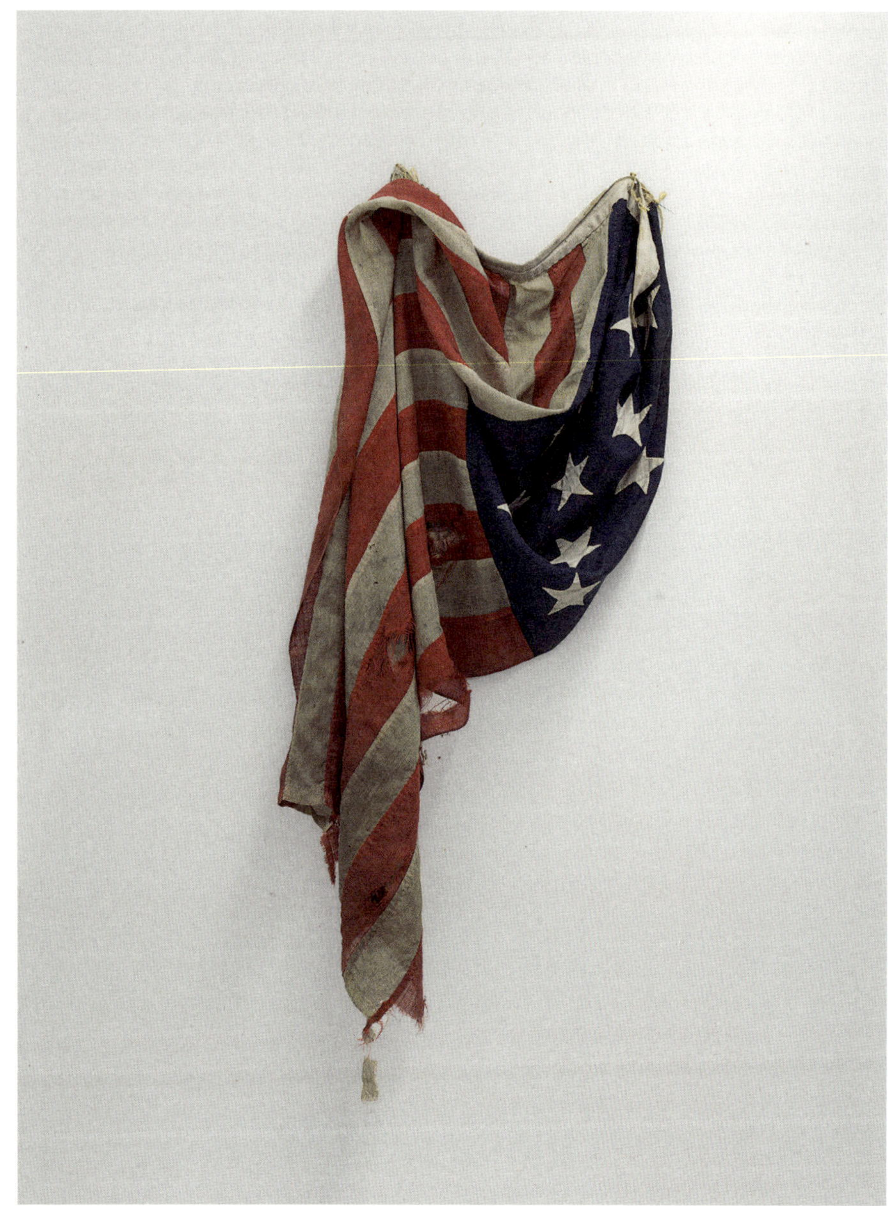

***untitled*, 2021**. Madonna con Bambino del XV secolo, olio su tavola, e bandiera americana a 13 stelle / Vierge à l'Enfant du 15e siècle, peinture à l'huile sur bois et drapeau américain à 13 étoiles / Fifteenth century Madonna and Child oil paint on wood and 13-star American flag
***untitled*, 2021**. Ritratto di epoca augustea, marmo romano del I secolo d.C.; fusione in bronzo della parte inferiore delle gambe e dei piedi dell'artista Heinz Peter Knes, partner di Vo, con i piedi incrociati e le unghie dipinte, frigorifero, granito Shivakashi e legno comune da costruzione / Portrait augustéen, marbre romain, 1er siècle de notre ère; moulage en bronze de la partie inférieure des jambes et des pieds du partenaire de Vo, l'artiste Heinz Peter Knes, les pieds croisés et les ongles des orteils peints, réfrigérateur, granit de Shivakashi et bois de construction ordinaire / Augustean portrait, Roman marble, first century CE; bronze cast of the lower legs and feet of Vo's partner, the artist Heinz Peter Knes, with feet crossed and toenails painted, refrigerator, Shivakashi granite and standard construction wood. Installation view, Galerie Chantal Crousel, Parigi / Paris, 2021

EN Danh Vo has personally experienced radical displacement: as a child, he emigrated from Vietnam to Denmark by boat. This foundational event forced him to adapt and live between two cultures. His story, he says, is also ours: each of us, in one way or another, carries within us the scars of the Vietnam War, of Christian evangelization, of political conflicts between the West and other continents, of the mix of our origins. The works presented in the exhibition, all recent, each refer to these themes: whether it is *untitled* (2021), a refrigerator containing a cast of the feet of the artist Heinz Peter Knes, in a position identical to that of the crucified Christ; *untitled* (2020), a suitcase housing fragments of a religious sculpture, reminiscent of the small icons taken as souvenirs of travel, of war, or of pilgrimages across borders; or *untitled* (2021), a painting of the Virgin and Child that confronts the Christian ideal and its sweetness, glimpsed in the rips and tears of a flag of the United States bearing the stigmata of war, soiled and pierced by bullets.

These three works of Danh Vo invite us, beyond the heartbreak of individual or collective history, to a common consciousness turned toward a possible future. C.B.

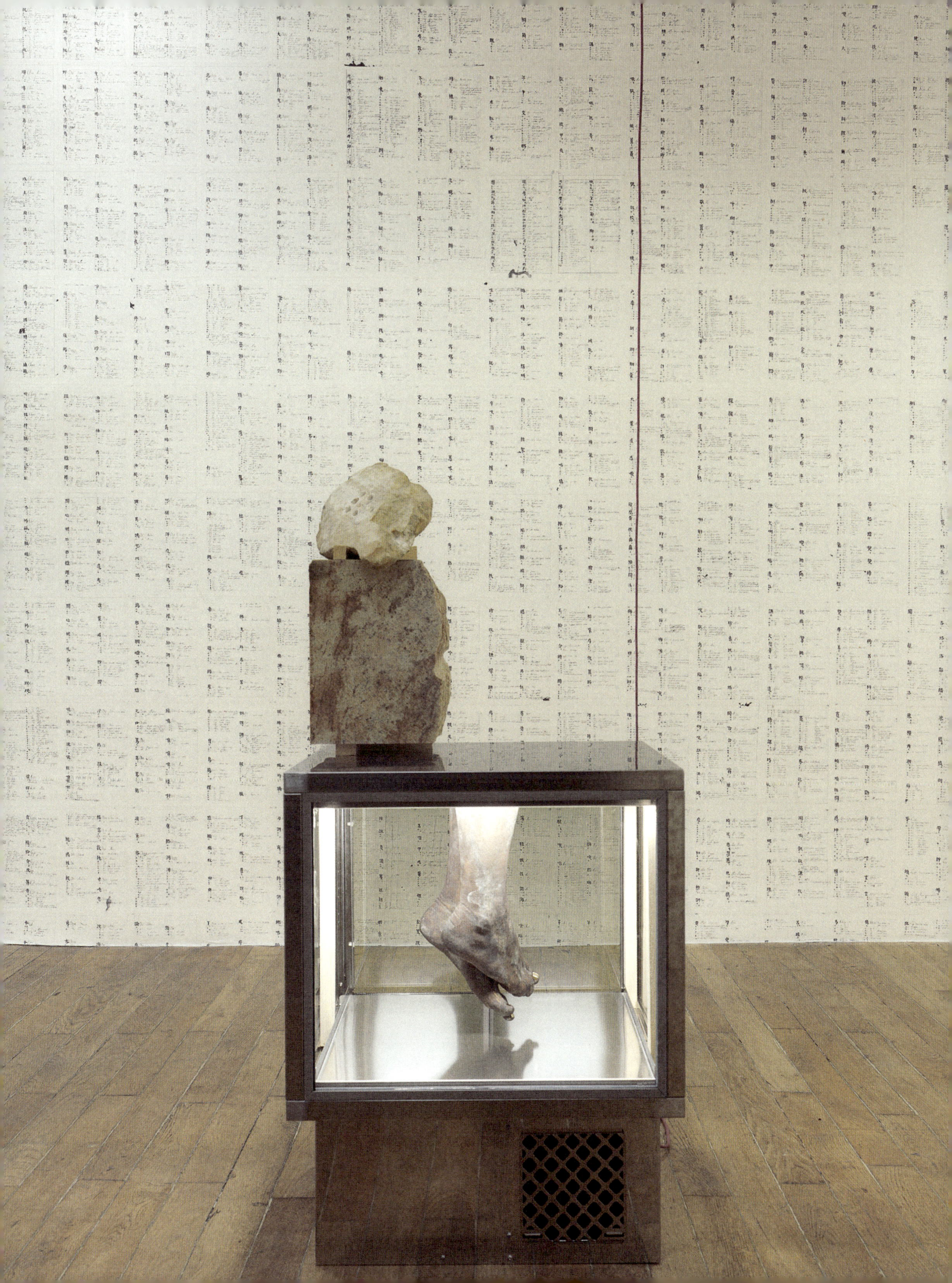

IT Dal 1949 Lucio Fontana inizia a dipingere tele monocrome che incide con buchi e tagli molteplici. Queste opere, che l'artista raccoglie sotto la denominazione di *Concetto spaziale*, si oppongono all'introversione dello spazio pittorico, che può così aprirsi sul suo ambiente circostante immediato, in base al luogo in cui si trova. Nel 1958 Fontana isola per la prima volta il proprio gesto, eseguendo un unico taglio su un dipinto. Sola al centro della composizione, la fenditura aperta permette di collegare la tela a uno spazio più grande di lei, simbolo d'infinito. A questo proposito l'artista dirà: «Non ho intenzione di fare un dipinto: voglio aprire uno spazio, creare una nuova dimensione dell'arte, entrare in rapporto con il cosmo che si espande all'infinito oltre la limitata superficie del dipinto»[1].

Concetto spaziale è una tela di 2 metri per 2, disseminata di punti di inchiostro nero, a volte perforata. Questi piccoli fori formano due ovali: uno sul punto di dissolversi, l'altro regolarmente riempito. La composizione del dipinto, pensata e ritmata dalle due figure, contrasta con il gesto ripetuto e compulsivo che le genera. Con quest'opera, Fontana introduce per la prima volta nel suo lavoro la forma simbolica e magnetica rappresentata dall'ovale.

Il sacro resta una chiave di lettura centrale per comprendere il lavoro dell'artista, la cui opera cerca di tradurre la comunione tra il cosmo, lo spazio infinito e il tempo eterno. Nel suo *Manifesto Blanco* (Manifesto bianco, 1946), testo fondatore del movimento spazialista, Fontana formula un invito: «Abbandoniamo la pratica delle forme d'arte conosciute e affrontiamo lo sviluppo di un'arte basata sulla unità del tempo e dello spazio»[2]. R.G.

1 — Lucio Fontana, citato in Jan van der Marck, Enrico Crispolti, *Lucio Fontana: Dalla tradizione all'utopia*, in *Lucio Fontana: Catalogue Raisonné*, I, La Connaissance, Bruxelles 1974, p. 7.
2 — Lucio Fontana, *Manifesto Blanco*, Buenos Aires 1946.

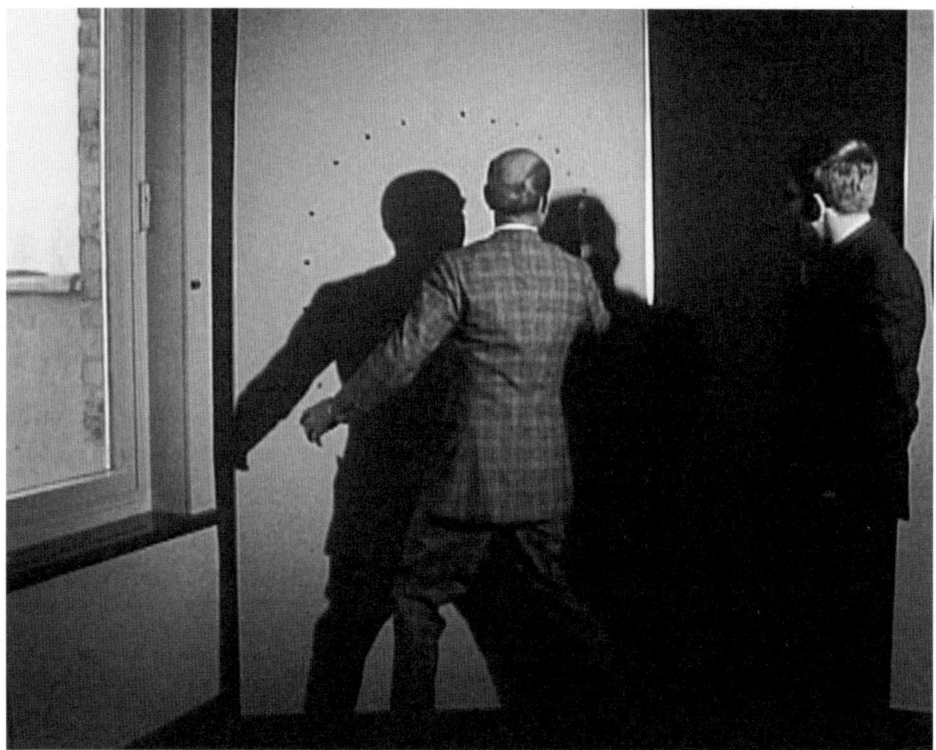

Lucio Fontana e / et / and Jef Verheyen, *Le Jour chez Louis Bogaerts à Knokke-le-Zoute, Belgique*, 1962.
Documentario in bianco e nero, sonoro / Film documentaire noir et blanc, sonore / Black and white documentary film, sound

FR Dès 1949, Lucio Fontana commence à peindre des tableaux monochromes qu'il entaille de multiples perforations et déchirures. Ces œuvres, qu'il classe sous la dénomination de « Concetto spaziale », s'opposent au repli de l'espace pictural, lequel peut alors s'ouvrir sur son environnement immédiat, au hasard du lieu où il se trouve. En 1958, l'artiste isole pour la première fois son geste, en effectuant une seule incision sur un tableau. Seule au centre de la composition, la fente béante permet de relier la toile à un espace plus grand qu'elle, symbole d'infini. Il dira à ce propos : « Je ne veux pas faire une peinture : je veux ouvrir de l'espace, créer une nouvelle dimension de l'art, entrer en rapport avec le cosmos comme il s'étend à l'infini au delà de la surface limitée du tableau[1]. »

Concetto spaziale est une toile de deux mètres sur deux, tachetée de points d'encre noire, parfois perforée. Ces « piqûres » forment deux ovales : l'un en train de se dissoudre, l'autre régulièrement rempli. La composition du tableau, pensée et rythmée par ces deux figures, contraste avec le geste répété et compulsif qui en est la cause. Avec cette œuvre, Fontana introduit pour la première fois dans son travail cette forme symbolique et magnétique qu'est l'ovale.

Le sacré demeure une clé de lecture centrale pour appréhender le travail de cet artiste, dont l'œuvre cherche à traduire la communion entre le cosmos, l'espace infini et le temps éternel. Dans son *Manifesto Blanco* [Manifeste blanc] (1946), texte fondateur du mouvement spatialiste, Fontana invite à « laisser derrière toutes formes d'art préexistantes et à commencer le développement d'un art basé sur l'union entre le temps et l'espace[2]. » R.G.

1 — Lucio Fontana, cité dans : Jan van der Marck, Enrico Crispolti, « Lucio Fontana : Dalla tradizione all'utopia », *Lucio Fontana: Catalogue Raisonné*, Vol. I, Bruxelles, La Connaissance, 1974, p. 7. **2** — Lucio Fontana, *Manifesto Blanco*, Buenos Aires, 1946.

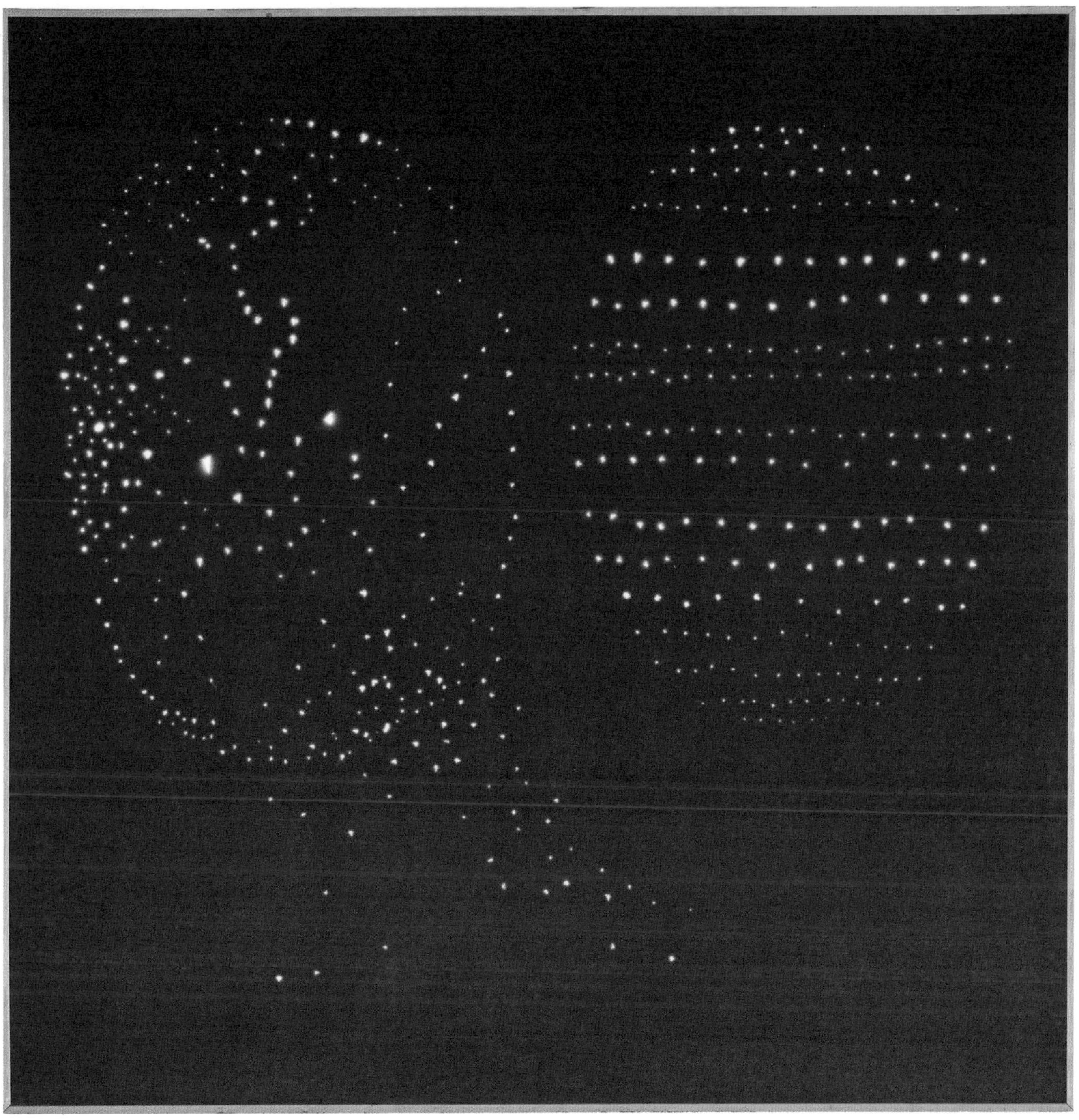

***Concetto spaziale*, 1958**. Anilina su tela / Aniline sur toile / Aniline on canvas

EN In 1949, Lucio Fontana began to lacerate, perforate, and tear his monochrome canvases. These works, which he referred to as "Concetto spaziale," repudiate the self-contained nature of the pictorial space, instead opening it up to its immediate environment. In 1958, the artist isolated his gesture for the first time, making a single incision in a painting. Alone in the center of the composition, the gaping slit connects the canvas to a space larger than itself, becoming a symbol of infinity. Fontana explained: "I do not want to make a painting: I want to open up space, create a new dimension for art, tie in with the cosmos as it endlessly expands beyond the confining plane of the picture."[1]

Concetto spaziale is a square two-meter canvas, speckled with dots of black ink, and perforated with "jabs" forming two ovals: one dissolving, the other regularly filled. The composition of the painting, conceived and structured by these two figures, contrasts with the repetitive, compulsive gesture that made them. With this work, Fontana introduces for the first time in his work the oval, a symbolic and magnetic form. The sacred remains a central key to understanding Fontana's work, which seeks to translate the communion between the cosmos, infinite space, and eternal time. In his *Manifesto Blanco* [White Manifesto] of 1946, the founding text of the Spatialist movement, Fontana invites us to "leave behind all pre-existing forms of art and begin the development of an art based on the union of time and space."[2] R.G.

1 — Lucio Fontana, cited in: Jan van der Marck, Enrico Crispolti, "Lucio Fontana: Dalla tradizione all'utopia," *Lucio Fontana: Catalogue Raisonné*, Vol. I (Brussels: La Connaissance, 1974), 7. **2** — Lucio Fontana, *Manifesto Blanco*, Buenos Aires, 1946.

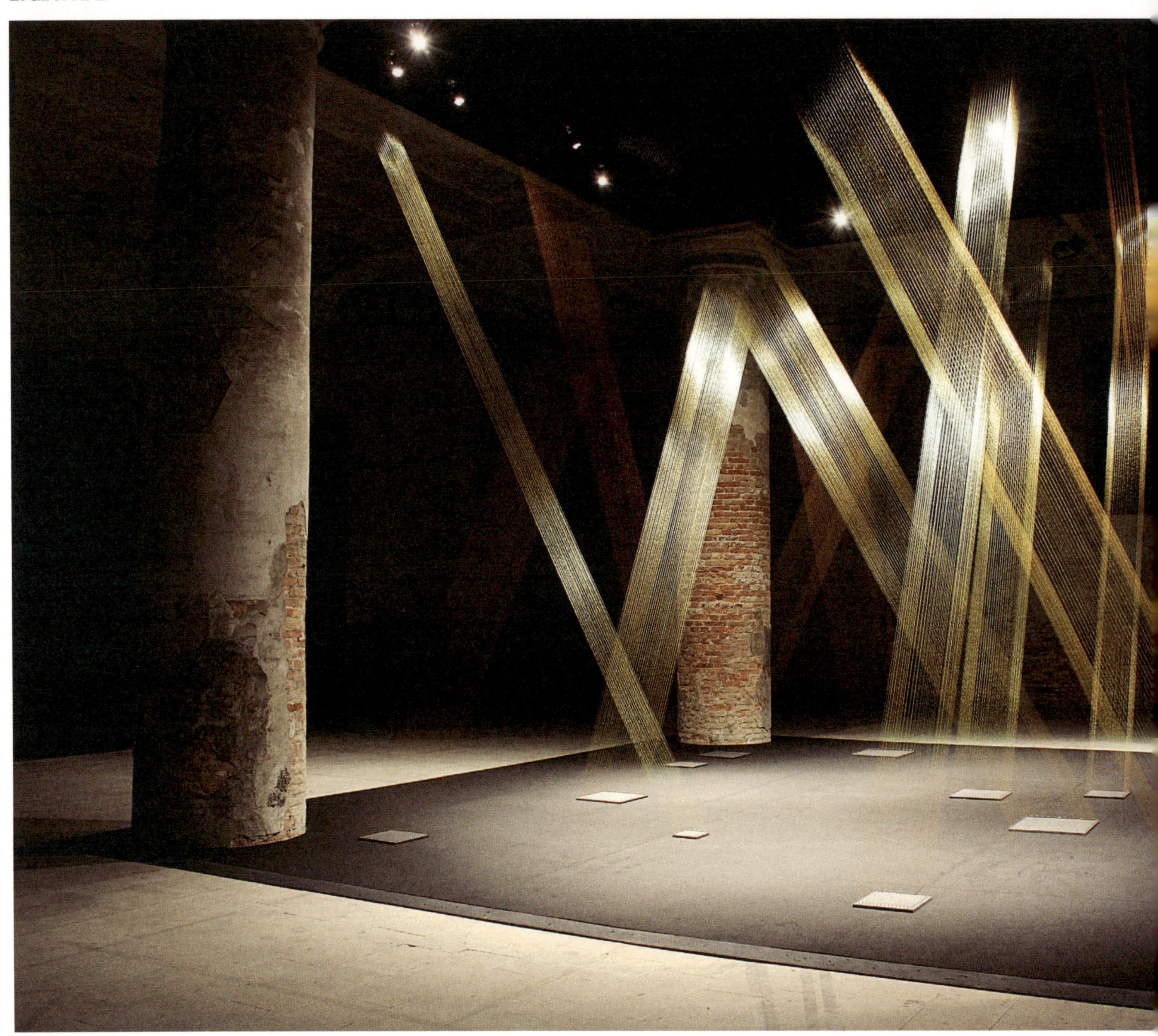

***Ttéia 1, C*, 2003-2017**. Filo d'oro, legno, chiodi, luce / Fil doré, bois, clous, lumière / Golden thread, wood, nails, light. Installation view, 53. Biennale di Venezia, Arsenale, Venezia / Venise / Venice, 2009

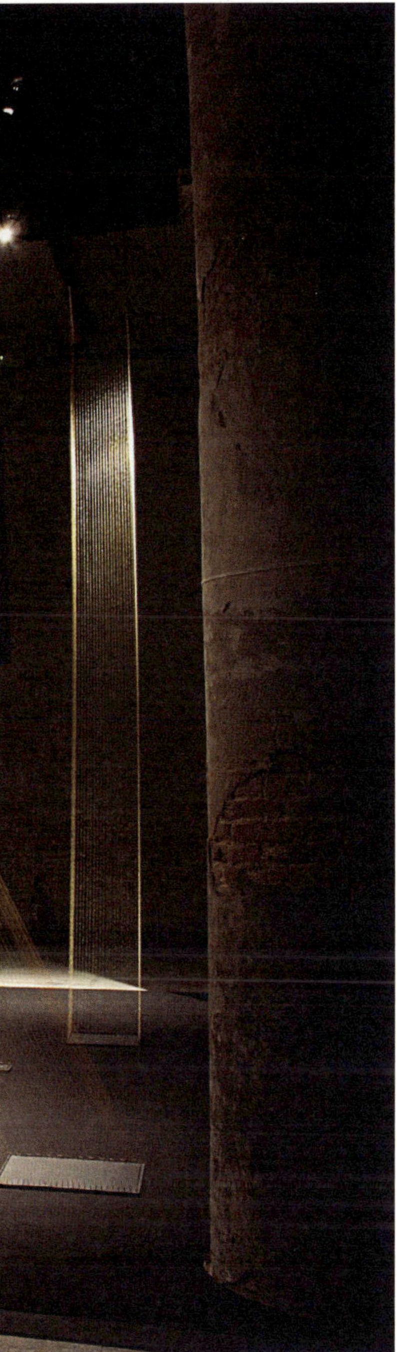

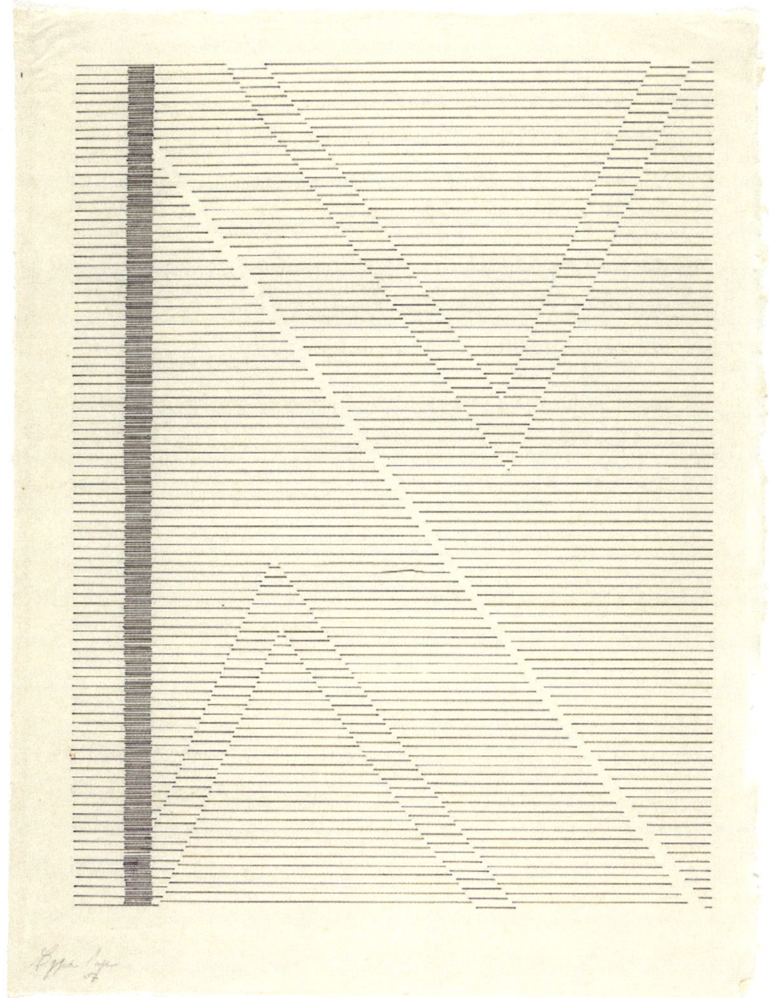

***Untitled (Drawing)*, 1957**. Pinault Collection. Inchiostro indiano su carta di riso giapponese / Encre indienne sur papier de riz japonais / Indian ink on Japanese rice paper

IT Artista di punta dell'avanguardia brasiliana e pioniera di un'arte performativa intimamente legata alle questioni sociali e politiche, Lygia Pape apre l'opera d'arte e lo spazio espositivo a territori e fenomeni che rimettono in discussione l'astrazione della modernità europea, per rivalutarne la portata su scala mondiale. È una delle artiste anticipatrici del costruttivismo brasiliano all'interno del Grupo Frente dalla fine degli anni cinquanta del Novecento, prima di fondare il movimento neoconcretista con Hélio Oiticica e Lygia Clark, che non considerano più l'arte un oggetto finito e completo, ma una presenza sensoriale che interagisce con i sensi e la consapevolezza dei visitatori. Prendendo le distanze dall'eredità di un'arte concreta vicina al Bauhaus, a De Stijl, al suprematismo e al costruttivismo russi, le forme sono innervate da un'energia vitale. In *O Ovo* e *Divisor*, la superficie immacolata della tela bianca e la purezza della forma geometrica — lascito della modernità europea — vengono attraversate dai corpi che ne contestano la validità. L'opera diventa un processo di trasformazione organica, uno spazio chiuso in cui quei corpi si ritrovano in un'immensa pelle e formano un'architettura mutevole e, in *Divisor*, un corpo collettivo che danza come durante il carnevale, una processione libera per il tempo presente mentre in Brasile la dittatura militare limita i movimenti e il pensiero degli individui. Lygia Pape ha spesso considerato la topografia e il tessuto urbano di Rio de Janeiro come un laboratorio in cui possono essere intessute nuove relazioni sociali e nascere geometrie sensibili. Percorrendo le favelas o la foresta di Tijuca, l'artista disegna linee che sono orizzonti, ma anche legami che mettono in relazione gli individui; linee che inventano uno spazio «dove non c'è più né interno né esterno» ma un piano continuo, uno «spazio che introduce l'idea che l'arte e la vita si fondono, abolendo o negando lo spazio sacralizzato del luogo espositivo». Le *Ttéia*, opere emblematiche che Lygia Pape inizia a produrre nel 1977 sono, come costellazioni cosmiche o ragnatele strutturate, installazioni di fili dorati o argentati tesi nello spazio che appaiono ai confini del visibile, secondo la luce e la posizione di chi osserva. Per usare le parole dell'artista, ci invitano a sperimentare uno «spazio magnetico», come se «diventasse vivo». E.L.

***Ttéia 1, C*, 2003-2017**. Filo d'oro, legno, chiodi, luce / Fil doré, bois, clous, lumière / Golden thread, wood, nails, light. Installation view, *Lygia Pape – A Multitude of Forms*, The Metropolitan Museum of Art – Met Breuer, New York, 2017

FR Artiste essentielle de l'avant-garde brésilienne, pionnière d'un art performatif intimement lié aux questions sociales et politiques, Lygia Pape ouvre l'œuvre d'art et l'espace d'exposition à des territoires et des phénomènes qui remettent en cause l'abstraction de la modernité européenne, afin d'en réévaluer la portée à l'échelle du monde. Elle fut l'une des artistes précurseurs du constructivisme brésilien au sein du Grupo Frente dès la fin des années 1950, avant de fonder le mouvement néo-concret avec Hélio Oiticica et Lygia Clark qui envisagent l'art, non plus comme un objet fini et abouti, mais comme une présence sensorielle qui interagit avec les sens et la conscience des visiteurs. S'éloignant de l'héritage d'un art concret proche du Bauhaus, de De Stijl, du suprématisme et du constructivisme russes, ils innervent les formes d'une énergie vitale. Dans *O Ovo* et *Divisor*, la surface immaculée de la toile blanche, l'épure des formes géométriques héritées de la modernité européenne sont alors traversées par les corps qui en contestent la validité. L'œuvre devient un processus de transformation organique, un habitacle où les corps se rejoignent en une immense peau et forment une architecture mouvante et, dans *Divisor*, un corps collectif dansant comme lors du carnaval, une libre procession pour le temps présent, alors que la dictature militaire au Brésil contraint les mouvements et la pensée des individus. Lygia Pape a souvent considéré la topographie et le tissu urbain de Rio de Janeiro comme l'atelier où de nouvelles relations sociales peuvent être tissées, où des géométries sensibles peuvent advenir. Arpentant les favelas ou la forêt de Tijuca, elle dessine des lignes qui sont des horizons tout comme des liens reliant les individus ; des lignes qui inventent un espace « où il n'y a plus ni intérieur ni extérieur » mais un plan continu, un « espace qui introduit l'idée de l'art et de la vie se mêlant, abolissant ou niant l'espace sacralisé de l'espace d'exposition ». Les *Ttéias*, œuvres emblématiques qu'elle initie en 1977 sont, à l'image des constellations cosmiques ou des toiles d'araignées architecturées, des installations de fils dorés ou argentés tendus dans l'espace qui apparaissent aux confins du visible, au gré de la lumière et de la position du spectateur. Elles invitent à faire l'expérience d'un « espace magnétique » selon les mots de l'artiste, comme s'il « devenait vivant ». E.L.

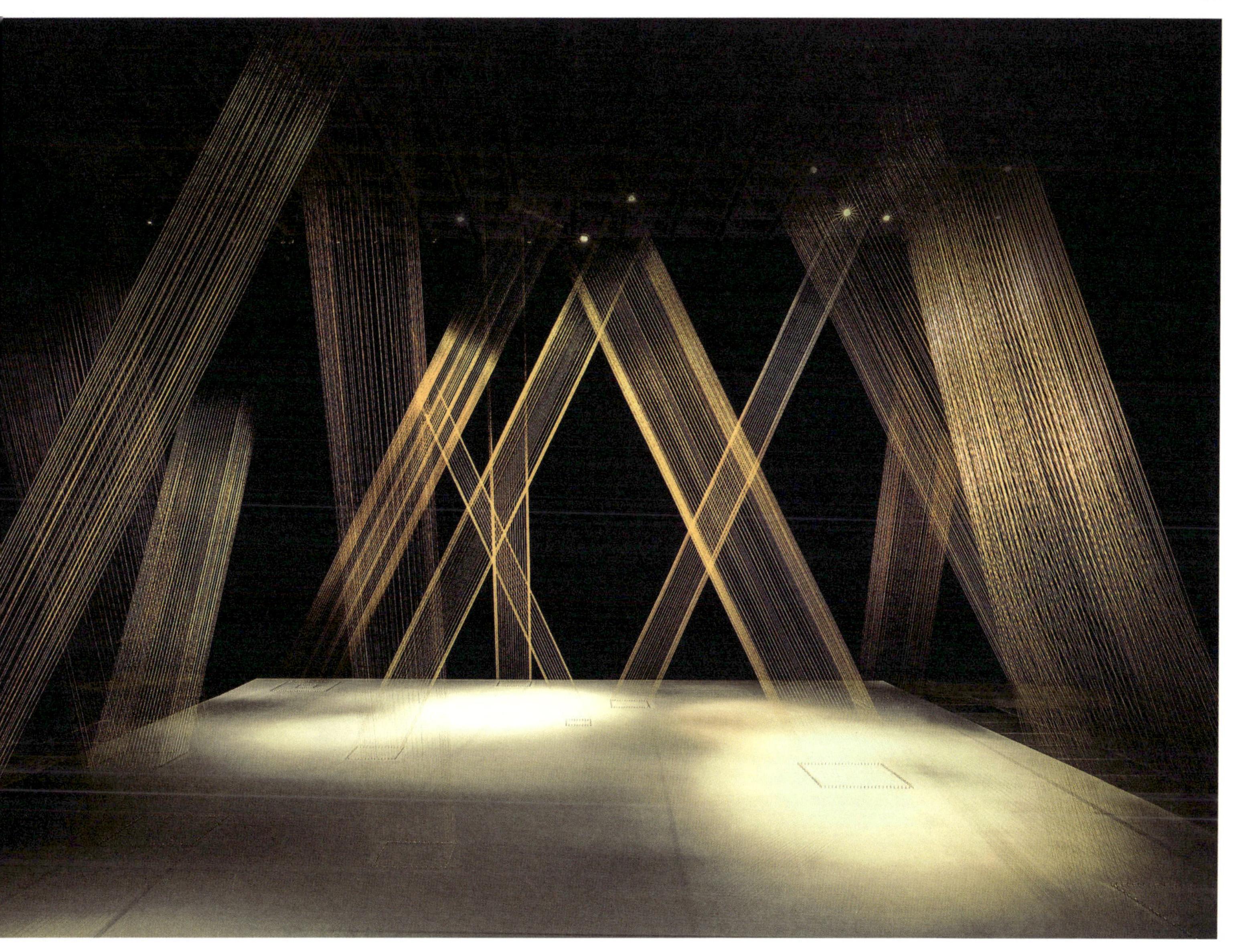

EN An essential member of the Brazilian artistic avant-garde, a pioneer of a performance-based art intimately tied to social and political issues, Lygia Pape opened the work of art and the exhibition space to territories and phenomena that challenge the abstraction of European modernity, in order to reevaluate its scope on a global scale. She was a precursor of the Brazilian Constructivist group as a member of Grupo Frente from the late 1950s, before founding the Neo-Concrete movement with Hélio Oiticica and Lygia Clark. Together, they envisioned art not as a finished object, but as a sensory presence that interacts with the senses and consciousness of visitors. Moving away from the heritage of a Concrete art inspired by the Bauhaus, De Stijl, or Russian Suprematism and Constructivism, they focused on forms with a vital energy. In *O Ovo* and *Divisor*, the immaculate surface of the white canvas and pure geometric forms inherited from European modernity are brought together with physical bodies that contest their validity. The work becomes a process of organic transformation, a dwelling where bodies meet and form one immense skin, a moving architecture and, in *Divisor*, a collective body dancing as though during the carnival, a free procession for the present moment. All the while, Brazil's military dictatorship constrained the movements and the thought of individuals. Pape often considered the topography and urban fabric of Rio de Janeiro as the workshop where new social relations could be woven, where sensitive geometries could emerge. Surveying the favelas or the forest of Tijuca, she drew horizon lines that connected individuals; lines that created a space "in which there is no interior or exterior" but a continuous plane, "a space that introduces the idea of blending art and life, abolishing or denying the sacralized space of the exhibition space." The "Ttéias," emblematic works that she initiated in 1977, are installations of golden or silver wires stretched in spaces, that appear at the edge of the visible, according to the light and the position of the viewer, evoking cosmic constellations or architectural spider webs. They invite us to experience a "magnetic space," according to the artist, as if it "became alive." E.L.

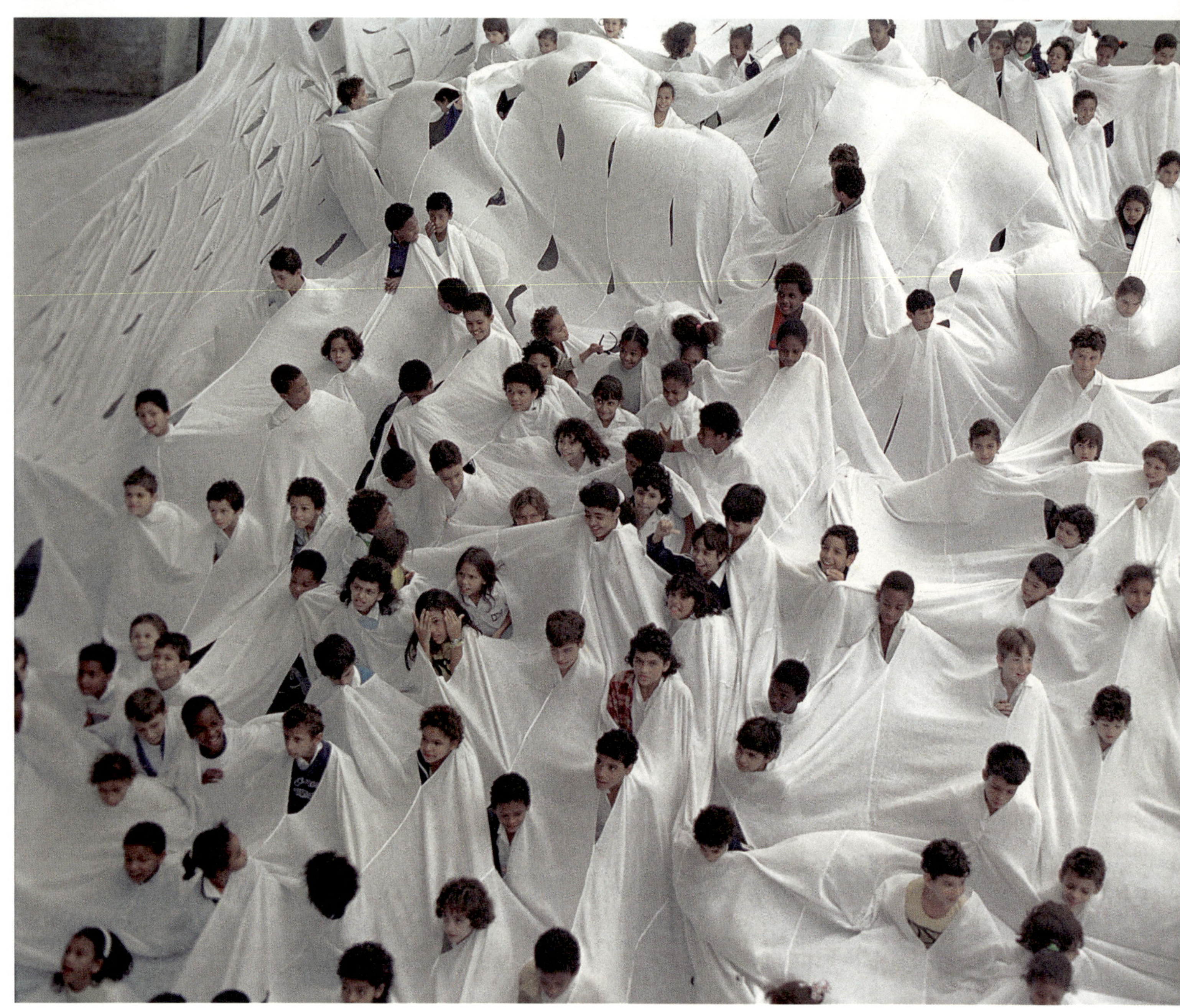

***Divisor*, 1968**. Performance nella / dans la / at Favela da Cabeça, Rio de Janeiro, 1967. Film in super 8 trasferito su video digitale, colore, senza sonoro / Film Super 8 transféré sur vidéo digitale, couleur, muet / Super 8 film transferred to digital video, color, no sound
Fotografia Vintage / Photographie vintage / Vintage photograph. Performance al / au / at Museu de Arte Moderna, Rio de Janeiro, 1990

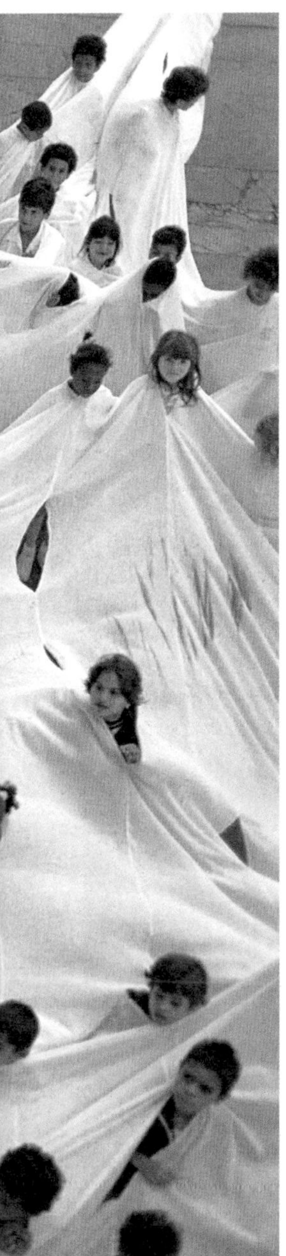

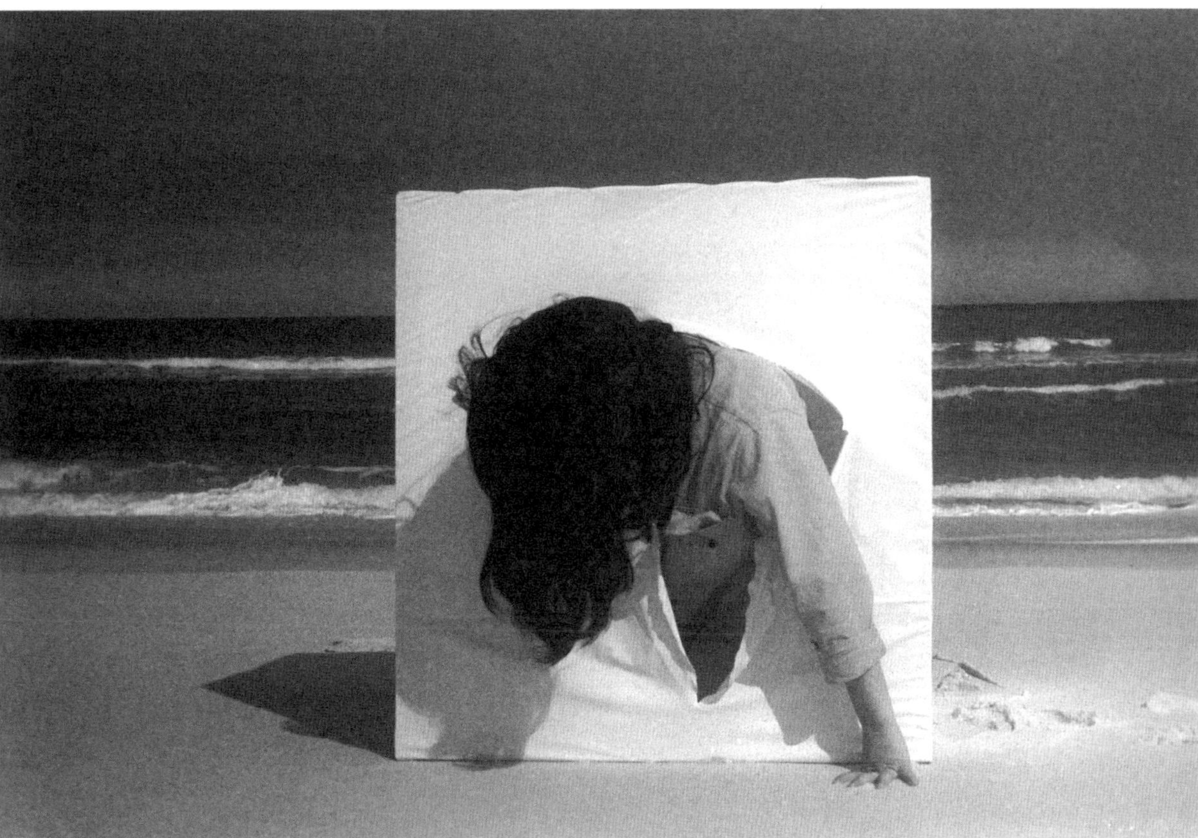

***O Ovo*, 1967**. Performance sulla spiaggia di / sur la plage de / at the beach of Barra da Tijuca, Rio de Janeiro, 1967. Film in super 8 trasferito su video digitale, colore, sonoro / Film Super 8 transféré sur vidéo digitale, couleur, sonore / Super 8 film transferred to digital video, color, sound. Fotografia Vintage / Photographie vintage / Vintage photograph

IT **Riprendono vita le spaventose *Pitture nere* di Goya — Recensione a *La Quinta del Sordo*, in «The Guardian», 8 giugno 2022** Nel 1819, ormai sordo, anziano e malato, Francisco Goya si trasferì in una casa di campagna chiamata Quinta del Sordo, appena a sud di Madrid. Vi abitò per quattro anni, lavorando principalmente a un ciclo di quattordici opere murali, conosciute come *Pitture nere.*

A metà dell'Ottocento i dipinti furono staccati dalle pareti e trasferiti su tela. Nel 1881 entrarono al Museo del Prado di Madrid e oggi, riuniti in un'unica sala, restano tra le prove più enigmatiche di un artista dalla vita tumultuosa.

La Quinta del Sordo, opera video di Philippe Parreno, oscilla tra superficie e profondità, luce e ombra, suono e visione; tra gli spazi pittorici creati da Goya e le pareti delle stanze che essi ricoprivano in origine.

Secondo Parreno, il suo breve film è «fantascienza». Può sembrare un'etichetta discutibile, ma poi vediamo la sua ricostruzione digitale in 3D della casa di Goya, dove le pitture sono collocate in dialogo con le finestre e le porte, e le une con le altre. Parreno, inoltre, è riuscito a realizzare un modello acustico capace di simulare il modo in cui i suoni si diffondevano nell'edificio. È una specie di architettura speculativa, uno spazio fantasma.

Ha poi impiegato una videocamera in grado di riprendere le scansioni delle *Pitture nere*, realizzate in alta definizione dal Prado, a mezzo milione di fotogrammi al secondo; si ha l'impressione di cogliere un sibilo emesso dalle pitture stesse.

Il film ci fa riflettere sul modo in cui l'udito influisce sulla vista e sul fatto che la percezione si realizza appieno attraverso tutti i nostri sensi. È quasi un film sulla sordità, con il suo insistente rumore interiore, oltre che sulla voce pittorica di questi capolavori. A.S.

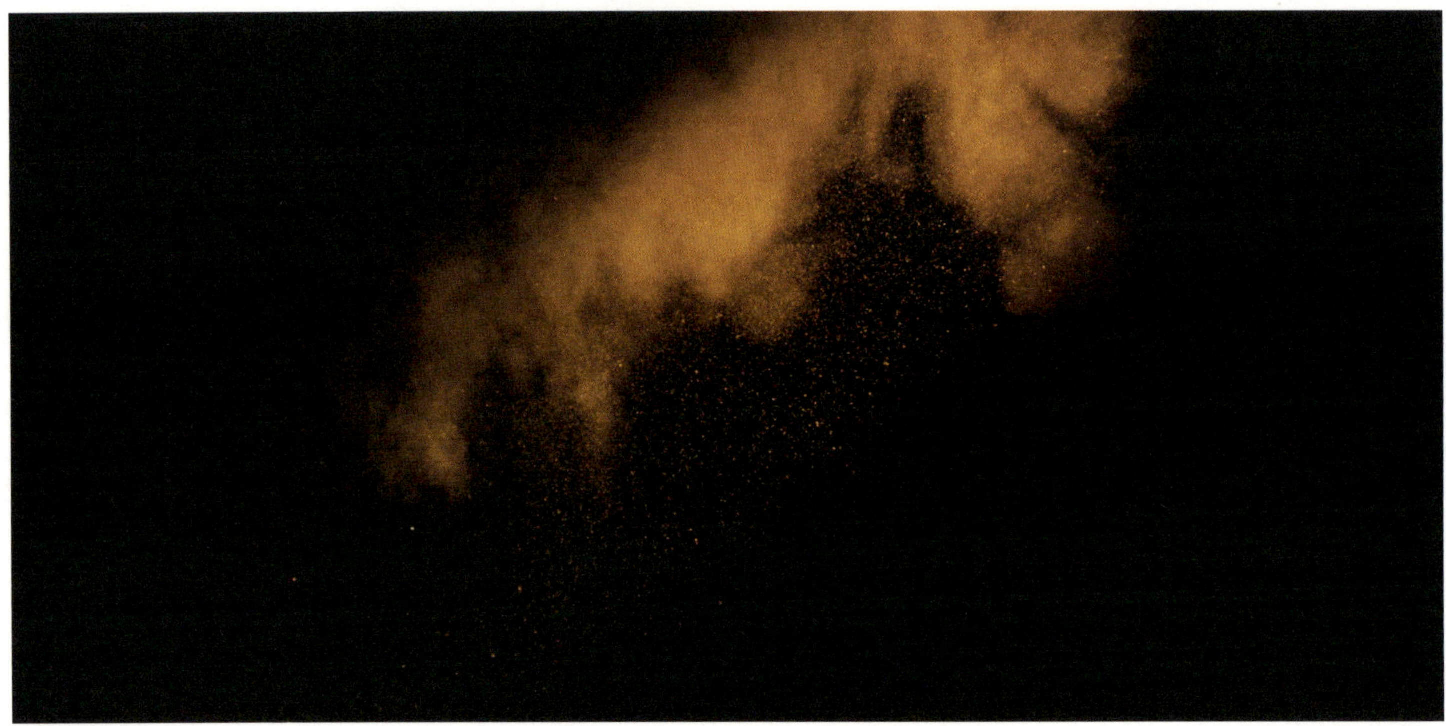

FR **Les terrifiantes « Peintures noires » de Goya sont ramenées à la vie — Analyse de *La Quinta del Sordo*, *The Guardian*, 8 juin 2022** En 1819, Francisco Goya — alors âgé, sourd et malade — s'installa dans une maison dénommée « Quinta del Sordo », ou « Domaine du Sourd », en périphérie sud de Madrid. Il y vécut quatre années, au cours desquelles il travailla principalement sur une série de quatorze fresques connues sous le nom de « Peintures noires ».

Ces peintures, détachées des murs et transférées sur toile au milieu du 19e siècle, comptent parmi les œuvres les plus énigmatiques de la vie tumultueuse de Goya. Elles ont rejoint en 1881 les collections du musée du Prado à Madrid, et y sont aujourd'hui exposées dans une même salle.

Le film *La Quinta del Sordo* de Philippe Parreno oscille entre la surface et la profondeur, la lumière et l'ombre, le sonore et le visuel, entre les espaces picturaux créés par Goya et les murs que les peintures couvraient à l'origine.

Parreno qualifie son film de « science-fiction », ce qui peut sembler surprenant jusqu'à ce que l'on découvre qu'il a modélisé en 3D la maison de Goya, restituant l'emplacement des peintures par rapport à celui des fenêtres et des portes. Il a réalisé ensuite un modèle acoustique afin de simuler la propagation du son dans le bâtiment. Il s'agit d'une sorte d'architecture spéculative, un espace fantôme.

Pour son film, Parreno a utilisé une caméra capable de filmer les images numériques des peintures de Goya — réalisées par le Prado — à un demi-million d'images par seconde, ce qui semble générer un sifflement provenant des peintures elles-mêmes.

Le film nous révèle à quel point l'ouïe peut affecter la vue, et comment notre appréhension des choses relève de tous nos sens. Il n'est pas loin d'évoquer la surdité et son sifflement intérieur, ainsi que le bruit pictural des œuvres elles-mêmes. A.S.

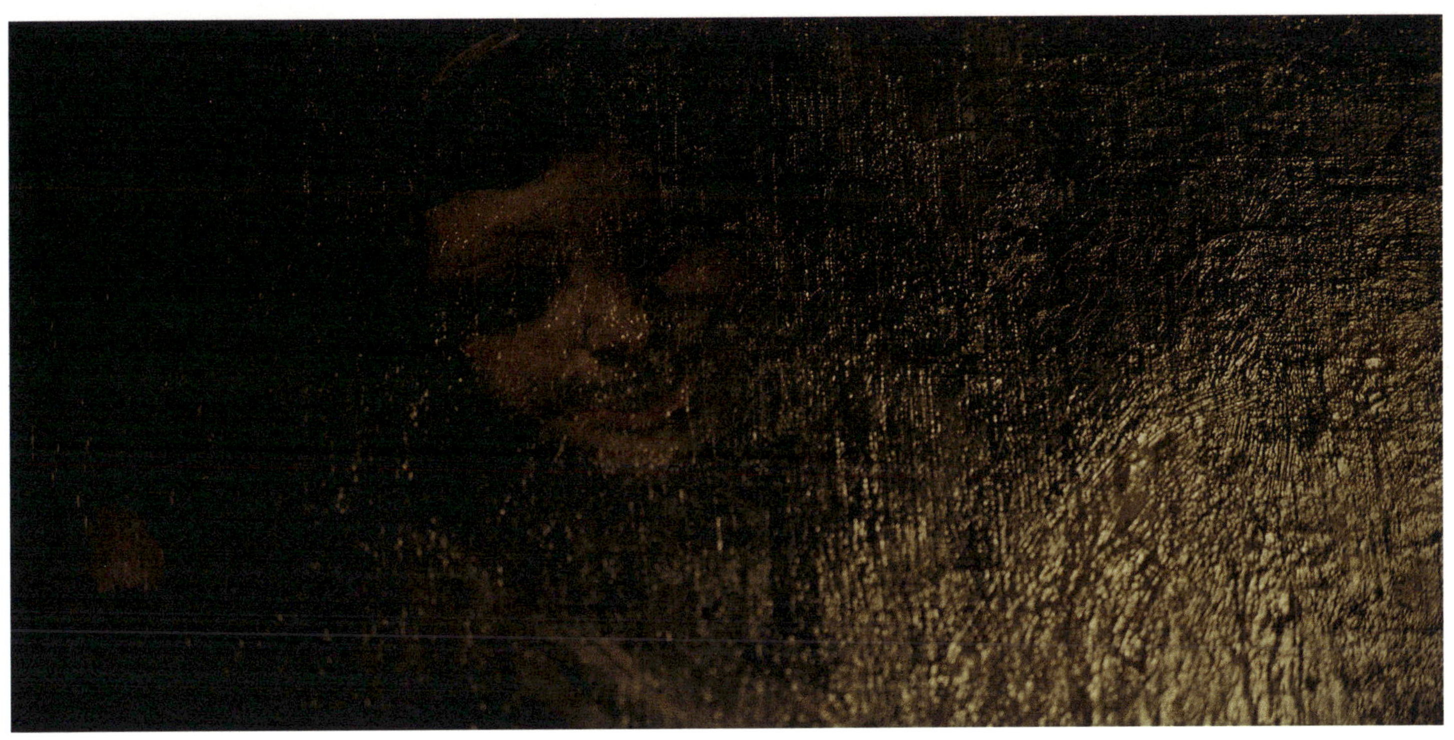

***La Quinta del Sordo*, 2021**. Video a colori in 4K, colonna sonora su più canali, formato di proiezione: 2.10 / Vidéo 4K en couleur, bande sonore multicanal, format : 2.10 / 4K film, color, multichannel soundtrack, aspect ratio: 2.10

EN **Goya's Horrific "Black Paintings" are Brought to Life—*La Quinta del Sordo* Review, *The Guardian*, 8 June 2022** In 1819, deaf, old, and ill, Francisco Goya moved into a house known as the "Quinta del Sordo," or House of the Deaf Man, on the southern outskirts of Madrid. He lived here for the next four years, principally working on the cycle of murals whose fourteen images have come to be known as the "Black Paintings."

Goya's paintings were eventually cut from the walls and transferred on to canvas in the mid-nineteenth century. Among the most enigmatic works of his turbulent life, they now occupy a single room at Madrid's Prado museum, whose collection they entered in 1881.

Philippe Parreno's film *La Quinta del Sordo* oscillates between surface and depth, light, and shadow; between sound and vision, the pictorial spaces Goya created and the walls of the rooms they originally covered.

Parreno calls his film "science fiction." This may seem contentious, until we learn about the 3D computer model he created of Goya's house, which included the placement of the paintings in relation to windows and doors and to one another. Parreno was then able to make an acoustic model to simulate the way sound travelled through the building. It is a kind of speculative architecture, a ghost space. His film also employed a camera capable of shooting the Prado's own high-definition scans of Goya's images at half a million frames per second; this seems to generate a hiss, as if coming from the paintings themselves.

The film makes us think how hearing affects sight, and how apprehending things is dependent on all our senses. This is almost a film about deafness, with its ringing interior noise, as well as the pictorial noise of the paintings themselves. A.S.

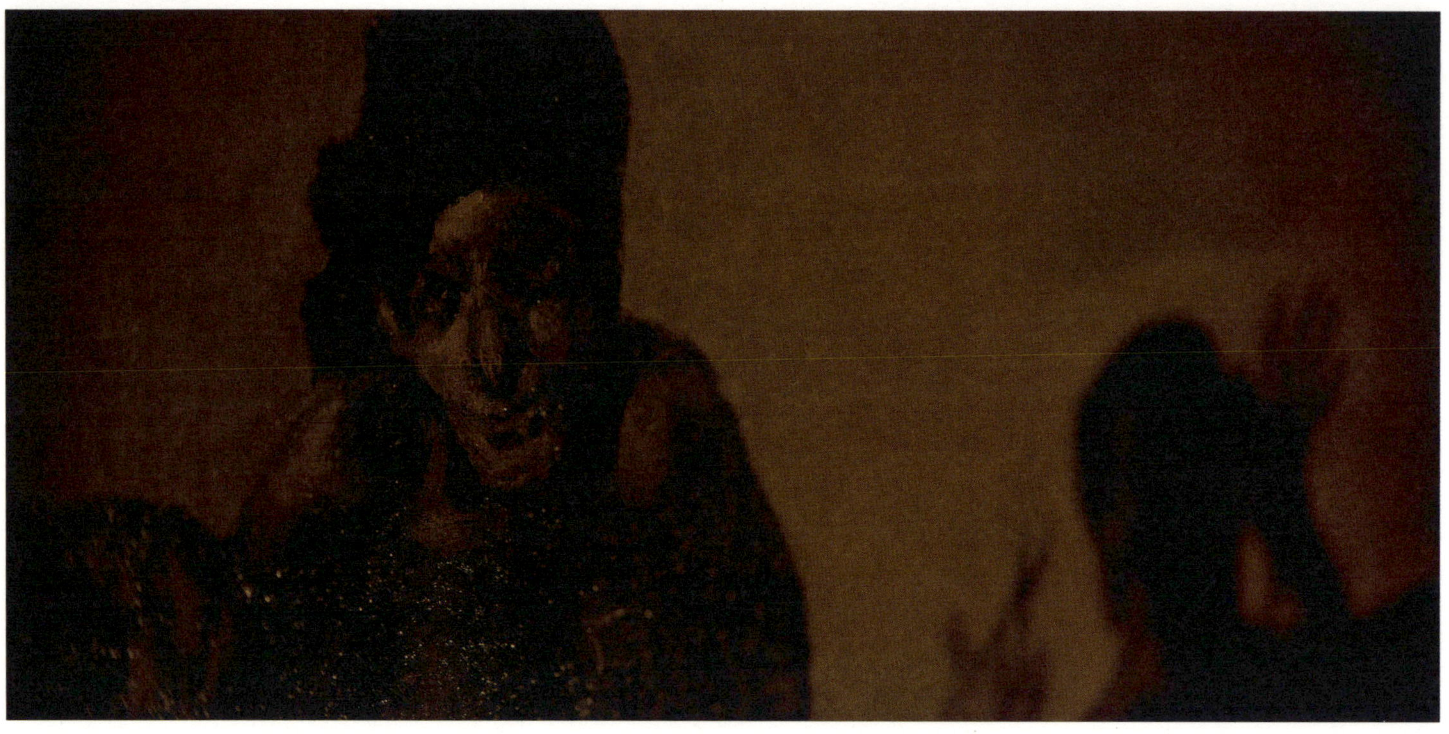

***La Quinta del Sordo*, 2021**. Video a colori in 4K, colonna sonora su più canali, formato di proiezione: 2.10 / Vidéo 4K en couleur, bande sonore multicanal, format : 2.10 / 4K film, color, multichannel soundtrack, aspect ratio: 2.10

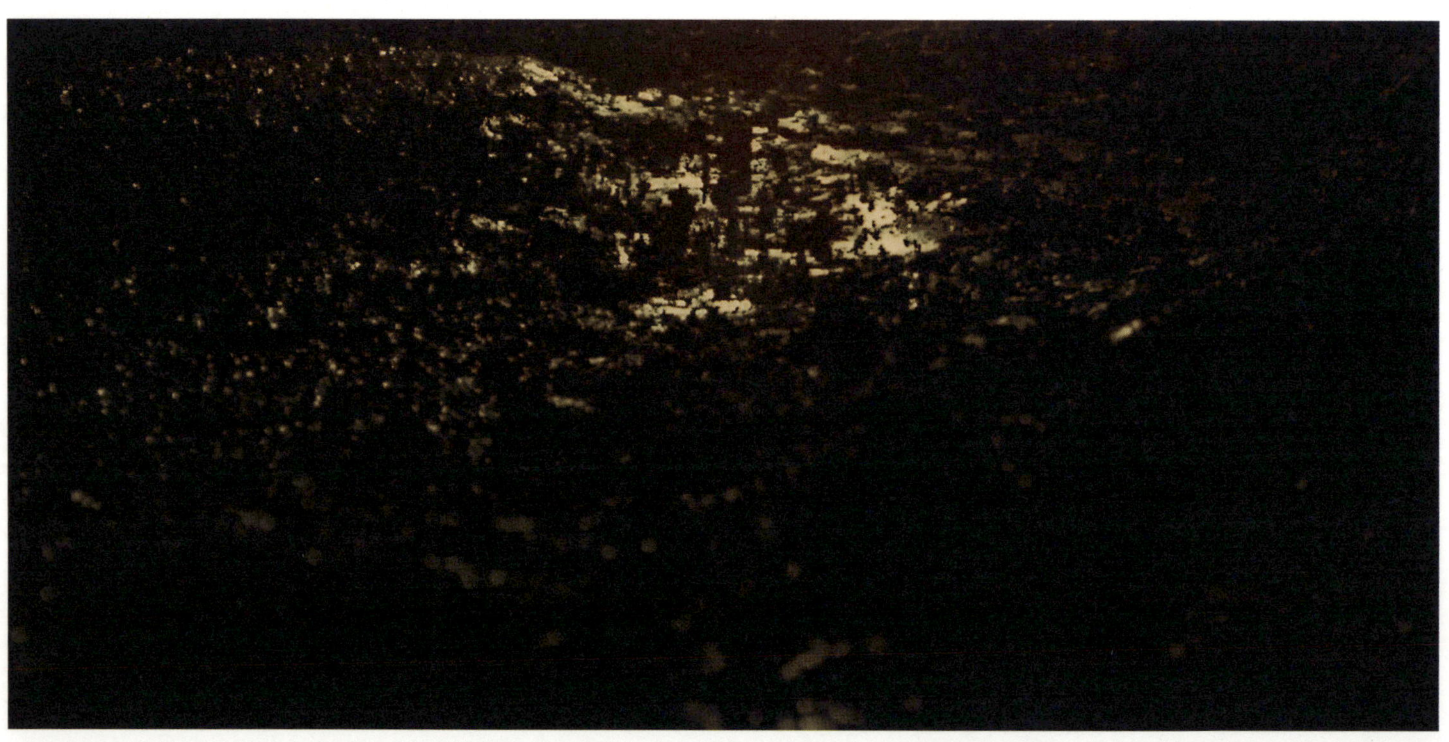

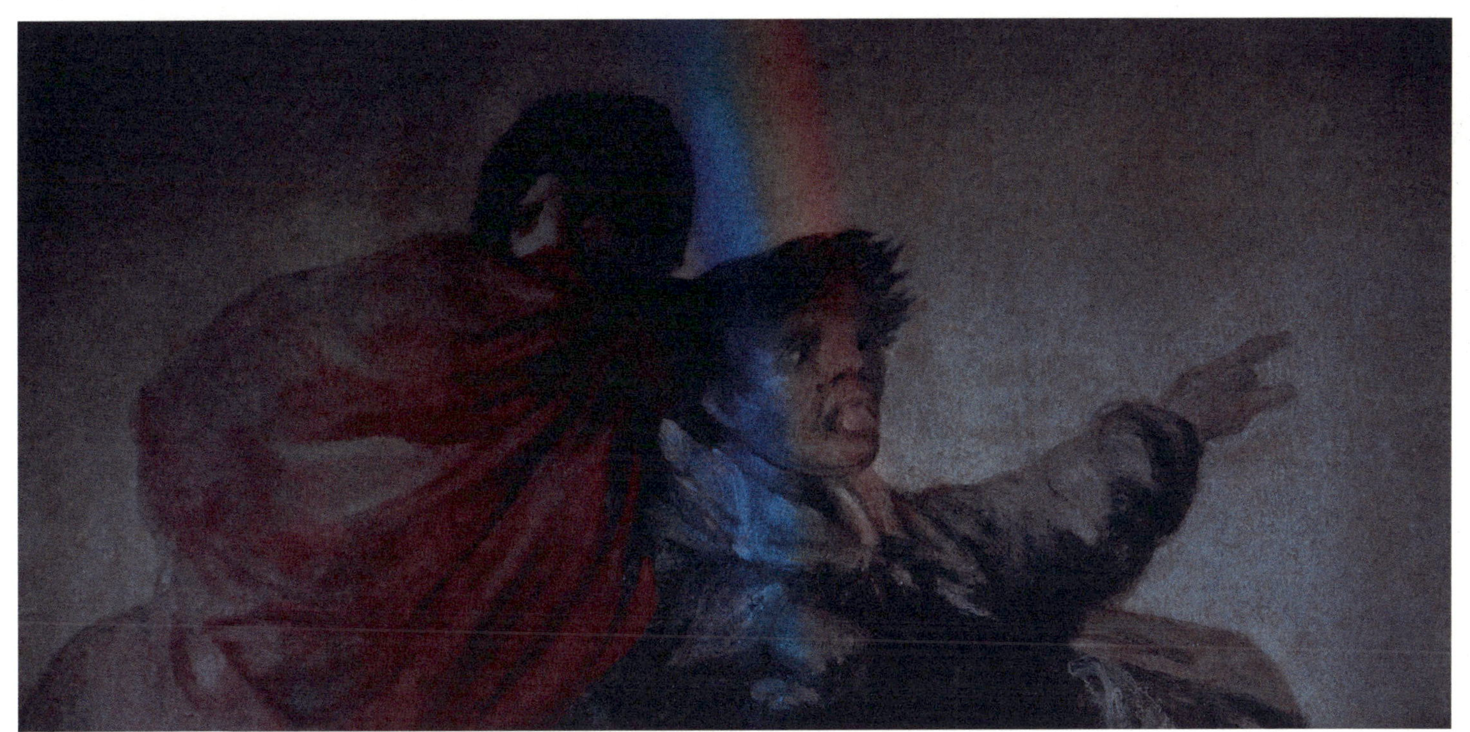

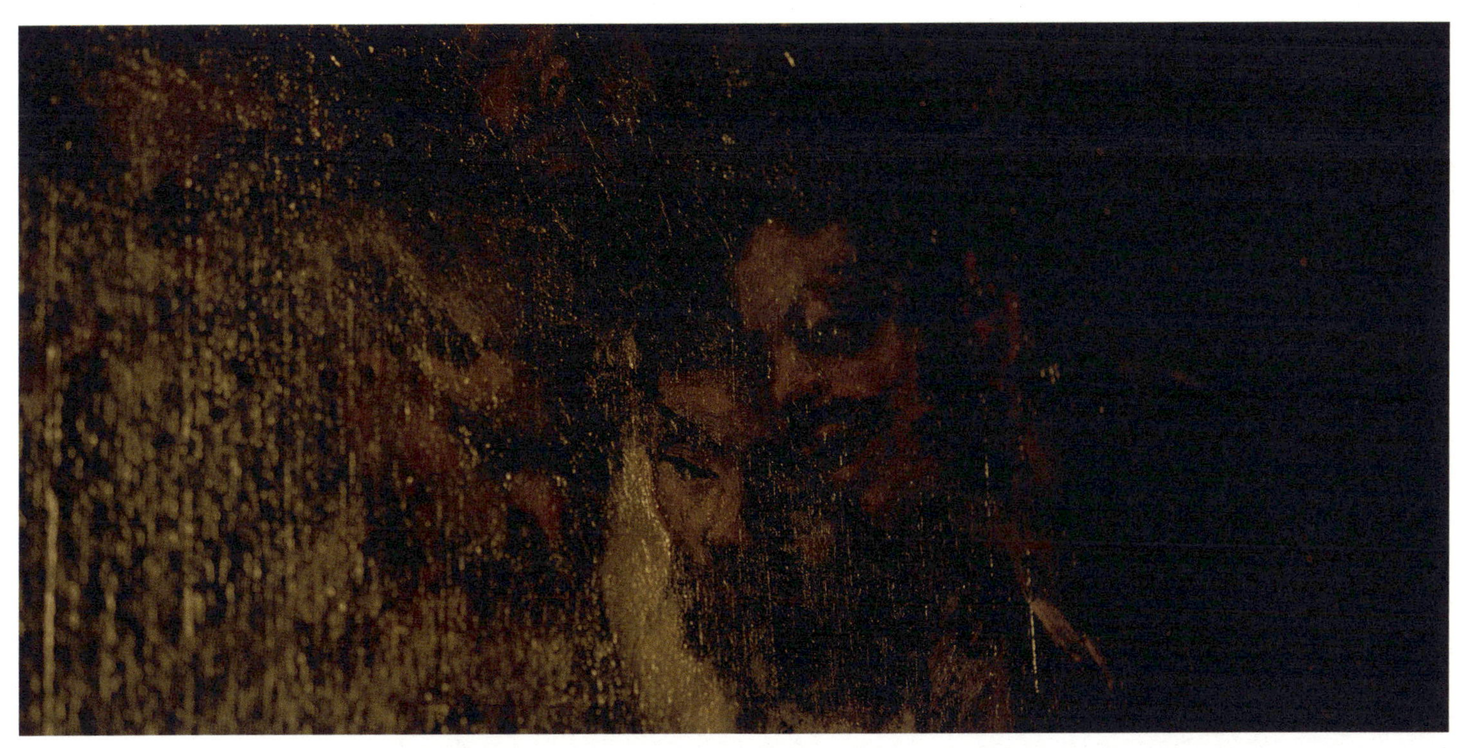

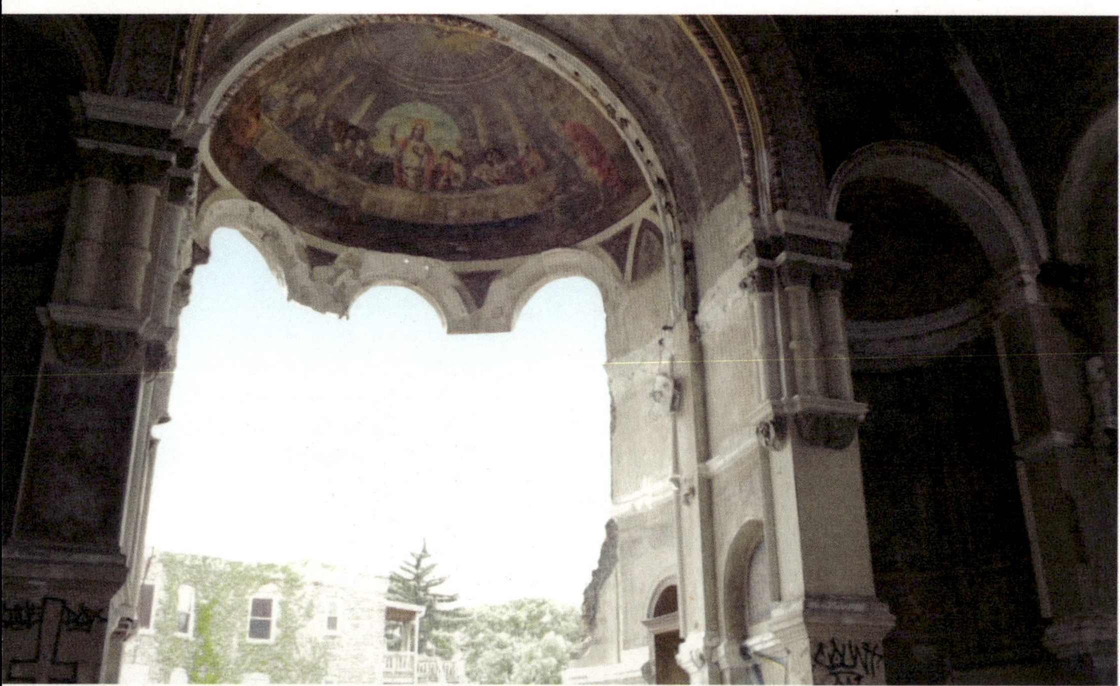

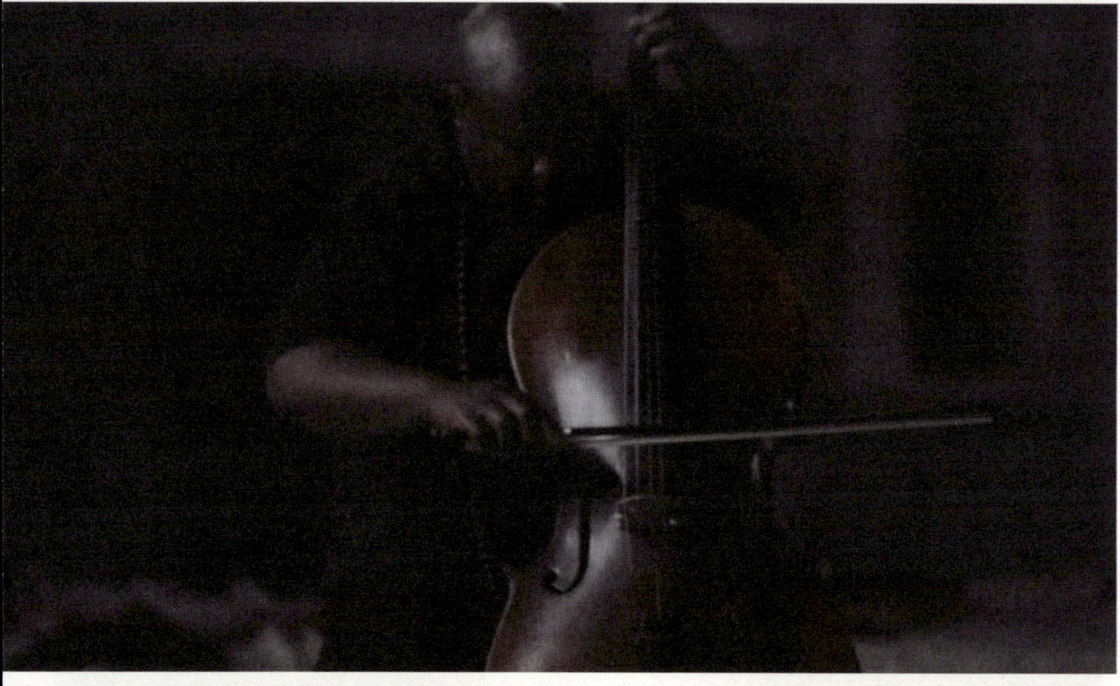

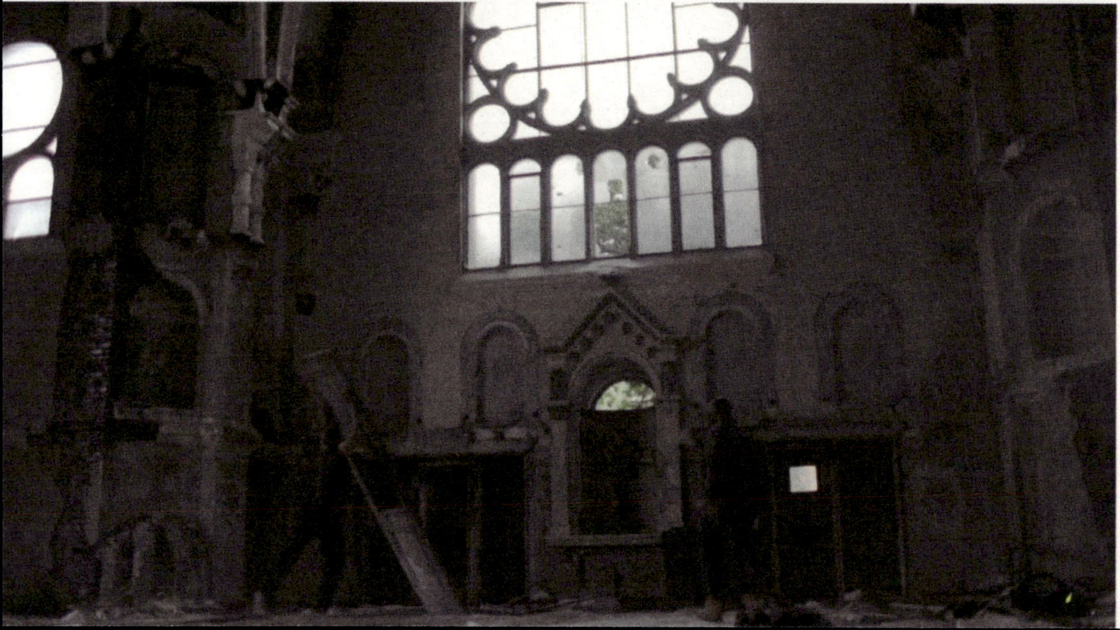

IT La melodia soul di un violoncello e la sonorità di un canto gospel si mescolano al rumore sordo di grandi porte di legno che cadono al suolo. L'insieme compone il paesaggio sonoro del video *Gone are the Days of Shelter and Martyr*, realizzato da Theaster Gates nel 2014 nella chiesa cattolica di Saint Laurence, costruita nel 1911 nel South Side di Chicago e allora in via di demolizione. La performance, interpretata dal gruppo dell'artista The Black Monks of Mississippi, è accompagnata dai gesti coreografati di due dei suoi membri. Molto più che al valore architettonico dell'edificio, l'artista rende omaggio alla bellezza simbolica e alla forza spirituale di una storia collettiva inscritta nella sua città di origine, dove vive ancora oggi. Attraverso una pratica proteiforme nella quale i materiali del tessuto urbano sono riutilizzati o ridestinati, Gates avvia progetti che mirano tanto ad attivare socialmente luoghi e usi quanto a sublimarli.

Roofing Exercise appartiene a una vasta serie di opere che, come i dipinti, impiega la matericità plastica del catrame. L'artista esplora qui una delle sue applicazioni, trattandosi di un materiale utilizzato in particolare per realizzare i tetti delle case. La materia densa viene lavorata, producendo effetti di luce grazie alla presenza simultanea di strisce brillanti e opache. Modificandone l'impiego, Gates richiama con cura e attenzione i gesti imparati da suo padre, di professione conciatetti. K.J.

***Gone are the Days of Shelter and Martyr*, 2014**. Video a colori da canale singolo / Vidéo couleur monocanal / Single-channel color video

FR La mélodie soul d'un violoncelle et la sonorité d'un chant gospel se mêlent aux bruits sourds de larges portes en bois tombant sur le sol. L'ensemble compose le paysage sonore de la vidéo *Gone are the Days of Shelter and Martyr*, réalisée par Theaster Gates en 2014 dans l'église catholique Saint Laurence. Cette dernière, construite en 1911 dans le South Side de Chicago, est alors en cours de démolition. La performance, interprétée par le groupe de l'artiste The Black Monks of Mississippi, est accompagnée par les gestes chorégraphiés de deux de ses membres. Bien plus qu'à la valeur architecturale de l'édifice, l'artiste rend hommage à la beauté symbolique et à la force spirituelle d'une histoire collective inscrite dans la ville où l'artiste est né et vit encore aujourd'hui. À travers une pratique protéiforme dans laquelle les matériaux du tissu urbain sont réemployés ou réaffectés, Gates engage des projets qui visent autant à activer socialement des lieux et des usages qu'à les sublimer.

Roofing Exercise appartient à une large série d'œuvres qui, à la manière de tableaux, investit la matérialité plastique du goudron. L'artiste y explore l'une de ses applications, puisqu'il est utilisé notamment pour réaliser des toitures de maisons. La matière épaisse est travaillée, révélant des effets de lumière par la présence de bandes alternativement brillantes et mates. En déplaçant les usages habituels, l'artiste mobilise avec soin et attention les gestes appris auprès de son père, lui-même couvreur. K.J.

EN The soulful melody of a cello and the sound of a gospel song mingle with the thuds of large wooden doors falling to the floor. The ensemble constitutes the soundscape for the video *Gone are the Days of Shelter and Martyr*, made by Theaster Gates in 2014 at Saint Laurence Catholic Church, built in 1911 on Chicago's South Side, during its demolition.
The performance, by the artist's group, The Black Monks of Mississippi, is accompanied by the choreographed gestures of two of its members. More than the architectural value of the building, the artist pays homage to the symbolic beauty and spiritual strength of a collective history inscribed in the city where the artist was born and still lives today. Through a protean practice in which materials from the urban fabric are reused or repurposed, Gates's projects aim to socially activate places and uses as much as to sublimate them.

Roofing Exercise belongs to a large series of works that, in the manner of paintings, rely on the materiality of tar.
The artist explores one of its applications, since it is used in particular to make roofs for houses. The texture of the thick material is modeled, so that the light reveals alternately shiny and matte strips. By displacing the usual uses of the material, the artist mobilizes with care and attention gestures learned from his father, himself a roofer. K.J.

***Roofing Exercise*, 2012**. Legno, carta catramata e catrame / Bois, papier de toiture et goudron / Wood, roofing paper and tar
***Black Chapel*, 2022**. Serpentine Pavilion, Londra / Londres / London

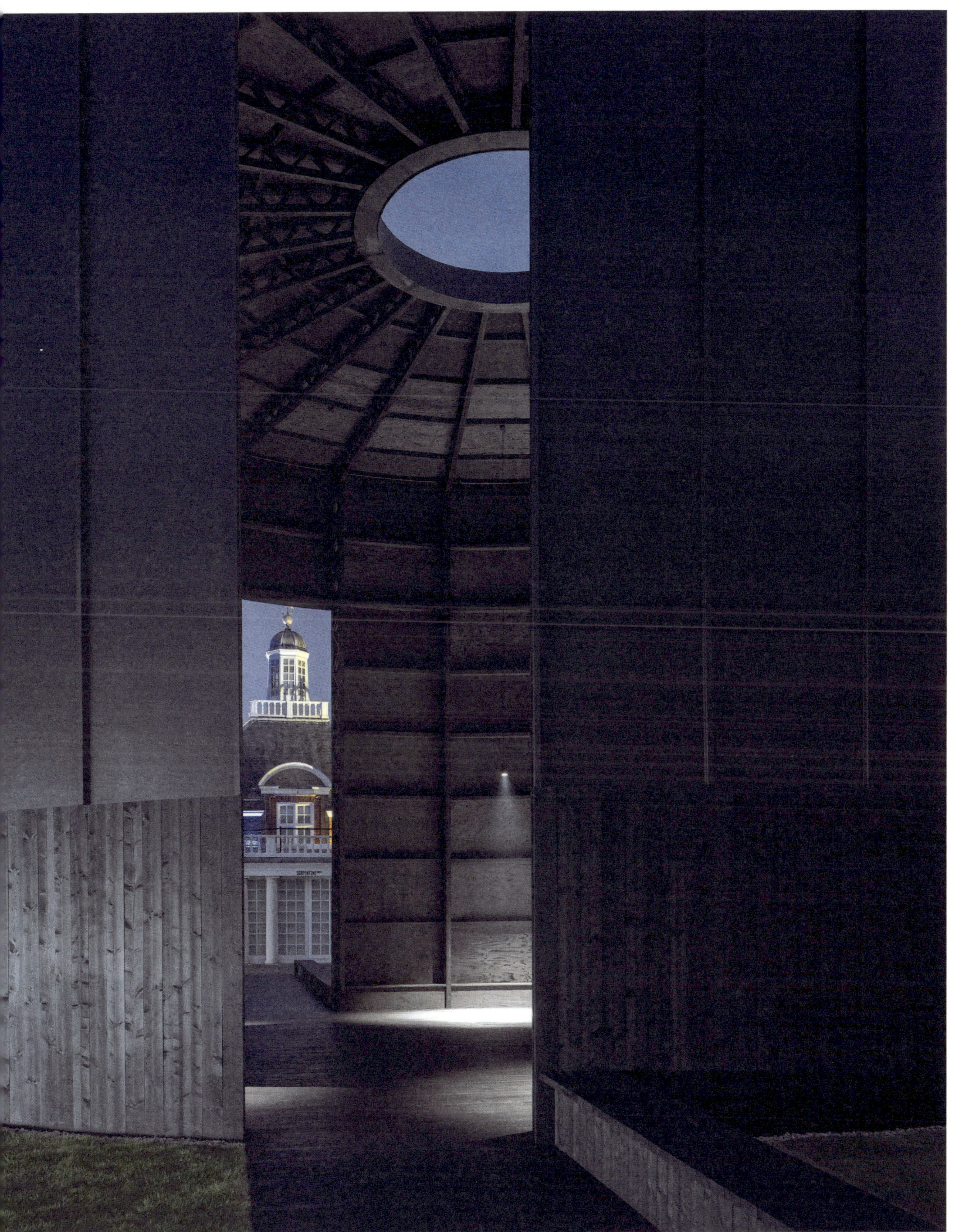

IT *akingdoncomethas* si avvale di un montaggio dal respiro epico ed è composto da canti gospel e sermoni registrati presso le congregazioni nere degli Stati Uniti. L'opera, realizzata a partire da video raccolti su internet, mette in scena corpi trasfigurati attraverso le parole pronunciate, come in preda a una forza esterna. Attraverso i loro interventi, spesso estatici, prende forma un messaggio di speranza declamato con impeto e ardore, diretto alla possibilità di una redenzione e di un tempo rinnovato, privo di incertezze, paura e sofferenza. Il titolo stesso dell'opera — che rimanda all'arrivo del Regno di Dio annunciato da Gesù — suggerisce l'emergere di un mondo nuovo, perfino di un nuovo ordine cosmico.

Jafa sceglie di inserire tra due estratti di cerimonie religiose una serie di video di incendi boschivi, sorta di visione apocalittica del presente che rappresenta l'annientamento del mondo, prima dell'auspicata venuta di una nuova era. Simultaneamente, la matrice afroamericana dei frammenti video selezionati gli permette di tracciare un ritratto dell'esperienza nera contemporanea, segnata dalla resilienza, dalla fede e dal coraggio. Interrogato sul proprio rapporto con la religione, l'artista afferma di non credere in Dio ma di «avere fede nella fede dei neri»[1]. R.G.

1 — MoMA [@themuseumofmodernart], post su Instagram, 28 maggio 2020, https://www.instagram.com/p/CAtfISODkag/, citato in Finn Blythe, *Arthur Jafa on the Story Behind His Film, Love Is the Message*, in «Another», 9 giugno 2020, online, https://www.anothermag.com/art-photography/12582/arthur-jafa-interview-film-love-is-the-message-moma-akingdoncomethas.

***akingdoncomethas*, 2018**. Video, colore, sonoro / Vidéo, en couleur, sonore / Video, color, sound

FR *akingdoncomethas* présente un montage au souffle épique, composé de chants gospels et de sermons enregistrés au sein de communautés noires des États-Unis. Composée à partir de vidéos glanées sur internet, l'œuvre met en scène des corps transcendés par la parole qu'ils énoncent, comme s'il s'agissait d'une force extérieure prenant possession d'eux. À travers leurs interventions souvent extatiques s'ébauche un message d'espoir, déclamé avec fougue et ardeur, pointant vers la possibilité d'une rédemption et d'un temps renouvelé, qui ferait scission avec les doutes, la peur et la souffrance. Le titre même de l'œuvre — qui renvoie à l'arrivée du Royaume de Dieu annoncé par Jésus — suggère l'émergence d'un monde nouveau, voire d'un nouvel ordre cosmique.

Entre deux extraits de cérémonies religieuses, Jafa choisit d'insérer une série de vidéos de feux de forêt, sorte de vision apocalyptique du présent, qui figure l'écroulement du monde, avant la venue souhaitée d'une nouvelle ère. Dans un même temps, l'ancrage afro-américain des fragments vidéo qu'il sélectionne lui permet d'ébaucher un portrait de l'expérience noire contemporaine, marquée par la résilience, la foi et le courage. Lorsqu'il est interrogé sur son propre rapport à la religion, l'artiste indique ne pas croire en Dieu, mais « avoir foi en la foi des noirs[1]. » R.G.

1 — MoMA [@themuseumofmodernart], post sur Instagram 28 mai 2020, https://www.instagram.com/p/CAtfISODkag/, cité dans : Finn Blythe, « Arthur Jafa on the Story Behind His Film, Love Is the Message », *Another*, 9 juin 2020, en ligne. https://www.anothermag.com/art-photography/12582/arthur-jafa-interview-film-love-is-the-message-moma-akingdoncomethas.

EN *akingdoncomethas* is an epic montage composed of gospel songs and sermons recorded within Black congregations in the United States. A compilation of clips sourced on the Internet, the video features bodies transcended by the words they utter, as if an external force were taking possession of them. A message of hope is outlined through their often ecstatic vocalizations, declaimed with ardor and energy, pointing toward the possibility of redemption, toward a new era in which doubt, fear, and suffering would end. The title of the work, which refers to the arrival of the Kingdom of God, as announced by Jesus, suggests the emergence of a new world, even a new cosmic order.

Between two excerpts from religious services, Jafa inserts a series of videos of forest fires, a sort of apocalyptic vision of the present, which represents the collapse of the world before the desired coming of a new era. At the same time, the African American roots of the video fragments he selects allow him to sketch a portrait of the contemporary Black experience, marked by resilience, faith, and courage. When asked about his own relationship to religion, the artist indicates that he does not believe in God, but that he believes "in Black people believing."[1] R.G.

1 — MoMA [@themuseumofmodernart], Instagram post, May 28, 2020, https://www.instagram.com/p/CAtfISODkag/, quoted in Finn Blythe, "Arthur Jafa on the Story Behind His Film, *Love Is the Message*," *Another*, June 9, 2020, online https://www.anothermag.com/art-photography/12582/arthur-jafa-interview-film-love-is-the-message-moma-akingdoncomethas.

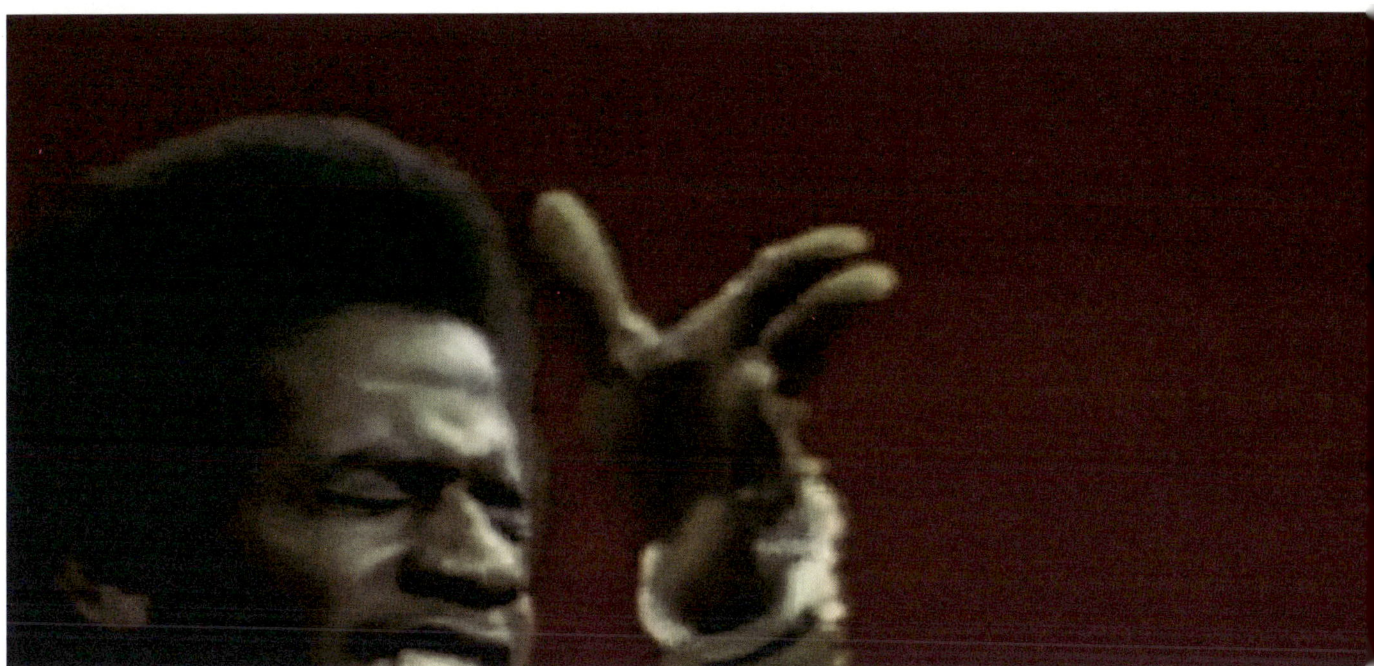

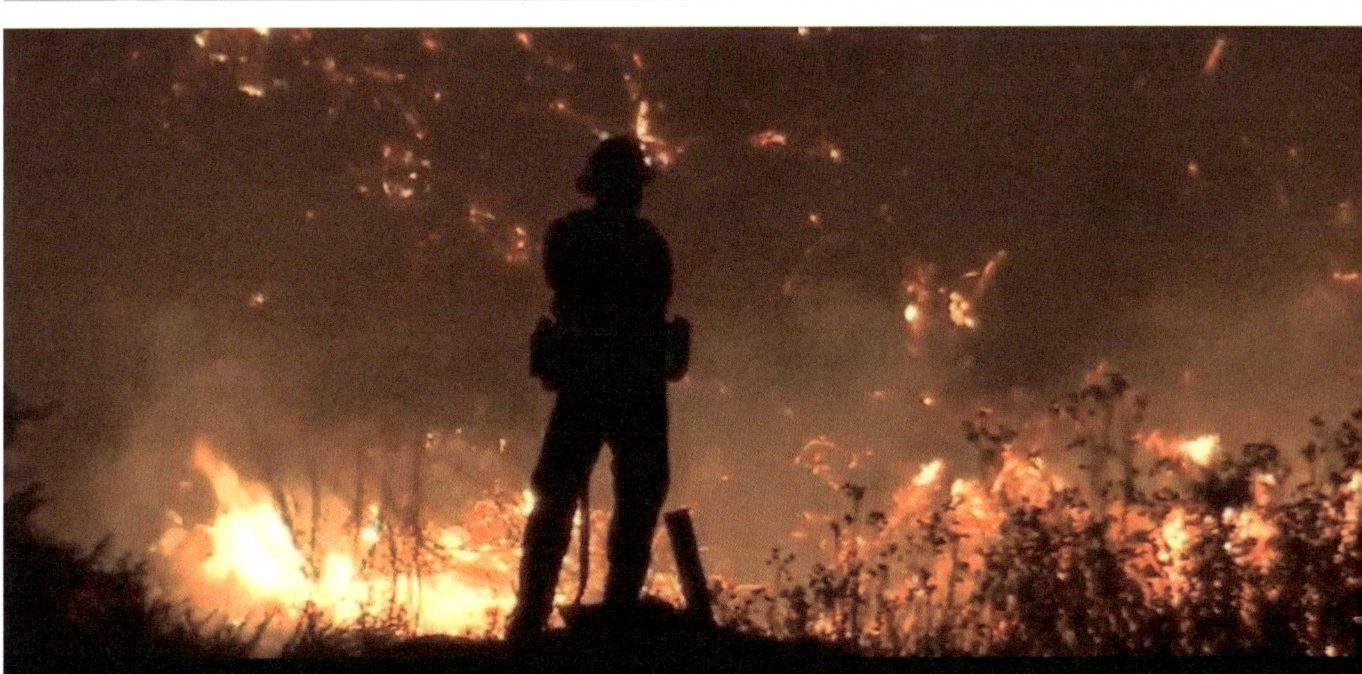

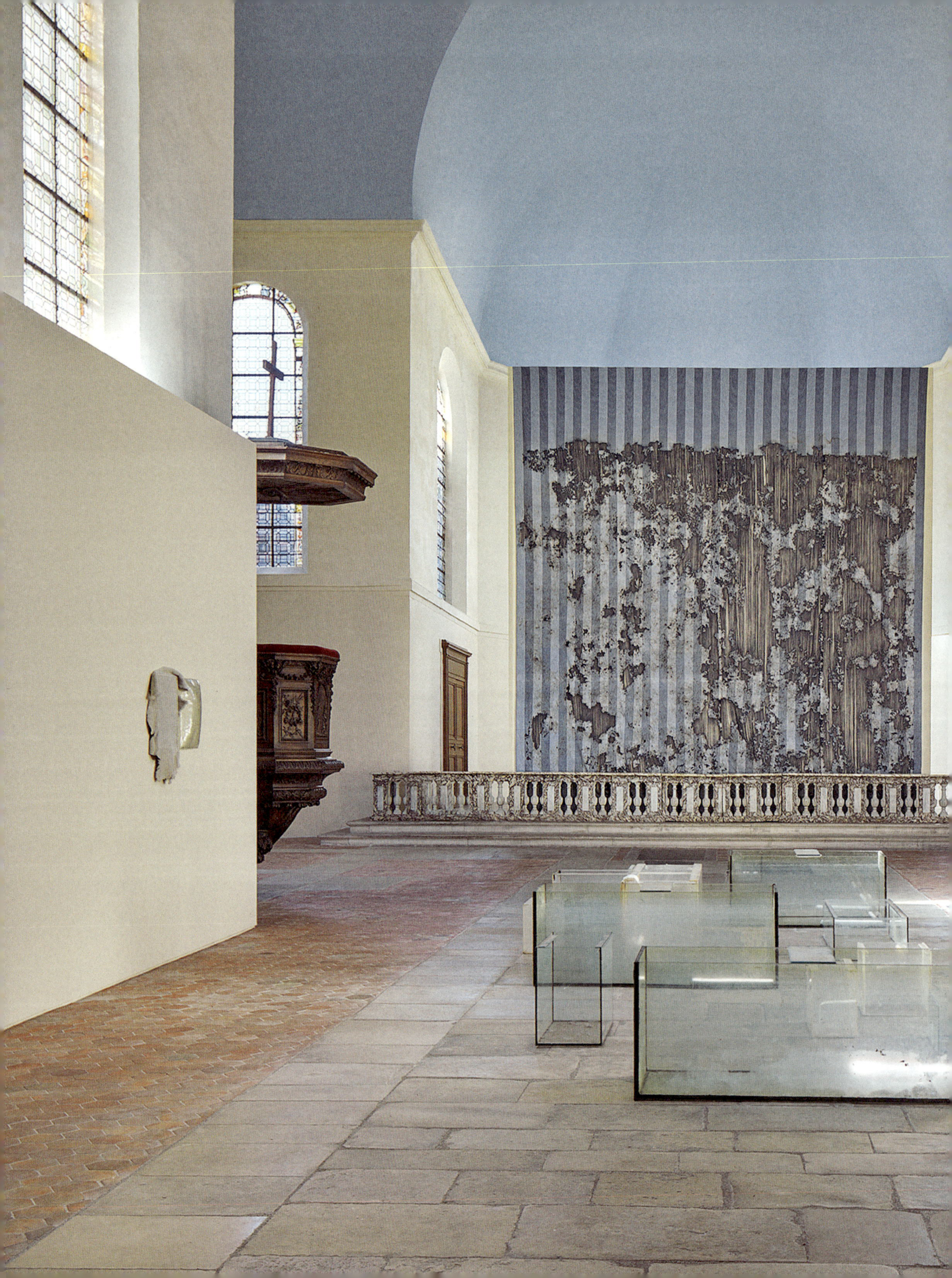

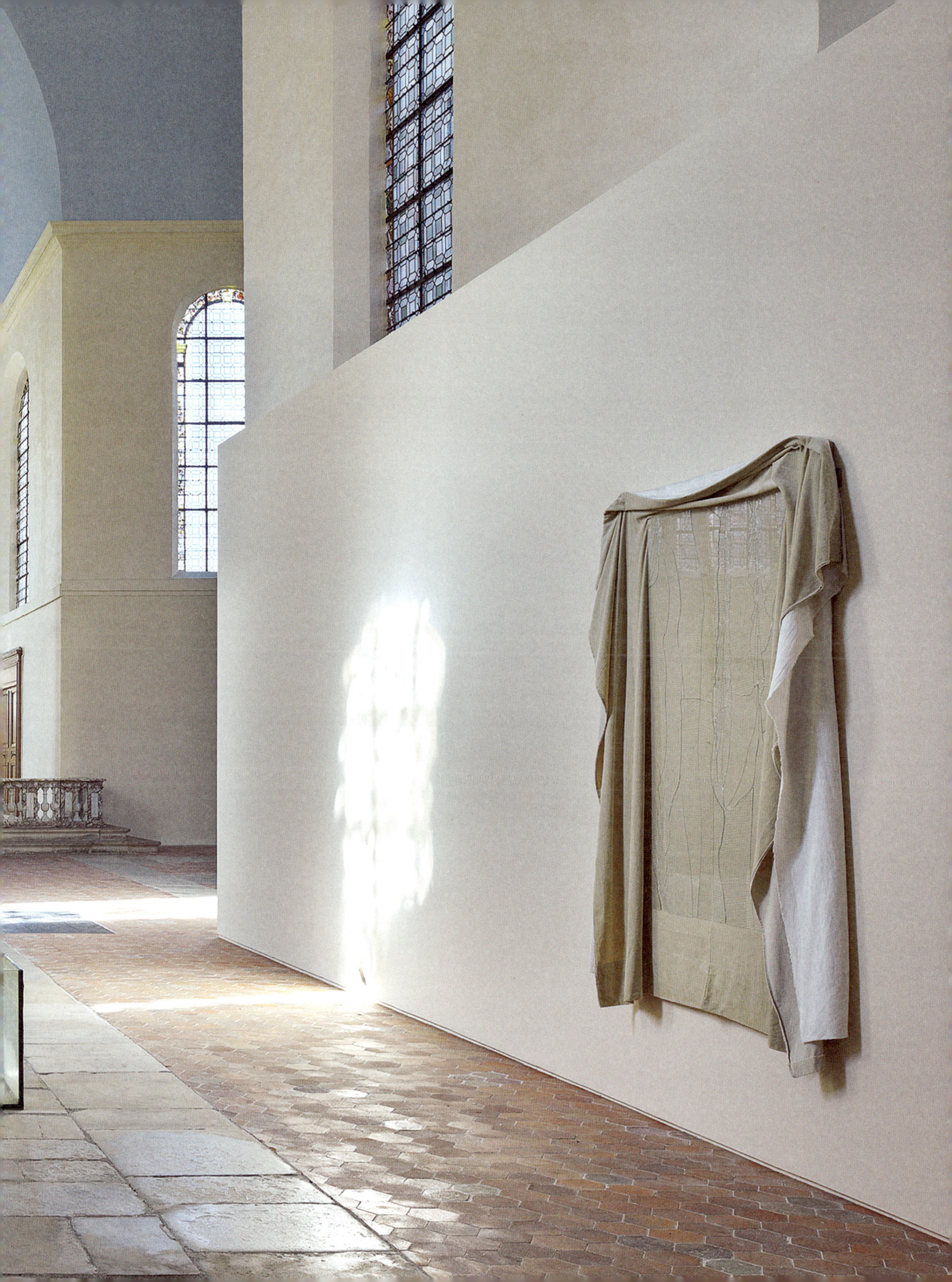

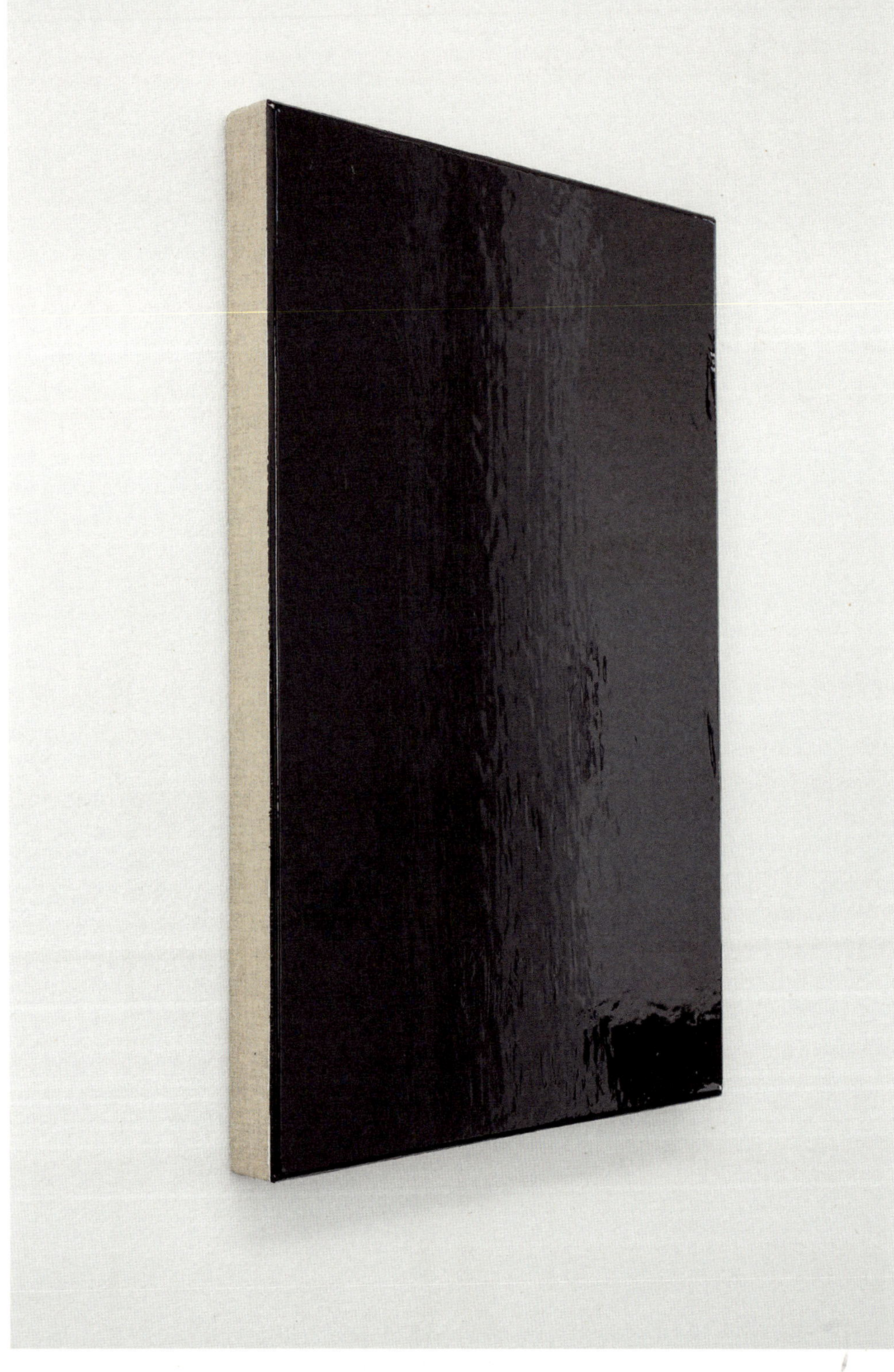

Nanthanwan Temple 004 (Master Duangkamol Jaikompan, Shang Maï, Thailande), 2014. Lacca tradizionale su lino, in collaborazione con la Maestra / Laque traditionnelle sur lin, en collaboration avec la Maître / Traditional lacquer on linen, in collaboration with Master Duangkamol Jaikompan

pp. 106-107 Installation view, *Aria of Inertia*, Kering, Chapelle Laennec, Parigi / Paris, 2022-2023

IT Ampliando i diversi interrogativi che ruotano intorno alla nozione di icona, tra incarnazione e disincarnazione, vita e morte, figurazione e astrazione, Edith Dekyndt presenta *Ombre indigène* (2014), video diventato improvvisamente virale nel settembre 2022 in seguito alla morte di una giovane iraniana per «abbigliamento inappropriato». Il video mostra una bandiera costituita da capelli neri che ondeggiano al vento, issata sopra le rocce della costa del Diamante, in Martinica. Dekyndt sceglie proprio quel luogo che, nella notte tra l'8 e il 9 aprile 1830, fu teatro del naufragio di una nave impegnata nella tratta clandestina con a bordo un centinaio di schiavi africani. L'opera, filmata nei pressi della tomba del grande scrittore originario della Martinica Édouard Glissant, è un omaggio all'ideatore dei concetti di «totalità-mondo» e «creolizzazione». Dekyndt realizza qui una sorta di quadro in leggero movimento, dal ritmo languente, meditativo, ipnotico, che, anni dopo e in un contesto diverso, acquista un significato ulteriore diventando il simbolo di un movimento attuale di resistenza.

La raffigurazione di una bandiera fatta di capelli — così pensata in riferimento alla schiavitù — diventa il simbolo della rabbia delle donne iraniane. Commentando quell'immagine palinsesto, la regista indiana Leena Manimekalai ha detto che quei «capelli issati come una bandiera saranno la fotografia di questo secolo»[1].

Edith Dekyndt presenta il video di questa performance accanto a un tessuto le cui fibre sono state deteriorate da un interramento durato diversi mesi e a una lacca nera i cui effetti riflettenti invitano a una forma di contemplazione. A.B.

1 — Tweet di Leena Manimekalai, 22 settembre 2022.

FR Prolongeant les différents questionnements autour de la notion d'icône, entre incarnation et désincarnation, entre vie et mort, entre figuration et abstraction, Edith Dekyndt présente *Ombre indigène* (2014), une vidéo devenue soudainement virale en septembre 2022 à la suite de la mort d'une jeune iranienne pour « port de vêtements inappropriés ». Cette vidéo montre un drapeau constitué de cheveux noirs flottants au vent, qui a été planté au-dessus des rochers de la côte du Diamant, sur l'île de la Martinique. Dekyndt choisit cet endroit précis qui a vu s'échouer, dans la nuit du 8 au 9 avril 1830, un bateau de traite clandestine transportant une centaine de captifs africains. Filmée à côté de la tombe du grand écrivain martiniquais Édouard Glissant, cette vidéo est un hommage au fondateur des concepts de « tout-monde » et de « créolisation ». En créant cette œuvre, Dekyndt compose un tableau à peine mouvant, au rythme languissant, méditatif, hypnotique, qui, des années plus tard et dans un autre contexte, acquiert une signification supplémentaire en devenant le symbole d'un mouvement de résistance actuel.

Cette image de drapeau fait de cheveux — pensé comme une référence à l'esclavage — devient l'emblème de la colère des femmes iraniennes. Une image palimpseste qui a fait dire à la réalisatrice indienne Leena Manimekalai que ces « cheveux hissés en drapeau seront la photographie de ce siècle[1]. »

Edith Dekyndt dispose la vidéo de cette performance à proximité d'un tissu dont les fibres ont été altérées par son enfouissement des mois durant dans la terre, et d'une laque noire dont les effets réflexifs invitent à une forme de contemplation. A.B.

1 — Tweet de Leena Manimekalai daté du 22 septembre 2022.

***Ombre indigène*, 2014**. Proiezione video / Vidéo-projection / Video, 16:9

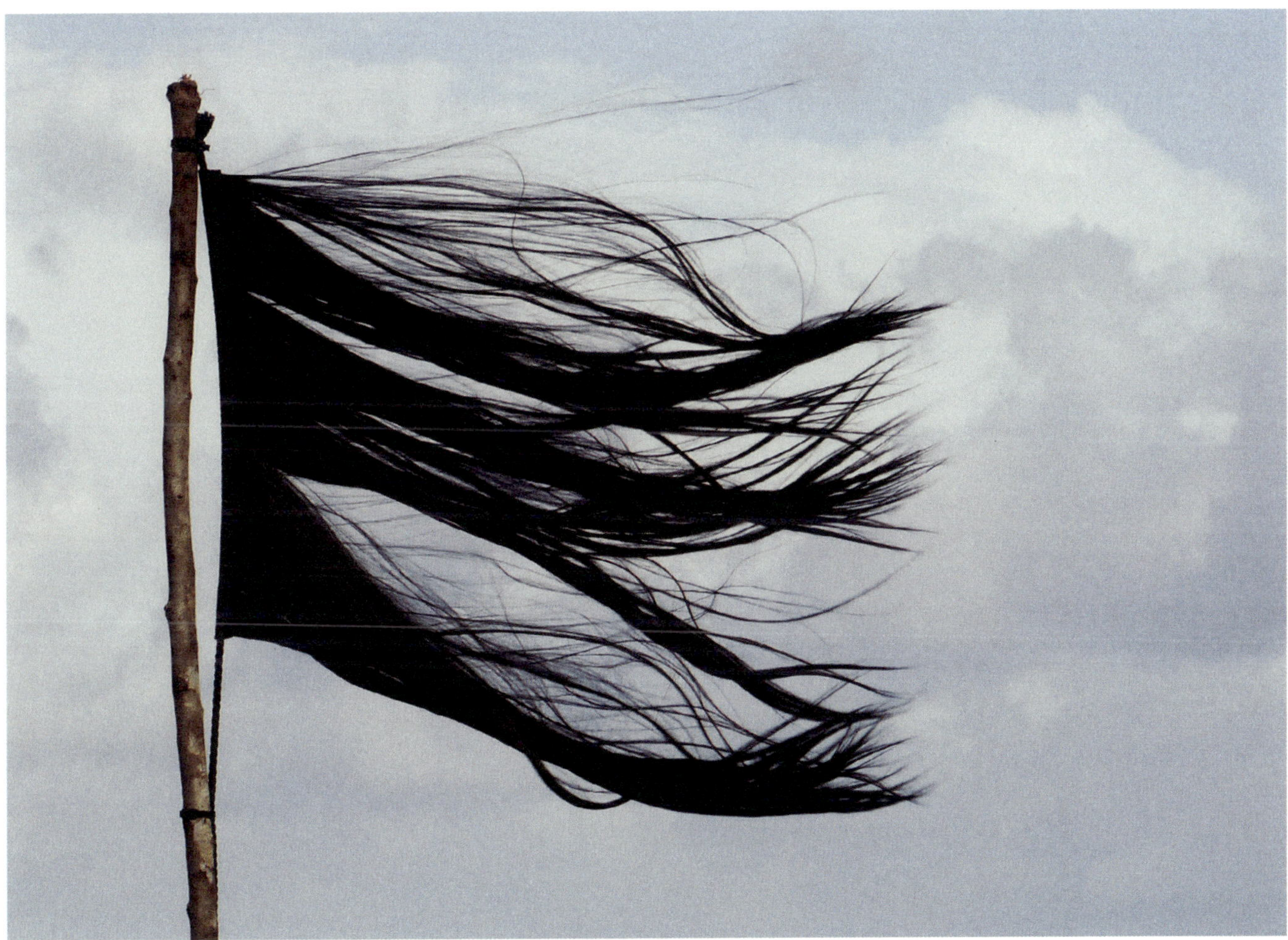

EN Continuing the examination around the notion of icon, between incarnation and disembodiment, between life and death, between figuration and abstraction, Edith Dekyndt presents *Ombre indigène* (2014), a video that suddenly went viral in September 2022 following the death of a young Iranian woman for "wearing inappropriate clothing." The video shows a flag made of black hair fluttering in the wind, which was planted above the cliffs of the coast of Le Diamant, on the island of Martinique. Dekyndt chose this spot where, on the night of April 8 to 9, 1830, a clandestine trade ship carrying a hundred African captives ran aground. Filmed next to the grave of the great Martinique writer Édouard Glissant, this video is a tribute to his concepts of the "tout-monde" (All-World) and "creolization." In creating this work, Dekyndt composes a barely moving picture, with a languid, meditative, hypnotic rhythm, which, years later and in a different context, acquires a new meaning by becoming the symbol of a contemporary resistance movement. This image of a flag made of hair, thought to be a reference to slavery, becomes the emblem of the anger of Iranian women. A palimpsest image that made the Indian movie director Leena Manimekalai to state that "This picture of chopped hair hoisted as a flag will be the photograph of this century."[1]

Dekyndt places the video of this performance near a fabric whose fibers have been altered by its burial for months in the earth, and a black lacquer whose reflective effects invite a form of contemplation. A.B.

1 — Tweet by Leena Manimekalai dated September 22, 2022.

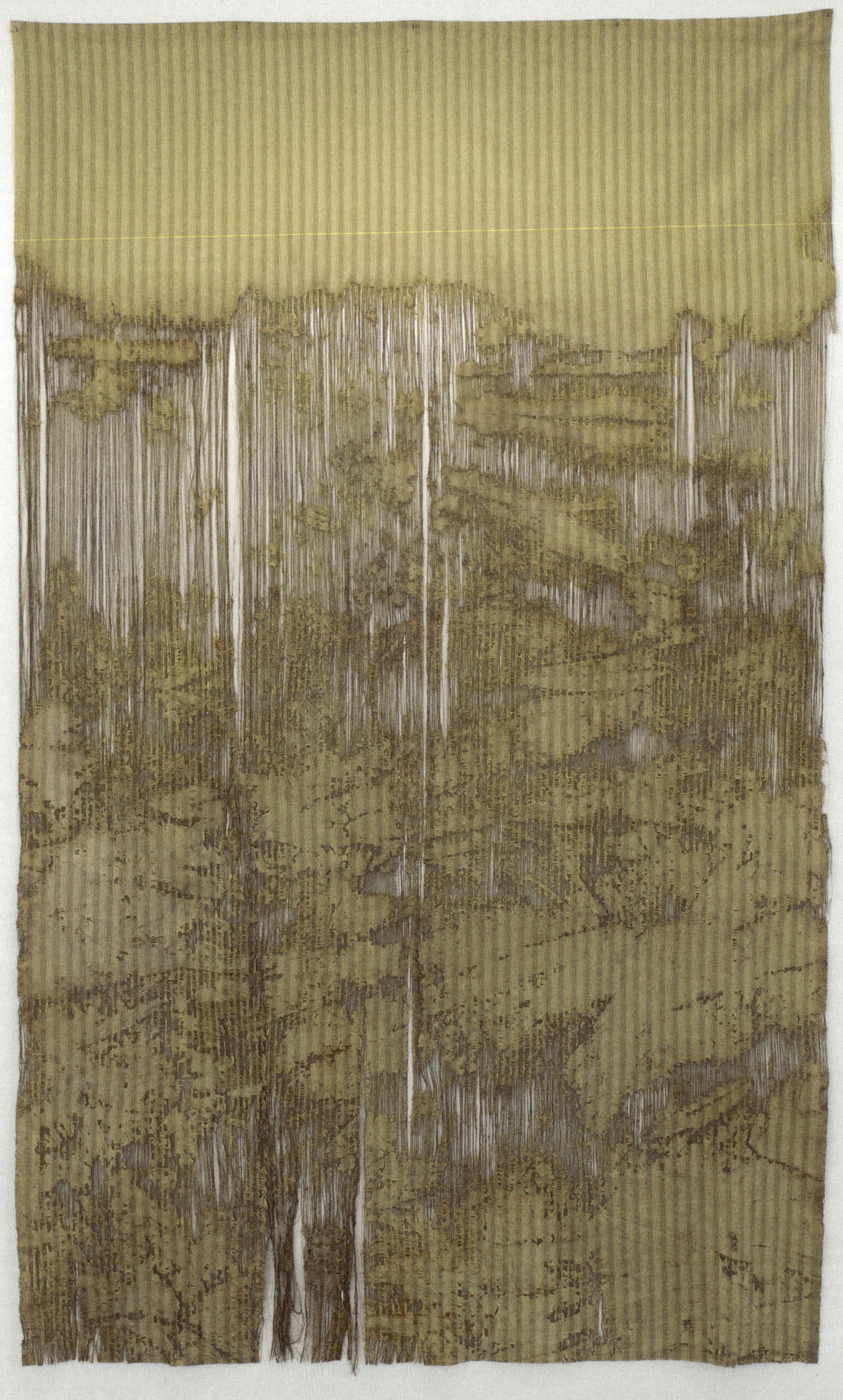

IT Edith Dekyndt posiziona su una parete della Chapelle Laennec un tessuto che arriva fino al soffitto azzurro. Anche il tessuto è azzurro, e viene esposto dopo essere stato sotterrato per diversi mesi in un bosco nella zona di Val-Saint-Germain, non lontano da Parigi. Minerali, radici, piante, insetti e batteri lo hanno trasformato, facendolo sembrare un paesaggio che proviene dalla terra. Alcune parti del tessuto, piegato e seppellito per un lungo periodo, sono state consumate solo leggermente, mentre altre sono completamente distrutte. Scendendo dal soffitto come a costituirne un prolungamento terrestre, allo stesso tempo fantomatico e profondamente ancorato nella sua materialità, *Underground (Le Val-St-Germain)*, 2022, immerge i visitatori «in una dimensione fantastica dove le cose inanimate prendono vita»[1].

Il processo di innesto di ciò che è vivente su ciò che è artificiale è una pratica ricorrente dell'artista che, nella quasi totale mancanza di controllo sul risultato, ripete l'esperienza in luoghi diversi. A Venezia Edith Dekyndt presenta *Underground 17*, 2018, lavoro realizzato durante la sua permanenza a Lens, città mineraria del nord della Francia nota anche per l'arte del ricamo, due forme di attività che ispirano l'artista nella creazione dell'opera.

Con i suoi *Underground*, Dekyndt cerca di catturare il flusso del vivente e le sue trasformazioni. Come scrive Anne Pontégnie, questi interramenti «non testimoniano l'ineluttabilità del deterioramento e dell'usura, ma, al contrario, rendono visibile la potenza creativa degli scambi tra materie»[2]. A.B.

1 — Cécila Bezzan, *Are you experienced?*, in *Edith Dekyndt. I Remember Earth*, Éditions Facteur Humain, Bruxelles 2009, p. 107. **2 —** Anne Pontégnie in *Edith Dekyndt. Ombre indigène*, Les Presses du réel, Dijon 2016, p. 119.

***Underground 17*, 2018**. Tessuto / Tissu / Fabric

FR Sur une paroi verticale, Edith Dekyndt étend un tissu vers le plafond bleu de la chapelle Laennec. Le tissu est bleu lui aussi ; il est présenté aujourd'hui après avoir été enfoui pendant plusieurs mois dans un bois du Val-Saint-Germain, non loin de Paris. Des minéraux, des racines, des plantes, des insectes et des bactéries ont transformé son apparence en un paysage venu de la terre. Ensevelies en zigzag pendant plusieurs semaines, certaines parties du tissu n'ont été que légèrement rongées, d'autres ont été complètement détruites. Aujourd'hui déroulée depuis le plafond, comme une extension terrestre de celui-ci, à la fois fantomatique et profondément ancrée dans sa matérialité, *Underground (Le Val-St-Germain)*, 2022, précipite les visiteurs dans « une dimension fabuleuse où les choses inanimées prennent vie[1]. »

Ce processus de greffes du vivant sur l'artificiel est une pratique récurrente de l'artiste qui, en l'absence quasi complète de contrôle du résultat, réitère l'expérience dans différents lieux. À Venise, Edith Dekyndt présente *Underground 17* (2018), réalisée pendant sa résidence à Lens, ville minière du nord de la France également connue pour sa broderie — deux formes d'industrie que l'artiste avait à l'esprit en réalisant cette pièce.

Avec ses « Underground », Dekyndt s'attache à capturer le flux du vivant et ses transformations. Comme l'écrit Anne Pontégnie, ces enfouissements « ne témoignent pas de l'inéluctabilité de la dégradation et de l'usure, mais rendent au contraire visible la puissance créative des échanges entre matières[2]. » A.B.

1 — Cécila Bezzan, « Are you experienced ? », in *Edith Dekyndt. I Remember Earth*, Bruxelles, Éditions Facteur Humain, 2009, p. 107. **2 —** Anne Pontégnie in *Edith Dekyndt. Ombre indigène*, Dijon, Les Presses du réel, 2016, p. 119.

EN Edith Dekyndt drapes a cloth on a vertical wall, reaching down from the blue ceiling of the Laennec Chapel. The cloth itself is blue; for several months preceding its presentation to the public, it was buried in a wood in Val-Saint-Germain, not far from Paris. Minerals, roots, plants, insects, and bacteria have transformed its appearance into an earth-made landscape. Wrapped in a zigzag pattern for several weeks, some parts of the fabric were only slightly eaten away, others completely destroyed. Now descending from the ceiling, like its earthly extension, at once ghostly and deeply rooted in its materiality, *Underground (Le Val-St-Germain)*, 2022, precipitates visitors into "a fabulous dimension where inanimate things come to life."[1]

This process of grafting the living onto the artificial is a recurring practice of the artist who, in the almost complete absence of control of the result, repeats the experience in different places. In Venice, Edith Dekyndt presents *Underground 17*, 2018, made during her residency in Lens, a mining town in northern France also known for its embroidery—two forms of industry the artist had in mind when making this piece. With *Underground*, Dekyndt seeks to capture the flow of life and its transformations. As Anne Pontégnie writes, these burials "do not testify to the ineluctability of degradation and wear and tear, but instead make visible the creative power of exchanges between materials."[2] A.B.

1 — Cécila Bezzan, "Are you experienced?," in *Edith Dekyndt. I Remember Earth* (Brussels: Éditions Facteur Humain, 2009), 107. **2 —** Anne Pontégnie, in *Edith Dekyndt. Ombre indigène* (Dijon: Les Presses du réel, 2016), 119.

***Antropologia do negro I*, 2014**. Performance video / Vidéo-performance / Video performance
***Antropologia do negro II*, 2014**. Performance video / Vidéo-performance / Video performance

IT Sin dagli esordi, Paulo Nazareth ha scandagliato le implicazioni psicosociali e politiche della violenza razziale e coloniale in tutto il mondo, con un esito particolarmente efficace nei video *Antropologia do negro I* e *Antropologia do negro II*. Seppellendo la testa e il torso sotto un cumulo di teschi, appartenuti a persone nere e originarie del Nordeste del Brasile, l'artista inscena un simbolico rito di sepoltura per quei defunti senza nome, aprendo un canale di comunicazione con presenze ancestrali. Sulla propria storia e sui ricordi tramandati oralmente intesse episodi della cosiddetta storia ufficiale allo scopo di placare le anime degli insepolti, persone anonime e non identificate, e perché vengano conteggiate nelle statistiche ufficiali e negli elenchi di prigionieri politici dati per dispersi.

Nazareth è un girovago indefesso. Viaggiando a piedi per l'Africa Occidentale, da qualche parte tra il Benin e la Nigeria, ha raccolto un pezzo di stoffa logoro cui, molto probabilmente, nessuno oltre a lui avrebbe prestato attenzione. A un certo punto di quel lungo viaggio, ha ricamato un profilo simile a un albero e la scritta «oublié» subito sotto. L'elegante semplicità del ricamo contrasta con la struggente vicenda a cui allude. La grafia volutamente sbagliata, nel titolo dato all'opera, della parola francese *oublié*, dimenticato, vuole ricordare l'effetto persistente del colonialismo linguistico e manifestare simpatia per il deteriorarsi di una lingua allontanata dal suo luogo d'origine.

Nel corso di un'altra camminata, si è imbattuto in una chiesetta inghiottita dalle radici di un enorme iroko, a Bom Jesus, nello stato dove è nato, Minas Gerais. L'iroko è un grande albero dal legno duro, originario della costa occidentale dell'Africa. Si ritiene che abbia proprietà curative ed è associato a una delle più antiche divinità (*orishas*) venerate nel candomblé, in particolare dal popolo ketu di origine yoruba, in Brasile. In un video in bianco e nero, da una visuale fissa e ampia, vediamo l'artista che si arrampica sui rami intricati dell'albero per poi sedersi in cima al tetto della chiesa. Avvinghiandosi alle radici e ai rami dell'albero, Nazareth allude poeticamente al rapporto consolidato fra due esiti molto diversi dell'invasione coloniale in Brasile: da un lato l'imposizione violenta di un sistema di credenze europeo e dall'altro il persistere, con nuovi significati, delle proprietà magiche di un albero africano trapiantato sulla sponda opposta dell'Atlantico. F.B.

FR L'enquête que Paulo Nazareth a menée tout au long de sa carrière sur les conséquences persistantes — psychosociales et politiques — de la violence raciale et coloniale à l'échelle mondiale trouve l'une de ses expressions les plus éloquentes dans les vidéos *Antropologia do negro I* et *Antropologia do negro II*. En empilant sur son torse et son visage les crânes d'individus noirs et originaires du Nord-Est du Brésil, l'artiste revendique un rite funéraire symbolique pour ces personnes non identifiées et ouvre une voie de communication avec les présences ancestrales. Il entrelace sa propre histoire et les mémoires orales avec les faits de l'histoire « officielle », afin d'apaiser les esprits de ces morts anonymes sans sépultures, et pour qu'ils soient pris en compte dans les statistiques officielles et les listes de prisonniers politiques disparus.

Nazareth est constamment sur les routes. Au cours de l'une de ses marches en Afrique de l'Ouest, quelque part entre le Bénin et le Nigéria, il ramassa un morceau de tissu usé que tout le monde — sauf lui — aurait certainement négligé. Un jour lors de son long voyage, il broda une silhouette ressemblant à celle d'un arbre, avec juste en dessous le mot « oublié ». L'élégante simplicité de cette broderie contraste avec l'histoire poignante à laquelle elle fait référence. L'orthographe délibérément erronée du mot « oublié » dans le titre donné à l'œuvre rappelle les répercussions durables du colonialisme linguistique et la sympathie de l'artiste pour l'altération des idiomes, qui intervient dès lors qu'ils sont éloignés de leurs origines vernaculaires.

À Bom Jesus, dans le Minas Gerais où il est né, il tomba par hasard au cours d'une marche sur une petite église catholique envahie par les racines d'un énorme iroko, un grand arbre à bois dur originaire de la côte ouest de l'Afrique. On prête à cet arbre des vertus curatives, et il est lié à l'une des plus anciennes divinités (orishas) du culte candomblé, vénérée au Brésil en particulier par la nation Ketu d'origine yoruba. Dans une vidéo en noir et blanc, filmée avec un angle large et depuis un point fixe, nous voyons Nazareth grimper aux branches enchevêtrées de l'arbre puis s'asseoir sur le toit de l'église. En se mêlant aux racines et aux branches, l'artiste aborde de manière poétique les liens durables entre deux conséquences bien distinctes de l'invasion coloniale du Brésil : l'imposition violente d'un système de croyances européen, d'une part, et d'autre part la résilience et la re-signification, de l'autre côté de l'Atlantique, des propriétés magiques d'un arbre ouest-africain. F.B.

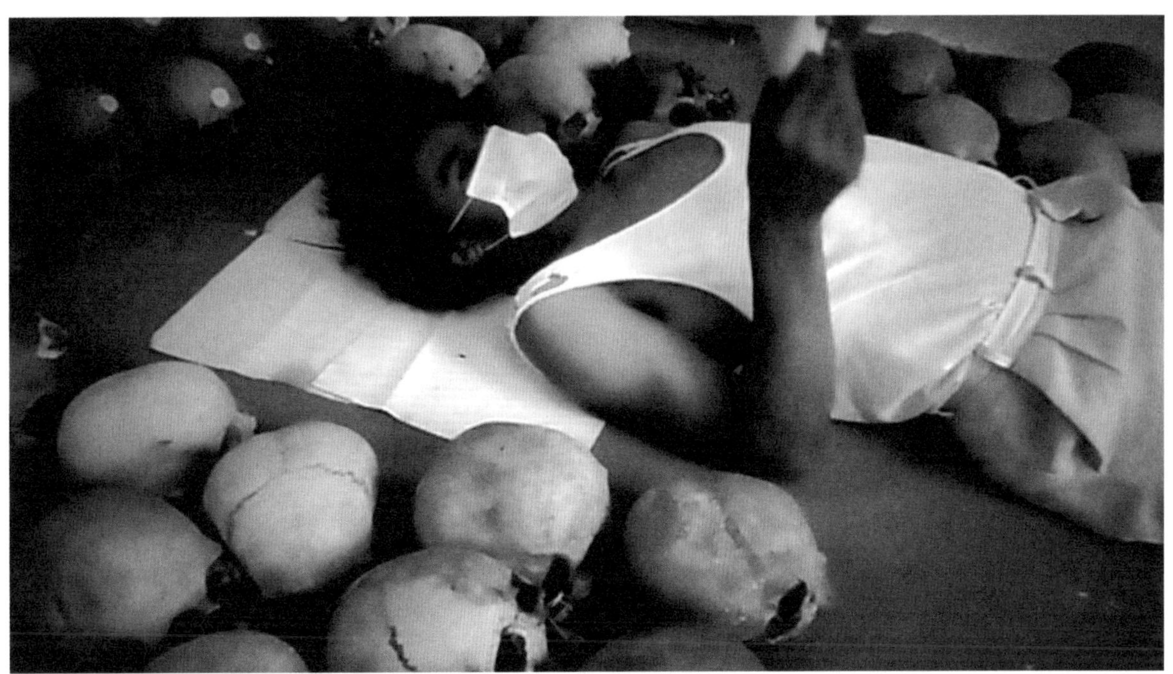

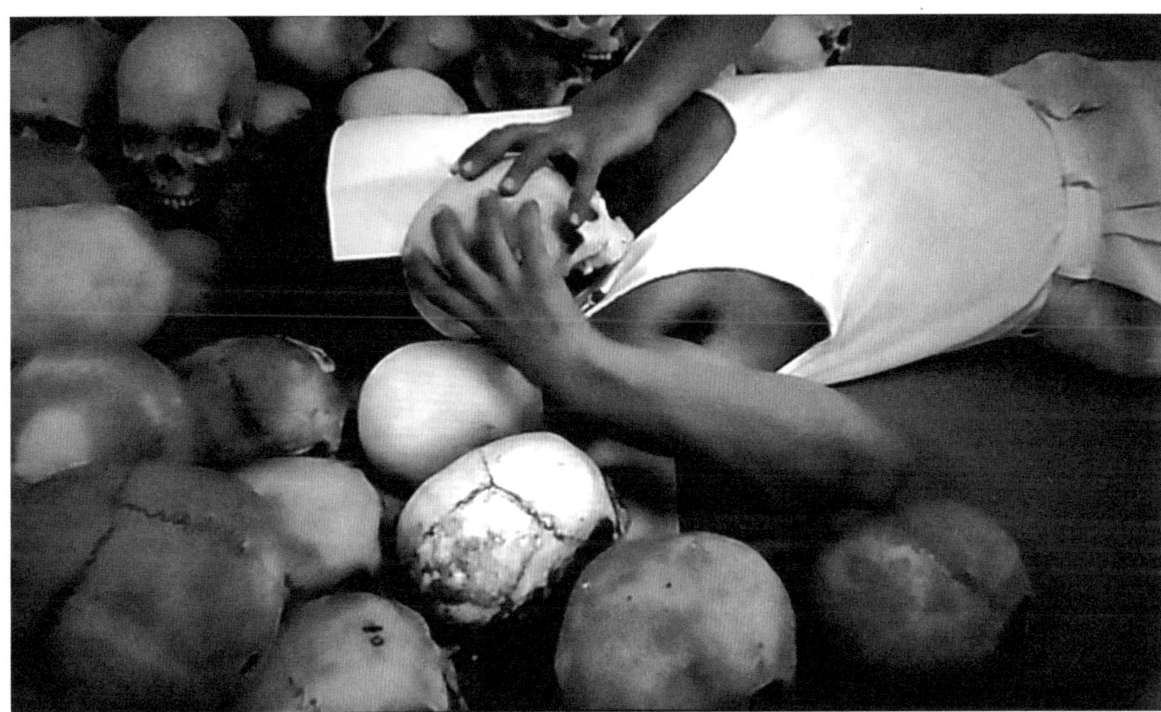

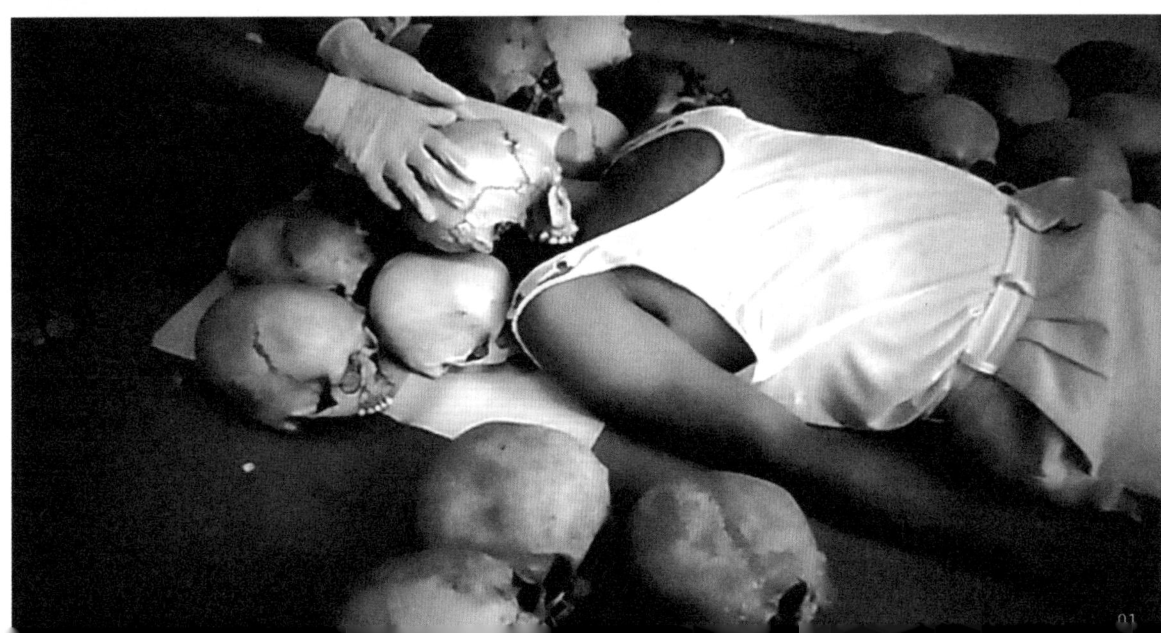

01

***Oblie*, 2016**. Ricamo a mano su tessuto / Broderie à la main sur tissu / Embroidery by hand on fabric

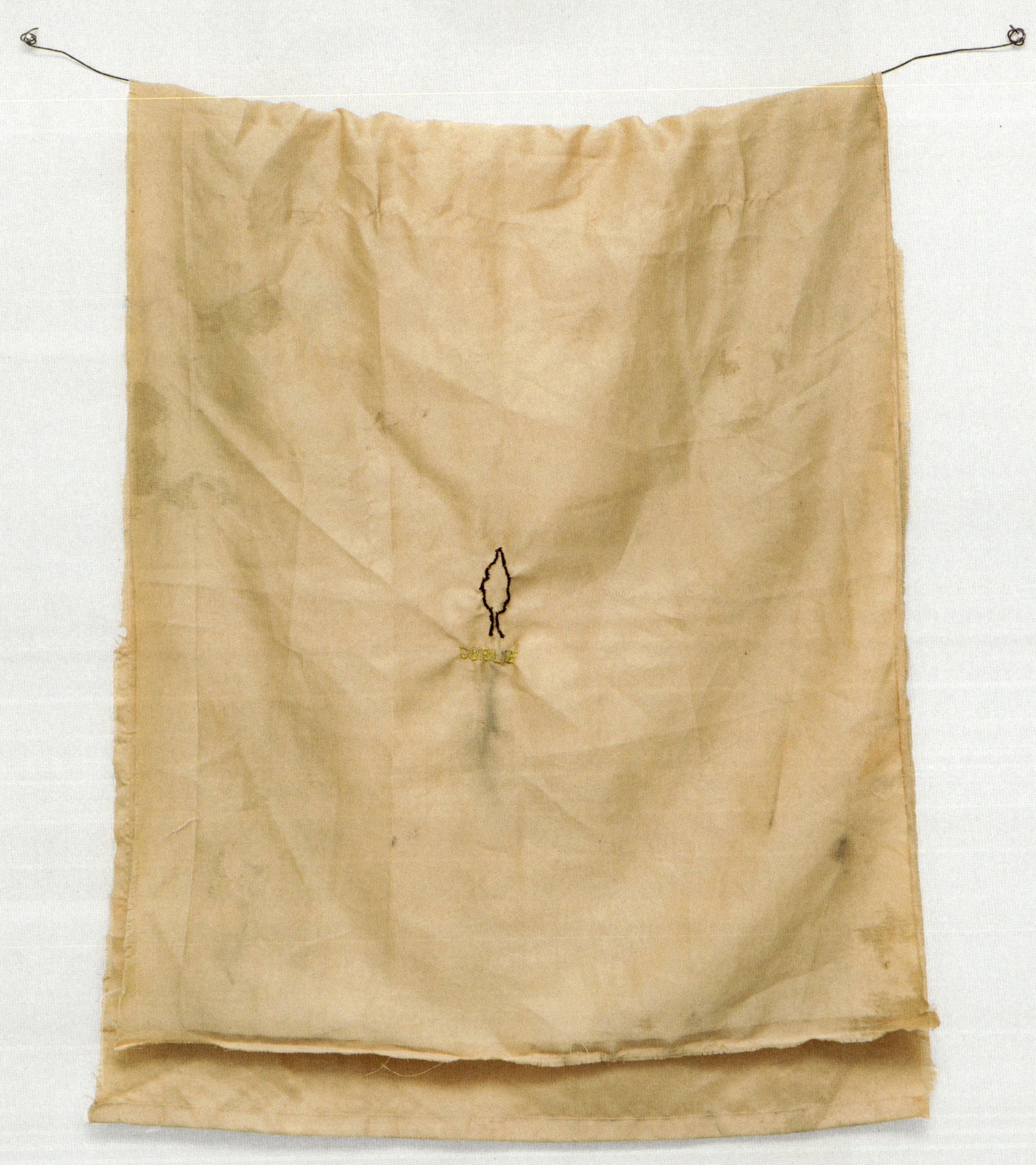

EN Paulo Nazareth's career-long investigation into the persisting psychosocial and political implications of racial and colonial violence worldwide finds one of its most eloquent moments in the videos *Antropologia do negro I* and *Antropologia do negro II*. When stacking the skulls of black and northeastern people from Brazil over his face and torso, the artist claims a symbolic burial rite for those unidentified people and opens a channel of communication with ancestral presences. He weaves his own story and word-of-mouth memories with facts from so-called official history to appease the spirits of the unburied bodies of anonymous and unidentified people to be considered in official statistics and lists of missing political prisoners.

Nazareth is a steady wanderer. During his walks in Western Africa, somewhere between Benin and Nigeria, he picked up a worn-out piece of cloth that most probably would be overlooked by anyone but himself. At some point on his long journey, he embroidered a silhouette of what seems to be a tree and the word "oublié" right under it. The elegant simplicity of the embroidery piece contrasts with the poignant story to which it alludes. The deliberate misspelling in the work title of the word "forgotten," *oublié* in French, is a reminder of the lasting impact of linguistic colonialism and of his sympathy for the corruptions of idioms once distanced from its vernacular origins.

On another of his walks, he stumbled upon a small catholic church overtaken by the roots of a massive iroko tree, in Bom Jesus, in his native Minas Gerais. Iroko is a large hardwood tree originally from West Coast of Africa. It is believed to have healing properties and is related to one of the oldest deities (orishas) worshipped in candomblé, specifically by the Ketu nation of Yoruba origins, in Brazil. In a black and white video, we see him climbing the tree's tangled branches from a steady, wide angle and then sitting atop the church's roof. By entangling himself in the roots and branches of the tree, Nazareth poetically addresses the long-lasting relationship between two very different products of the colonial invasion of Brazil: the violent imposition of a European belief system and the resilience and resignification of the magical proprieties of a West African tree on the other side of the Atlantic. F.B.

***Iroko de Bom Jesus*, 2017**. Performance video / Vidéo-performance / Video performance

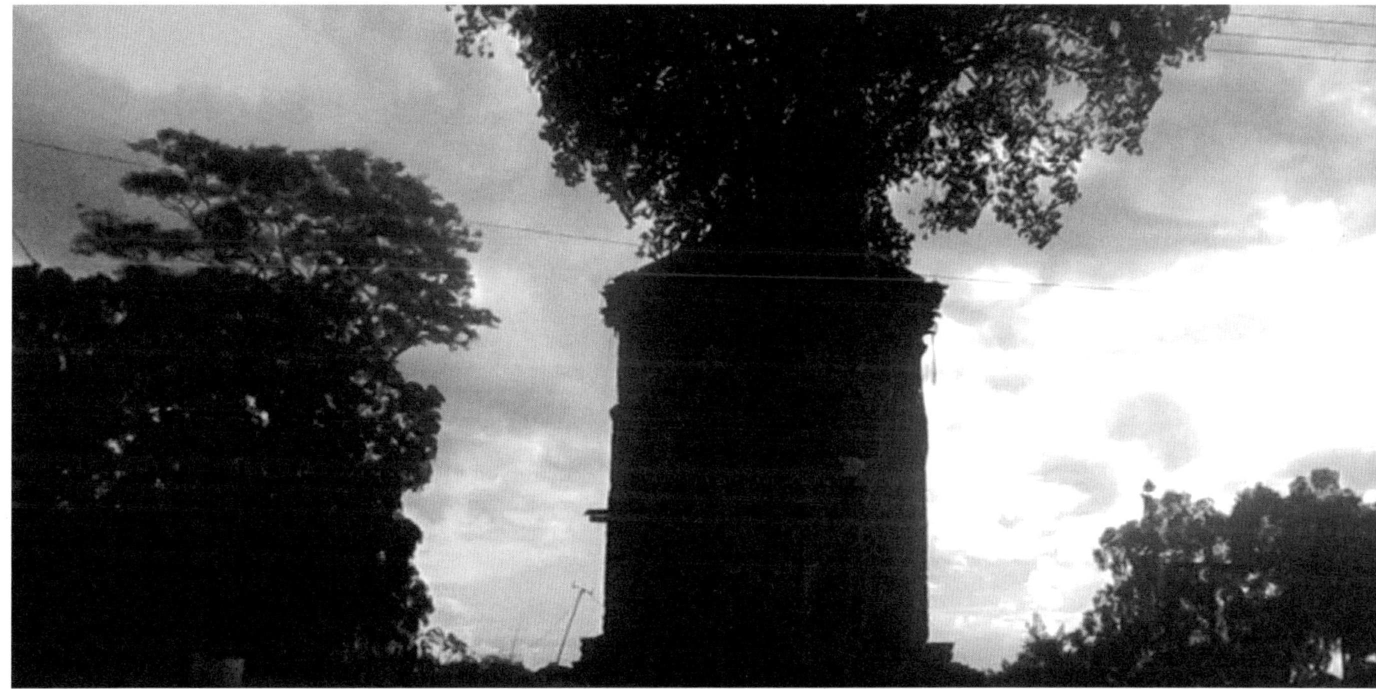

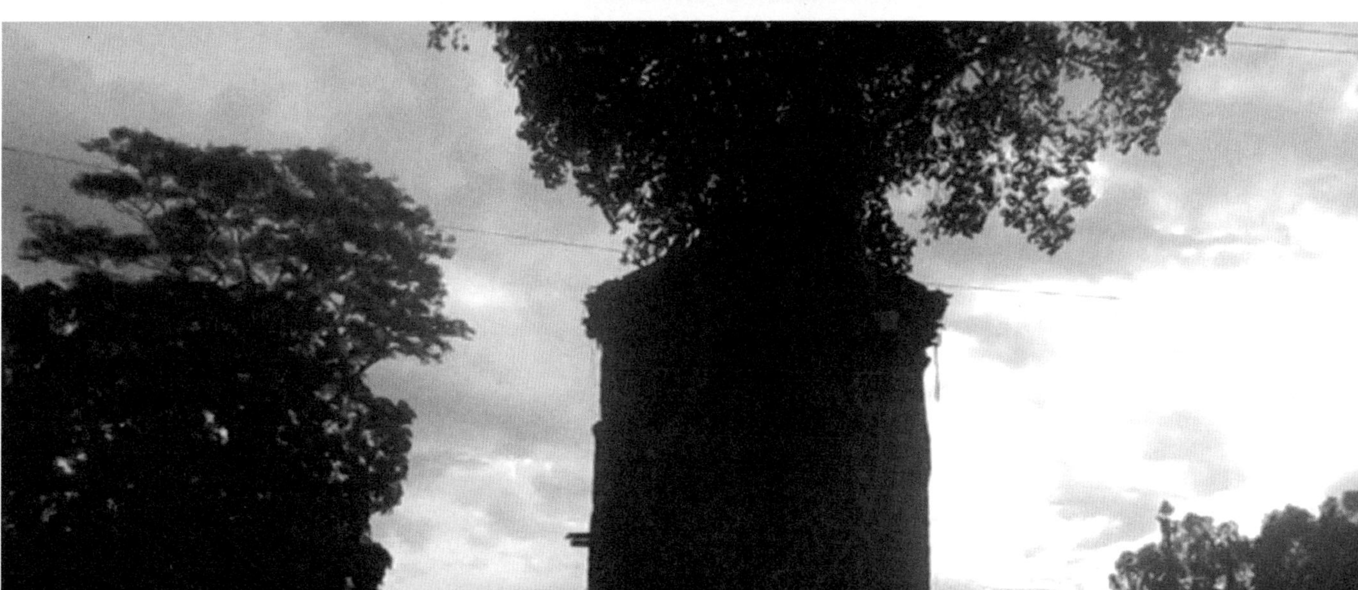

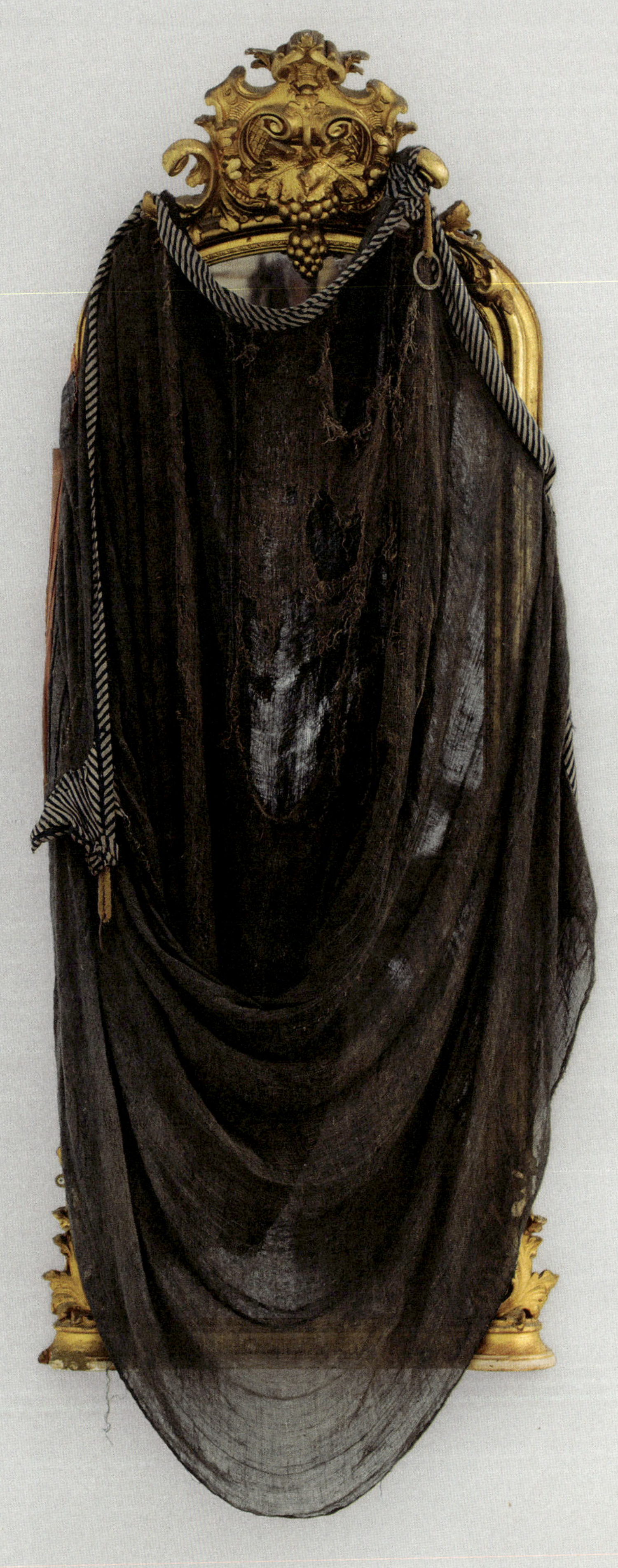

IT Un ampio lembo di tessuto annerito dalla sporcizia e costellato di buchi vela le decorazioni barocche di un grande specchio dorato. La precarietà evidente della stoffa, che si sfilaccia in brandelli, contrasta con la prestanza dello specchio velato. Questo oggetto prestigioso, che facilmente immaginiamo come arredo degli ambienti di un lussuoso appartamento, vede scomparire il suo fasto sotto le pieghe del tessuto usato, espressione di una condizione ben più modesta. Impedendoci di guardare il nostro riflesso, David Hammons ci mette di fronte, ancora più insistentemente, alla spoglia superficie tessile, in cui qualcuno si riconoscerà perfino meglio che nel vetro di uno specchio.

Anche se il lavoro artistico di Hammons si fonda su una pratica di autoraffigurazione, attraverso la serie dei «body prints» iniziata nel 1968, le immagini che produce a partire dalle impronte del suo corpo mostrano più le tracce della sua assenza che della sua presenza. Per tutta la sua carriera, l'artista ha continuato a defilarsi, declinando la maggior parte delle richieste di interviste e di progetti espositivi che gli venivano rivolte. Hammons sembra avere compreso, più di chiunque altro, il potere evocativo legato all'assenza e alla scomparsa; in questo modo riesce a esprimere ciò che difficilmente può essere visto o detto, come l'invisibilizzazione che riguarda in maniera asimmetrica alcuni corpi, a cominciare da quelli neri. R.G.

***Untitled (Mirror)*, 2013**. Specchio di vetro con cornice di legno e gesso, tessuto / Miroir en verre, cadre en bois et plâtre, tissu / Glass mirror with wood and plaster frame, fabric

FR Un grand morceau de tissu noirci par la crasse et parsemé de trous jette son voile sur les fioritures baroques d'un grand miroir doré. La précarité apparente de cette étoffe, qui s'effile en lambeaux, tranche avec la prestance du miroir qu'elle recouvre. Objet de prestige, que l'on imagine volontiers couronnant le foyer d'un luxueux appartement, celui-ci voit son faste disparaître sous les plis du tissu usé, expression d'une condition autrement plus modeste. En nous empêchant de voir notre reflet dans le miroir, David Hammons nous confronte avec d'autant plus d'insistance à cette surface textile dépouillée, dans laquelle certains se reconnaîtront plus fortement encore que dans la glace d'un miroir.

Bien que le travail artistique de Hammons se fonde sur une pratique d'autoreprésentation, à travers sa série des « body prints » entamée en 1968, les images qu'il produit à partir d'empreintes de son corps exposent moins les traces de sa présence que de son absence. Tout au long de sa carrière, l'artiste n'a eu de cesse de se dérober, déclinant la plupart des demandes d'entrevues et de projets d'expositions qui lui ont été adressées. Hammons semble avoir compris, plus que quiconque, le pouvoir d'évocation lié à l'absence et à la disparition, qui lui permet d'exprimer ce qui peut difficilement être vu ou dit, à l'instar de l'invisibilisation qui touche certains corps de manière asymétrique, à commencer par les corps noirs. R.G.

EN A large swath of fabric, blackened by grime and strewn with holes, is draped over the baroque embellishments of a large gilded mirror. The apparent precariousness of this fabric, fraying into shreds, contrasts with the imposing presence of the mirror it covers.
The splendor of this status symbol, which we might imagine crowning the foyer of a luxurious apartment, disappears under the folds of the worn fabric, expression of a much more modest condition. By preventing us from seeing our reflection in the mirror, David Hammons confronts us all the more insistently with this bare textile surface, in which some will recognize themselves even more strongly than in the mirror.

Although Hammons's artistic work is based on a practice of self-representation, the images he produces in his series of "body prints" begun in 1968 expose less the traces of his presence than of his absence. Throughout his career, Hammons has consistently shied away, declining most requests for interviews and exhibition projects that have been addressed to him. Hammons seems to have understood, more than anyone else, the evocative power of absence and disappearance; this allows him to express what can hardly be seen or said, like the lack of visibility that affects certain bodies more than others, starting with Black bodies. R.G.

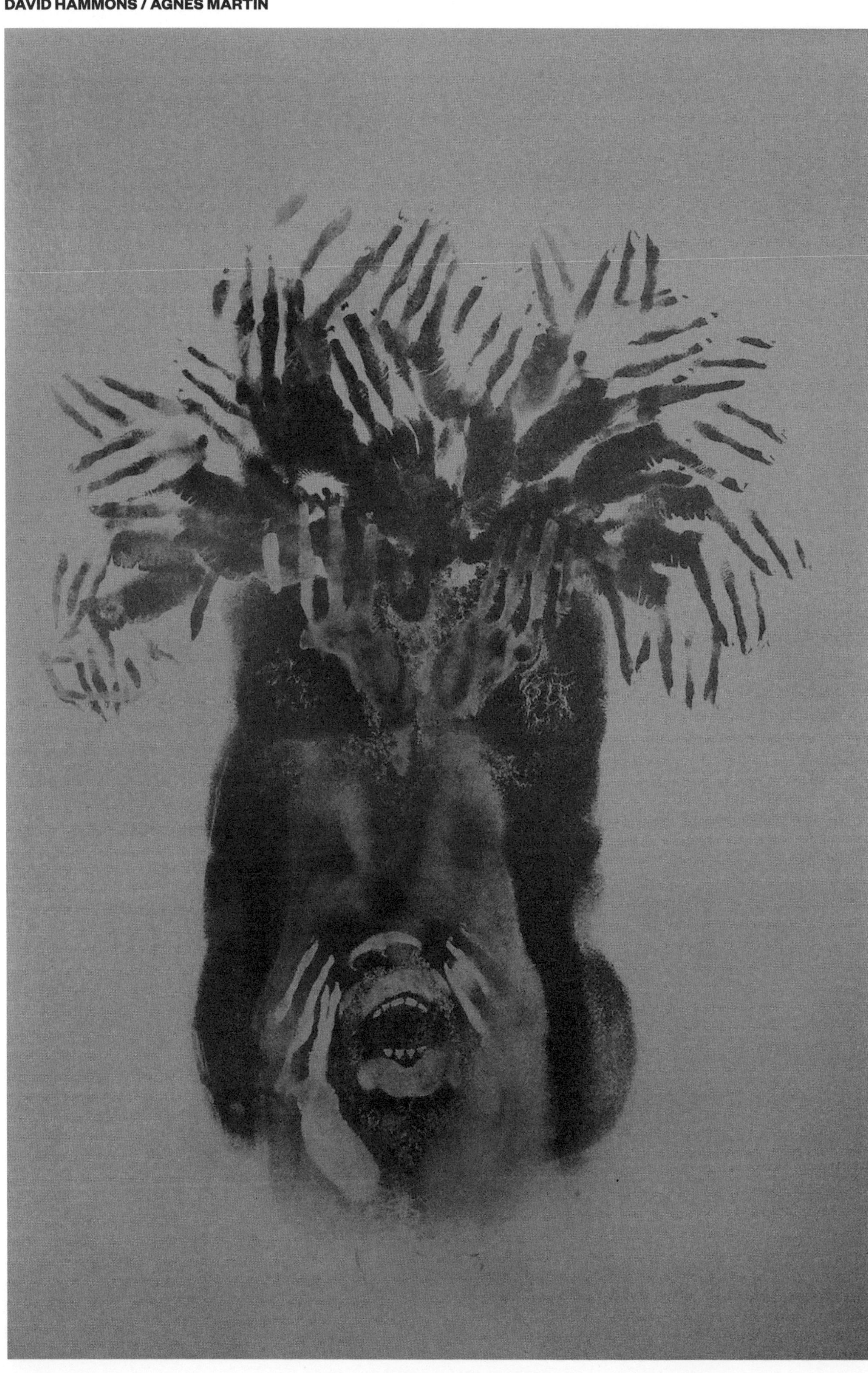

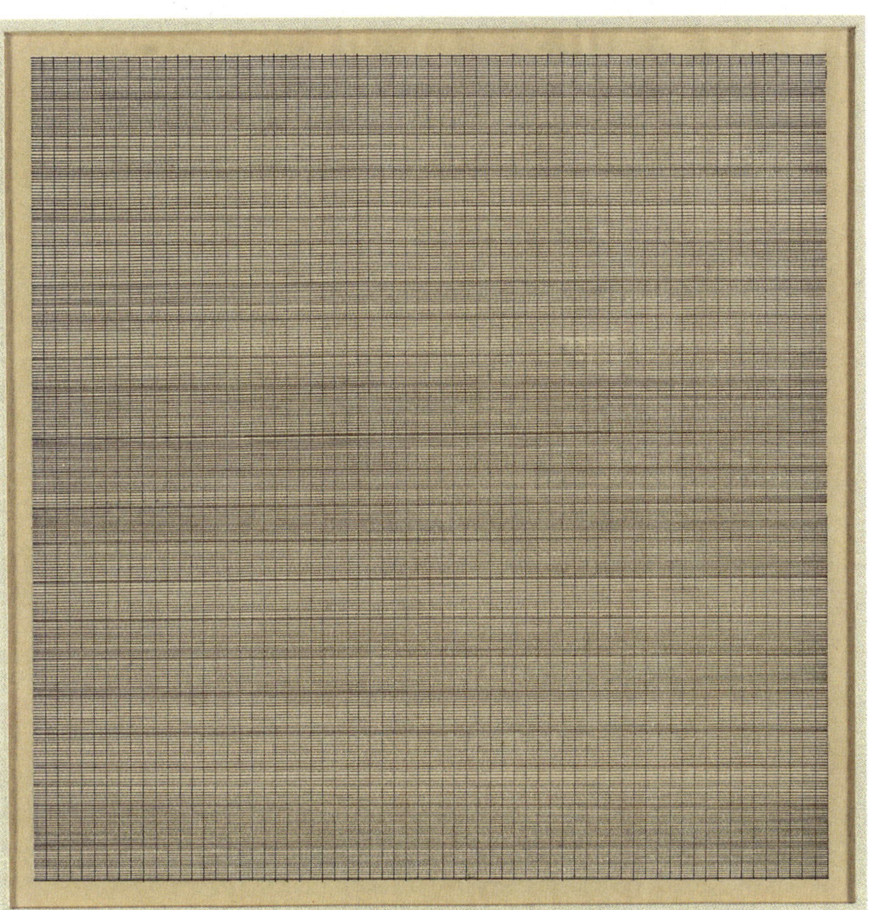

David Hammons, *A Cry From the Inside*, 1969. Pigmento su carta dorata / Pigment sur papier doré / Pigment on gold paper
Agnes Martin, *Untitled*, 1960. Inchiostro su carta / Encre sur papier / Ink on paper

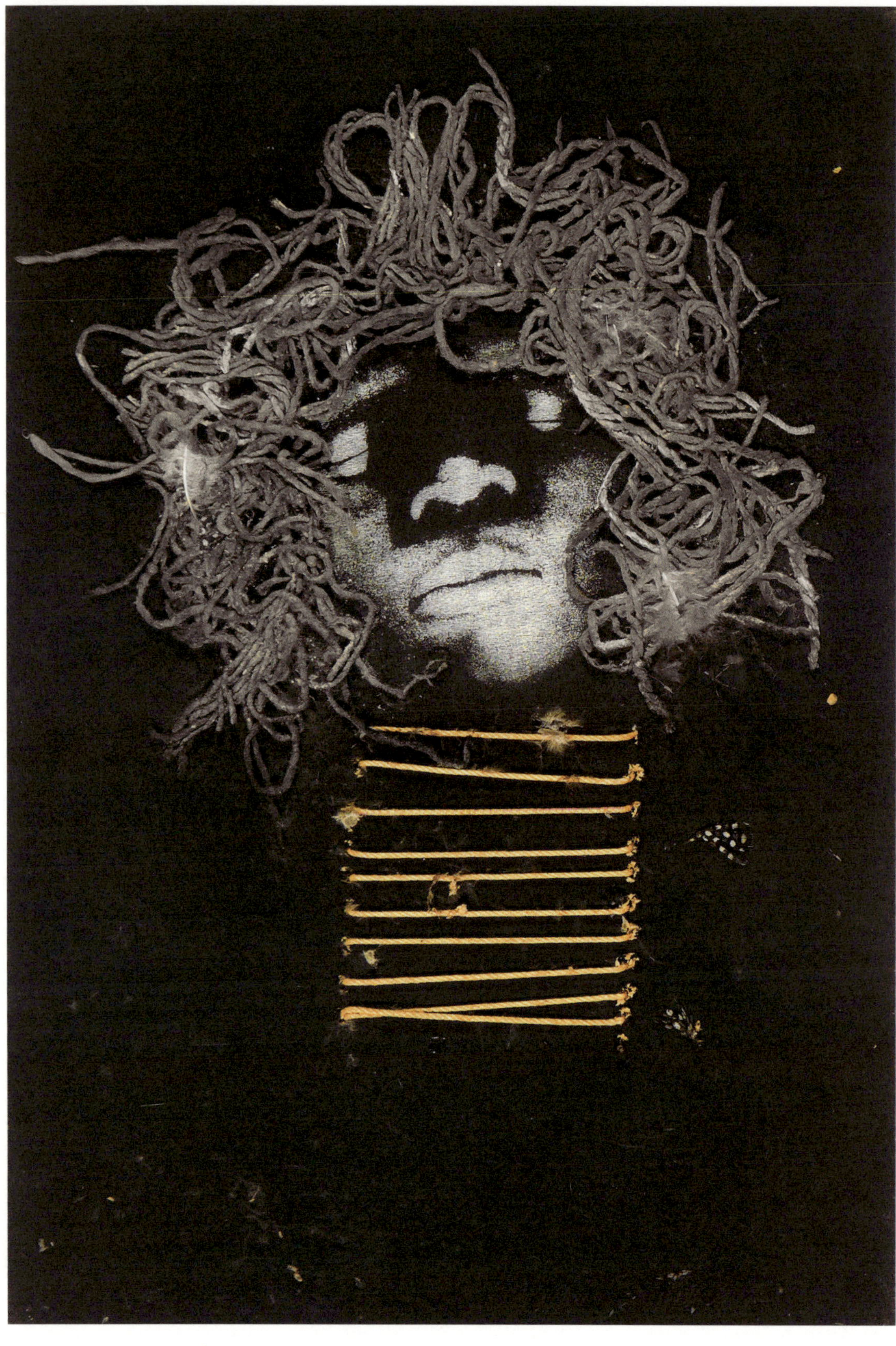

David Hammons, *Black Mohair Spirit*, 1971. Pigmento, spago, stringhe di mocio, perline, piume e ali di farfalle su carta nera / Pigment, ficelle, franges de serpillière, perles, plumes, ailes de papillon sur papier noir / Pigment, twine, mop strands, beads, feathers, and butterfly wings on black paper

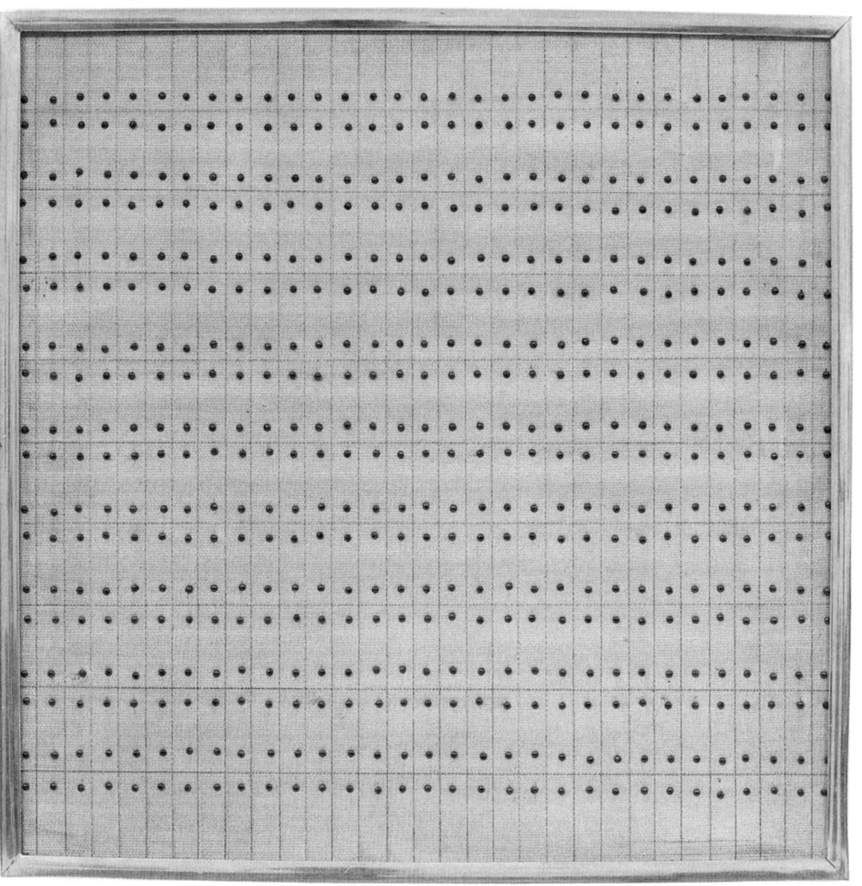

Agnes Martin, *The Wall*, 1962.
Olio, inchiostro e chiodi su tela in supporti di legno / Huile, encre et clous sur toile, montée sur bois / Oil, ink and nails on canvas mounted on wood

IT Presentati nella stessa sala, gli assemblaggi di David Hammons — opere scultoree e pittoriche la cui prorompente materialità è testimone di un'arte strettamente incentrata sul corpo e sulla vita quotidiana — si alternano con i dipinti astratti di Agnes Martin, espressione di visioni interiori che lasciano spazio al silenzio e alla meditazione. Attraverso approcci dissimili, i due artisti mutano l'arte in un atto sciamanico. Come un alchimista Hammons trasforma oggetti abbandonati a se stessi, recuperati per strada, in potenti evocazioni dell'immaginario urbano e suburbano. Martin dipinge invece immagini metafisiche che rimandano al buddhismo zen e il cui lessico è stato a volte paragonato alle rappresentazioni cosmogoniche navajo prodotte nei pressi di Taos, città di adozione dell'artista.

Hammons, spesso ispirato dalla vita delle strade del quartiere newyorkese di Harlem, dove vive dal 1974, crea l'incontro tra riferimenti disparati provenienti tanto dalla storia dell'arte quanto dallo spazio urbano. Ritroviamo così esposti uno specchio dorato dalle decorazioni barocche, coperto da un brandello di tessuto strappato, o un autoritratto dell'artista agghindato con piume, ali di farfalle e un mocio lavapavimenti a mo' di capigliatura. Molte delle parti componenti queste opere sono state raccolte qua e là nelle strade di New York. Materiali di scarto che testimoniano allo stesso tempo la durezza della vita urbana e la poesia che essa promana.

Il corpo dell'artista, vero e proprio leitmotiv della sua pratica, è visibile in tre delle opere qui presentate. Due di esse — *A Cry From the Inside* e *I Dig the Way this Dude Looks* — fanno parte dei suoi «body prints», una serie di impronte corporee che Hammons ottiene premendo il proprio corpo cosparso di grasso su fogli di carta che vengono poi ricoperti da pigmenti. Queste creazioni, reminiscenze delle *Antropometrie* di Yves Klein, rappresentano in maniera tangibile e diretta il corpo nero in una società americana che tende a renderlo invisibile.

Le opere di Martin adottano una strategia inversa, privilegiando l'astratto e allontanandosi da ogni forma di raffigurazione per accentuare l'esperienza sensibile della pittura. Il suo approccio, che si ispira a diverse spiritualità orientali, tra cui il vedanta, il buddhismo zen e il taoismo, si basa sulla ripetizione di motivi regolari ed elimina ogni riferimento estraneo, in modo da rendere percepibili la materialità della pittura e l'energia a essa associata. L'artista dirà del suo lavoro che «tratta della perfezione come noi ne abbiamo coscienza nella nostra mente, ma i dipinti sono ben lontani dall'essere perfetti — sono totalmente lontani in realtà — proprio come lo siamo noi»[1].

I due artisti hanno consapevolmente scelto di adottare una posizione marginale nei confronti delle istituzioni artistiche, come hanno fatto molte figure mitiche tra cui Goya, che al termine della sua vita si è ritirato nella Quinta del Sordo, la sua residenza di campagna che ha ispirato a Philippe Parreno il video omonimo, presentato in un'altra sala della mostra (ill. pp. 96-99). Nel 1967, quando la sua carriera è in pieno sviluppo, Martin decide di lasciare New York e smette di dipingere. Riprenderà la pittura solo a partire dal 1974, restando tuttavia in disparte rispetto al mondo dell'arte e vivendo isolata nel deserto del New Mexico per concentrarsi esclusivamente sul proprio lavoro artistico. Anche Hammons, a modo suo, si comporta da anticonformista, il che gli consente di adottare nelle sue opere punti di vista non convenzionali; da qui la sua predilezione per la strada e per l'immaginario che ne deriva. R.G.

1 — Nota di Agnes Martin datata 1972 e conservata negli archivi dell'ICA. Citata in Thomas McEvilley, *Grey Geese Descending: The Art of Agnes Martin*, in «Artforum», n. 10, estate 1987, p. 99.

David Hammons, *On Loan*, 2000. Pinault Collection. Gancio da parete in metallo verniciato, polvere / Crochet mural en métal peint, poussière / Painted metal wall hook, dust

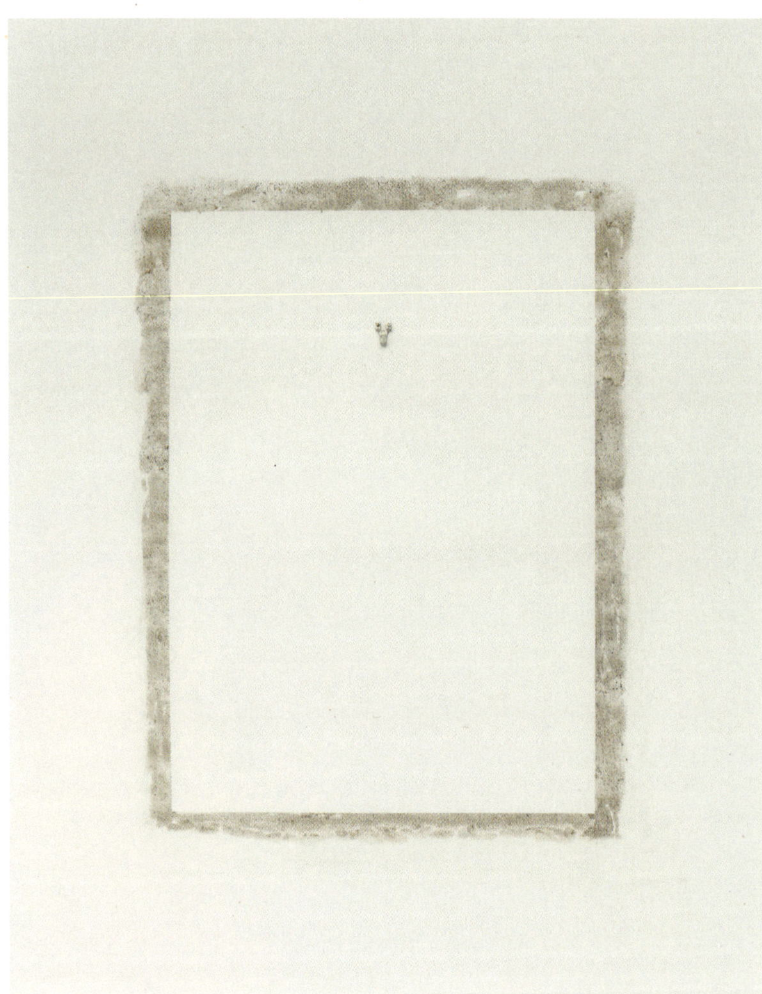

FR Présentés en chassé-croisé au sein d'une même salle, les assemblages de David Hammons — des œuvres sculpturales et picturales dont la matérialité débordante témoigne d'un art centré au plus près du corps et de la vie quotidienne — alternent avec les peintures abstraites d'Agnes Martin, qui se veulent l'expression de visions intérieures laissant place au silence et à la méditation. À travers des approches dissemblables, les deux artistes font de l'art un acte chamaniste. Tel un alchimiste, Hammons transmute des objets abandonnés à eux-mêmes, qu'il récupère dans la rue, en de puissantes évocations de l'imaginaire urbain et suburbain. Martin, pour sa part, peint des images métaphysiques inspirées du bouddhisme zen et dont le vocabulaire a parfois été rapproché des représentations cosmogoniques navajo produites à proximité de Taos, la ville d'adoption de l'artiste.

Souvent inspiré par la vie des rues du quartier new-yorkais de Harlem, où il vit depuis 1974, Hammons fait se rencontrer des références disparates issues aussi bien de l'histoire de l'art que de l'espace urbain. On retrouve ainsi exposés un miroir doré aux fioritures baroques enveloppé dans un lambeau de tissu déchiré ou encore un autoportrait de l'artiste affublé de plumes, d'ailes de papillons et de franges de serpillère en guise de chevelure. Plusieurs des composantes de ces œuvres ont été glanées çà et là dans les rues de New York. Ces matériaux-rebuts témoignent à la fois de la dureté de la vie urbaine et de la poésie qui en émane.

Le corps de l'artiste, véritable leitmotiv de sa pratique, est visible sur trois des œuvres présentées ici. Deux d'entre elles — *A Cry From the Inside* et *I Dig the Way this Dude Looks* — font partie de ses « body prints », une série d'empreintes corporelles que l'artiste obtient en pressant son corps enduit de graisse sur des feuilles de papier, qu'il recouvre ensuite de pigments. Réminiscences des « Anthropométries » d'Yves Klein, ces créations représentent le corps noir de manière tangible et directe dans une société américaine qui tend à l'invisibiliser.

Les œuvres de Martin adoptent une stratégie inverse, privilégiant l'abstrait et s'éloignant de toute forme de représentation, afin d'accentuer l'expérience sensible de la peinture. Son approche, qui s'inspire de différentes spiritualités orientales, dont le védanta, le bouddhisme zen et le taoïsme, se fonde sur la répétition de motifs réguliers et évacue toutes références extérieures, de manière à rendre perceptibles la matérialité de la peinture et l'énergie qui lui est associée. L'artiste dira de son travail qu'il « traite de la perfection telle que nous en avons conscience dans nos esprits, mais les tableaux sont très loin d'être parfaits — ils en sont complètement éloignés en fait — tout comme nous le sommes nous-mêmes[1]. »

Les deux artistes ont sciemment choisi d'adopter une position marginale vis-à-vis des institutions artistiques, à l'instar de plusieurs figures mythiques comme Goya, qui s'est retiré vers la fin de sa vie dans la *Quinta del Sordo* [Domaine du Sourd], sa maison de campagne ayant inspiré à Philippe Parreno son œuvre vidéo éponyme, présentée dans une autre salle de l'exposition (ill. pp. 96-99). En 1967, alors que sa carrière est en plein essor, Martin prend la décision de quitter New York et arrête alors de peindre. Elle ne renouera avec la peinture qu'à partir de 1974, tout en restant à l'écart du monde de l'art, retirée dans le désert du Nouveau-Mexique pour se concentrer exclusivement sur son travail artistique. À sa manière, Hammons se place également en anticonformiste, ce qui lui permet d'adopter dans ses œuvres des points de vue non conventionnels ; d'où son attachement pour la rue et l'imaginaire qui s'en dégage. R.G.

1 — Note d'Agnes Martin datée de 1972 et conservée dans les archives de l'ICA. Citée dans : Thomas McEvilley, « Grey Geese Descending: The Art of Agnes Martin », *Artforum*, été 1987, p. 99.

Agnes Martin, *Untitled*, 1960. Grafite su carta montata su tela / Graphite sur papier, monté sur toile / Graphite on paper mounted on canvas

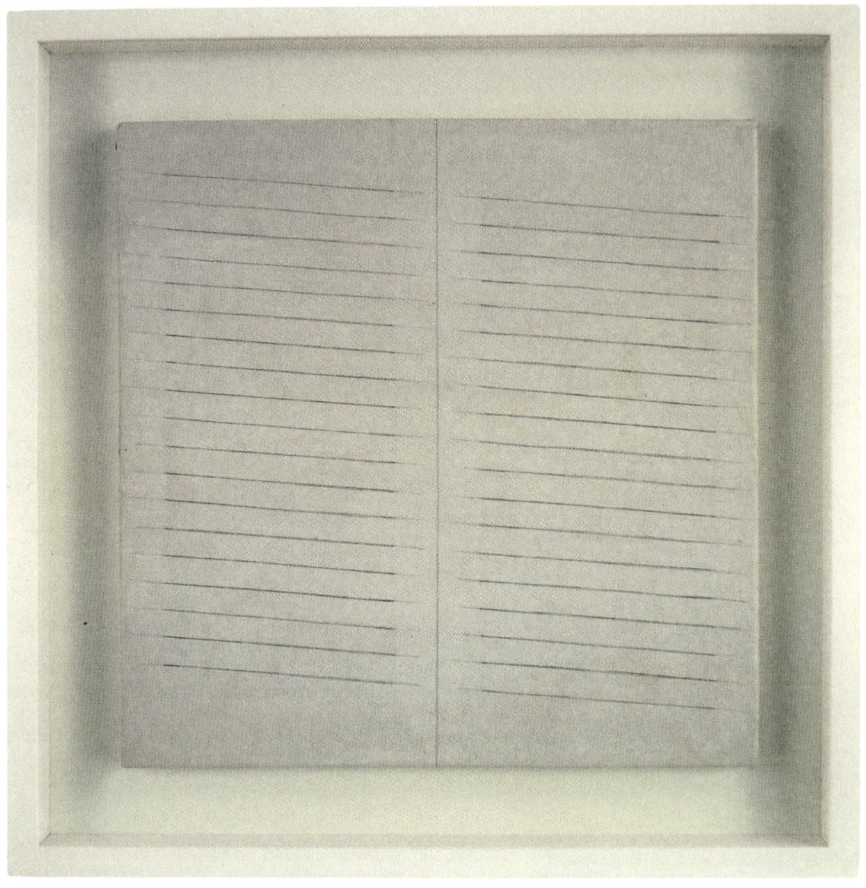

EN Presented in conversation in the same room, David Hammons's assemblages—sculptural and pictorial works whose overwhelming materiality testifies to an art that is centered as close as possible to the body and to daily life—alternate with Agnes Martin's abstract paintings, expressions of inner visions that leave space for silence and meditation. Each in their own way, these two artists make art a shamanistic act. Like an alchemist, Hammons transforms abandoned objects, which he finds on the street, into powerful evocations of the urban and suburban imagination. Martin, meanwhile, paints metaphysical images inspired by Zen Buddhism; her vocabulary has sometimes been compared to the Navajo cosmogonic representations produced near Taos, her adopted hometown.

Often inspired by the life of the streets of New York's Harlem neighborhood, where he has lived since 1974, Hammons brings together disparate references from both art history and urban space. On display is a gilded mirror with baroque flourishes wrapped in a shred of torn fabric, and a self-portrait of the artist made of feathers, butterfly wings, and a mop for hair. Hammons found many of the components of these works on the streets of New York. These scrap materials reflect both the harshness of urban life and the poetry that emanates from it.

The artist's body, a leitmotif of his practice, is visible in three of the works presented here. Two of them—*A Cry From the Inside* and *I Dig the Way this Dude Looks*—are part of his series of "body prints," body impressions that Hammons obtains by coating his body with grease and pressing it against sheets of paper, which he then covers with pigments. Evoking Yves Klein's "Anthropométries," these creations present the Black body in a tangible and direct way, in an American society that tends to make it invisible.

Martin adopted an opposite strategy, privileging abstraction in her works, and avoiding any form of representation, in order to accentuate the sensory experience of painting. Her approach, inspired by various Eastern spiritualities, including Vedanta, Zen Buddhism, and Taoism, is based on the repetition of regular motifs and eliminates all external references, in order to make the materiality of the painting and the energy associated with it perceptible. Martin explained that her work "is about perfection as we are aware of it in our minds but that the paintings are very far from being perfect—completely removed in fact—even as we ourselves are."[1] Both artists deliberately chose to work at a remove from the art world and its institutions, following the example of mythical figures such as Goya, who retired towards the end of his life to his country home, Quinta del Sordo [Domain of the Deaf], which inspired Philippe Parreno's eponymous video work, also included in this exhibition (ill. pp. 96–99). In 1967, when her career was in full swing, Martin decided to leave New York and stopped painting. She resumed her painting practice in 1974, but stayed away from the art world, retreating to the New Mexico desert to focus exclusively on her work.
In his own way, Hammons is also a non-conformist, adopting unconventional points of view in his works; hence his attachment to the street and the imagination that emerges from it. R.G.

1 — Agnes Martin, handwritten note dated 1972, in the archives of the Institute of Contemporary Art, Philadelphia, quoted in Thomas McEvilley, "Grey Geese Descending: The Art of Agnes Martin," *Artforum* (Summer 1987): 99.

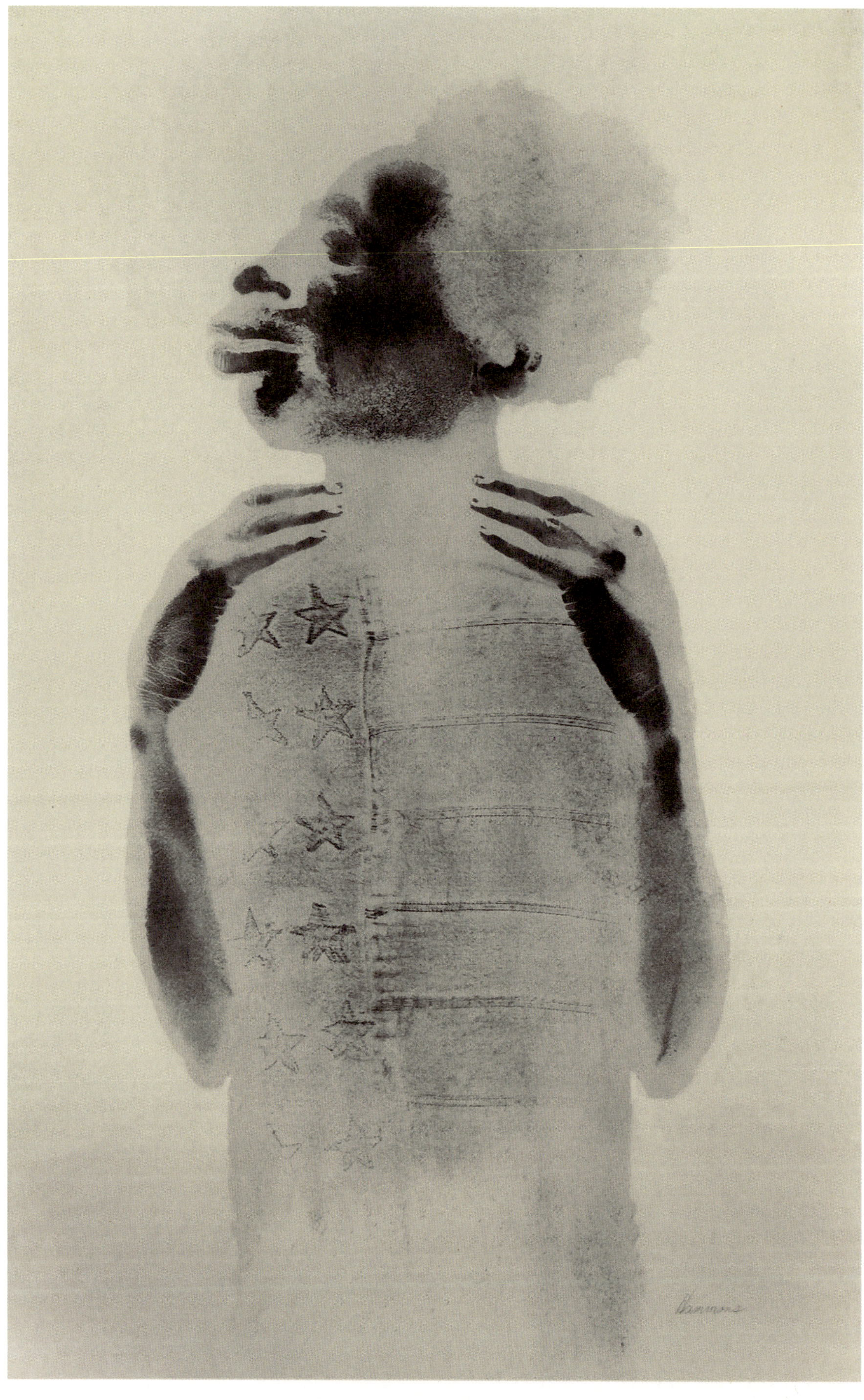

David Hammons, *I Dig the Way this Dude Looks*, 1971. Pigmento su carta / Pigment sur papier / Pigment on paper

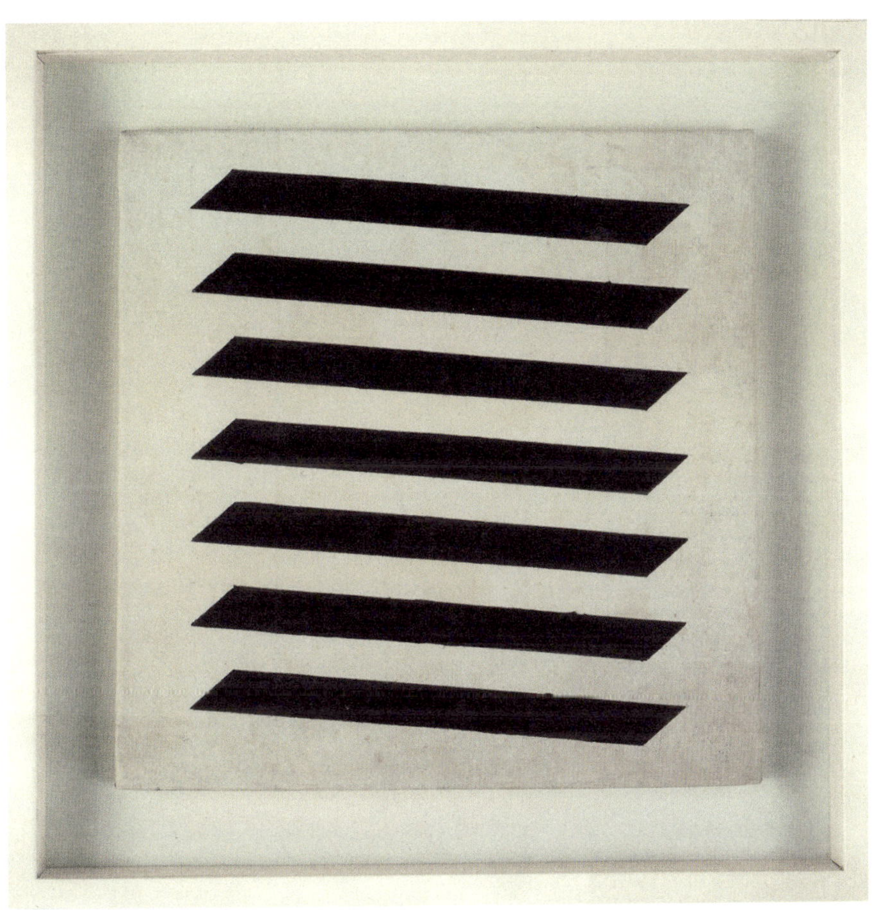

Agnes Martin, *Untitled*, 1960, Inchiostro su carta montata su tela / Encre sur papier, monté sur toile / Ink on paper mounted on canvas

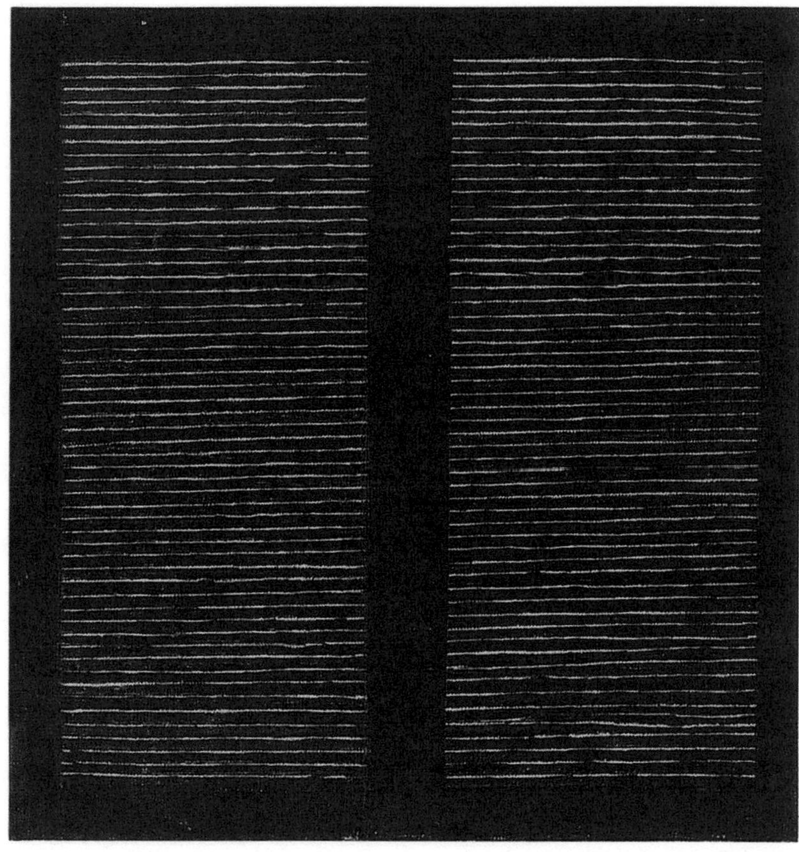

Agnes Martin, *Untitled*, 1961. Olio e foglia d'oro su tela / Huile et feuille d'or sur toile / Oil and gold leaf on canvas

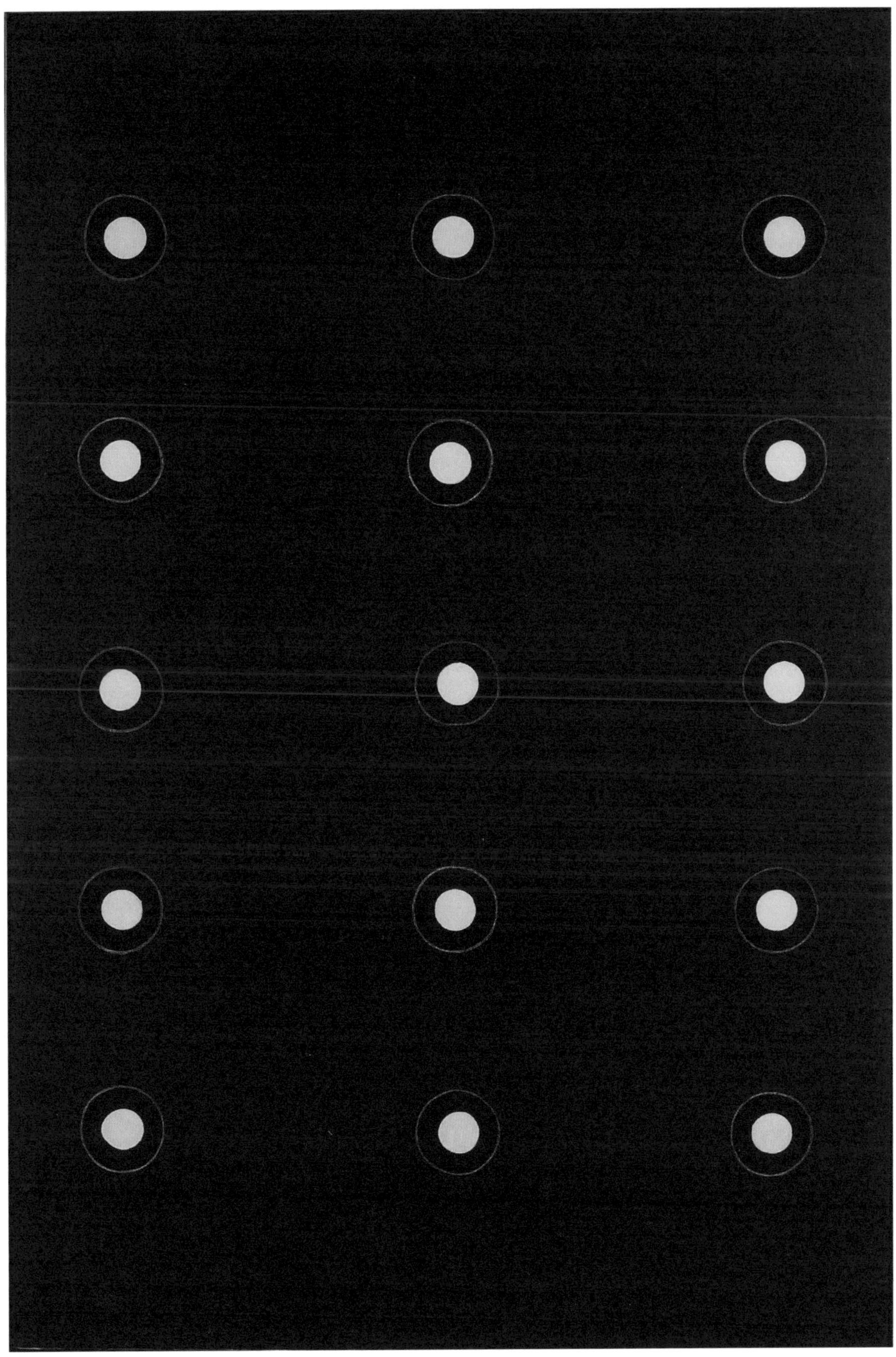

Agnes Martin, *Reflection*, 1959. Olio su tela / Huile sur toile / Oil on canvas

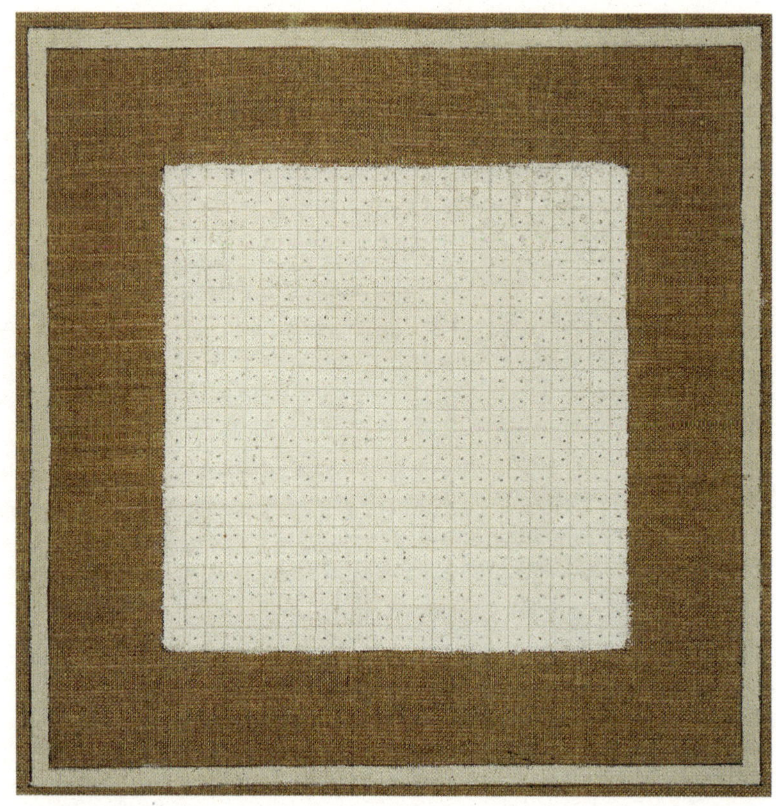

Agnes Martin, *White Flower*, 1960. Olio su tela / Huile sur toile / Oil on canvas

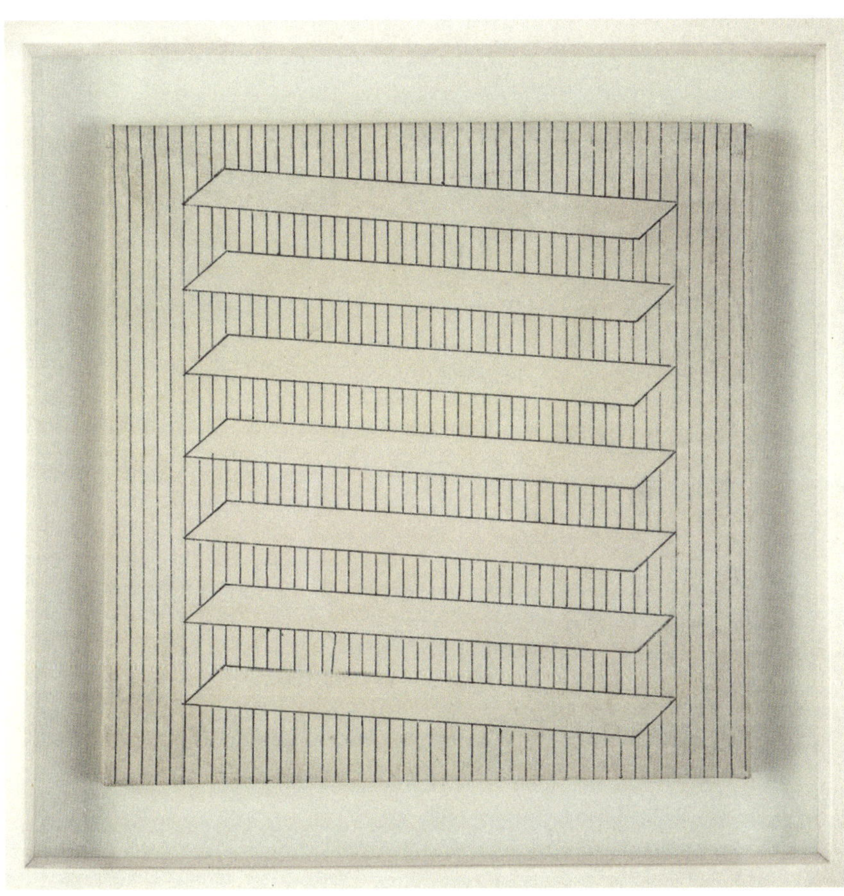

Agnes Martin, *Untitled*, 1960. Inchiostro su carta montata su tela / Encre sur papier, monté sur toile / Ink on paper mounted on canvas

IT *Blue-Grey Composition* è testimone di un periodo di collegamento nella produzione dell'artista, tra lo stile più fluido degli esordi e le visioni geometriche eteree cui si dedicherà in seguito. Agnes Martin ha scelto di distruggere meticolosamente le sue opere anteriori agli anni sessanta del Novecento. I rari lavori precedenti giunti fino a noi permettono di comprendere il linguaggio pittorico organico che caratterizza la sua creazione artistica degli anni cinquanta, segnata dall'utilizzo di forme biomorfe e di colori espressivi. *Blue-Grey Composition* costituisce una fase intermedia che precede le sperimentazioni più tarde intorno al motivo della griglia e a uno stile geometrico ridotto all'essenziale, che presenta per la prima volta in occasione di un'esposizione alla Betty Parsons Gallery nel 1961 e che non abbandonerà più fino alla morte. Per quanto il lessico rettilineo dell'opera annunci questa evoluzione, la forma organica disposta proprio al centro del dipinto ricorda la posizione delle linee curve nei lavori precedenti. Evocando un'apertura, come una crepa che conduce a un al di là pittorico, questa forma centrale entra in tensione con le linee che si allungano sui margini superiore e inferiore della tela, mantenendo comunque un equilibrio armonioso tra le diverse parti della composizione.

Animata da una profonda spiritualità, Agnes Martin concentra il suo interesse «sulle esperienze silenziose e prive di parole, e sul fatto che queste esperienze possono essere espresse attraverso opere che sono parimenti silenziose e prive di parole»[1]. R.G.

1 — Agnes Martin, *Writings*, Hatje Cantz, Berlin 2005, p. 89.

FR *Blue-Grey Composition* témoigne d'une période charnière dans la production de l'artiste, entre le style plus fluide de ses débuts et les visions géométriques éthérées qui l'occuperont par la suite. Agnes Martin a pris soin de détruire méticuleusement ses œuvres antérieures aux années 1960. Les rares travaux plus anciens qui nous sont parvenus permettent de rendre compte du langage pictural organique qui caractérise sa création artistique des années 1950, marquée par l'utilisation de formes biomorphiques et de couleurs expressives. *Blue-Grey Composition* constitue une étape intermédiaire précédant ses expérimentations plus tardives autour du motif de la grille et d'un style géométrique épuré, qu'elle présente pour la première fois lors d'une exposition à la Betty Parsons Gallery en 1961, et auquel elle ne dérogera plus jusqu'à sa mort. Bien que le vocabulaire rectiligne de l'œuvre annonce cette évolution, la forme organique disposée en plein centre du tableau rappelle la place des lignes courbes dans ses travaux précédents. Évoquant une ouverture, telle une fente conduisant à un au-delà pictural, cette forme centrale entre en tension avec les lignes tendues qui se déploient aux extrémités supérieure et inférieure de la toile, tout en maintenant un équilibre harmonieux entre les différentes parties de la composition.

Animée par une profonde spiritualité, Agnes Martin situe son intérêt « dans les expériences silencieuses et sans mots, et dans le fait que ces expériences peuvent être exprimées à travers des œuvres qui sont également silencieuses et sans mots[1]. » R.G.

1 — Agnes Martin, *Writings*, Berlin, Hatje Cantz, 2005, p. 89.

EN *Blue-Grey Composition* represents a pivotal period in Agnes Martin's production, between the more fluid style of her early work and the ethereal geometric visions that would later occupy her. Martin was careful to meticulously destroy her works prior to the 1960s. The few surviving older works provide a record of the organic pictorial language that characterized her work of the 1950s, marked by the use of biomorphic shapes and expressive colors. *Blue-Grey Composition* captures an intermediate stage before her later experiments with the grid motif and a refined geometric style, which she first presented in an exhibition at the Betty Parsons Gallery in 1961, and from which she would not deviate until her death. Although the rectilinear vocabulary of this painting announces this evolution, the organic form in the center of the painting recalls her use of curved lines in her earlier work. Evoking an opening, like a slit leading to a pictorial beyond, this central shape enters into tension with the taut lines that unfold at the upper and lower ends of the canvas, while maintaining a harmonious balance between the different parts of the composition.

Animated by a deep spirituality, Martin explained that she was interested "in experience that is wordless and silent, and in the fact that this experience can be expressed [...] in artwork which is also wordless and silent."[1] R.G.

1 — Agnes Martin, *Writings* (Berlin: Hatje Cantz, 2005), 89.

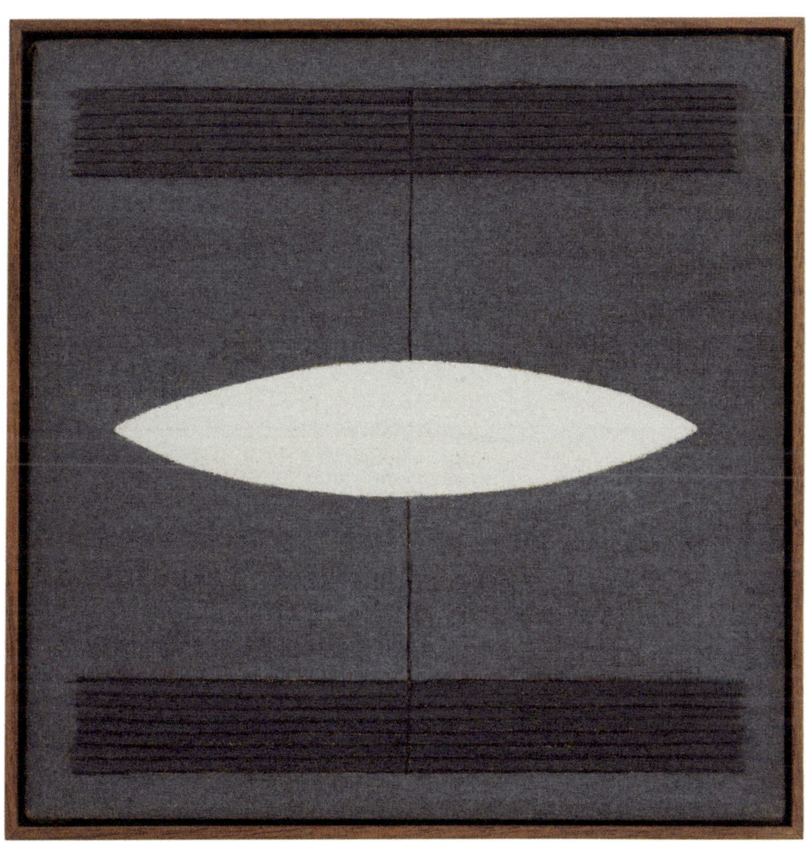

***Blue-Grey Composition*, 1962**. Olio su tela / Huile sur toile / Oil on canvas

IT Negli anni che vanno dal 1959 al 1963 l'artista romano Francesco Lo Savio, prematuramente scomparso, sviluppa la sua breve riflessione sulla percezione della luce attraverso l'utilizzo del monocromo. La sua prima serie di dipinti e disegni, che formano l'insieme *Spazio Luce* (1959-1960), è costituita da un cerchio al centro della tela rettangolare le cui leggere variazioni cromatiche creano l'effetto di una superficie vibrante e instabile che assorbe lo sguardo e offre una percezione volumetrica della luce.

Attivo nella Roma effervescente dell'inizio degli anni sessanta del Novecento, segnata dalle implicazioni del «miracolo economico» di cui parlano nei loro dipinti i suoi contemporanei Giosetta Fioroni, Fabio Mauri o anche Mario Schifano, Lo Savio fa una scelta diversa e si orienta verso le ricerche astratte e monocrome sviluppate a Milano nello stesso periodo da Lucio Fontana e dai suoi emuli (Enrico Castellani, Dadamaino...).

L'artista adotta inoltre un linguaggio radicale nel quale dominano forme geometriche semplici: rettangoli, cubi di metallo dipinti di nero che costituiscono la serie dei *Metalli* (1960-1962) e che anticipano le ricerche della minimal art americana.

Il lavoro profondamente essenzialista di Lo Savio, esposto molto presto in Italia insieme alle figure principali dell'astrazione (Carla Accardi, Piero Dorazio...) oltre che all'estero, in Germania e Olanda, con gli artisti dei gruppi Zero e Nul — tutti impegnati a smaterializzare lo spazio della tela interessandosi alla luce, alla struttura e alla vibrazione — resta tuttavia incompreso dalla scena artistica italiana di quegli anni. V.D.C.

***Spazio Luce*, 1960**. Resina sintetica su tela / Résine synthétique sur toile / Synthetic resin on canvas

FR C'est entre les années 1959 et 1963 que l'artiste romain Francesco Lo Savio, dont la vie fut très courte, développe sa brève réflexion sur la perception de la lumière à travers l'utilisation du monochrome. Sa première série de peintures et dessins, formant l'ensemble « Spazio Luce » (1959-1960), est constituée d'un cercle au centre de la toile rectangulaire dont les légères variations chromatiques créent l'effet d'une surface vibrante et instable qui absorbe le regard et offre une perception volumétrique de la lumière.

Actif dans la Rome effervescente du début des années 1960, marquée par les enjeux du « Miracolo economico » dont parlent dans leurs peintures ses contemporains Giosetta Fioroni, Fabio Mauri ou encore Mario Schifano, Lo Savio opère un pas de côté et se tourne vers les recherches abstraites et monochromes que développent à la même période à Milan Lucio Fontana et ses émules (Enrico Castellani, Dadamaino…).

Il adopte également un langage radical où dominent des formes géométriques simples : rectangles, cubes en métal peints en noir constituant la série des « Metalli » (1960-1962) qui anticipent les recherches de l'art minimal américain.

Exposé très tôt en Italie avec les figures majeures de l'abstraction (Carla Accardi, Piero Dorazio…) ainsi qu'à l'étranger, en Allemagne et en Hollande, avec les artistes des groupes Zero et Nul, qui tous s'attachent à dématérialiser l'espace de la toile en s'intéressant à la lumière, à la structure et à la vibration, le travail profondément essentialiste de Lo Savio demeure cependant incompris de la scène artistique italienne de ces années-là. V.D.C.

EN From 1959 to 1963, Roman artist Francesco Lo Savio developed his brief reflection on the perception of light through his use of the monochrome. The paintings and drawings in his first series, "Spazio Luce" (1959–1960), each consist of a circle in the center of a rectangle, their slight chromatic variations creating the effect of a vibrating and unstable surface that absorbs the eye and offers a volumetric perception of light.

Active in the effervescent Rome of the early 1960s, marked by the challenges of the "Miracolo economico" that his contemporaries Giosetta Fioroni, Fabio Mauri, and Mario Schifano addressed in their work, Lo Savio turned to the abstract and monochrome research developed simultaneously in Milan by Lucio Fontana and his emulators (Enrico Castellani, Dadamaino, etc.).

He adopted a radical vocabulary, dominated by simple geometric forms: rectangles, metal cubes painted black constitute the "Metalli" series (1960–1962), which anticipated the investigations of American Minimal art that soon followed.

Exhibited very early in his career alongside the major figures of abstraction in Italy (Carla Accardi, Piero Dorazio, and more) as well as abroad, in Germany and Holland, with the artists of the groups Zero and Nul, who each sought to dematerialize the space of the canvas by studying light, structure, and vibration, Lo Savio's profoundly essentialist work was misunderstood by the Italian art scene of those years. V.D.C.

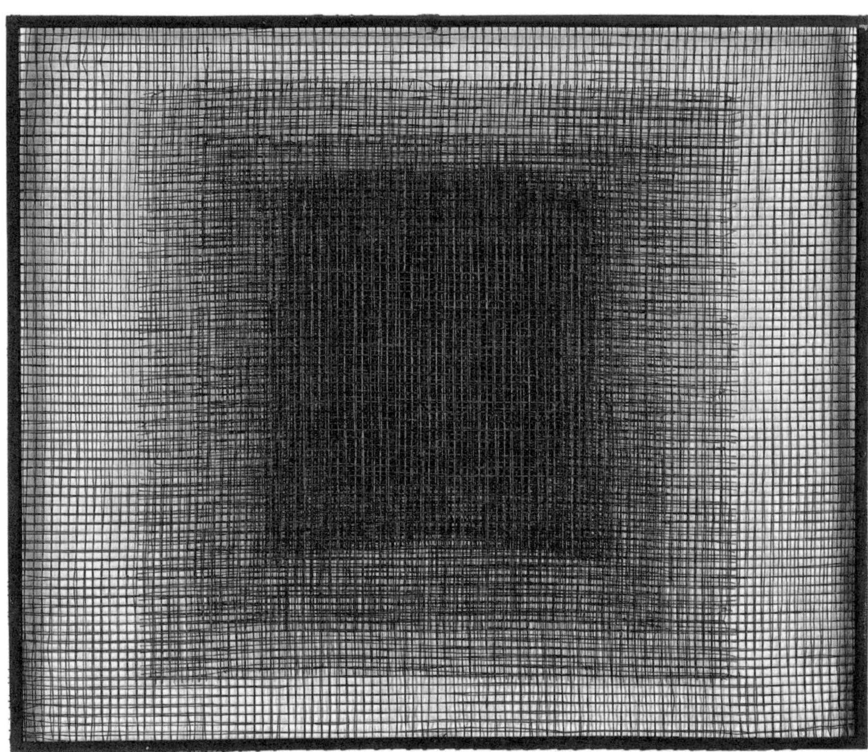

***Filtro e rete*, 1962**. Reti metalliche sovrapposte, cornice in ferro / Filets métalliques superposés, cadre en fer / Stacked wire mesh, iron frame

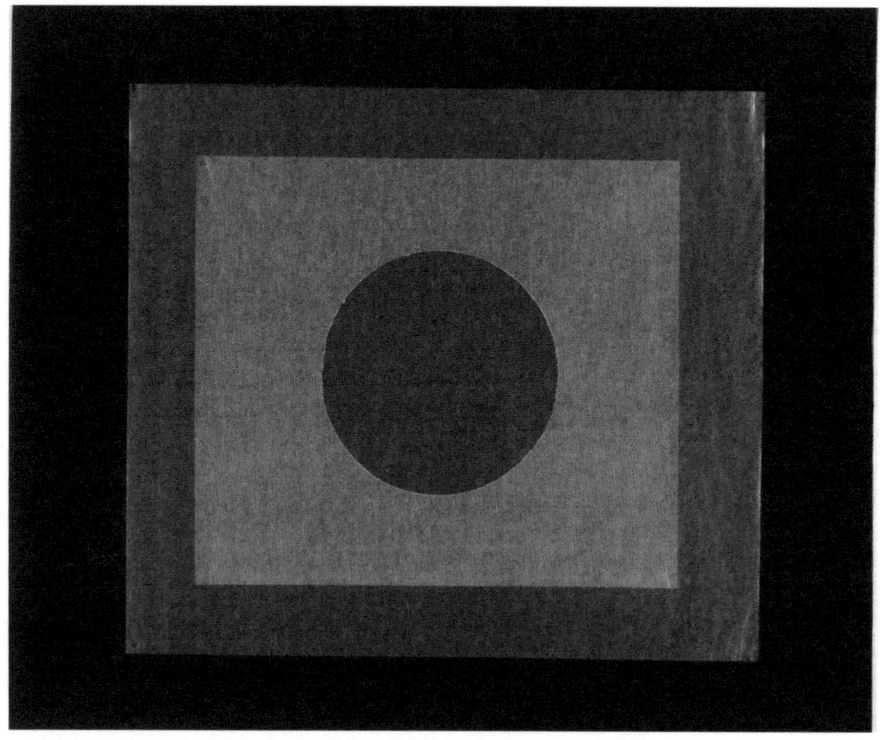

***Filtro, depotenziamento cromatico e dinamica d'assorbimento*, 1960**. Carta trasparente opaca su cartone nero / Papier transparent opaque sur carton noir / Transparent matte paper on black cardboard

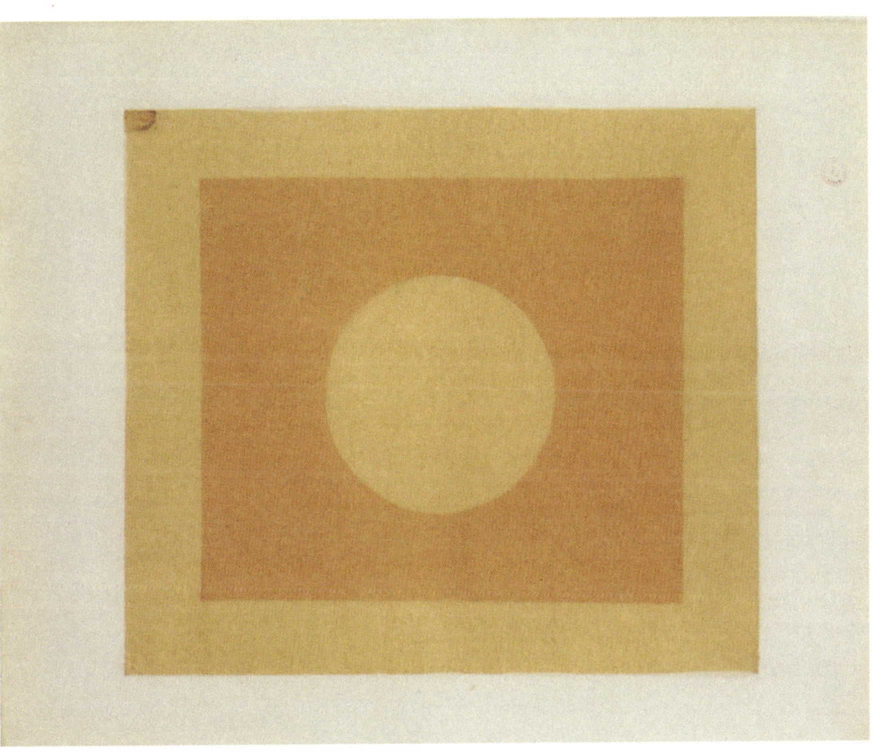

***Filtro Dinamico, Variazione d'intensità Spazio Luce*, 1960**. Carta trasparente opaca su cartone / Papier transparent opaque sur carton / Transparent matte paper on cardboard

IT Parlando della sua recente installazione, *Plexus* (2022), Camille Norment ha affermato: «Per me l'esperienza della musica è da sempre legata al suo slancio, al senso dello spazio, alla fisicità che trasmette. Tenendo presenti questi fattori, c'è il potenziale per un approfondimento somatico, si intensifica il rapporto prelinguistico, di reciproca integrazione, tra l'elemento sonoro e il corpo»[1]. Sei anni prima, Norment realizzava *Prime* (2016), un'installazione sonora e tattile, anch'essa composta da panche di legno che, sollecitate da appositi meccanismi, effondono vocalizzi; *Prime* ben rappresenta l'interesse dell'artista per i nessi reciproci tra le vibrazioni. Il visitatore entra infatti in uno spazio che invita a una sosta condivisa, dove il suono è espressione di un'energia percepita e udita, poi ritrasmessa attraverso aria e legno, corpi e superfici. È accolto da un canto cupo ma sonoro, prodotto da voci profonde, che evoca una gamma di suoni, dal giubilo gutturale dei gospel all'invocazione Om. In termini di vibrazioni, la risposta stimola gemiti catartici in cui si intrecciano varie suggestioni: benessere, piacere e liberazione oppure, al contrario, dolore e disperazione. I visitatori, seduti o sdraiati sulle panche, vengono messi in relazione con il riverbero viscerale di un'unica voce che si muove nel loro corpo e lo attraversa. Il suono sprigionato dalle panche evoca un *continuum* sonoro stratificato e spirituale, che riorganizza diverse esperienze vissute attraverso le vibrazioni di una nuova. Visibile in mostra anche una serie di opere su carta, realizzate con limatura di ferro attirata da calamite che tracciano l'impronta lasciata dalla mano di Norment mentre sposta la ruggine rossa, presente sia nel corpo che nella terra, al ritmo di specifiche frequenze sonore. K.K.

1 — *Camille Norment: Plexus*, catalogo della mostra, a cura di Kelly Kivland e Sophia Larigakis, Dia Art Foundation, New York, 2022, p. 53.

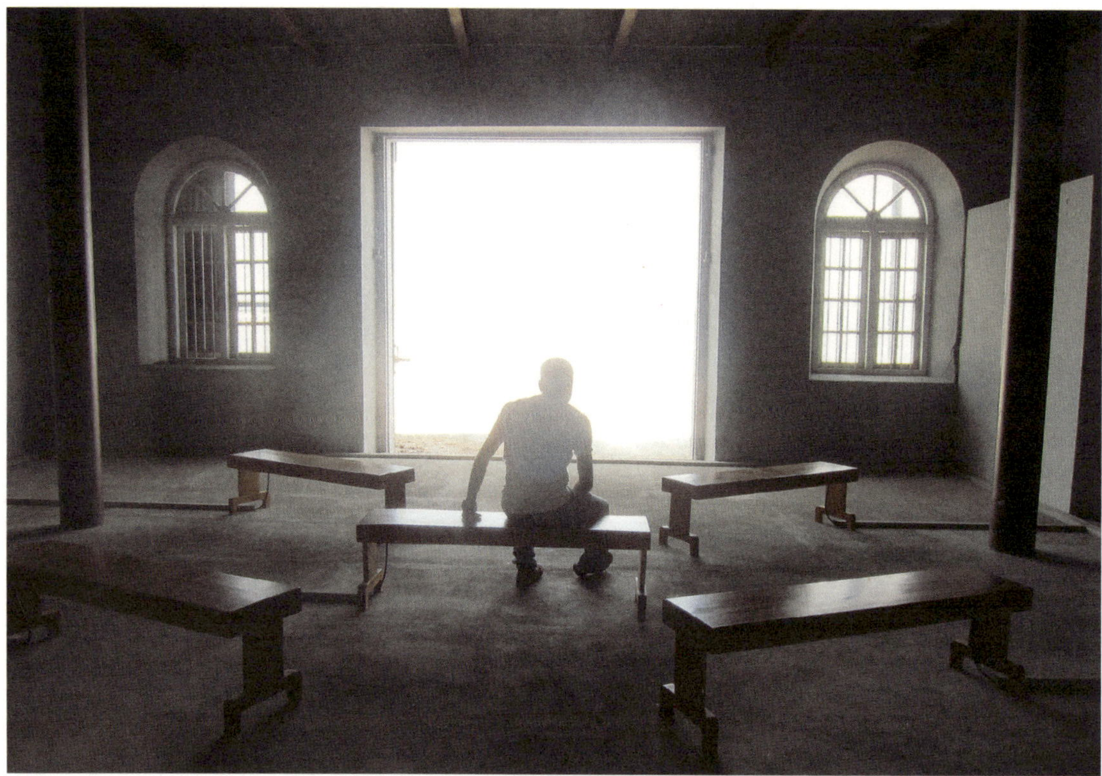

***Prime*, 2016**. Installazione di suoni tattili composti per panche e quattro voci / Installation sonore et tactile composée pour bancs et quatre voix / Tactile sound installation composed for benches and four voices. Installation view, *Prime*, Kochu-Muziriz Biennial, Kochi, India, 2016-2017

FR À propos de sa récente installation, *Plexus*, 2022, Camille Norment a affirmé : « J'ai toujours fait l'expérience de la musique en tenant compte de son dynamisme, de sa spatialité et de sa physicalité. Gardant ces éléments à l'esprit, l'approfondissement somatique est possible — la relation intégrale et prélinguale entre le sonore et le corporel est augmentée.[1] » Son installation haptique et sonore *Prime*, réalisée six ans auparavant, en 2016, est emblématique de l'intérêt de l'artiste pour l'interconnectivité vibratoire. Comme *Plexus*, elle se compose de bancs en bois émettant des vocalises au contact et à travers les personnes qui les activent. Nous entrons dans un espace invitant au repos collectif, où le son est une manifestation d'énergie à la fois entendue et ressentie, transmise à travers l'air et le bois, les corps et les surfaces. Nous sommes aussitôt confrontés à un bourdonnement de voix graves et profondes rappelant les réjouissances gutturales du gospel afro-américain ou encore les invocations soutenues des chants Om. Le retour de vibrations donne lieu à des gémissements cathartiques évoquant de multiples significations liées au confort, au plaisir et à la rédemption ou, à l'inverse, à la détresse et à la douleur. Assis ou allongés sur les bancs, les visiteurs se trouvent liés à l'écho viscéral d'une seule voix, circulant à l'intérieur et au travers de leur corps. Les émanations sonores des bancs produisent un continuum acoustique et spirituel composé de plusieurs strates, présentant avec l'effet des vibrations une pluralité d'expériences à vivre. Une série connexe d'œuvres sur papier est également exposée, réalisée à partir de limaille de fer attirée par des aimants, lesquels permettent de suivre l'empreinte résiduelle de la main de Camille Norment transférant sur le papier le minerai rouge et oxydé — que l'on trouve à la fois dans le corps et dans la terre — selon des fréquences sonores spécifiques. K.K.

1 — *Camille Norment: Plexus*, New York City, Dia Art Foundation, 2022, p. 53.

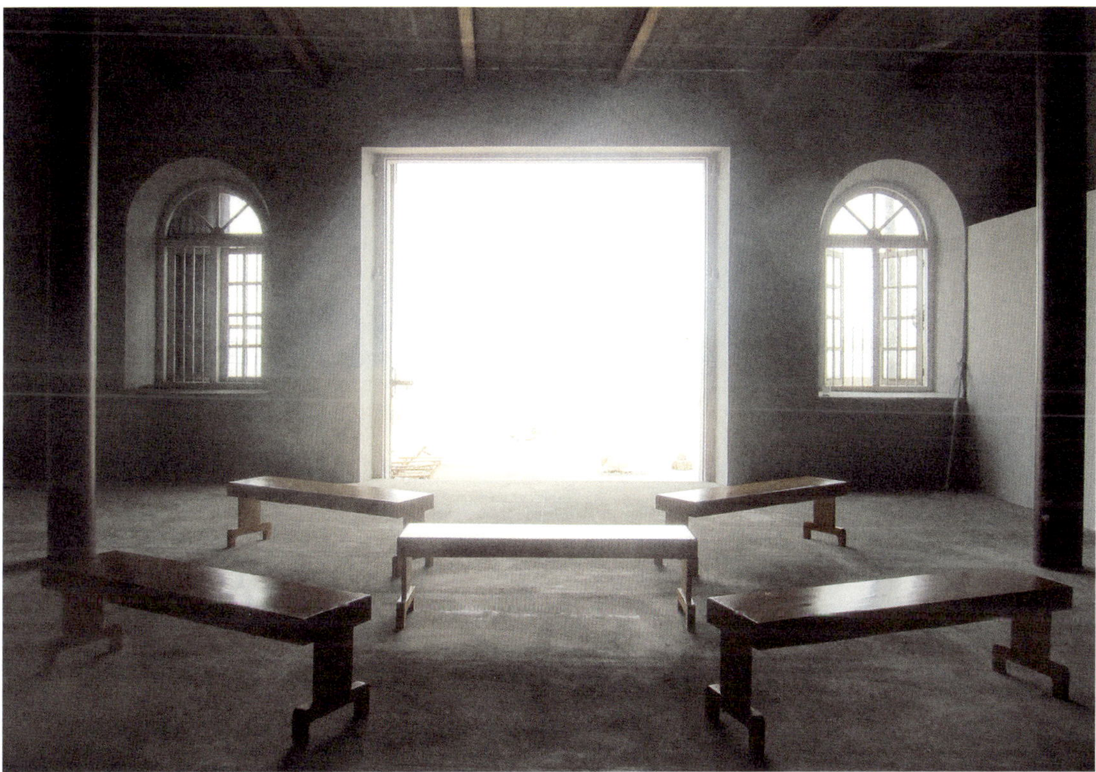

EN In response to her recent installation, *Plexus*, 2022, Camille Norment affirmed: "I have always experienced music in relation to its momentum, spatiality, and physicality. With these elements in mind, there is potential for a somatic deepening—the integral, prelingual relationship between the sonic and the body is heightened."[1] Realized six years prior, Norment's haptic sound installation *Prime* (2016), similarly composed of wood benches that emit vocalizations through attached exciters, is emblematic of the artist's interest in vibrational interconnectivity. Visitors enter a space inviting communal rest, where sound is an expression of energy, both felt and heard, and transmitted through air and wood, bodies and surfaces. One immediately encounters the resonating, low rumbling hum of deep voices, from guttural rejoice prevalent in African American churches to the sustained invocations of Om chanting. The vibrational feedback elicits cathartic moans that entangle varied meanings associated with comfort, pleasure, and redemption, or conversely, pain and misery. As visitors sit or lie on a bench, they are connected to the visceral reverberations of a single voice as it moves into and through their body. The sounding of the benches summons a layered, spiritual sonic continuum that posits varied lived experience through the vibrational effect of another. Also on view is a related series of works on paper made with iron filings drawn with magnets that trace the remnant imprint of Norment's hand shifting the oxidized red mineral—present in both the body and the earth—to specific sonic frequencies. K.K.

1 — *Camille Norment: Plexus* (New York City: Dia Art Foundation, 2022), 53.

IT Lee Ufan, artista, poeta e filosofo che vive tra Corea, Giappone e Francia, ha sempre collocato al centro della sua pratica il concetto di «risonanza» (*yôhaku*). Come afferma, «lo spazio di risonanza non è il vuoto. È un campo di forze aperto dove l'azione, le cose e lo spazio risuonano. È la lotta tra creare o non creare; è il mondo di una specie di contraddizione ricca di cambiamento e suggestione. Lo spazio di risonanza supera quindi l'oggetto o le parole; fa respirare agli uomini l'infinito, conducendoli al silenzio»[1]. Nel dipinto in mostra lo spazio di risonanza trova espressione nell'equilibrio tra le zone dipinte e il vuoto della tela. Lee Ufan ha inoltre trasformato uno degli ambienti di Punta della Dogana in *Relatum* (titolo dato alle sue sculture e installazioni), ricoprendo di ghiaia il pavimento, come in un giardino zen. Al centro, una sala da tè o sala da meditazione ricorda le stanze che nella tradizione giapponese sono riservate alla cerimonia del tè. Le pareti di carta di riso sono quasi scomparse e il materiale rivela le sue paradossali proprietà: teso e rigido al momento della produzione e della posa, è così robusto da costituire le pareti delle case, ma se entra nuovamente in contatto con l'acqua si lacera, offrendo allo sguardo solo la propria fragilità. A Venezia, città particolarmente esposta al duplice potere dell'acqua, che protegge ma a volte distrugge, l'artista ha scelto di metterci di fronte a questa precarietà, invitandoci a meditare sul nostro rapporto con la natura, sulla potenziale violenza dei nostri gesti e sulla scala temporale: l'icona (o anti-icona) con cui ci confrontiamo al centro della sala da meditazione è una pietra scelta da Lee Ufan, un'opera della natura risalente a diversi millenni fa. J.-M.G.

1 — Lee Ufan, *Fragment n. 125*, 2004-2007.

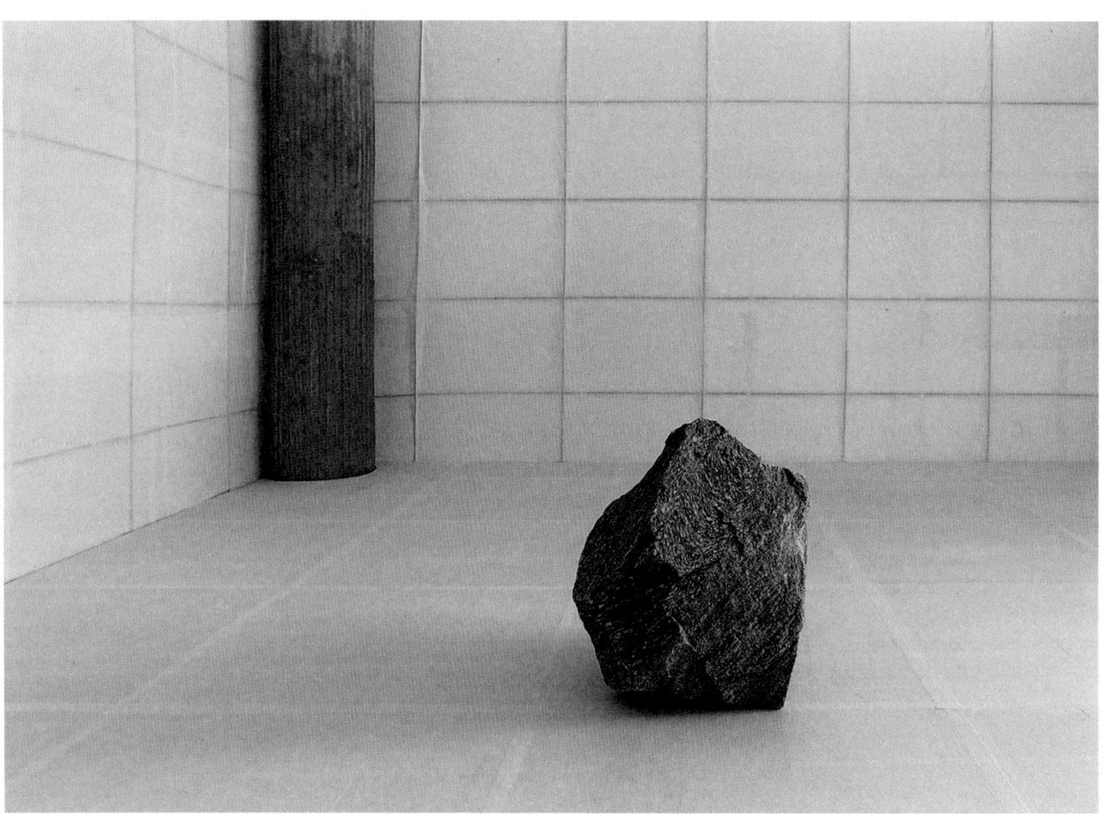

***Relatum — Room (B)*, 2017**. Legno, acciaio inossidabile, carta di riso coreana, pietra / Bois, acier inoxydable, papier de riz coréen, pierre / Wood, stainless steel, Korean rice paper, stone

FR Lee Ufan, artiste, poète et philosophe vivant entre la Corée, le Japon et la France, a toujours placé au centre de sa pratique le concept de « résonance » (*yôhaku*). Il écrit : « L'espace de résonance n'est pas le vide. C'est un champ de forces ouvert où l'action, les choses et l'espace résonnent. C'est la lutte entre créer ou ne pas créer ; c'est le monde d'une sorte de contradiction riche en changement et en suggestion. L'espace de résonance dépasse donc l'objet ou les mots ; il fait respirer aux hommes l'infini et les conduit au silence.[1] » Dans la peinture exposée, l'espace de résonance trouve son expression dans l'équilibre entre les zones peintes et le vide de la toile. Lee Ufan a également transformé l'une des salles de la Punta della Dogana en « Relatum » (nom donné à ses sculptures et installations) en tapissant le sol de graviers, à l'instar d'un jardin zen. Au centre, une chambre du thé ou chambre de méditation rappelle les pièces réservées à la cérémonie du thé dans la tradition japonaise. Les murs en papier de riz ont quasiment disparu, le matériau dévoilant ses propriétés paradoxales : tendu et sec après sa fabrication et sa pose, il est si solide qu'il constitue les parois des maisons, mais s'il entre de nouveau en contact avec l'eau, il se déchire et n'offre plus au regard que sa fragilité. À Venise, ville particulièrement exposée au double pouvoir de l'eau, protectrice mais aussi destructrice, l'artiste a choisi de nous mettre face à cette précarité et nous invite à une méditation sur notre rapport à la nature, sur la violence potentielle de nos gestes et sur les échelles de temps : l'*icône* (ou *anti-icône*) à laquelle nous sommes confrontés au centre de la chambre de méditation est une pierre choisie par l'artiste, œuvre de la nature âgée de plusieurs millénaires. J.-M.G.

1 — Lee Ufan, *Fragment n° 125*, 2004-2007.

***Dialogue*, 2007**. Olio su tela / Huile sur toile / Oil on canvas

EN The artist, poet and philosopher Lee Ufan, who lives between Korea, Japan, and France, has always placed the concept of "resonance" (*yôhaku*) at the center of his practice. As he explains, "The space of resonance is not the void. It is an open field of forces where action, things, and space resonate. It is the struggle between creating or not creating; it is the world of a kind of contradiction rich in change and suggestion. The space of resonance thus exceeds objects or words; it makes men breathe the infinite and leads them to silence."[1] In the painting on display, the space of resonance finds its expression in the balance between the painted areas and the void of the canvas. Ufan has also transformed one of the rooms of Punta della Dogana into a "Relatum" (the name given to his sculptures and installations) by covering the floor with gravel, like a Zen garden. In the center, a tea room or meditation room recalls the chambers traditionally reserved for the tea ceremony in Japan. The rice paper walls have almost disappeared, the material revealing its paradoxical properties: stretched and dry after its manufacture and installation, it is so solid that it can form the walls of the houses; but if it comes into contact with water again, it tears and offers only its fragility to the eye. In Venice, a city particularly exposed to the power of water, both protective and destructive, the artist has chosen to confront us with this precariousness, and invites us to meditate on our relationship with nature, on the potential violence of our actions and on the scales of time: the icon (or anti-icon) with which we are confronted in the center of the meditation room is a stone chosen by the artist, a work of nature several millennia old. J.-M.G.

1 — Lee Ufan, *Fragment n° 125*, 2004–2007.

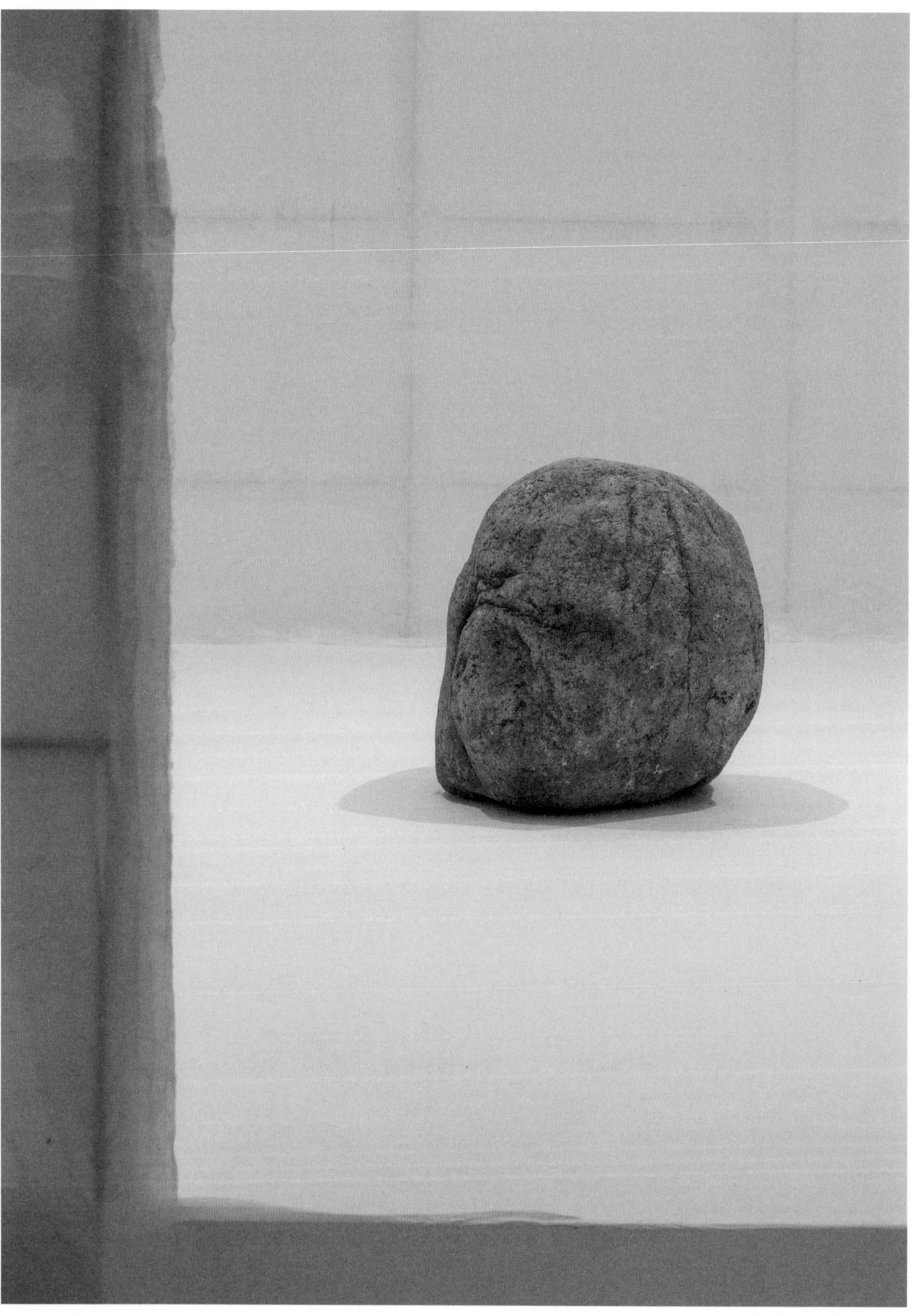

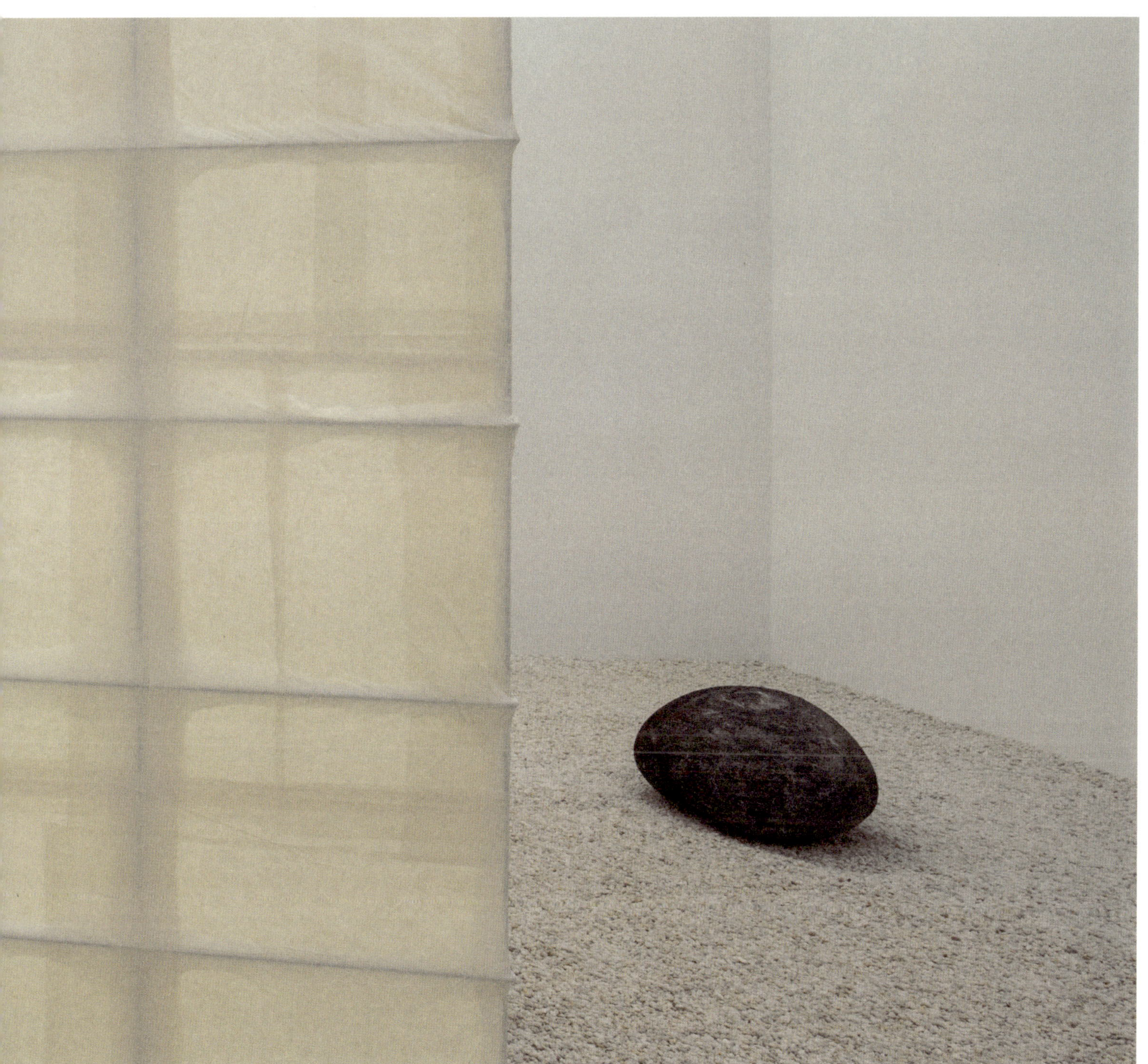

***Relatum — Tea room,* 2019**. Legno, ghiaia, carta di riso coreana, pietre, struttura di acciaio inossidabile / Bois, gravier, papier de riz coréen, pierres, structure en acier inoxydable / Wood, gravel, rice paper from Korea, stones, stainless steel structure

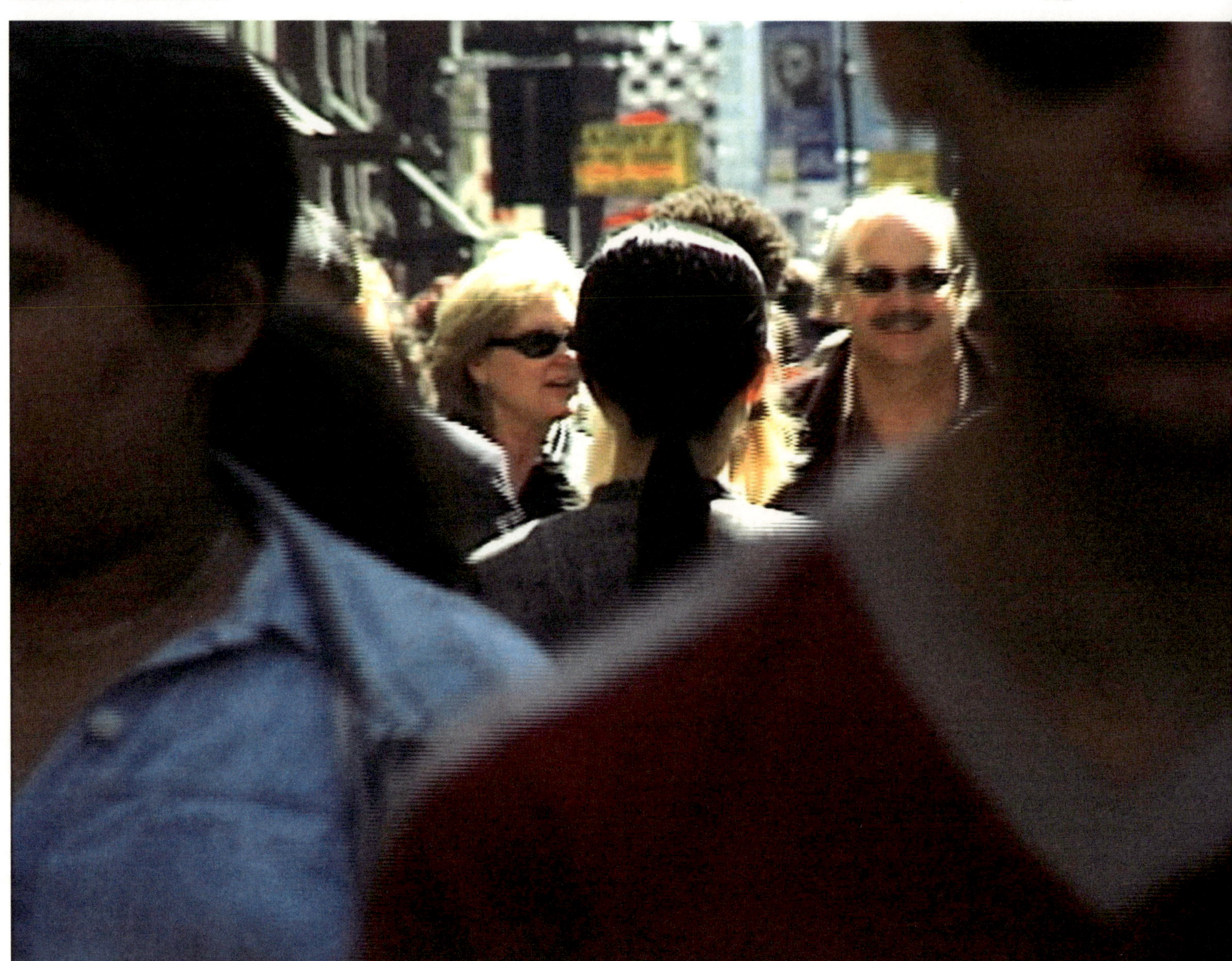

Kimsooja, *A Needle Woman*, 1999-2000. Video performance, senza audio / Vidéo-performance, muette / Performance video, silent. Still da / de / from video a 4 canali / vidéo 4 canaux / 4-channel video, Shanghai, Tokyo, Delhi, New York
Chen Zhen, *Un village sans frontières*, 2000. Seggiolina e candele colorate / Chaise d'enfant et bougies colorées / Child's chair and colored candles

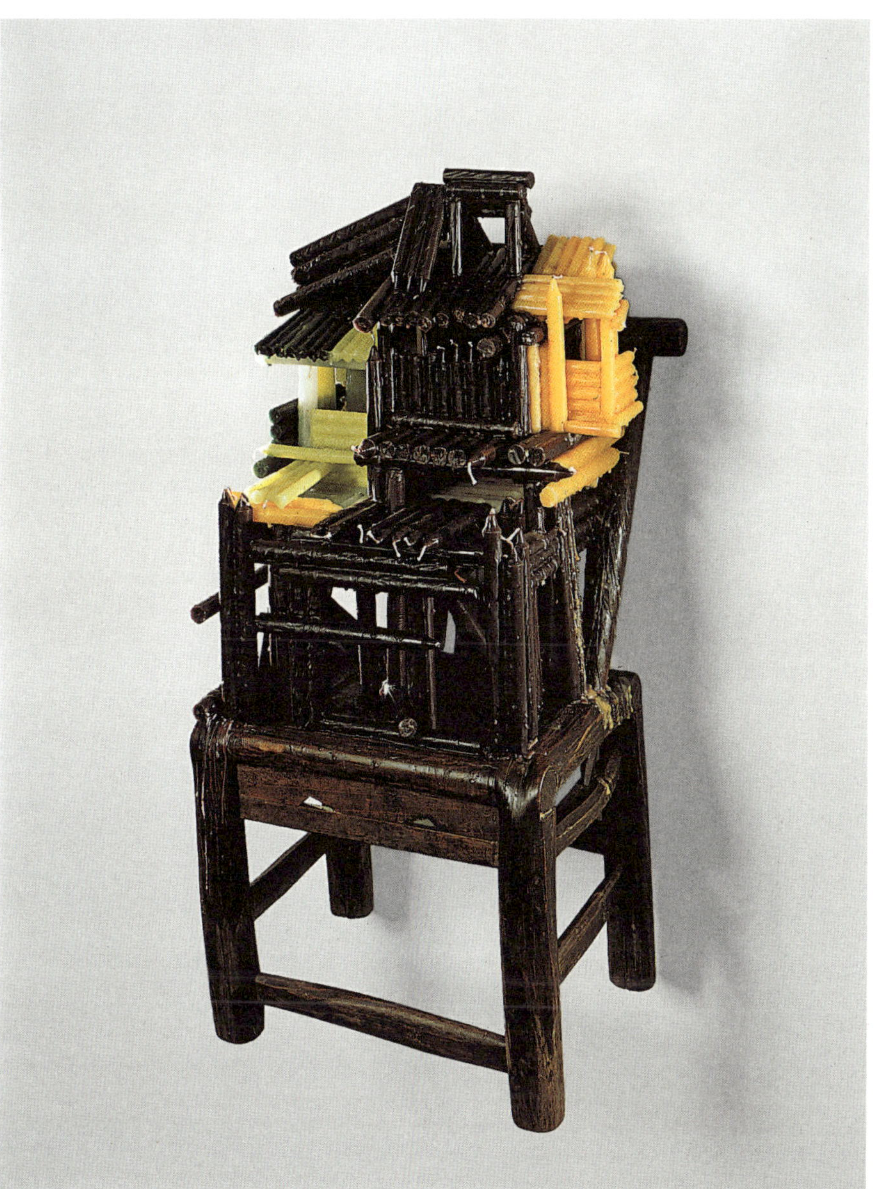

IT L'opera di Kimsooja e quella di Chen Zhen invitano allo stesso modo a un'esperienza profonda dell'alterità, in cui l'incontro con l'altro, nato dall'esilio e dal nomadismo, sfocia in un'aspirazione condivisa alla spiritualità.

Nato in Cina nel 1955 durante la Rivoluzione culturale, Chen Zhen si interessa fin da giovane ai legami tra la filosofia tradizionale cinese e la cultura occidentale; nel 1983, nel corso di un autoconfinamento in Tibet, ha modo di scoprire l'importanza della preghiera come antidoto alle imposizioni politiche. Durante una visita illuminante in un tempio di norma non accessibile ai visitatori, misura il proprio corpo con un «ambiente immateriale». Nel 1986 si trasferisce a Parigi dove, in quanto migrante di lungo periodo o, secondo le sue stesse parole, «evaso spirituale», definisce la propria pratica artistica come una transesperienza collettiva e globalizzata che resiste all'influenza del monoculturalismo occidentale.

Nata in Corea nel 1957, Kimsooja sceglie una vita nomade nel corso della quale l'incontro con l'Altro è lo specchio essenziale per la consapevolezza della sua stessa esistenza, ma anche per lo sviluppo della sua opera concettuale e sperimentale, nell'ambito della quale i principi del «non-fare» e della non-autorità dell'artista modificano profondamente lo status dell'opera d'arte. La pratica dei due artisti è improntata ai precetti delle filosofie asiatiche — buddhismo, taoismo, confucianesimo e sciamanismo — e le loro opere ne riflettono le aspirazioni spirituali. Tramite le performance di *A Needle Woman*, Kimsooja inscrive il proprio corpo nella verticalità e nell'immobilità, in mezzo al tumulto dei flussi delle megalopoli e delle zone interessate da conflitti politici, come una forza resistente e pacificatrice, come un ago che simbolicamente permette di intessere relazioni tra gli individui e reinventare un tessuto sociale, una possibile vicinanza. Attraverso le sedie e le candele votive, come quelle delle chiese di Salvador de Bahia in Brasile dove con i bambini di strada e delle favelas avvia il progetto *Village sans frontières*, Chen Zhen costruisce piccole case che per lui sono «altari di luce». In Cina la candela simboleggia la vita di un individuo; partendo dalla fragilità propria di questa materia effimera, l'artista costruisce la cartografia immaginaria di un villaggio universale, abolendo i confini geografici e spirituali. E.L.

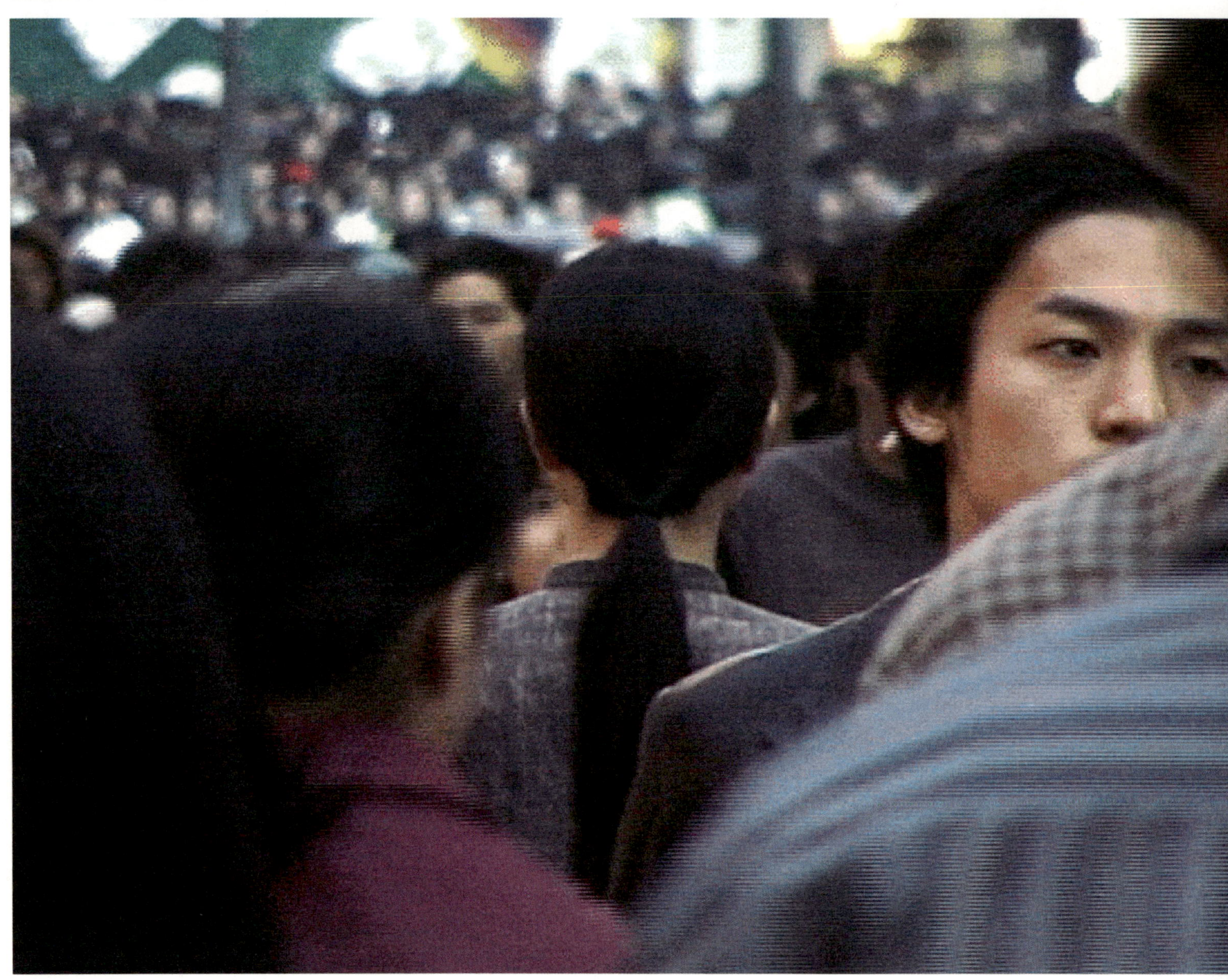

FR L'œuvre de Kimsooja comme celle de Chen Zhen invitent à une expérience profonde de l'altérité, où la rencontre de l'autre, née de l'exil et du nomadisme, ouvre sur une aspiration partagée à la spiritualité.

Né en Chine en 1955 pendant la Révolution culturelle, Chen Zhen s'intéresse très jeune aux liens entre la philosophie traditionnelle chinoise et la culture occidentale ; il découvre ainsi en 1983, lors d'un séjour forcé au Tibet, l'importance de la prière comme antidote aux injonctions politiques. Lors d'une visite révélatrice dans un temple normalement interdit aux visiteurs, il mesure son corps à un « environnement immatériel ». En 1986, il émigre à Paris où, en tant que migrant permanent ou « évadé spirituel » selon ses propres mots, il définit sa pratique artistique comme une transexpérience collective et globalisée, résistant à l'emprise du monoculturalisme occidental.

Née en Corée en 1957, Kimsooja fait le choix d'une vie nomade, au cours de laquelle la rencontre de l'Autre est le miroir essentiel à la prise de conscience de sa propre existence, mais aussi au développement de son œuvre conceptuelle et expérimentale, au sein de laquelle les principes du « non-faire » et de la non-autorité de l'artiste modifient profondément le statut même de l'œuvre d'art. La démarche des deux artistes est empreinte des préceptes des philosophies asiatiques — bouddhisme, taoïsme, confucianisme et chamanisme — dont ils insufflent les aspirations spirituelles dans leurs œuvres. À travers les performances de *A Needle Woman*, Kimsooja inscrit son corps dans sa verticalité et son immobilité, dans le tumulte des flux des mégalopoles et des zones de conflits politiques, comme une force résistante et pacificatrice, comme une aiguille permettant symboliquement de tisser des relations entre les individus, de réinventer un tissu social, une possible proximité. À partir de chaises et de bougies votives, comme celles des églises de Salvador de Bahia au Brésil où il initie avec les enfants des rues et des favelas le projet *Village sans frontières,* Chen Zhen construit de petites maisons qui sont pour lui des « autels de lumière ». La bougie symbolise en Chine la vie d'un individu ; à partir de la fragilité même de cette matière éphémère, Chen Zhen construit la cartographie imaginaire d'un village universel, abolissant les frontières géographiques et spirituelles. E.L.

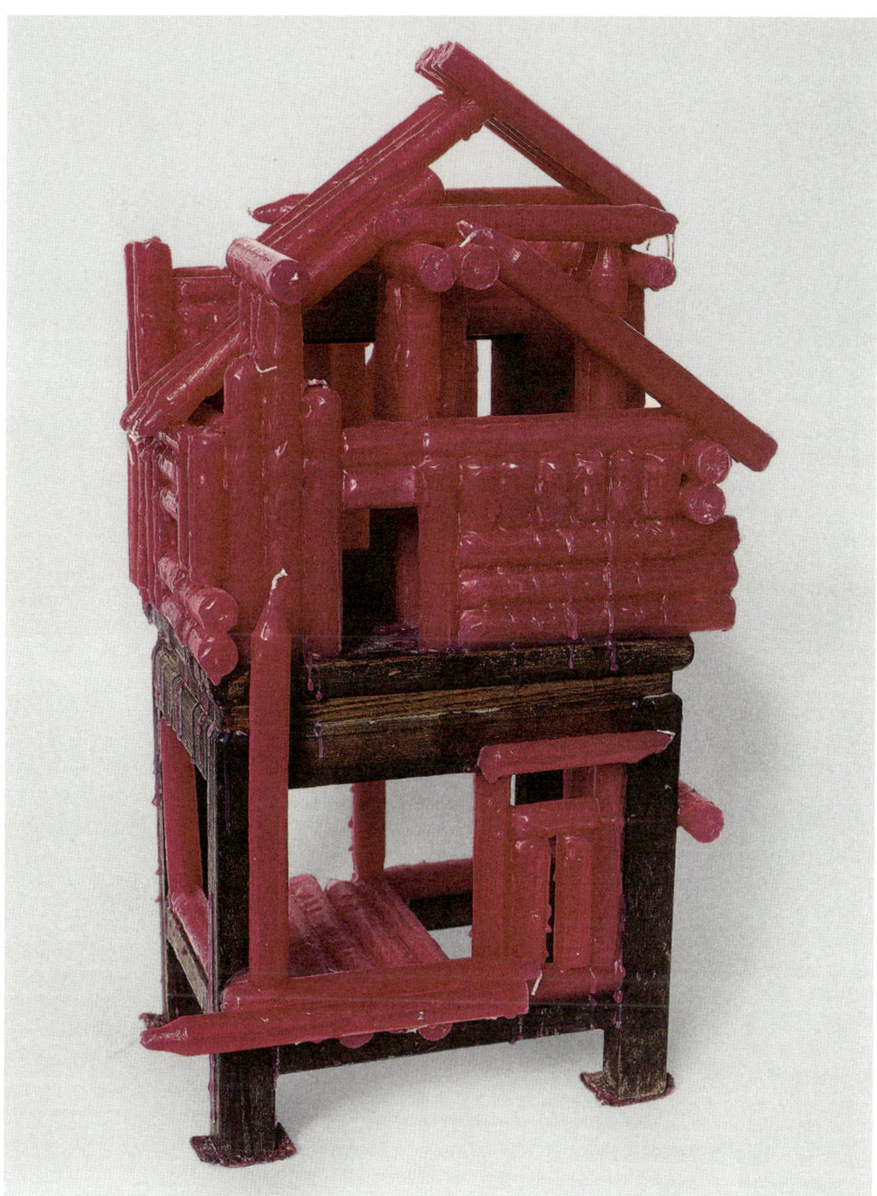

Kimsooja, *A Needle Woman*, 1999-2000. Video performance, senza audio / Vidéo-performance, muette / Performance video, silent. Still da / de / from video a 4 canali / vidéo 4 canaux / 4-channel video, Shanghai, Tokyo, Delhi, New York
Chen Zhen, *Un village sans frontières*, 2000. Seggiolina e candele colorate / Chaise d'enfant et bougies colorées / Child's chair and colored candles

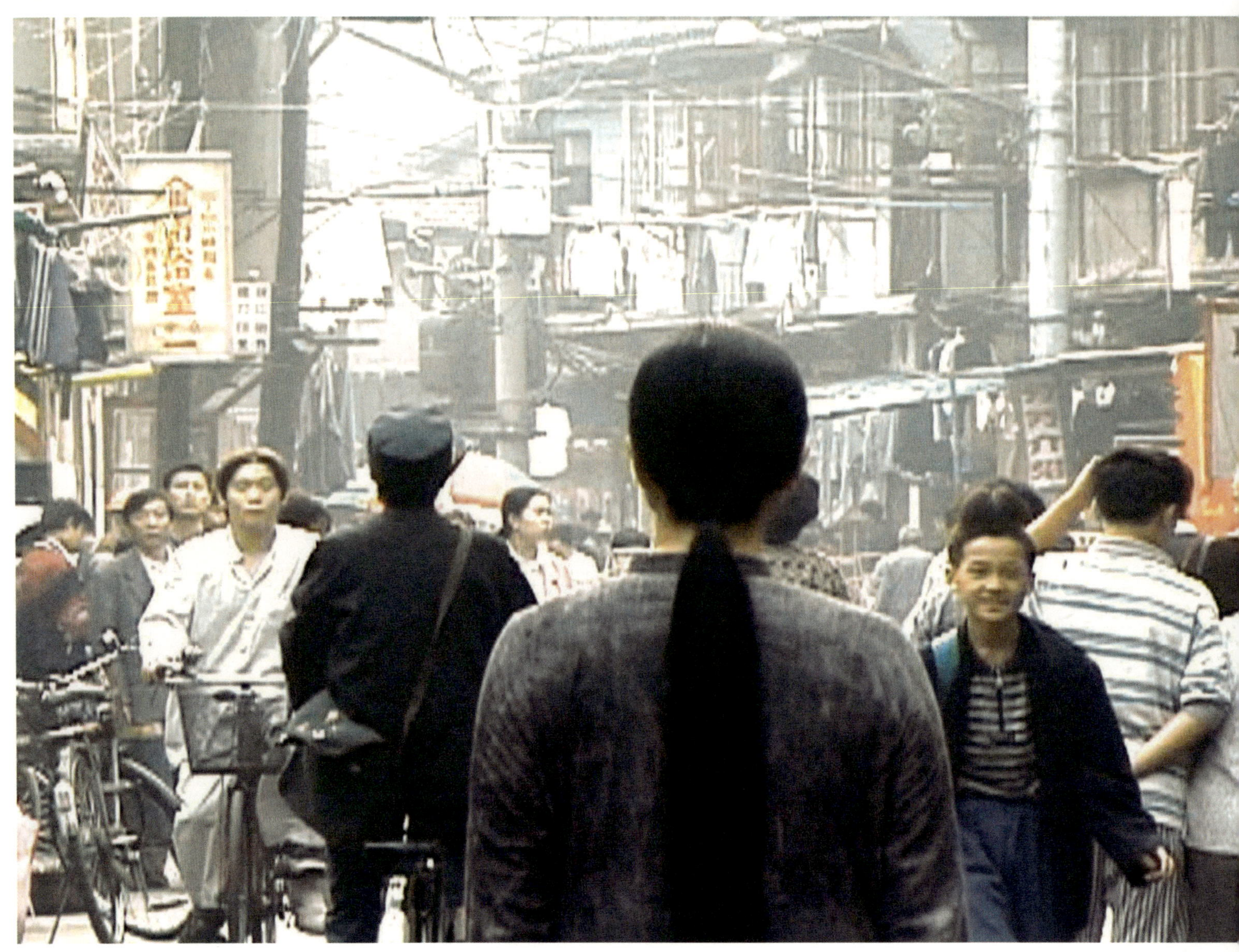

EN Kimsooja's work, like that of Chen Zhen, invites us to a profound experience of otherness, where the encounter with the other, born of exile and nomadism, opens up a shared aspiration to spirituality.

Born in China in 1955, during the Cultural Revolution, Chen Zhen became interested at a very young age in the links between traditional Chinese philosophy and Western culture. In 1983, during a retreat in Tibet, he discovered the importance of prayer as an antidote to political injunctions. During a revelatory visit to a temple normally forbidden to visitors, he measured his body against an "immaterial environment." In 1986, he emigrated to Paris, where, as a permanent migrant or, in his own words, "spiritual escapee," he defined his artistic practice as a collective and globalized "transexperience," resisting the grip of Western monoculturalism.

Born in Korea in 1957, Kimsooja chose to live a nomadic life, in which the encounter with the Other is the mirror essential for an awareness of one's own existence, and the key for the development of her conceptual and experimental work, within which the principles of "non-doing" and the non-authority of the artist profoundly modify the very status of the work of art. Both artists' approach is imbued with the precepts of Asian philosophies—Buddhism and Taoism, Confucianism and Shamanism—whose spiritual aspirations they infuse into their work. Through the performances of *A Needle Woman*, Kimsooja inscribes her body in its verticality and immobility, in the tumult of the flows of the megalopolis and the zones of political conflicts, as a resisting, pacifying force, as a needle making it symbolically possible to weave relations between individuals, to recreate a social fabric, a possible proximity. Using chairs and votive candles, like those found in the churches of Salvador de Bahia in Brazil, where he initiated the Village without Borders project with street and favela children, Chen Zhen builds small houses that for him are "altars of light." In China, the candle symbolizes the life of an individual; from the very fragility of this ephemeral material, Chen Zhen builds the imaginary cartography of a universal village, abolishing geographical and spiritual borders. E.L.

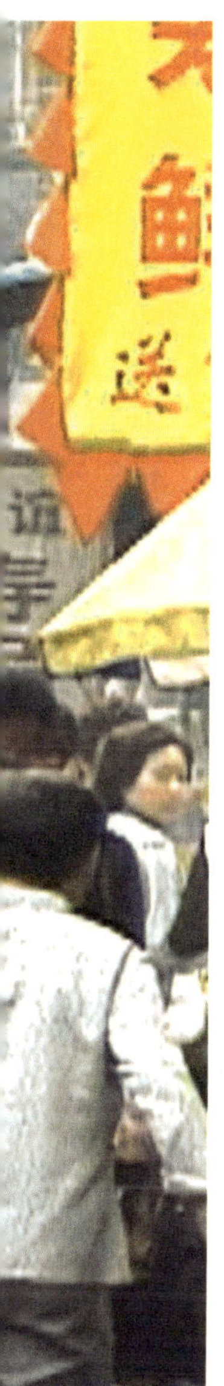

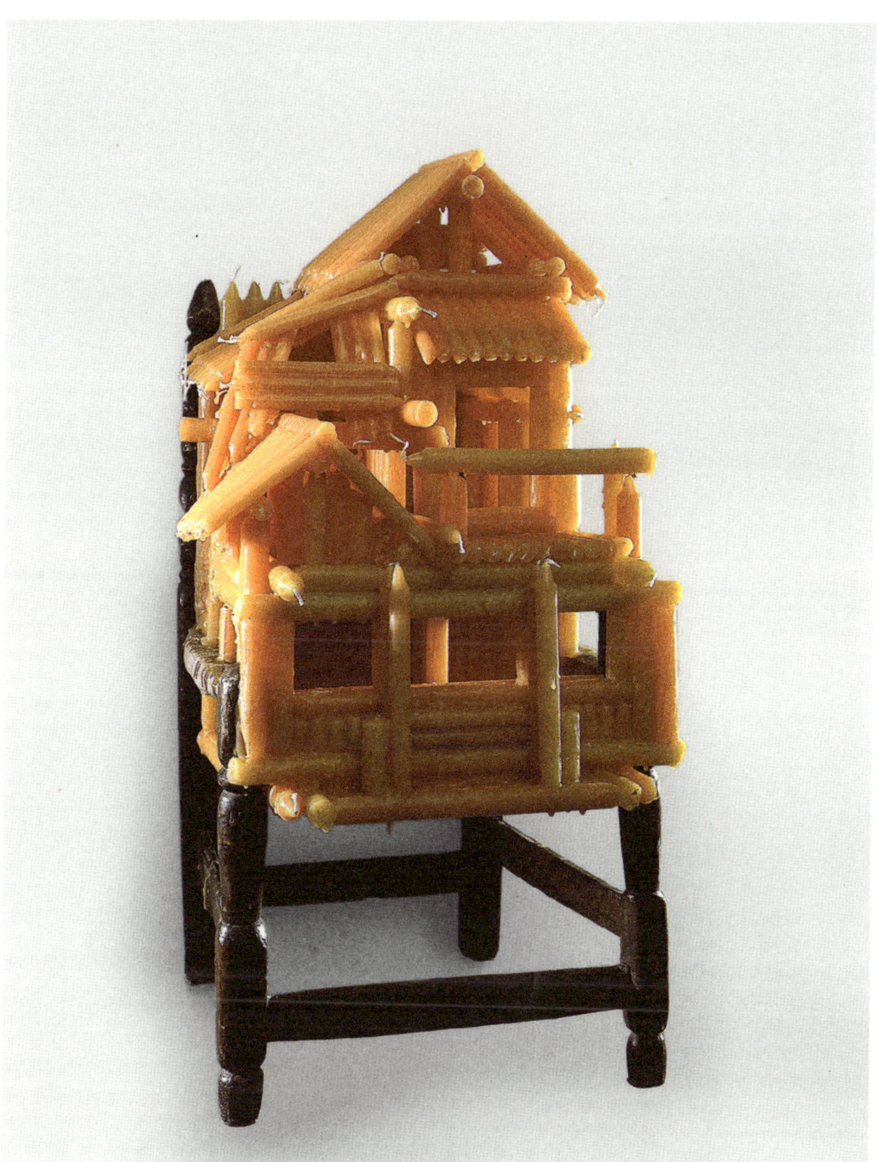

Kimsooja, *A Needle Woman*, 1999-2000. Video performance, senza audio / Vidéo-performance, muette / Performance video, silent. Still da / de / from video a 4 canali / vidéo 4 canaux / 4-channel video, Shanghai, Tokyo, Delhi, New York
Chen Zhen, *Un village sans frontières*, 2000. Seggiolina e candele colorate / Chaise d'enfant et bougies colorées / Child's chair and colored candles

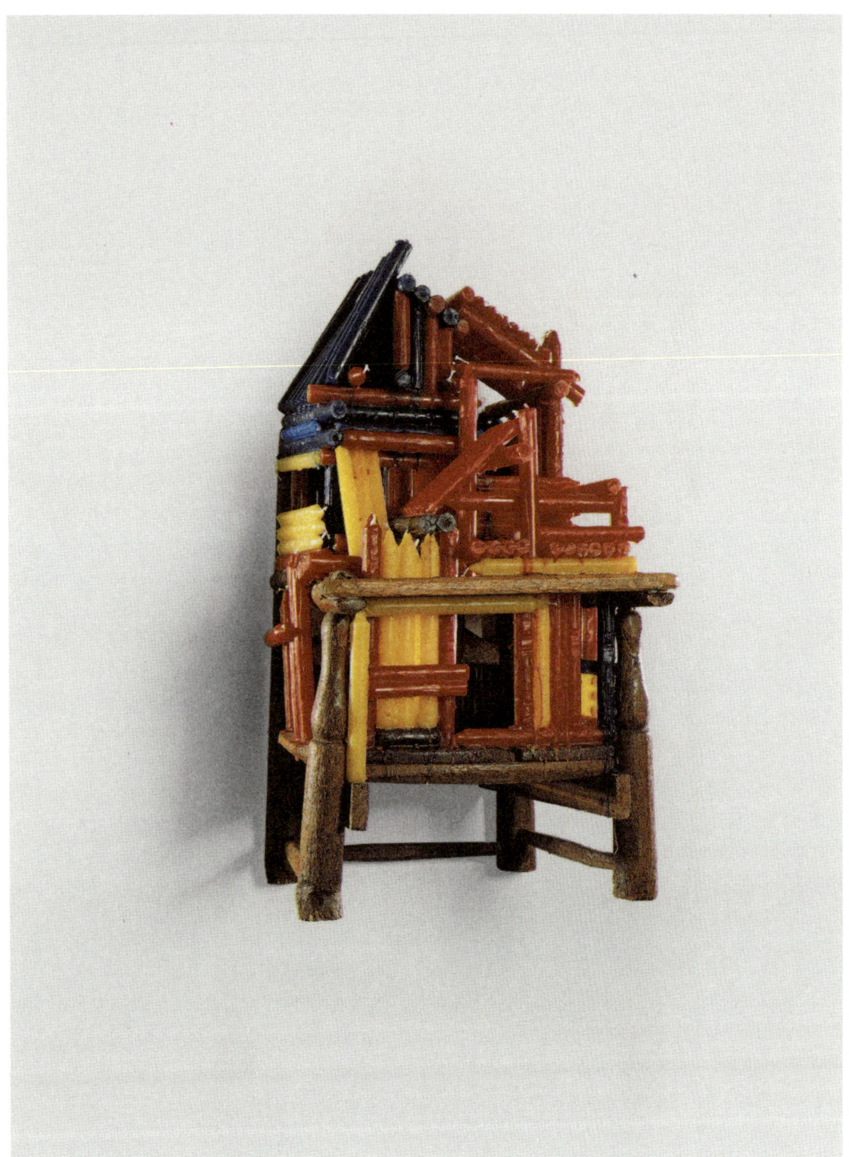

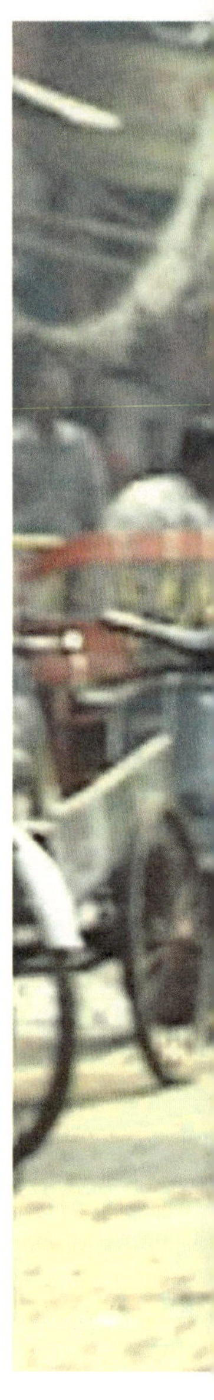

Chen Zhen, *Un village sans frontières*, 2000. Seggiolina e candele colorate / Chaise d'enfant et bougies colorées / Child's chair and colored candles
Kimsooja, *A Needle Woman*, 1999-2000. Video performance, senza audio / Vidéo-performance, muette / Performance video, silent. Still da / de / from video a 4 canali / vidéo 4 canaux / 4-channel video, Shanghai, Tokyo, Delhi, New York

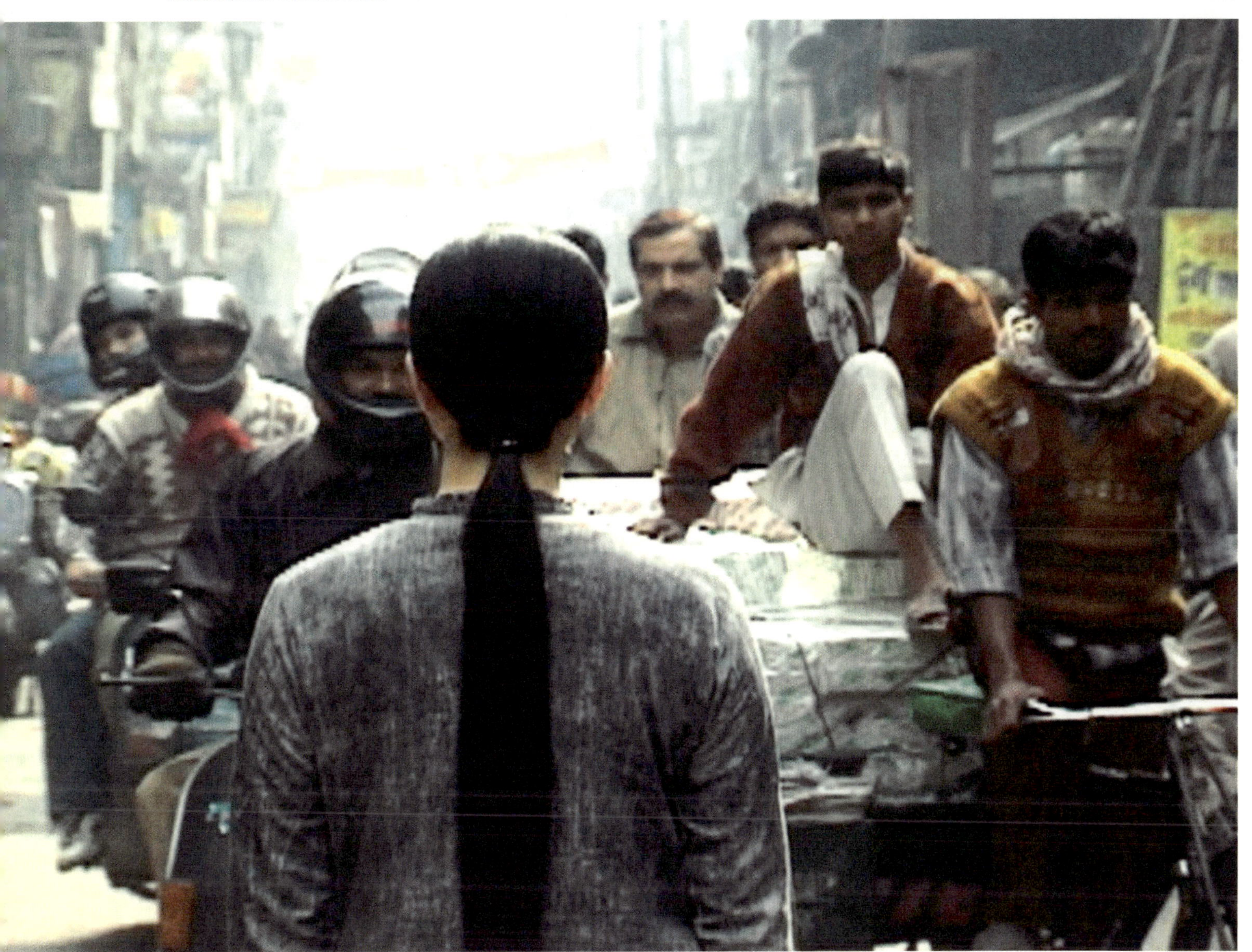

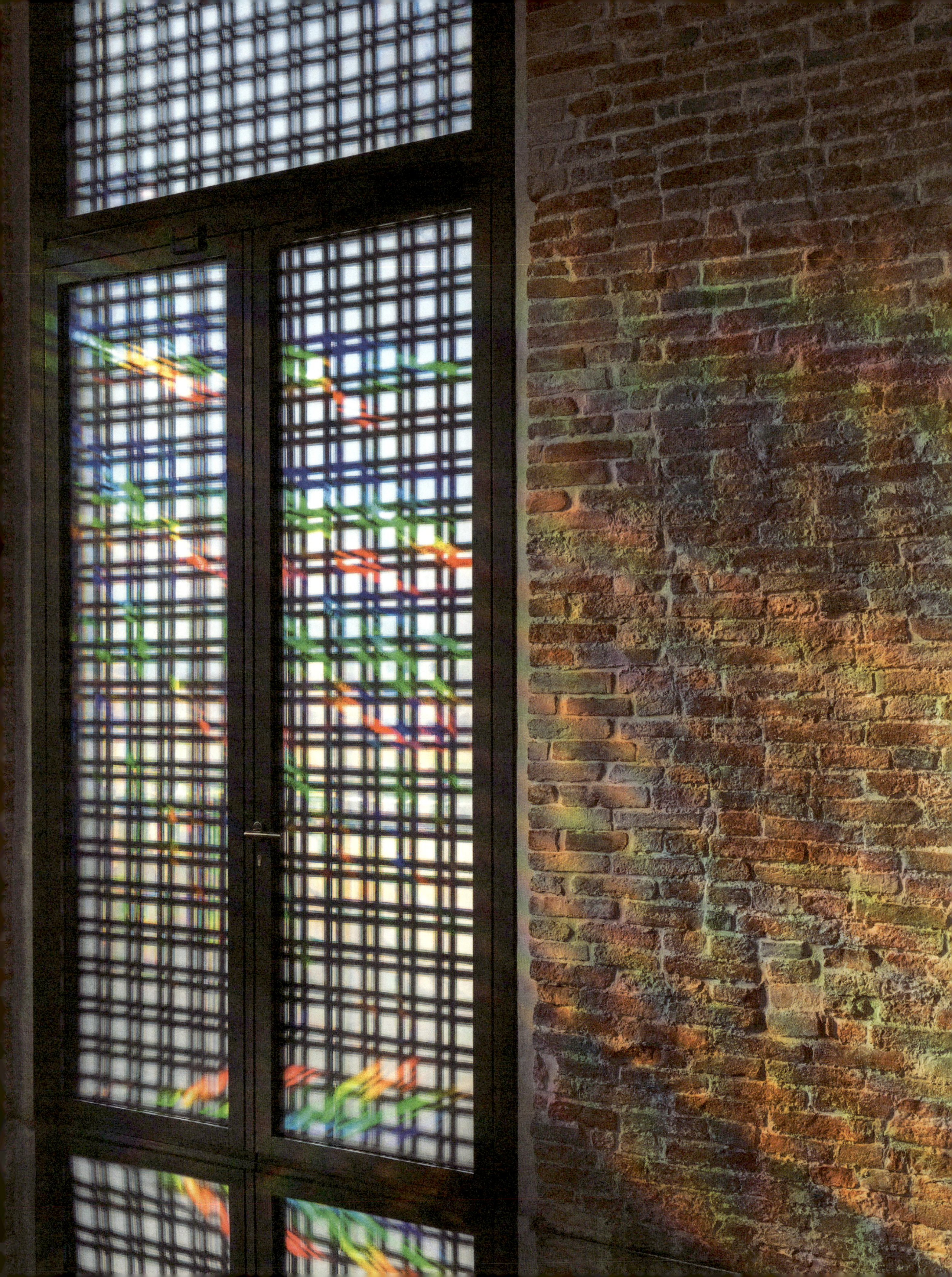

IT Ospitata nel torrino dell'antica *dogana da mar* che sovrasta il bacino di San Marco, l'opera *To Breathe-Venice* di Kimsooja attua uno sdoppiamento vertiginoso del volume interno della torre. Gli specchi disposti al suolo unificano lo spazio, conferendogli al contempo una sensazione di assenza di gravità. Le vetrate sono velate da una pellicola trasparente che diffrange la luce all'infinito. Queste superfici riflettenti danno l'impressione di camminare su un'acqua calma e limpida, prolungando la laguna all'interno dell'edificio. Lo sviluppo verticale del luogo rimanda all'architettura delle cattedrali gotiche e a quella del campanile di San Marco, visibile sull'altra sponda del Canal Grande. L'utilizzo dello specchio consente a Kimsooja — il cui approccio sincretico si ispira alla filosofia occidentale, ma anche al cristianesimo, al buddhismo zen, allo sciamanismo e al taoismo — di dare sostanza alla profondità dello spirito e del corpo umano. L'esperienza del riflesso, grazie al quale ci percepiamo simultaneamente come soggetto e oggetto, ci invita a incontrare la nostra stessa alterità. La polifonia di *Mandala: Zone of Zero* in cui si intrecciano canti tibetani, islamici e gregoriani completa questa esperienza spaziale reiterata che tende alla trascendenza. R.G.

FR Logée dans le mirador de l'ancienne *dogana da mar* qui surplombe le bassin de Saint-Marc, l'œuvre *To Breathe-Venice* de Kimsooja opère un dédoublement vertigineux du volume intérieur de la tour. Des miroirs disposés au sol viennent unifier l'espace, tout en lui conférant une impression d'apesanteur. Les baies sont nimbées de films transparents qui diffractent la lumière à l'infini. Ces surfaces réfléchissantes donnent l'impression de marcher sur une eau calme et limpide, prolongeant ainsi la lagune au sein du bâtiment. L'articulation verticale du lieu rappelle l'architecture des cathédrales gothiques, comme celle du campanile de Saint-Marc, visible de l'autre côté du Grand Canal. L'utilisation du miroir permet à Kimsooja — dont l'approche syncrétique s'inspire de la philosophie occidentale, mais également du christianisme, du bouddhisme zen, du chamanisme et du taoïsme — de matérialiser la profondeur de l'esprit et du corps humain. La confrontation avec le reflet, qui permet de se percevoir simultanément en tant que sujet et objet, nous invite à rencontrer notre propre altérité. La polyphonie de *Mandala: Zone of Zero* entrelaçant les chants tibétains, islamiques et grégoriens parachève cette expérience spatiale renouvelée qui tend à la transcendance. R.G.

EN With *To Breathe-Venice*, Kimsooja creates a dizzying doubling of the interior volume of the belvedere of Venice's *dogana da mar*, overlooking the basin of San Marco. Mirrors lining the floor unify the space, conveying an impression of weightlessness; the bay windows are coated with transparent films that diffract light infinitely. These reflective surfaces give the impression of walking on calm, clear water, thus extending the lagoon into the building. The vertical articulation of the space evokes the architecture of Gothic cathedrals, such as the campanile of San Marco, visible from across the Grand Canal.
The use of the mirror allows Kimsooja, whose syncretic approach is inspired by Western philosophy, but also by Christianity, Zen Buddhism, Shamanism, and Taoism, to materialize the depths of the human mind and body. Confronting our reflection in the mirrors allows us to perceive ourselves simultaneously as subject and object, and invites us to acknowledge our own otherness. The polyphony of *Mandala: Zone of Zero*, intertwining Tibetan, Islamic and Gregorian chants, completes this renewed spatial experience which hints toward transcendence. R.G.

***To Breathe-Venice*, 2023**. Installazione site specific consistente in pellicole a reticolo di diffrazione e specchi di vetro / Installation in situ réalisée à partir de miroirs de verre et de feuilles de réseau de diffraction / Site-specific installation consisting of diffraction grating films and glass mirror. ***Mandala: Zone of Zero*, 2004-2010**. Installazione sonora con tre canti: tibetano, gregoriano e islamico / Installation sonore composée de trois chants : tibétain, grégorien et islamique / Sound installation with three chants: Tibetan, Gregorian and Islamic. Installation view, *Icônes*, Punta della Dogana, Venezia / Venise / Venice, 2023

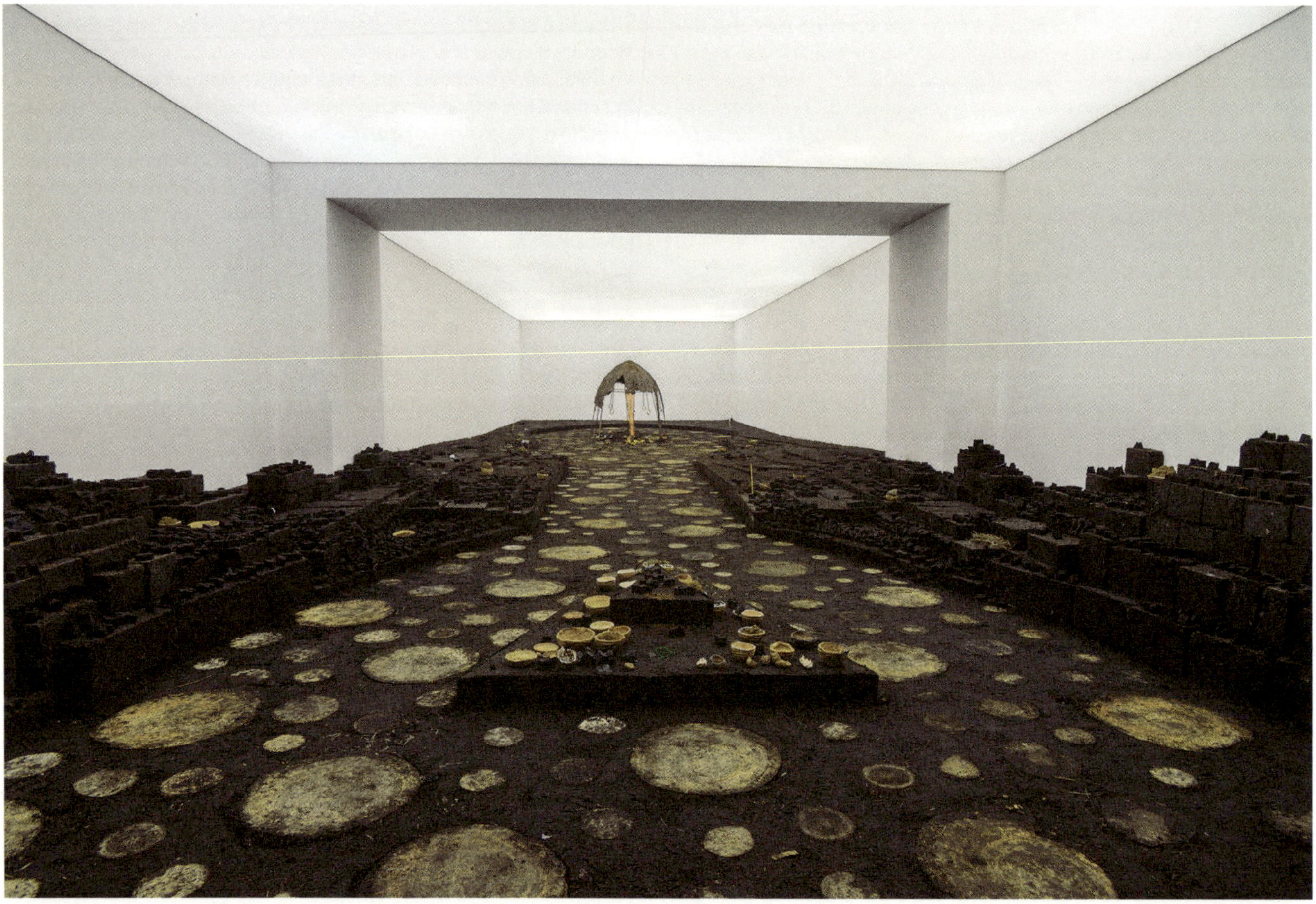

Installation view, *Future Generation Art Prize 2017*, The PinchukArtCentre, Kiev / Kyiv, 2018

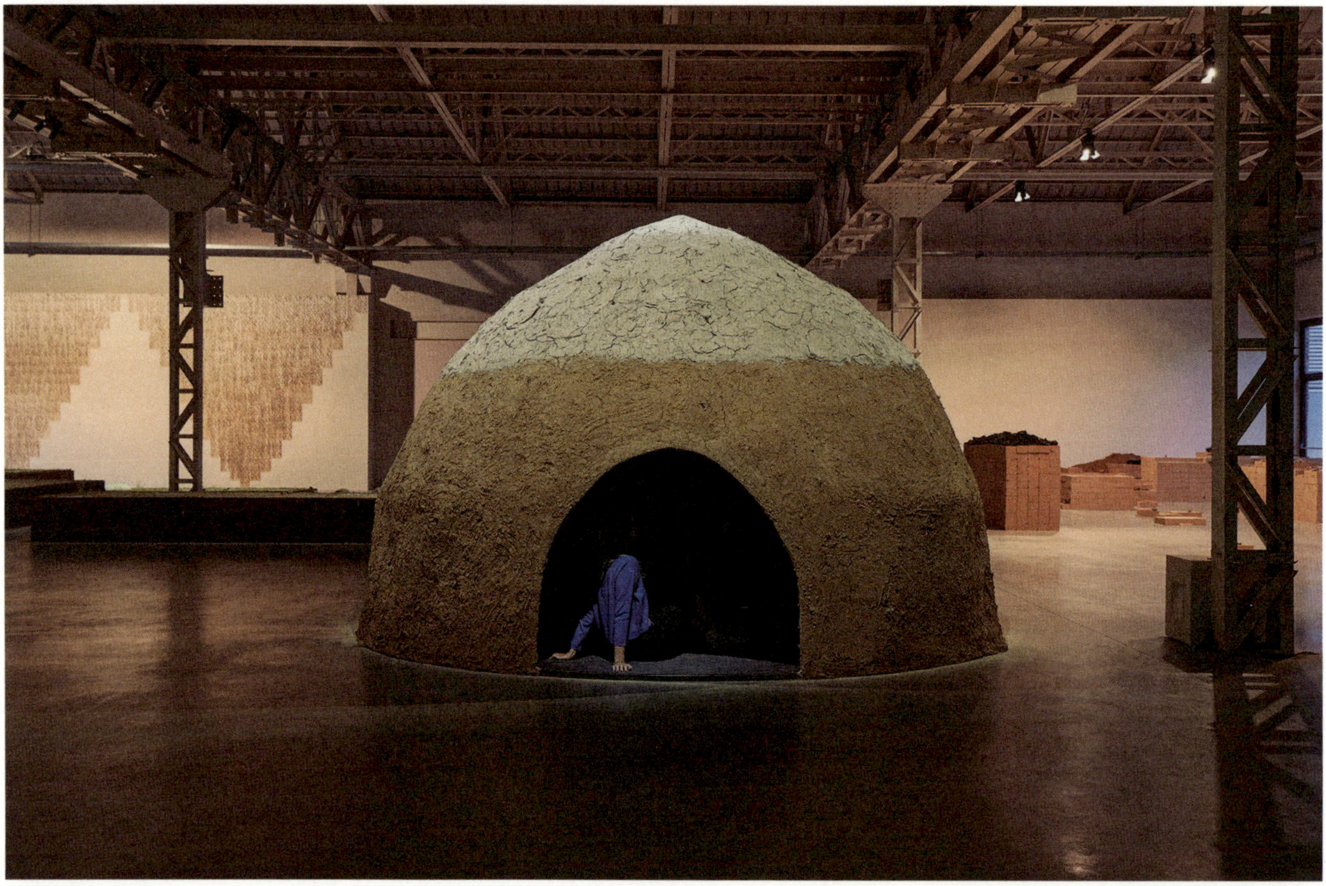

***Mothabeng*, 2022**. Terra, argilla, gesso, pigmenti, erbe, cuscini, suono diffuso da sette canali / Terre, argile, gypse, pigments, herbes, coussins, son à sept canaux / Soil, clay, gypsum, pigments, herbs, cushions, seven-channel sound. Installation view, *Born in the first light of the morning [moswara'marapo]*, Pirelli HangarBicocca, Milano / Milan, 2022

IT L'opera di Dineo Seshee Bopape irradia un senso di libertà e bellezza in cui la dimensione umana è sopraffatta dalla vertigine della storia, in particolare quella della diaspora africana, fatta di ricordi laceranti e di un fermo desiderio di rinascita.

In *Mothabeng*, realizzata nel 2022 per la personale *Born in the first light of the morning [moswara'marapo]*[1], l'artista declina il suo vocabolario di materiali terrigeni — argilla, erbe, polvere di marmo e terriccio — dando forma a uno spazio intimo, umido e granuloso. All'interno della cupola filtrano bagliori luminosi che si insinuano tra le fessure dei materiali essiccati, mentre i suoni riempiono lo spazio. La forma sinuosa della struttura (che ricorda un uovo o un grembo materno) contrasta con la registrazione più astratta e ruvida delle vibrazioni delle rocce e dell'attività industriale nella cava di marmo[2]. Il titolo dell'opera — che in lingua sepedi significa «presso la montagna» o «della montagna» — suggerisce, più che una località specifica, una memoria collettiva e una percezione dello spazio, come nel suono riprodotto nell'installazione riecheggiano varie storie e periodi.

I ritmi della narrazione e del tempo sono percorsi affascinanti nell'opera di Bopape e, allargando la nostra comprensione della storia, proiettano il momento presente nel futuro, evocando le parole di Shigeko Kubota: «Montagna — ventre / Il mio ventre è un vulcano [...] / In cui la mia storia è cantata»[3]. L.A.

1 — La prima personale italiana dell'artista, a cura di Lucia Aspesi e Fiammetta Griccioli, è stata presentata a Milano, in Pirelli HangarBicocca dal 6 ottobre 2022 al 29 gennaio 2023. **2 —** La registrazione dei suoni della montagna è stata eseguita presso la Cava Cervaiole di Henraux, sul Monte Altissimo, a Seravezza sulle Alpi Apuane. **3 —** *Shigeko Kubota: Video Sculpture*, catalogo della mostra, a cura di Mary Jane Jacob, American Museum of Moving Image, New York 1991, p. 35.

FR Un sentiment de beauté et de liberté se dégage de l'œuvre de Dineo Seshee Bopape. La dimension humaine y est submergée par le vertige de l'Histoire — en particulier celle de la diaspora africaine — avec ses mémoires déchirées et l'inébranlable aspiration à la renaissance.

Pour *Mothabeng*, réalisée en 2022 à l'occasion de son exposition personnelle *Born in the first light of the morning [moswara'marapo]*[1], l'artiste revient à un vocabulaire terrestre, avec l'emploi de matériaux comme l'argile, la terre, les herbes et la poudre de marbre, et donne forme à un espace intime à l'aspect humide et granuleux. Au sommet du dôme, la lumière pénètre en sillons à travers les brèches de la matière séchée, tandis que le son emplit l'espace intérieur. Le galbe de la structure (dont la forme ressemble à celle d'un œuf ou d'un ventre maternel) est confronté à la tonalité rugueuse et abstraite de l'enregistrement sonore, restituant les vibrations rocheuses issues de l'activité manufacturière d'une carrière de marbre[2]. Le titre de l'œuvre en sepedi, qui signifie « à la montagne » ou « de la montagne », ne fait référence à aucun lieu géographique précis ; il évoque davantage une mémoire collective et une perception de l'espace. Le son joué à l'intérieur de l'installation peut faire écho à des époques et retentissements divers.

L'œuvre de Bopape emprunte des chemins fascinants liés aux cadences du temps et de la narration, et élargit notre compréhension de l'Histoire. Le moment présent se trouve alors projeté dans le futur, rappelant les mots de Shigeko Kubota : « Montagne — ventre / Mon ventre est un volcan [...] / Ils chantent mon histoire[3]. » L.A.

1 — La première exposition personnelle de l'artiste en Italie — organisée par Lucia Aspesi et Fiammetta Griccioli — a été présentée au Pirelli HangarBicocca du 6 octobre 2022 au 29 janvier 2023. **2 —** L'enregistrement a été réalisé dans les Alpes apuanes, à la carrière de Cervaiole de Henraux sur le mont Altissimo, Seravezza. **3 —** *Shigeko Kubota : Video Sculpture*, New York, American Museum of Moving Image, 1991, p. 35.

EN Dineo Seshee Bopape's work radiates a sense of freedom and beauty, in which the human scale is overwhelmed by the vertigo of history—in particular that of the African diaspora—with its lacerating memories and the resolute longing for rebirth.

For *Mothabeng*, 2022—created on the occasion of her solo exhibition *Born in the first light of the morning [moswara'marapo]*[1]—the artist revisited her earthly vocabulary of materials: soil, clay, herbs, and marble dust, giving shape to an intimate space, humid and grainy. Flashes of light penetrate from the top of the dome through the fissures of the dried materials, while the space within is filled with sound. The sinuosity of the structure (that resembles an egg or a womb) is confronted by the sharp and more abstract tones of the recording of the vibrations of the rocks and the manufacturing activity of a marble quarry.[2] The title of the work in Sepedi, meaning "at the mountain" or "of the mountain," rather than a specific geographical place, suggests a collective memory and perception of space, as the sound played within the installation circumscribes varied periods and echoes.

The rhythms of narration and of time are fascinating routes into Bopape's work, and by expanding our comprehension of history, they project the present moment into the future, evoking Shigeko Kubota's words: "Mountain—womb / My womb is a volcano [...] / They sing of my history."[3] L.A.

1 — The artist's first solo show in Italy, curated by Lucia Aspesi and Fiammetta Griccioli, was presented at Pirelli HangarBicocca from October 6, 2022 to January 29, 2023. **2 —** The recording was made at the Henraux Quarry of Cervaiole, Monte Altissimo, Seravezza in the Apuan Alps. **3 —** *Shigeko Kubota: Video Sculpture*, exhibition catalogue, edited by Mary Jane Jacob (New York: American Museum of Moving Image, 1991), 35.

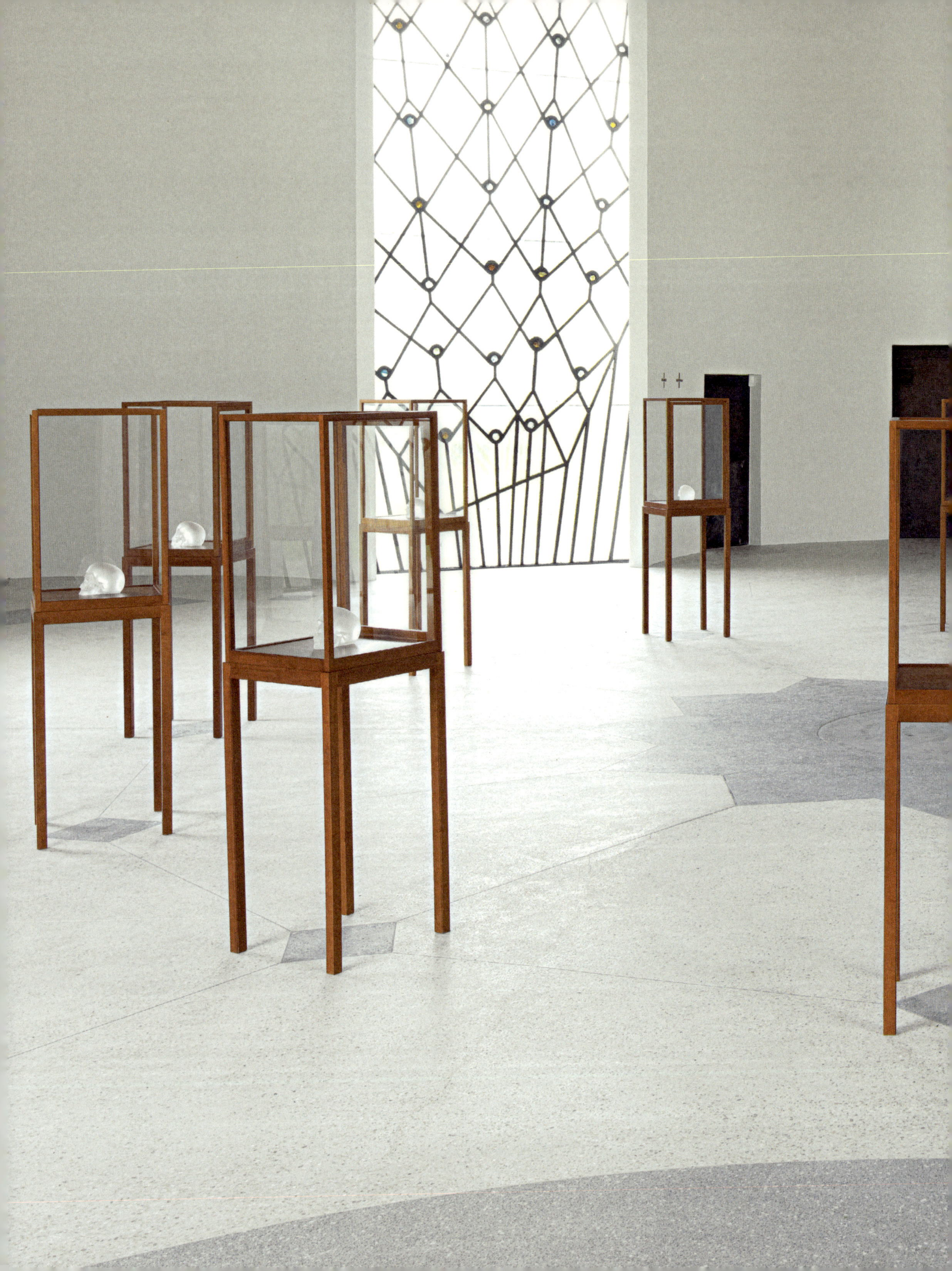

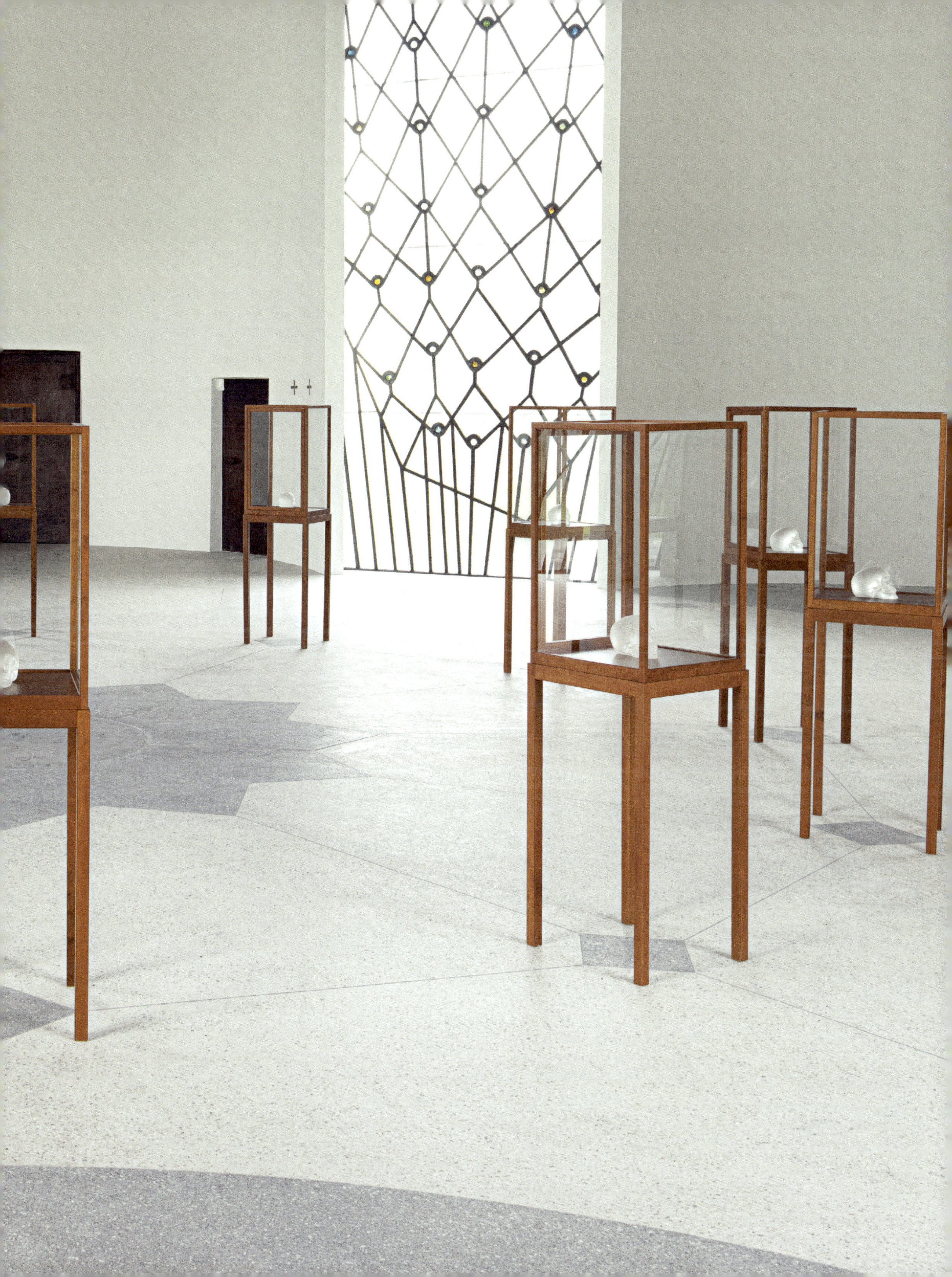

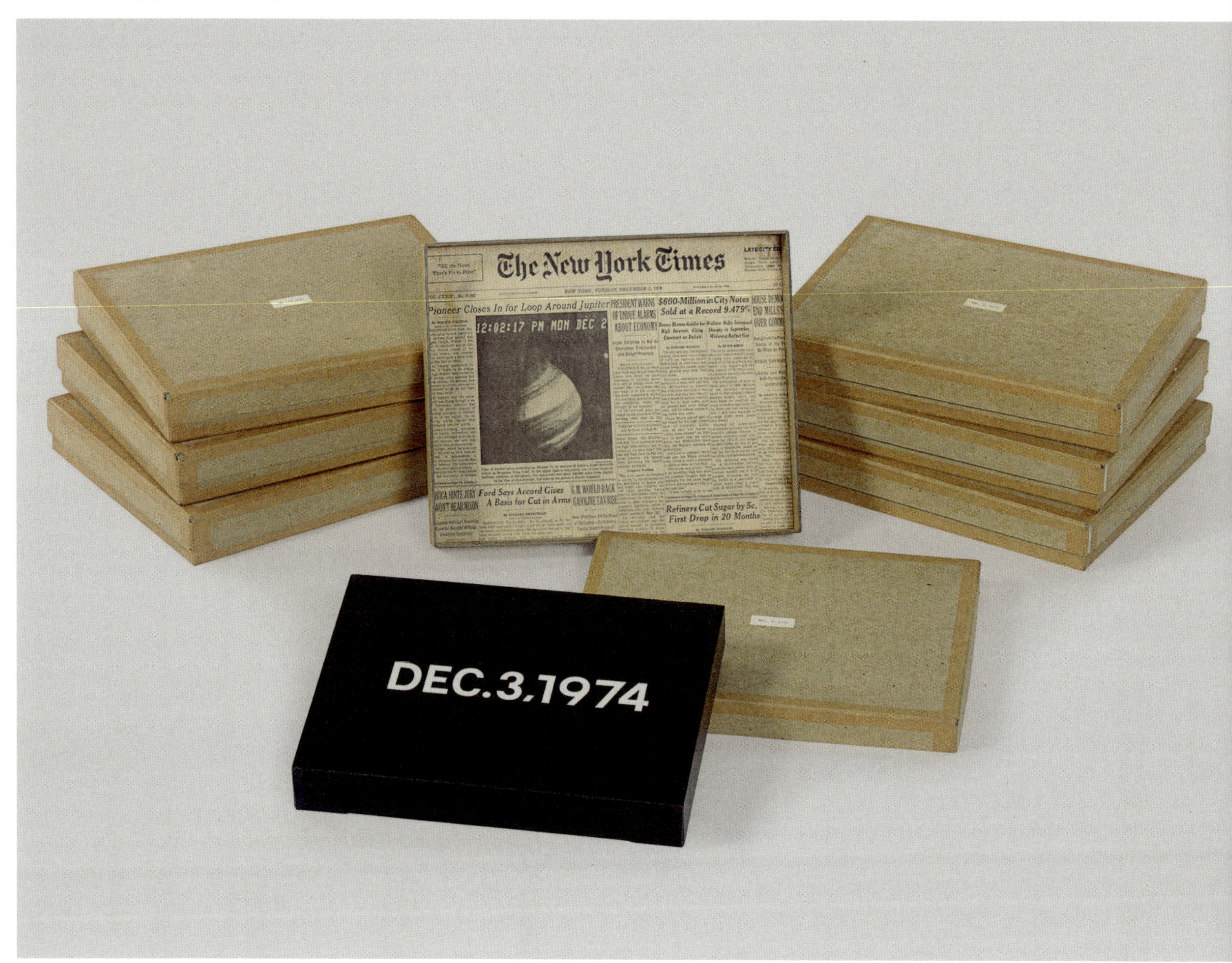

On Kawara, *DEC. 1, 1974*; *DEC. 2, 1974*; *DEC. 3, 1974*; *DEC. 4, 1974*; *DEC. 5, 1974*; *DEC. 6, 1974*; *DEC. 7, 1974*, 1974.
Dalla serie / De la série / From the series *Today*, 1966-2013. Acrilico su tela, con scatola di cartone fatta a mano con carta di giornale / Acrylique sur toile, avec boîte en carton faite à la main avec du papier journal / Acrylic on canvas, with handmade cardboard box with newspaper

Sherrie Levine, *Crystal Skull*, 2010. Teschi in vetro fuso con teche / Crânes en verre moulé avec vitrines / Cast glass skulls with vitrines
pp. 154-155 Installation view, *Sherrie Levine, Crystal Skull*, Böhm Chapel, Colonia / Cologne, 2011
p. 157 Installation view, *Prima Materia,* Punta della Dogana, Venezia / Venise / Venice, 2014

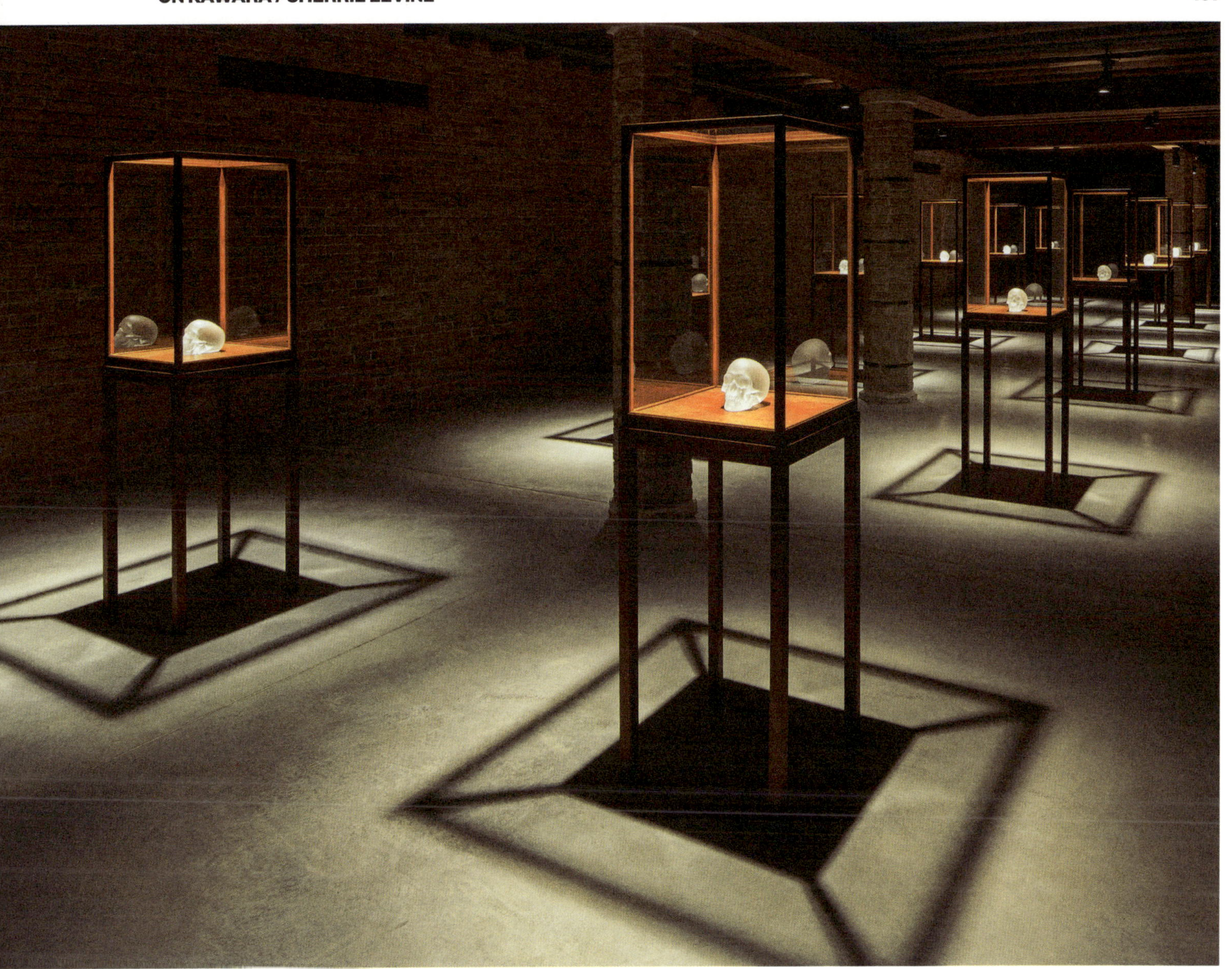

IT Dodici teschi di vetro sono disposti in altrettante vetrine, che ricordano i vecchi musei di storia e scienze naturali. Sul muro adiacente, sette dipinti di On Kawara rappresentano una serie di date inscritte in bianco su fondo nero. Mentre l'installazione scultorea *Crystal Skull* di Sherrie Levine indaga la natura effimera della vita e la nostra fascinazione per la morte, i dipinti concettuali di On Kawara giungono invece a segnare il passaggio del tempo e la costruzione del quotidiano. A prima vista, la semplicità formale di queste tele sembra contrastare con il carattere raffinato e delicato delle sculture che Levine colloca nelle teche, sottolineando così — prendendo, per così dire, distanza da esse — la loro preziosità. Con uno stile e un lavoro sulla materia profondamente diversi, i due artisti imbastiscono, ognuno a proprio modo, una riflessione sul tempo, quella forza ineluttabile che scandisce le nostre vite.

Non stupisce che Levine, la cui pratica artistica interroga incessantemente le nozioni di autenticità e di ripetizione, si sia interessata al motivo del teschio. Strettamente legato al genere pittorico della vanità, questo elemento attraversa l'intera storia dell'arte occidentale, dall'iconografia cristiana medievale fino all'arte contemporanea, passando per la pittura del Rinascimento. Così come l'icona religiosa non si limita a illustrare il sacro, ma gli conferisce una presenza reale, il teschio non può ridursi unicamente a un simbolo di morte, ma ne è l'incarnazione scarnificata. Levine sceglie di presentarne dodici, rimandando così simultaneamente al ciclo dei dodici mesi dell'anno del calendario gregoriano e a quello della vita e della morte.

Il calendario, come ogni altra forma di suddivisione del tempo, diventa la misura del nostro quotidiano solo attraverso la ripetizione. È su questo che si basano i sette dipinti di Kawara, presentati in mostra e appartenenti alla serie *Today*, composta da quasi tremila tele, ognuna delle quali raffigura la data in cui è stata realizzata, su un periodo che va dal 1966 alla sua morte nel 2014. Esponendo un fatto sociale condiviso da chiunque — l'organizzazione comune del tempo — attraverso una pratica manuale e solitaria come la pittura, Kawara mette a confronto le dimensioni individuali e collettive dell'esperienza temporale e le riconduce alla loro espressione più purificata.

Attraverso le opere della serie *Meltdown*, Levine segue un percorso analogo verso la semplificazione formale. I colori che utilizza per dipingere questi monocromi sono selezionati tramite un programma informatico che calcola la tinta mediamente presente nelle opere di artisti europei tra i più emblematici dell'arte moderna. Nel caso di *Meltdown: After Klein: Black* e *Meltdown: After Klein: White*, decide di lavorare a partire da un dipinto in bianco e nero di Yves Klein, rendendo così superfluo tutto il processo informatico sotteso all'opera. I lavori che ne risultano costituiscono un esercizio radicale di sintesi visiva, che riconduce la pittura all'immediatezza della sua materia. R.G.

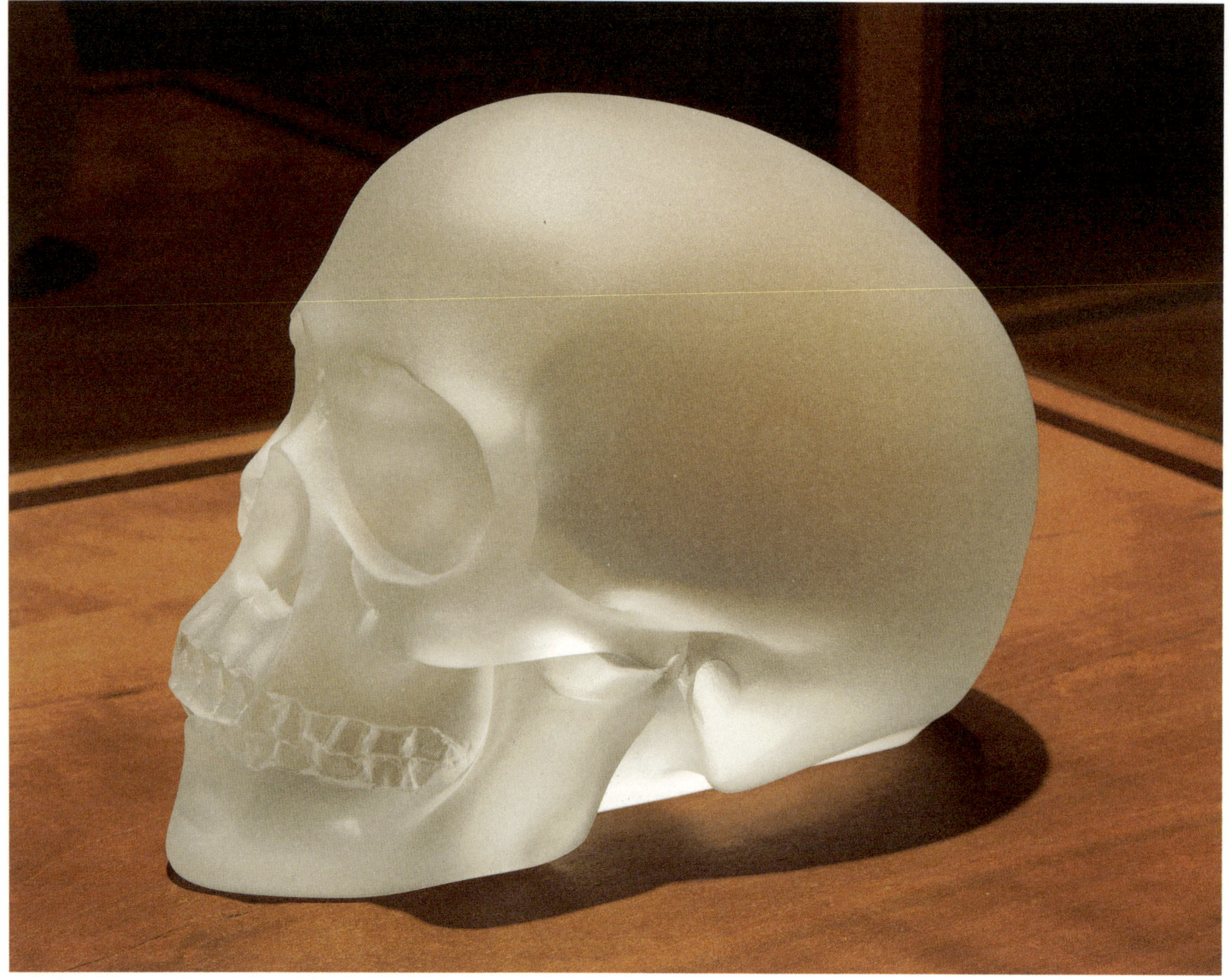

FR Douze crânes en verre sont disposés dans autant de vitrines rappelant les anciens musées d'histoire et de sciences naturelles. Sur le mur adjacent, sept peintures de On Kawara figurent une série de dates inscrites en blanc sur fond noir. Alors que l'installation sculpturale *Crystal Skull* de Sherrie Levine interroge l'éphémérité de la vie et notre fascination pour la mort, les tableaux conceptuels de On Kawara viennent, quant à eux, marquer le passage du temps et la fabrication du quotidien. À première vue, la simplicité formelle de ces tableaux semble trancher avec le caractère raffiné et délicat des sculptures que Levine place sous vitrine soulignant ainsi, par un jeu de mise à distance, leur préciosité. À travers un style et un travail de la matière foncièrement différents, les deux artistes ébauchent chacun à leur manière une réflexion sur le temps, cette force inéluctable qui rythme nos vies.

Il n'est pas étonnant que Levine, dont la pratique artistique ne cesse de questionner les notions d'authenticité et de répétition, se soit intéressée au motif de la tête de mort. Étroitement associé au genre pictural de la vanité, celui-ci traverse l'ensemble de l'histoire de l'art occidental, depuis l'iconographie chrétienne médiévale jusqu'à l'art contemporain, en passant par la peinture de la Renaissance. De la même manière que l'icône religieuse ne se limite pas à illustrer le sacré, mais lui confère une réelle présence, le crâne ne peut se réduire uniquement à un symbole de mort ; il en est l'incarnation décharnée. Levine choisit d'en présenter douze, renvoyant ainsi simultanément au cycle des douze mois de l'année du calendrier grégorien et à celui de la vie et de la mort.

Le calendrier, comme toute autre forme de découpage temporel, ne devient la mesure de notre quotidien qu'à travers la répétition. C'est sur celle-ci que se basent les sept tableaux de Kawara présentés dans l'exposition et issus de sa série « Today ». Cette dernière est composée de près de 3 000 toiles figurant chacune la date de leur réalisation, sur une période allant de 1966 à sa mort en 2014. En exposant un fait social partagé par tout un chacun — l'organisation commune du temps — à travers une pratique manuelle et solitaire comme la peinture, Kawara confronte les dimensions individuelles et collectives de l'expérience temporelle et les ramène à leur expression la plus épurée.

À travers les œuvres de sa série « Meltdown », Levine suit un chemin analogue vers la simplification formelle. Les couleurs qu'elle utilise pour peindre ces tableaux monochromes sont sélectionnées à l'aide d'un programme informatique qui calcule la teinte moyenne d'œuvres d'artistes européens parmi les plus emblématiques de l'art moderne. Dans le cas de *Meltdown: After Klein: Black* et *Meltdown: After Klein: White*, elle décide de travailler à partir d'un tableau en noir et blanc de Yves Klein, rendant ainsi superflu tout le processus informatique qui sous-tend l'œuvre. Les pièces qui en résultent constituent un exercice radical de synthèse visuelle, ramenant la peinture à l'immédiateté de sa matière. R.G.

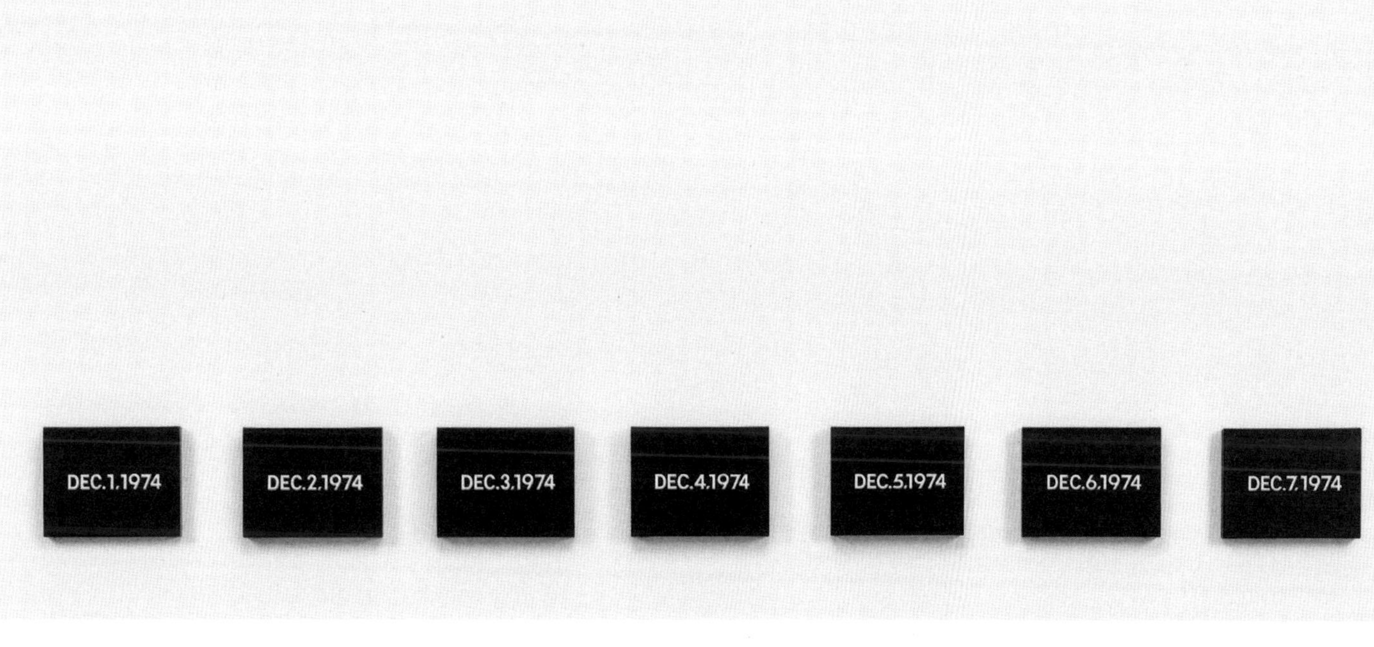

Sherrie Levine, *Crystal Skull*, 2010. Teschi in vetro fuso con teche / Crânes en verre moulé avec vitrines / Cast glass skulls with vitrines **On Kawara, *DEC. 1, 1974*; *DEC. 2, 1974*; *DEC. 3, 1974*; *DEC. 4, 1974*; *DEC. 5, 1974*; *DEC. 6, 1974*; *DEC. 7, 1974*, 1974**. Dalla serie / De la série / From the series *Today*, 1966-2013. Acrilico su tela, con scatola di cartone fatta a mano con carta di giornale / Acrylique sur toile, avec boîte en carton faite à la main avec du papier journal / Acrylic on canvas, with handmade cardboard box with newspaper

Sherrie Levine, *Meltdown: After Klein: White*, 1991. Olio su mogano / Huile sur acajou / Oil on mahogany

EN Twelve glass skulls are presented in glass cases, reminiscent of those found in museums devoted to history or the natural sciences. On the adjacent wall, seven paintings by On Kawara feature a series of dates, in white on a black background. While Sherrie Levine's sculptural installation *Crystal Skull* examines the ephemerality of life and our fascination with death, On Kawara's conceptual paintings mark the passage of time and the construction of the everyday. At first glance, the formal simplicity of these paintings contrasts with the refined and delicate sculptures that Levine presents in display cases, this distancing highlighting their precious nature. In fundamentally opposite styles and materials, these two artists, each in their way, initiate a reflection on time, this ineluctable force that gives rhythm to our lives.

It is not surprising that Levine, whose artistic practice examines notions of authenticity and repetition, has taken an interest in the motif of the skull. Closely associated with the pictorial genre of the vanitas, skulls appear throughout the entire history of Western art, from medieval Christian iconography and Renaissance painting to contemporary art. In the same way that the religious icon does not merely illustrate the sacred, but gives it a real material presence, the skull cannot be reduced solely to a symbol of death; it is its flayed incarnation. Levine presents twelve of them, thus referring both to the cycle of the twelve months of the year of the Gregorian calendar and to the cycle of life and death.

The calendar, like any other form of temporal division, only becomes the measure of our daily life through repetition. This is the basis of the seven paintings by Kawara from his "Today" series presented, in the exhibition. This series is composed of nearly 3,000 paintings, each bearing the date of its creation, painted from 1966 to the artist's death in 2014. By exposing a social fact shared by everyone—our common organization of time—through the manual, solitary practice that is painting, Kawara confronts the individual and collective dimensions of temporal experience, captured in their most pared down expression.

In her "Meltdown" series, Levine follows a similar path to formal simplicity: the colors she uses to paint these monochromatic canvases are selected by a computer program that calculates the average hue of works by some of the most iconic European modern artists. For *Meltdown: After Klein: Black* and *Meltdown: After Klein: White*, she decided to work from a black and white painting by Yves Klein, thus nullifying the entire computer process behind the work. The resulting pieces are a radical exercise in visual synthesis, bringing painting back to the immediacy of its material. R.G.

Sherrie Levine, *Meltdown: After Klein: Black*, 1991. Olio su mogano / Huile sur acajou / Oil on mahogany

IT L'installazione *Un oggetto chiuso in se stesso? (Adieux)* è il risultato di un incarico affidato a Joseph Kosuth espressamente per l'esposizione *Icônes*. L'opera trae origine da un dialogo tra Simone de Beauvoir e Jean-Paul Sartre. Lo scambio risale agli ultimi anni di vita di Sartre e, dopo la sua morte, è stato pubblicato nel 1981 da de Beauvoir in *La cerimonia degli addii; seguita da Conversazioni con Jean-Paul Sartre*. Nel testo si alternano le ultime riflessioni teoriche e personali della coppia «iconica» del XX secolo. Questo lavoro si differenzia dalle numerose installazioni precedentemente realizzate dall'artista. Oltre ad avere scelto un dialogo in cui Sartre e de Beauvoir condividono i propri dubbi, in contrasto con dichiarazioni più autoritarie, Kosuth ha concepito un allestimento che rispetta tanto la delicatezza quanto la complessità del lavoro di Tadao Ando. Il neon è limitato alle sole riproduzioni di testi manoscritti di de Beauvoir e ai numeri di pagina (delle citazioni), dando risalto al testo in vinile e alla domanda fondamentale posta da de Beauvoir — «Un oggetto chiuso in se stesso?» — mediante la proiezione, un supporto inedito per Kosuth. Allo scopo di sovrapporre un involucro quasi incorporeo sulle facce esterne del cubo centrale, Kosuth utilizza tecniche di produzione che non lasciano alcuna traccia sul delicato materiale emblematico dell'architetto giapponese. Presentato in francese, italiano e inglese, il dialogo è una sorta di filo di Arianna nel labirinto costituito da Punta della Dogana e, facendo eco più alle acute domande di de Beauvoir che alle sprezzanti risposte di Sartre, manifesta sopra ogni cosa la fede dell'artista nel potere dell'arte. B.R.

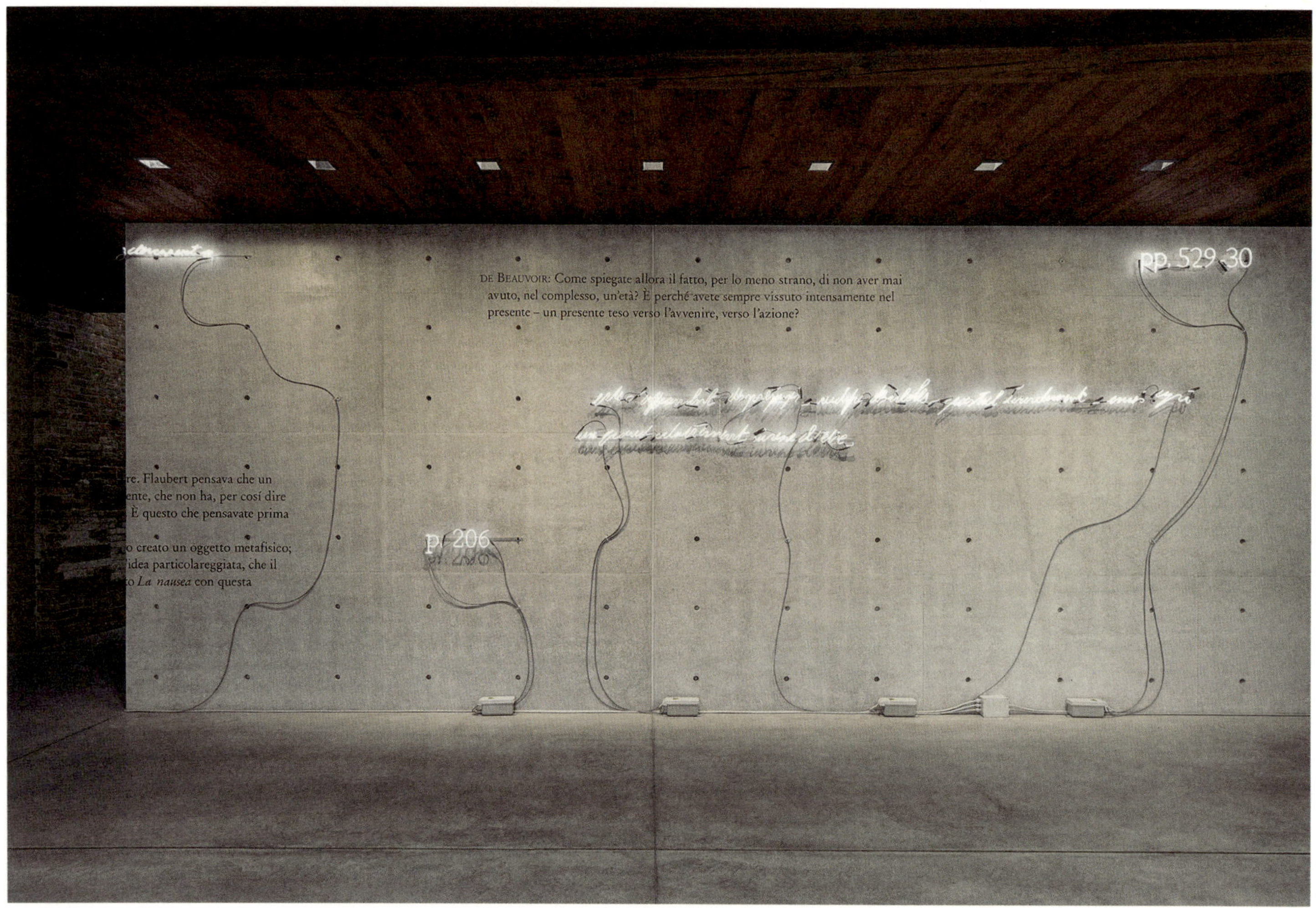

pp. 162, 163, 164-165 ***Un oggetto chiuso in se stesso? (Adieux) / Un objet fermé sur soi ? (Adieux) / An Object Closed Upon Itself? (Adieux), 2022***. Installazione site specific composta da neon, vinile e proiezione / Installation contextuelle composée de néon, vinyle et projection / Context-specific installation consisting of neon, vinyl and projection. Installation view, *Icônes*, Punta della Dogana, Venezia / Venise / Venice, 2023

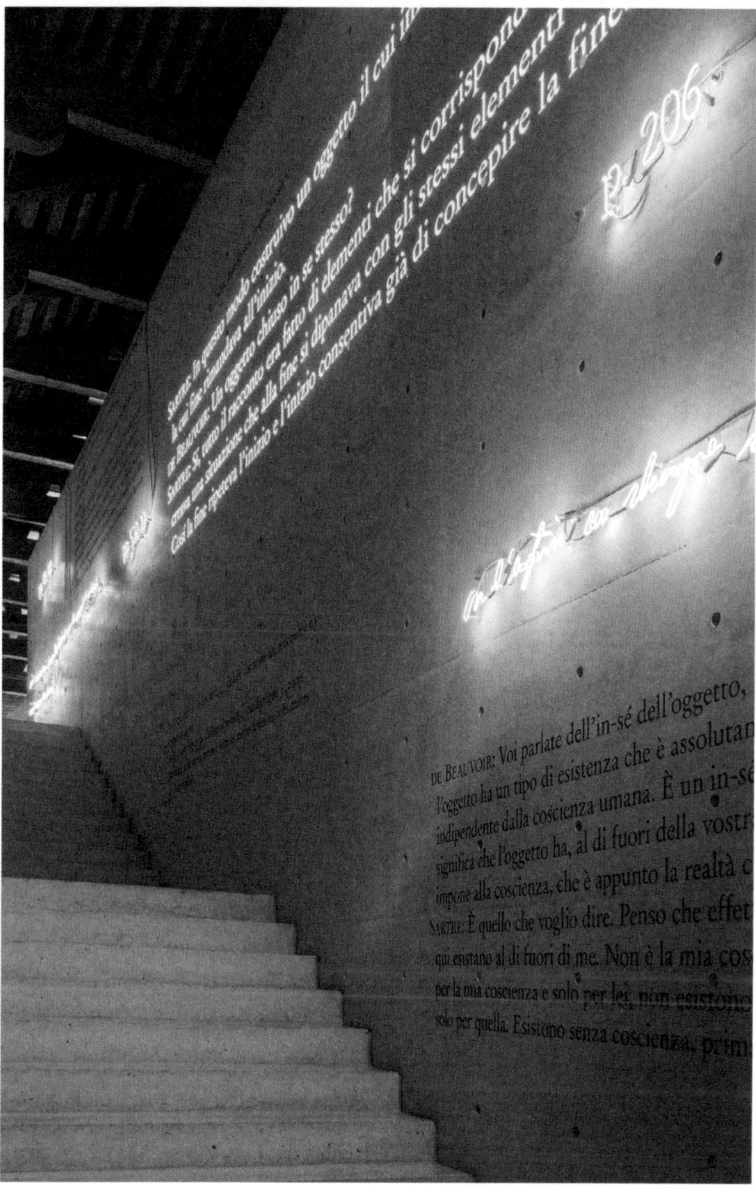

FR L'installation *Un objet fermé sur soi ? (Adieux)* résulte d'une commande faite spécifiquement à Joseph Kosuth pour l'exposition « Icônes ». Elle est issue d'un dialogue entre Simone de Beauvoir et Jean-Paul Sartre. Cet échange a été enregistré dans les toutes dernières années de l'existence de Sartre et publié en 1981 par Beauvoir après la mort de ce dernier dans *La cérémonie des adieux, suivi de Entretiens avec Jean-Paul Sartre*. Le texte offre en alternance les ultimes réflexions théoriques et personnelles de ce couple « iconique » du 20ᵉ siècle. Cette œuvre diffère des nombreuses installations lumineuses réalisées auparavant par l'artiste. Outre le choix d'un dialogue dans lequel Sartre et Beauvoir font part de leurs doutes, et qui contraste avec des citations plus autoritaires, Kosuth a conçu une disposition qui respecte à la fois la délicatesse et la complexité du travail de Tadao Ando. Ainsi le néon est-il cantonné aux seules reproductions de textes manuscrits de Beauvoir et aux numéros de page (des citations), comme s'il s'agissait d'accentuer le texte en vinyle et la question centrale posée par Beauvoir — « Un objet fermé sur soi ? » — à travers la projection, un support inédit pour Kosuth. Afin de déposer une enveloppe quasi immatérielle sur toutes les faces externes du cube central, Kosuth utilise des techniques de fabrication qui ne laissent aucune trace sur le délicat matériau emblématique de l'architecte japonais. Présenté en français, en italien et en anglais, ce dialogue sert de fil d'Ariane dans le labyrinthe que constitue la Punta della Dogana et, en écho aux questions les plus cruciales de Beauvoir davantage qu'aux réponses méprisantes de Sartre, manifeste avant tout la foi de l'artiste dans le pouvoir de l'art. B.R.

EN Joseph Kosuth's installation *An Object Closed Upon Itself? (Adieux)* was commissioned specifically for the *Icônes* exhibition. It is based on a dialogue between Simone de Beauvoir and Jean-Paul Sartre, entitled *Adieux: A Farewell to Sartre*, an exchange recorded in the last years of Sartre's life and published in 1981 by de Beauvoir after his death. The text presents the final theoretical and personal reflections of this 'iconic' twentieth-century couple. The work differs from Kosuth's previous installations. In addition to selecting a dialogue in which Sartre and de Beauvoir express doubts, in contrast with their better-known, more emphatic quotes, Kosuth conceives a presentation respecting both the delicacy and the complexity of Tadao Ando's work. Thus the use of neon is confined to reproductions of de Beauvoir's handwritten texts and page numbers (of the quotations), punctuating the vinyl text, and accentuating the central question posed by de Beauvoir—"An Object Closed Upon Itself?"—, in projection, a medium not previously employed by Kosuth. To deposit an almost immaterial envelope on the external façades of the building's central cube, Kosuth makes use of manufacturing techniques that leave no trace on the delicate material emblematic of the Japanese architect. Presented in French, Italian, and English, this dialogue serves as an Ariadne's thread in the labyrinth of Punta della Dogana and, echoing more de Beauvoir's acute questions than Sartre's dismissive answers, bears witness to the artist's faith in the power of art, above all. B.R.

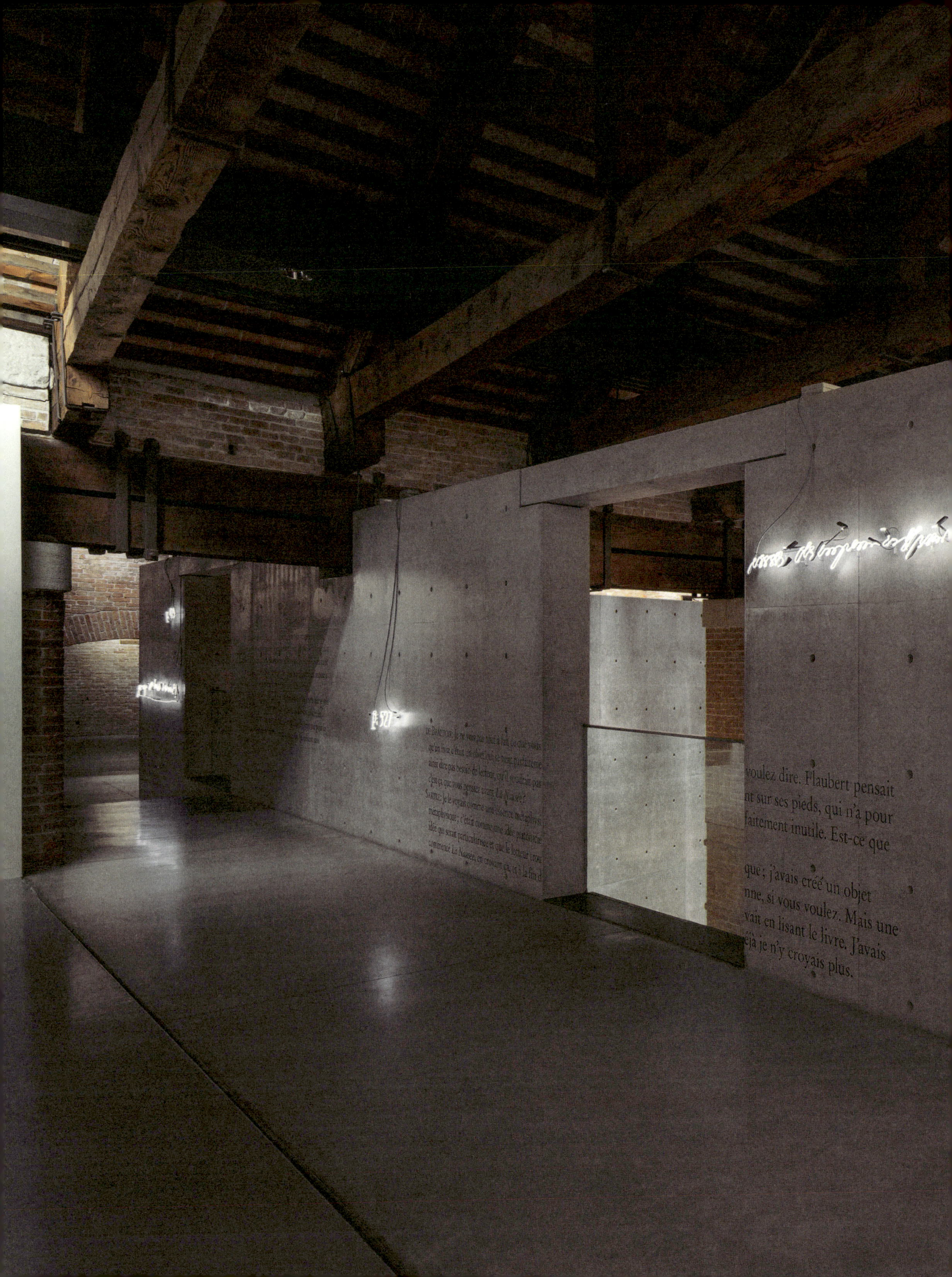
voulez dire. Flaubert pensait
nt sur ses pieds, qui n'a pour
faitement inutile. Est-ce que
que ; j'avais créé un objet
nne, si vous voulez. Mais une
vait en lisant le livre. J'avais
éjà je n'y croyais plus.

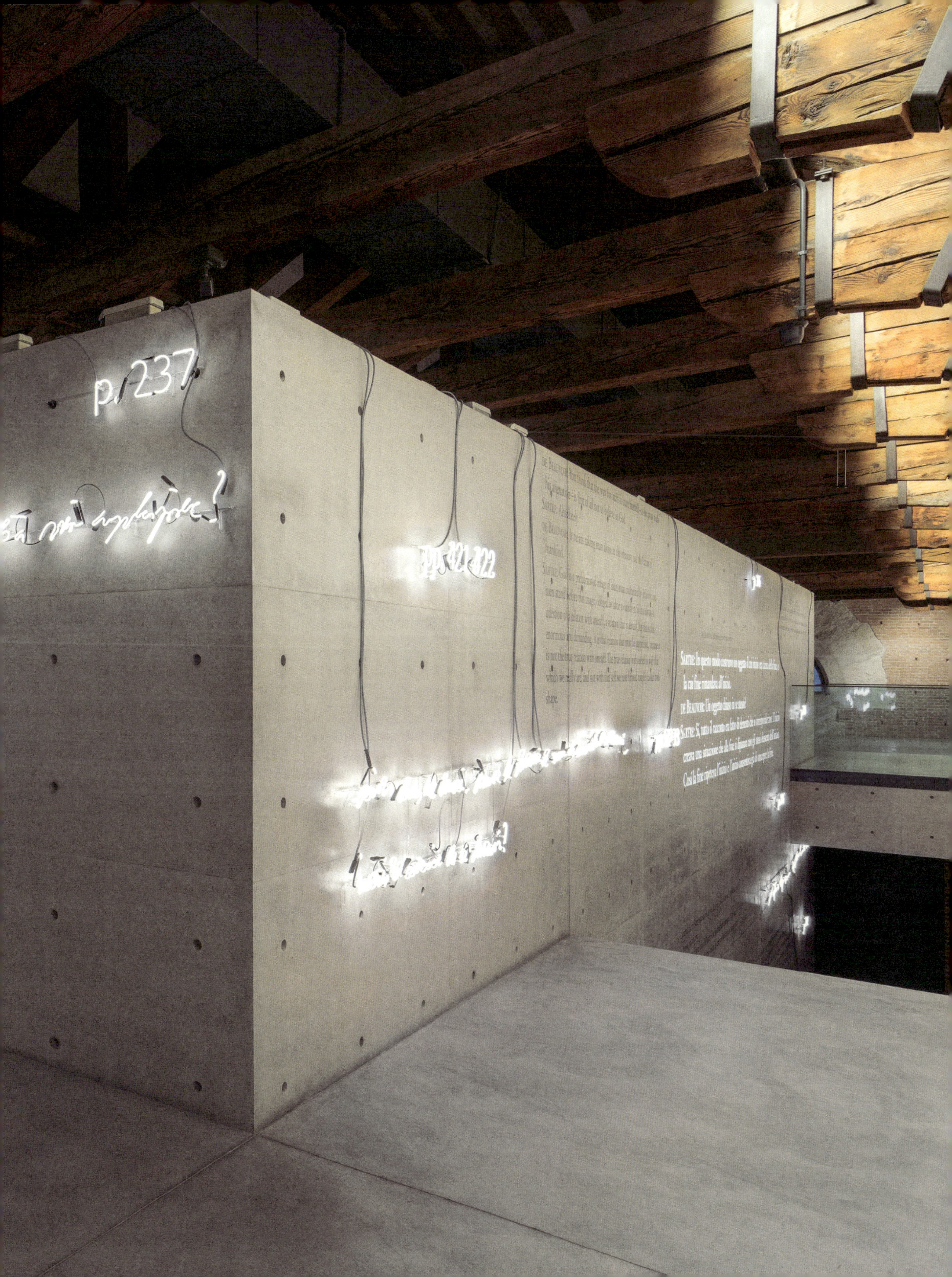
p. 237
pp. 421-422

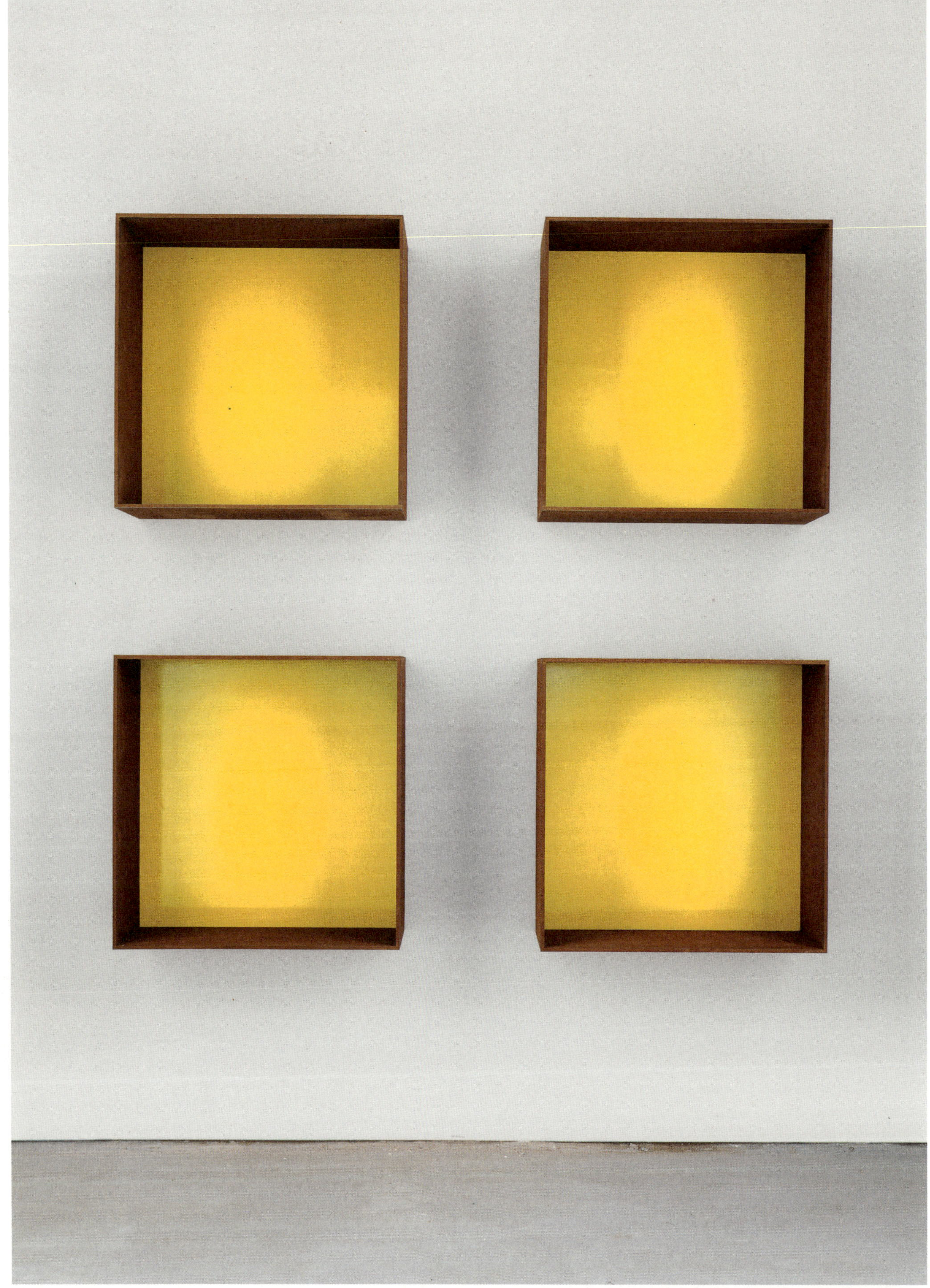

Untitled, 1991. Acciaio corten e smalto giallo / Acier Corten et émail jaune / Corten steel and yellow enamel

IT Nel 1988 Donald Judd acquista una fabbrica di ghiaccio dismessa per trasformarla in studio. Ribattezzato dall'artista «El Taller Chihuahuense», questo luogo singolare, situato in pieno deserto di Chihuahua nel villaggio texano di Marfa — diventato un importante luogo di pellegrinaggio per la minimal art —, vede nascere quasi tutti i suoi lavori realizzati in acciaio corten. Le qualità uniche di questo materiale industriale dall'aspetto grezzo, la cui patina è il risultato di un processo di ossidazione, diventano allo stesso tempo soggetto e oggetto delle opere. Attraverso la sua pratica, Donald Judd si fa interprete di un'esperienza molto vicina alla materialità delle opere. La maggior parte delle sue sculture in acciaio rientra in una tipologia di forme definita dalla fine degli anni sessanta del Novecento, nella quale si ritrovano in particolare le *progressions*, le *stacks* e le *boxes*.

A quest'ultima categoria appartiene l'opera in esame, senza titolo, costituita da quattro grandi scatole di acciaio corten appese al muro e che disegnano una croce cava. Ogni scatola presenta una superficie interna dipinta di giallo vivo, il cui aspetto levigato e brillante è in contrasto con quello dell'acciaio. Sono «oggetti specifici»[1], per riprendere l'espressione utilizzata dall'artista nel suo articolo omonimo, in cui si dichiara favorevole a un'arte ancorata alla realtà, che cerchi di esprimere in modo chiaro la particolarità di ogni oggetto. R.G.

1 — Donald Judd, *Specific Objects*, in «Contemporary Sculpture: Arts Yearbook», 8, 1965, pp. 74-82.

FR En 1988, Donald Judd fit l'acquisition d'une usine à glace désaffectée, afin de la transformer en atelier. Renommé par l'artiste « El Taller Chihuahuense », ce lieu inusité situé en plein désert de Chihuahua, dans le village texan de Marfa, devenu un important lieu de pèlerinage de l'art minimal, fut le lieu de production de la quasi-totalité de ses œuvres réalisées en acier Corten. Les qualités uniques de ce matériau industriel à l'aspect brut, dont la patine résulte d'un processus d'oxydation, deviennent à la fois le sujet et l'objet des œuvres. À travers sa pratique, Judd prône une expérience qui serait au plus proche de la matérialité des œuvres.

La plupart de ses sculptures en acier s'inscrivent dans une typologie de formes établie dès la fin des années 1960, dans laquelle on retrouve notamment les « progressions », les « stacks » et les « boxes ». C'est à cette dernière catégorie qu'appartient cette œuvre non titrée, constituée de quatre grandes boîtes en acier Corten accrochées au mur et qui dessinent en creux une croix. Chaque boîte comporte une surface intérieure peinte en jaune vif, dont l'aspect lisse et luisant vient trancher avec celui de l'acier. Il s'agit d'« objets spécifiques[1] », pour reprendre l'expression employée par l'artiste dans son article éponyme, où il plaide en faveur d'un art ancré dans la réalité, qui chercherait à exprimer clairement la particularité de chaque objet. R.G.

1 — Donald Judd, «Specific Objects», *Contemporary Sculpture: Arts Yearbook* 8, 1965, pp. 74-82.

EN In 1988, Donald Judd acquired an abandoned ice plant and transformed it into a workshop. Renamed "El Taller Chihuahuense," this unusual space, located in the middle of the Chihuahua desert, in the Texan village of Marfa, now considered an important pilgrimage site for Minimalist art, was the production site for almost all his works in Corten steel. The unique qualities of this raw industrial material, with its patina resulting from oxidation, become both the subject and the object of the works. Through his practice, Judd advocates an experience that is as close as possible to the materiality of the works.

Most of his steel sculptures are part of a typology of forms established in the late 1960s, including "progressions," "stacks," and "boxes." This untitled work, composed of four large Corten steel boxes hung on the wall, the hollow spaces between them forming a cross, belongs to this last category. The interior surface of each box is painted in bright yellow, whose smooth, shiny appearance contrasts with that of the steel. These are "specific objects,"[1] as the artist called them in his eponymous article, in which he argued for an art rooted in reality that seeks to clearly express the specificity of each object. R.G.

1 — Donald Judd, "Specific Objects," *Contemporary Sculpture: Arts Yearbook* 8, (1965), 74–82.

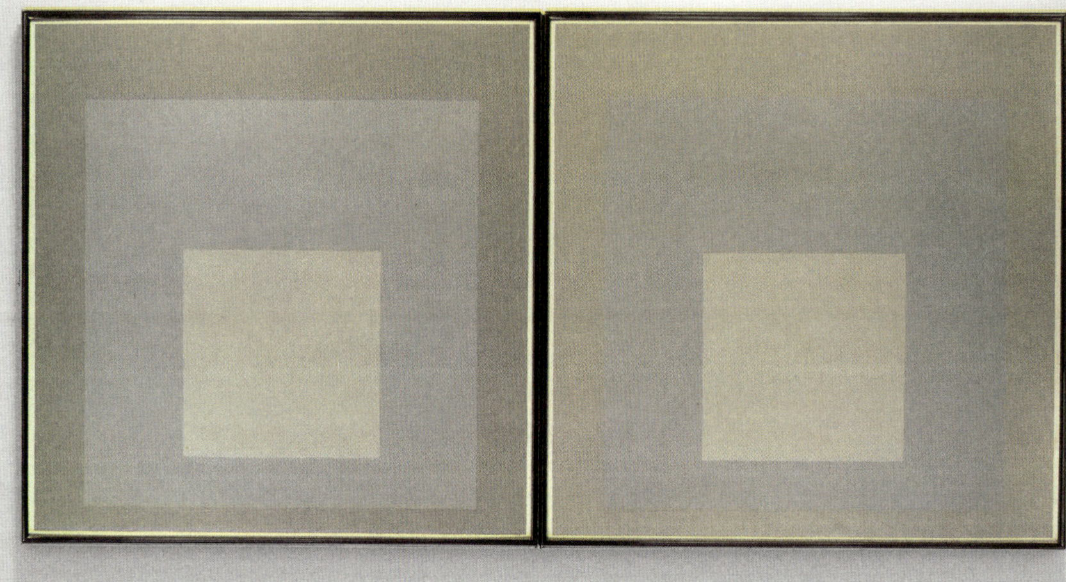

IT Nel 1950, all'età di sessantadue anni, Josef Albers cominciò a dipingere gli *Homage to the Square* e li chiamò «vassoi per servire i colori». Per lui, realizzarli era «come spalmare il burro su una fetta di pane: pane nero della Vestfalia, pieno di personalità, niente a che fare con quello bianco americano, che sembra un Kleenex»[1]. La sua tecnica immediata, che consisteva nell'applicare ogni pigmento direttamente dal tubetto, senza mescolarlo, su tavole di masonite preparate con cura con sei strati di gesso bianco — mai nessun colore sovrapposto a un altro — gli consentiva di presentare «diversi climi cromatici»[2] e di dimostrare che la percezione può cambiare e lo stesso colore può essere trattato in modo da apparire diverso. Ogni tinta muta in base a quelle che le vengono accostate.

Ma è in *Despite Mist*, il dittico del 1967, che l'effetto di un unico colore su quelli vicini sorprende più che altrove. Albers accoppiò due tavole usando dei cardini in modo da unirle definitivamente, dando loro quell'aura sacra delle icone russe (anch'esse giuntate con cardini) che aveva ammirato da giovane all'Ikonen-Museum di Recklinghausen, in Germania, nei pressi di Bottrop, sua città natale. Nei due pannelli, tutti gli elementi sono identici salvo il colore dei quadrati esterni. In entrambi, al centro c'è un Grigio Optical n. 1 caldo di marca Marabù; il secondo quadrato è in Grigio Optical n. 1 freddo, dello stesso produttore. A sinistra, il colore più esterno è Chapin Neutro n. 1 di Shiva; a destra c'è il Grigio di Reilly n. 8, marca Grumbacher. Le tinte dei riquadri interni però appaiono completamente diverse nelle due tavole. Anche il movimento e le proporzioni dei riquadri sembrano mutare. Lo stesso vale per la rotondità degli angoli. L'artista dà prova non solo di rigore e abilità, ma anche di immaginazione e fede, di una fiducia nel miracoloso. N.F.W.

1 — Josef Albers, conversazione con Nicholas Fox Weber nella casa di Albers a Orange, in Connecticut, febbraio e marzo 1973. **2** — *Ibid.*

FR En 1950, lorsque Josef Albers commence, à l'âge de 62 ans, à peindre ses « Homage to the Square », il les appelle « plateaux de service à couleur ». Il les réalise comme on « tartine du beurre sur du pain : du pain noir de Westphalie, plein de caractère, pas ce pain blanc américain qui ressemble aux Kleenex[1] ».
Il emploie une technique simple, consistant à appliquer chaque pigment directement à partir du tube sans le mélanger, sur un panneau de fibres de bois soigneusement préparé et enduit de six couches de gesso blanc, sans qu'aucune couleur ne se superpose à une autre. Il peut ainsi présenter des « climats de couleur différents[2] » et démontrer la mutabilité de la perception des couleurs, qui peuvent prendre un aspect divers même quand elles sont identiques. L'apparence d'une teinte varie en fonction des teintes contigües.

C'est dans le diptyque *Despite Mist* (1967) que l'effet d'une couleur sur ses voisines est le plus étonnant. En les articulant l'une à l'autre, Albers associe définitivement les deux peintures et leur donne le caractère sacré des paires d'icônes russes qu'il admirait depuis sa jeunesse au Ikonen-Museum de Recklinghausen, près de sa ville natale de Bottrop en Allemagne. Les éléments des deux tableaux sont identiques, à l'exception des couleurs des carrés extérieurs. La couleur des carrés centraux est à chaque fois Optical Gray #1 Warm et celle des carrés intermédiaires est Optical Gray #1 Cool. Toutes deux sont produites par le fabricant Marabu. À gauche, la couleur en périphérie est Chapin Neutral #1 de chez Shiva ; à droite, il s'agit de Reilly's Gray #8 de chez Grumbacher. Les teintes des deux carrés centraux paraissent toutefois très différentes dans les deux tableaux.
Le mouvement, les proportions des carrés ainsi que l'arrondi des coins semblent varier également. Cette œuvre est non seulement un témoignage de rigueur et d'habileté, mais aussi d'imagination, de foi et de croyance dans le miraculeux. N.F.W.

1 — Josef Albers, conversation avec Nicholas Fox Weber chez Albers à Orange, Connecticut, février et mars 1973. **2** — *Ibid.*

EN In 1950, when Josef Albers began, at age sixty-two, to paint his "Homages to the Square," he called them "platters to serve color." He made them "the way I spread butter on bread: Westphalian black bread, full of character, not like the American white bread that resembles Kleenex."[1] His straightforward technique, with which each pigment was applied straight from the tube, unmixed, on a carefully prepared wood fiberboard panel coated with six layers of white gesso, no color ever on top of another, enabled him to present "different color climates"[2] and to demonstrate the mutability of color perception, whereby identical colors can be made to look different. The appearance of a hue changes according to the other hues near to it.

Nowhere is the effect of a single color on its neighboring ones more astounding than in the 1967 diptych *Despite Mist*. Albers hinged this pair of paintings together to couple them permanently and give them the sacred quality of the hinged Russian icons he had admired since his youth in the Ikonen-Museum in Recklinghausen, near to his natal city of Bottrop in Germany. In both panels, all the elements except for the colors of the outermost squares are identical. The center color in each is Optical Gray #1 Warm; the second one out is Optical Gray #1 Cool, both made by the manufacturer Marabù. The outermost color on the left is Chapin Neutral #1 by Shiva; on the right it is Reilly's Gray #8 by Grumbacher. But the hues of the interiors look entirely different in the two paintings. The movement and the proportions of the squares also seem to change. So does the degree to which the corners appear rounded It is testimony not only to diligence and craft, but to imagination and faith, to a belief in the miraculous. N.F.W.

1 — Josef Albers, in conversation with Nicholas Fox Weber in Albers's home in Orange, Connecticut, February and March 1973. **2** — Ibid.

***Study for Homage to the Square: Despite Mist*, 1967-1968**. Olio su masonite, cornice dell'artista, dittico / Huile sur masonite dans un cadre de l'artiste, diptyque / Oil on masonite in artist's frame, diptych

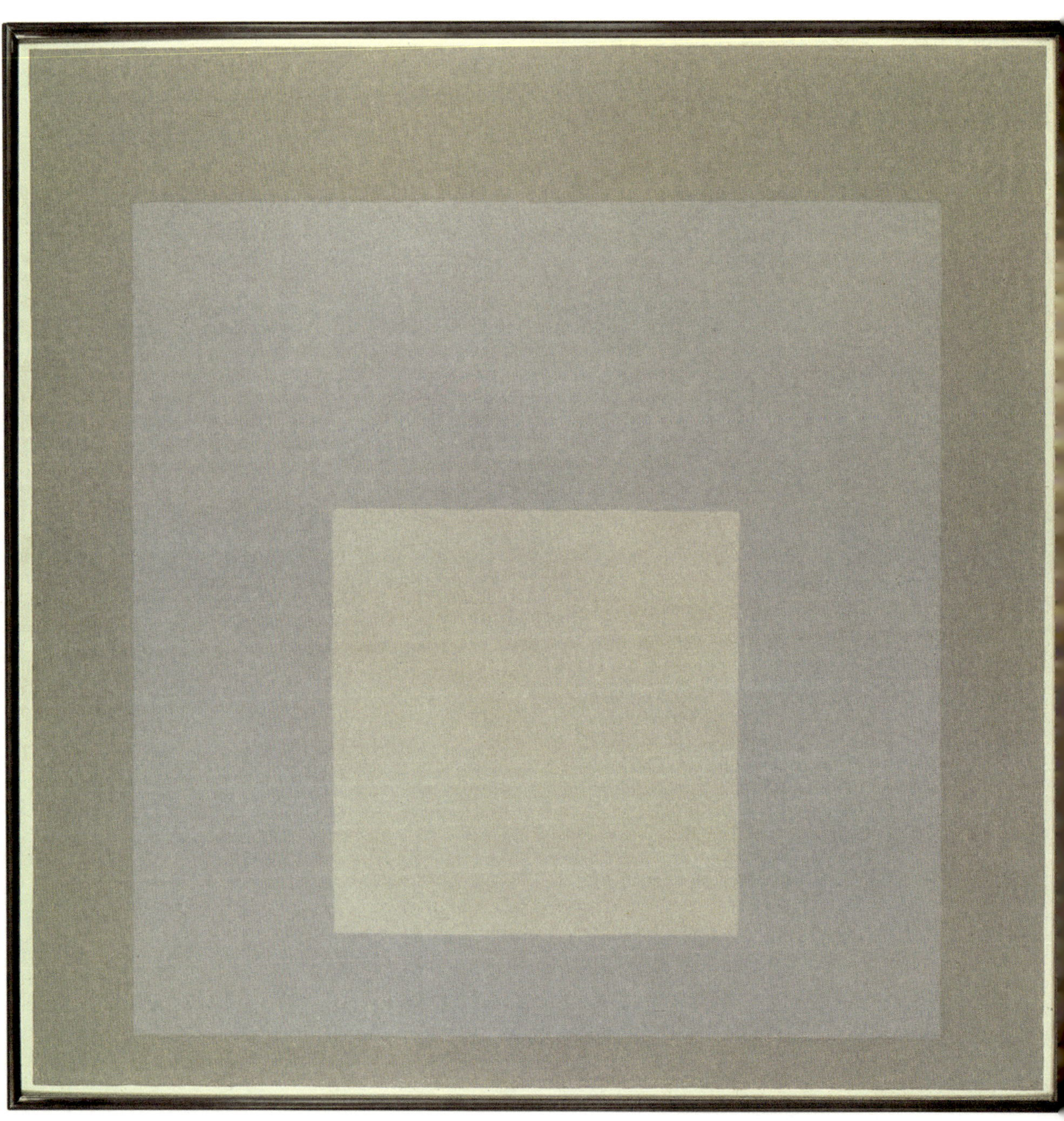

***Study for Homage to the Square: Despite Mist*, 1967-1968**. Olio su masonite, cornice dell'artista, dittico / Huile sur masonite dans un cadre de l'artiste, diptyque / Oil on masonite in artist's frame, diptych

IT In un mattino di primavera del 1965, Roman Opałka ha l'idea di utilizzare la pittura per materializzare il carattere irreversibile del tempo. È l'inizio della grande opera che lo occuperà per il resto della sua carriera, *OPALKA 1965 / 1 - ∞,* una serie di numeri dipinti attraverso una successione di quadri che l'artista definisce «dettagli». Il primo di essi, realizzato nel 1965, inizia con il numero 1 e termina con il numero 35.327. Nel 1972, quando raggiunge la cifra di 1.000.000, Opałka decide di aggiungere un ulteriore 1% di bianco nella miscela di pittura che utilizza come sfondo, e questo per ogni tela futura. Mentre le sue opere anteriori si caratterizzano per la tinta relativamente scura, le successive diventano sempre più tenui, fino ad avvicinarsi a un bianco monocromo. Lo dimostrano i tre dipinti appesi al muro, vicino al suo autoritratto, sui quali i numeri tracciati minuziosamente in bianco su fondo bianco si distinguono appena. Dal 1965 alla sua morte nel 2011, Opałka realizzerà così 231 tele. L'ultima termina con il numero 5.607.249.

Lo spazio architettonico di forma ottagonale che accoglie sette opere della serie *OPALKA 1965 / 1 - ∞* fu pensato dall'artista stesso come la rappresentazione spaziale dello «spazio-tempo di un'esistenza»[1]. Si sente la registrazione della voce di Opałka che scandisce una serie di numeri, proprio mentre li sta dipingendo. Questa dimensione sonora, come i suoi dipinti, traduce la volontà dell'artista di rispecchiare, fissandolo, l'inesorabile passaggio del tempo. R.G.

1 — Note dell'artista in *Ottagono — la poetica dell'infinito*, manoscritto senza data.

FR Un matin printanier de l'année 1965, Roman Opałka a l'idée d'utiliser la peinture afin de matérialiser le caractère irréversible du temps. C'est l'amorce de son grand œuvre qui l'occupera pour le reste de sa carrière, « OPALKA 1965 / 1 - ∞ », une suite de nombres peints à travers une succession de tableaux qu'il nomme « détails ». Le premier d'entre eux, réalisé en 1965, débute par le chiffre 1 et se termine par le nombre 35 327. En 1972, alors qu'il atteint le nombre 1 000 000, il décide d'ajouter 1 % de blanc additionnel dans le mélange de peinture qu'il utilise en arrière-plan, et ce pour chaque nouvelle toile qu'il entame. Alors que ses œuvres antérieures se composent de teintes relativement sombres, les suivantes se feront de plus en plus pâles, jusqu'à se rapprocher d'un blanc monochrome. En témoignent les trois tableaux accrochés au mur, à proximité de son autoportrait, sur lesquels se distinguent à peine les nombres peints minutieusement en blanc sur fond blanc. De 1965 à sa mort en 2011, Opałka réalisera ainsi 231 tableaux. Le dernier d'entre eux s'achève sur le nombre 5 607 249.

Le dispositif architectural de forme octogonale qui accueille sept œuvres de la série « OPALKA 1965 / 1 - ∞ » fut pensé par l'artiste lui-même comme la représentation spatiale de « l'espace-temps d'une existence[1] ». On y entend un enregistrement de la voix de Opałka dictant une série de nombres, alors même qu'il est en train de les peindre. Cette dimension sonore, à l'instar de ses tableaux, traduit la volonté de l'artiste de refléter tout en le fixant l'inexorable passage du temps. R.G.

1 — Notes de l'artiste « Octogone — la poétique de l'infini », manuscrit non daté.

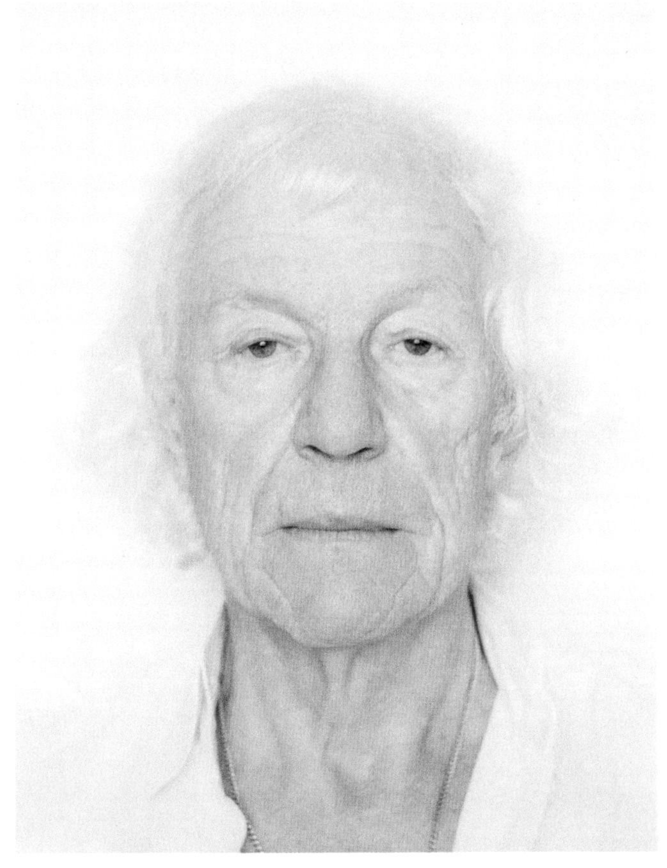

OPALKA 1965 / 1 - ∞ Détail 4875812 - 4894230
OPALKA 1965 / 1 - ∞ Détail 4894231 - 4914799
OPALKA 1965 / 1 - ∞ Détail 4914800 - 4932016
Autoportrait photographique ad nombre 4963115 peint sur la toile OPALKA 1965 / 1 - ∞ Détail 4951385 - 4968511.
Acrilico su tela, trittico, fotografia, suono / Acrylique sur toile, triptyque, photographie, son / Acrylic on canvas, triptych, photograph, sound. Fonds Roman Opałka

EN One spring morning in 1965, Roman Opałka conceived the idea of using paint to materialize the irreversible nature of time. This marked the beginning of the great work that would occupy him for the rest of his career, *OPALKA 1965 / 1 - ∞*, a series of numbers painted in a succession of pictures that he called "details." The first begins, naturally, with the number 1 and ends at 35,327. In 1972, when Opałka reached the number 1,000,000, he decided to add an additional 1% of white to the paint mixture he used as a background for each new painting he started. While his earlier works were composed of relatively dark tones, his later paintings in the series became lighter and paler, gradually approaching a monochromatic white. The three paintings hanging on the wall, near his self-portrait, on which the numbers, meticulously painted in white on a white background, are barely distinguishable, are a testament to this. Opałka produced a total of 231 paintings between 1965 and his death in 2011. His final canvas in the series ends on the number 5,607,249. The octagonal architectural device that houses seven works from the series was conceived by the artist himself as the spatial representation of "the space-time of an existence."[1] We hear a recording of Opałka's voice reciting a series of numbers as he paints them. This aural dimension, like his paintings, reflects the artist's desire to capture and freeze the inexorable passage of time. R.G.

1 — Notes by the artist "The Octagon—the poetics of infinity," undated manuscript.

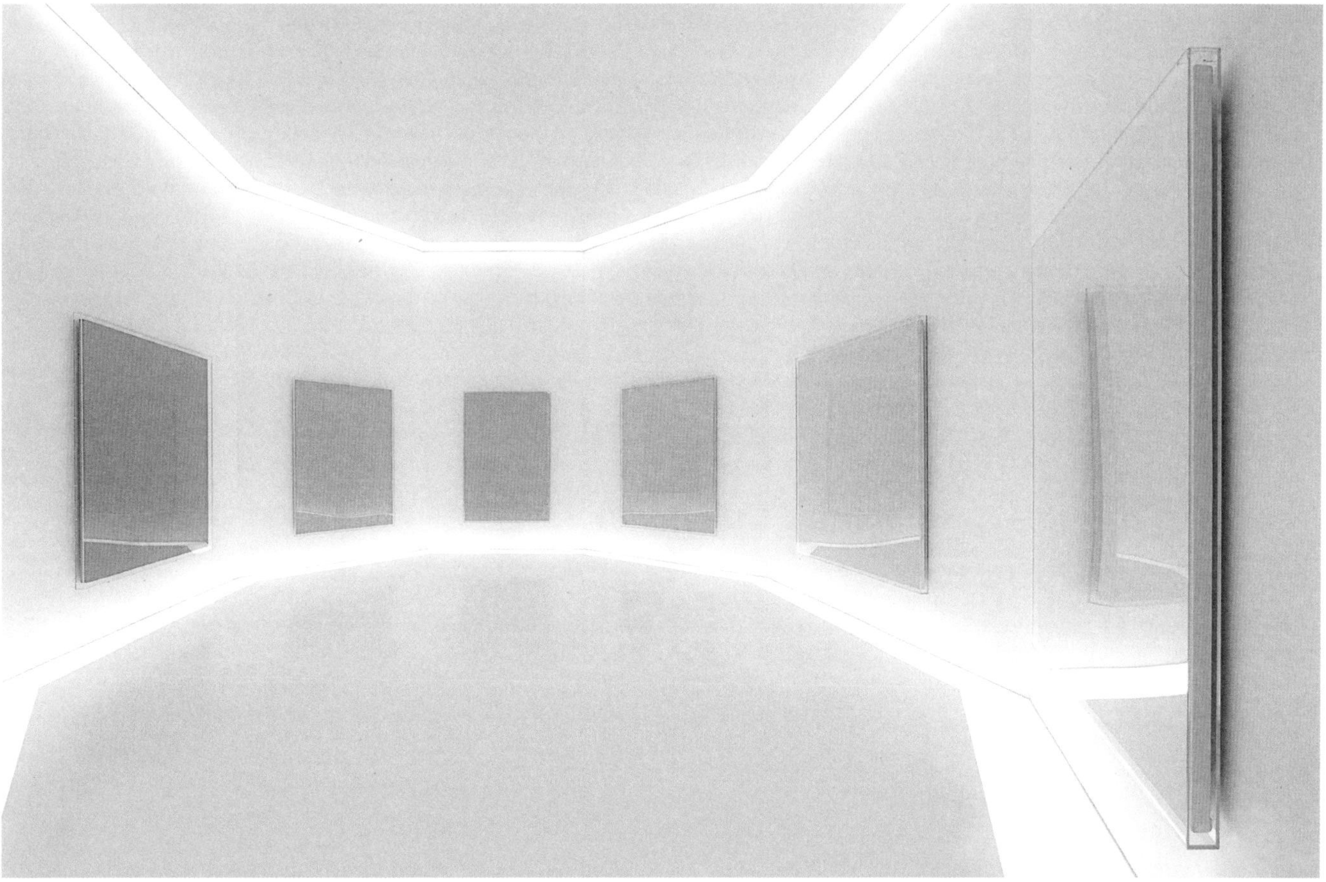

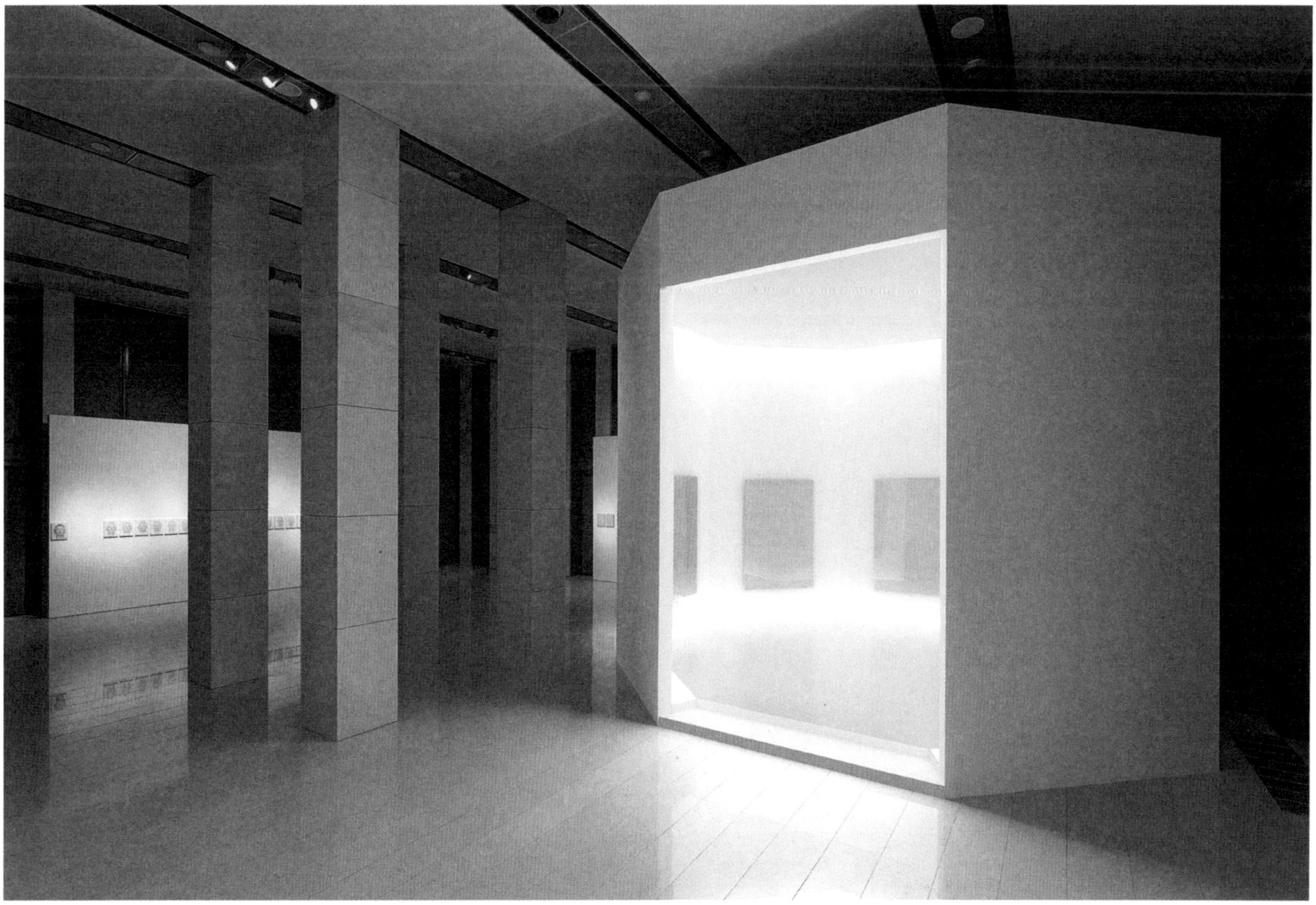

OPALKA 1965 / 1 - ∞ Détail 4875812 - 4894230. Acrilico su tela / Acrylique sur toile / Acrylic on canvas
OPALKA 1965 / 1 - ∞. Acrilico su tela / acrylique sur toile / acrylic on canvas. Elemento sonoro / Élément son / Sound. Installation view, *Roman Opałka*. Spectra Art Space Masters. Mostra per il cinquantesimo anniversario del primo / Exposition pour le 50ᵉ anniversaire du premier / Exhibition on 50th anniversary of the first *Counted Painting* di / de / from *OPALKA 1965 / 1 - ∞*, Starak Family Foundation, Varsavia / Varsovie / Warsaw 2015

IT *14 février 1990*, che si sviluppa su una lunghezza totale di 16,125 metri, è la composizione più grande mai realizzata da Michel Parmentier. Concepita per l'esposizione *Buren Parmentier* organizzata nel 1991 al Palais des Beaux-Arts di Bruxelles, è costituita da un insieme di trentasei bande grigie tracciate a carboncino e disposte a intervalli regolari secondo una sequenza progressiva che va da uno a otto. Si inscrive in un ciclo di opere realizzate dall'artista tra il 1989 e il 1991, in cui Parmentier esplora il supporto costituito dalla carta da lucido, che offusca il muro sul quale è appesa, senza tuttavia occultarlo. La tecnica del *frottage*, impiegata per applicare il carboncino, lascia trasparire, attraverso le ampie tinte piatte che compongono le strisce grigie, la superficie sulla quale l'opera è stata concepita.

Le opere dell'artista, vera e propria difesa appassionata in favore dell'arte per l'arte, cercano di esprimere nella maniera più semplice e diretta le proprietà materiali del medium utilizzato. Rifiutando ogni forma di simbolismo esterno allo spazio pittorico, i disegni di Parmentier si accontentano di essere disegni. La ripetizione delle bande orizzontali, unità di base del suo lessico visivo, segna una neutralità priva della minima soggettività. Fondando la sua pratica sul diniego del gesto e del racconto, Parmentier fu una figura attiva e influente della critica del dopoguerra concernente le modalità tradizionali della creazione artistica. La ricerca di sobrietà formale che anima il lavoro dell'artista contribuisce al suo radicamento in un quasi silenzio, attraverso il quale lui sostiene di «dipingere l'imperfezione, abbozzare la mancanza»[1], senza mai rassegnarvisi! R.G.

1 — Michel Parmentier, *Dire, redire et bafouiller, me contredire, dévier en apparence, digresser, bref: rhizomer toujours. M'avouer*, in *Michel Parmentier*, catalogo della mostra, a cura di Alfred Pacquement, Centre National des Arts Plastiques, Paris 1988, p. 72.

***14 février 1990*, 1990**. Carboncino su carta da lucido / Fusain sur papier calque / Charcoal on tracing paper. Installation view, Stand Art Basel, 2021

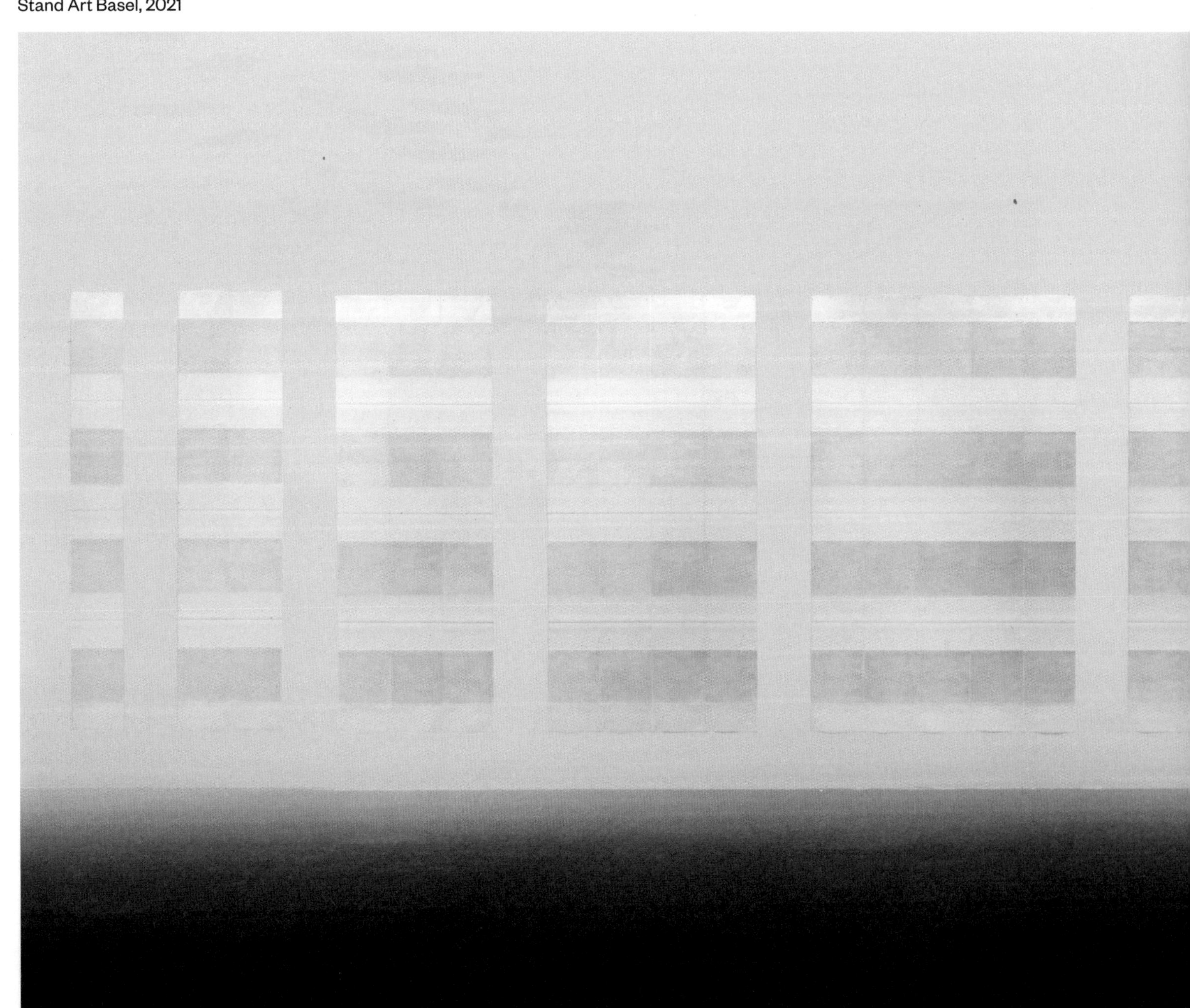

FR Se déployant sur une longueur totale de 16,125 mètres, *14 février 1990* est la plus grande composition jamais réalisée par Michel Parmentier. Conçue pour l'exposition « Buren Parmentier » organisée en 1991 au palais des Beaux-Arts de Bruxelles, elle est constituée d'un ensemble de 36 lés gris tracés au fusain et disposés à intervalle régulier selon une suite progressive allant de un à huit. Elle s'inscrit dans un cycle d'œuvres, réalisé par l'artiste entre 1989 et 1991, qui explore ce médium qu'est le papier-calque. Translucide, celui-ci voile le mur sur lequel il est accroché, sans toutefois l'occulter. La technique du frottage, employée pour appliquer le fusain, laisse transparaître, à travers les larges aplats qui composent les bandes grises, la surface sur laquelle fut conçue l'œuvre.

Véritable plaidoyer en faveur de l'art pour l'art, les œuvres de l'artiste cherchent à exprimer de la manière la plus simple et directe qui soit les propriétés matérielles des médiums utilisés. Rejetant toute forme de symbolisme extérieur à l'espace pictural, les dessins de Parmentier se contentent d'être dessin. La répétition des rayures horizontales, unité de base de sa grammaire visuelle, marque une neutralité dénuée de la moindre subjectivité. Fondant sa pratique sur un déni du geste et du récit, Parmentier fut une figure active et influente de la critique d'après-guerre visant les modes traditionnels de la création artistique. La quête de dépouillement formel qui anime le travail de l'artiste participe à l'ancrer dans un presque silence, à travers lequel il affirme « peindre la faille, griffonner le manque[1] », sans jamais s'y résigner ! R.G.

1 — Michel Parmentier, « Dire, redire et bafouiller, me contredire, dévier en apparence, digresser, bref : rhizomer toujours. M'avouer. », dans *Michel Parmentier* [catalogue d'exposition], Paris, Centre National des Arts Plastiques, 1988, p. 72.

EN Unfolding over a total length of 16.125 meters, *14 février 1990* is Michel Parmentier's largest composition. Created for the exhibition *Buren Parmentier* organized in 1991 at the Palais des Beaux-Arts in Brussels, it consists of thirty-six gray charcoal strips, arranged at regular intervals in a progressive sequence from one to eight. It is part of a cycle of works, produced by the artist between 1989 and 1991, that explores the medium of tracing paper. Translucent, tracing paper veils the wall on which it is hung without concealing it. The technique of frottage, used to apply the charcoal, allows the surface on which the work was conceived to appear through the large flat areas that make up the gray bands.

A veritable plea in favor of art for art's sake, Parmentier's work seeks to express the material properties of the mediums used in the simplest and most direct way possible. Rejecting any form of symbolism outside the pictorial space, Parmentier's drawings are content to be drawings. The repetition of horizontal stripes, the basic unit of his visual grammar, marks a neutrality devoid of any subjectivity. Parmentier, whose practice is based on a rejection of gesture and narrative, was an active and influential figure in the postwar critique of traditional modes of artistic creation. The quest for formal austerity that animates his work contributes to anchoring it in almost complete silence, through which he affirms "to paint the fault, to scribble the lack,"[1] without ever resigning himself to it. R.G.

1 — Michel Parmentier, "Dire, redire et bafouiller, me contredire, dévier en apparence, digresser, bref: rhizomer toujours. M'avouer," in *Michel Parmentier*, exhibition catalogue, edited by Alfred Pacquement (Paris: Centre National des Arts Plastiques, 1988), 72.

***14 février 1990*, 1990**. Carboncino su carta da lucido / Fusain sur papier calque / Charcoal on tracing paper. Installation view, Stand Art Basel, 2021

IT Sin dagli esordi negli anni cinquanta del Novecento, con un certo pragmatismo, Robert Ryman ha dipinto in tutti i modi possibili, utilizzando una varietà di supporti, utensili e vernici altrettanto universale. Sempre, nei suoi esperimenti, ha controllato le singole azioni e le loro conseguenze, ovvero il modo in cui ciascun materiale influisce sull'altro: la forza che esercita, le risposte che provoca, il valore che suggerisce e le considerazioni estetiche che ispira. Anzi, tali rapporti di causa ed effetto sono parte integrante del progetto di Ryman.

In ciascuna delle piccole opere eseguite tra il 2010 e il 2011 (tutte senza titolo), un quadrato impreciso di pittura a olio fluttua maldestramente su un più grande quadrato di cotone teso su un telaio. La vernice bianca emerge da uno sfondo di tinte cupe e sature (ruggine, verde pistacchio e grigio tortora scuro) che assorbono la luce e provocano un contrasto che spinge in rilievo il pigmento più chiaro. In alcuni casi, Ryman ha impiegato una spazzola rigida, le cui setole hanno tracciato, a ogni energico passaggio, righe sottili; emerge così un'altra gamma di tinte iscritte nel bianco (toni crema e gialli, ma anche lilla e verdi). La vernice, sorprendentemente opaca e in apparenza applicata con tocchi fini ma insistenti, impregna la trama della tela e diventa tutt'uno con essa.

Il modus operandi di Ryman prevedeva un adattarsi al materiale e all'esperienza che ne deriva. Quando i critici analizzano uno «stile tardo», spesso rilevano la tendenza a un cambiamento radicale di metodo o tecnica. Pare lecito trovare qui una piena conferma: in passato Ryman lasciava che le caratteristiche dei supporti — dal tenue brillio dell'acciaio al marrone fibroso della carta ondulata — intervenissero come incidente pittorico. Ora, al contrario, lo sfondo è completamente rivestito di colore. Ma, invece di far intravedere una conclusione, questi pezzi dimostrano che, tra le «infinite possibilità» che per Ryman sono la ricchezza della pittura, si scoprono solo nuove domande. S.H.

FR Depuis ses débuts de carrière dans les années 1950, Robert Ryman a évalué de manière pragmatique les moyens de la peinture, en utilisant une variété de supports et une large gamme d'ustensiles et de couleurs. Au cours de ses expériences, l'artiste examinait l'acte et la conséquence, c'est-à-dire la manière dont une matière agit sur une autre : la puissance qu'elle exerce, la réponse qu'elle induit, la valeur qu'elle suggère et l'esthétique qu'elle soumet au regard du public. Ces relations de cause à effet sont essentielles dans les travaux de Ryman.

Dans chacune de ses petites peintures de 2010 et 2011 (toutes sans titre), un carré façonné grossièrement avec de la peinture à l'huile blanche flotte de manière instable sur une toile tendue en coton, carrée elle aussi. Le blanc est soutenu par un fond saturé de couleur sombre qui absorbe la lumière. Ce fond élaboré à partir de plusieurs teintes — parmi lesquelles la rouille, le vert pistache et le gris tourterelle intense — produit un contraste qui fait ressortir le pigment plus clair. Ryman a utilisé par endroits une brosse rigide, de sorte qu'à chaque touche les poils durs ont ratissé de fines lignes sur l'épaisseur de la peinture, révélant la gamme de couleurs dont le blanc est composé — des teintes de crème et de jaune, mais aussi du lilas et du vert. La peinture à l'aspect étonnamment mat semble avoir été appliquée en passes fines mais insistantes. Elle est devenue indissociable de la trame de la toile qu'elle colore.

La méthode de Ryman implique à la fois l'adaptation à la matière et l'expérience qu'elle produit. À propos du « style tardif » d'un artiste, les critiques signalent souvent une tendance au changement radical de méthode ou de technique. Vraisemblablement, ce type de réorientation se manifeste ici. Dans le passé, les propriétés des supports choisis par Ryman pouvaient avoir une incidence picturale, qu'il s'agisse du pâle éclat de l'acier ou du brun fibreux du papier gaufré. Dans les œuvres de 2010 et 2011, la surface est entièrement recouverte de peinture. Mais plutôt que de suggérer qu'il s'agit là d'un dénouement, ces œuvres soulignent le fait que, au sein des « possibilités infinies » qui constituaient aux yeux de Ryman la richesse de la peinture, toujours plus de questions se posent. S.H.

Untitled, 2010. Olio su tela di cotone tesa / Huile sur toile de coton tendue / Oil on stretched cotton canvas

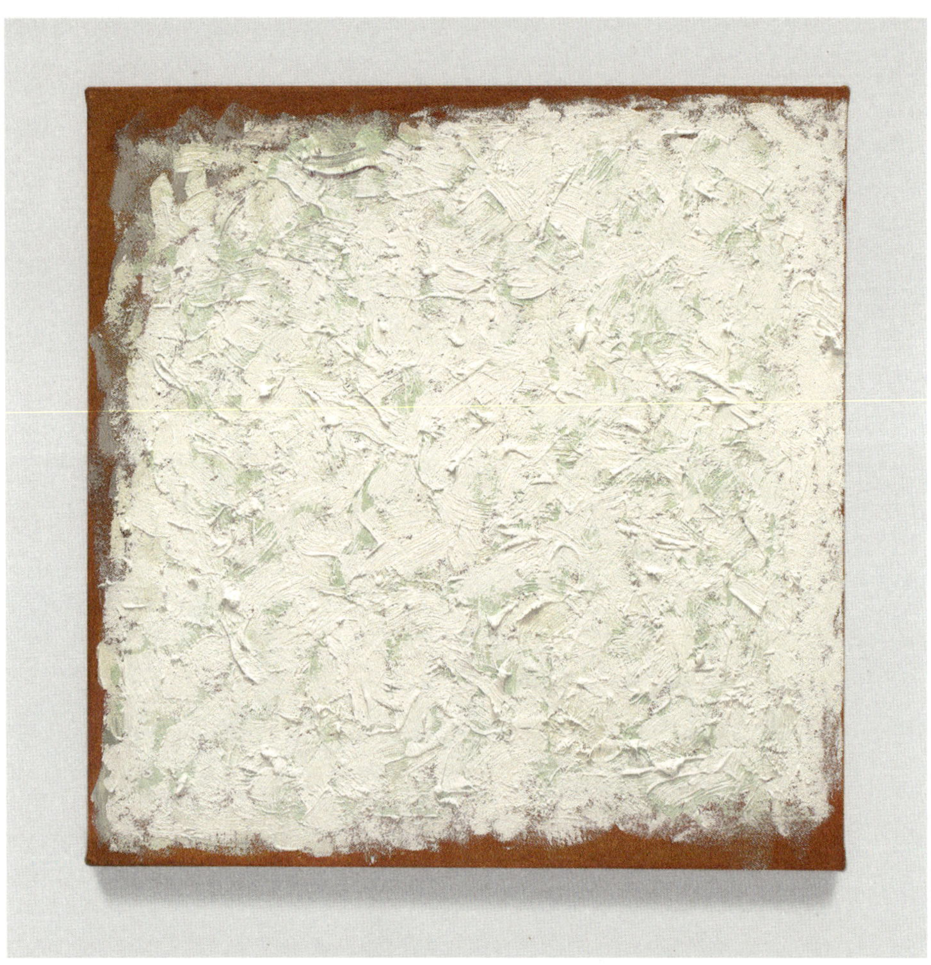

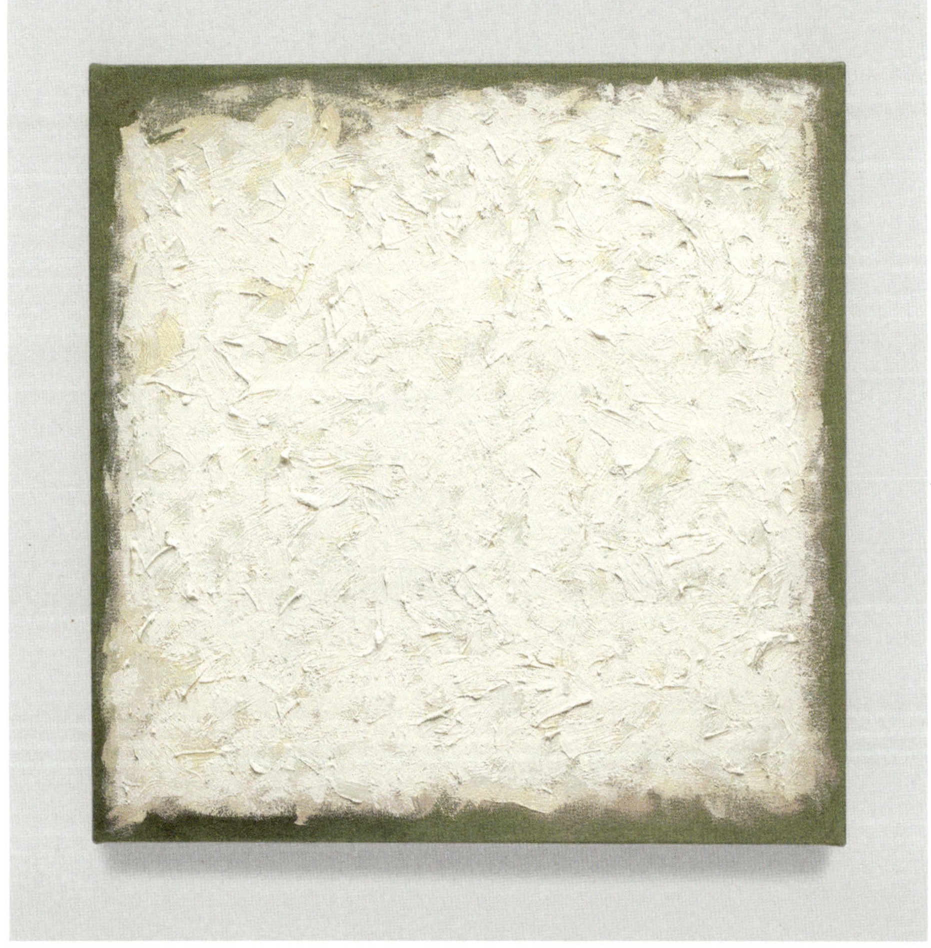

Untitled, 2010. Olio su tela di cotone tesa / Huile sur toile de coton tendue / Oil on stretched cotton canvas
Untitled, 2010. Olio su tela di cotone tesa / Huile sur toile de coton tendue / Oil on stretched cotton canvas

EN From the beginning of his career, in the 1950s, Robert Ryman pragmatically tested the means of painting, deploying a variety of supports and an equally catholic range of utensils and paints. In all of his experiments, Ryman checked action and consequence—which is to say, what one material will do to another: what force it exerts, what response it elicits, what value it suggests, and what aesthetic it submits for consideration. Indeed, such cause-and-effect relationships are constitutive of Ryman's project.

In each of his small paintings from 2010 and 2011 (all untitled), a rough square of white oil paint floats off-kilter on a square stretched-cotton canvas. This white paint is backed by a darkly saturated, light-absorbing ground made of a variety of colors, including rust, pistachio and deep dove gray, providing a sense of contrast that pushes the lighter pigment into visible relief. In places, Ryman used a stiff brush, so that the bristles rake fine lines with each thick stroke; this reveals another range of colors that likewise constitutes the white—creams and yellows, but also lilac and green. The paint, surprisingly matte and seemingly applied in thin if insistent passes, stains and becomes inextricable from the canvas's weave.

Ryman's process entailed adapting to material and the experience that material engenders. When discussing "late style," critics often note a tendency toward radical changes in method or technique. Such shifts have arguably transpired here: In the past, Ryman allowed properties of his supports, whether the dim sheen of steel or the fibrous brown of corrugated paper, to serve as pictorial incident. By contrast, this ground is coated completely in paint. But rather than implying some kind of denouement, these pieces acknowledge that amid the "endless possibilities" Ryman once described as the richness of painting, there are only more questions. S.H.

Untitled, 2011. Olio su tela di cotone tesa / Huile sur toile de coton tendue / Oil on stretched cotton canvas

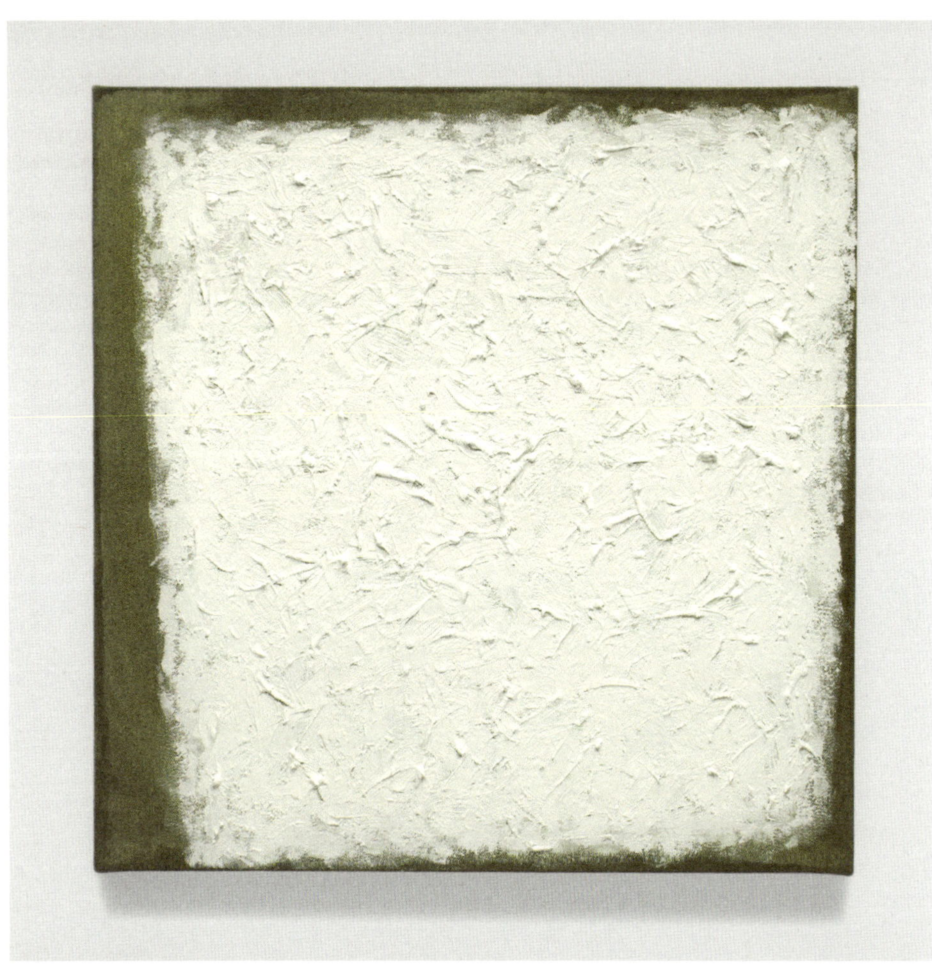

Untitled, 2010. Olio su tela di cotone tesa / Huile sur toile de coton tendue / Oil on stretched cotton canvas
Untitled, 2011. Olio su tela di cotone tesa / Huile sur toile de coton tendue / Oil on stretched cotton canvas

Untitled, 2011. Olio su tela di cotone tesa / Huile sur toile de coton tendue / Oil on stretched cotton canvas; **Untitled, 2010**. Olio su tela di cotone tesa / Huile sur toile de coton tendue / Oil on stretched cotton canvas

JOSEF ALBERS

IT Nato nel 1888 a Bottrop in Germania, Josef Albers è una figura imprescindibile del Bauhaus e dell'astrazione. Per tutta la sua vita sviluppa incessantemente un metodo per «mettere a confronto il colore» e osservarne le «instabilità», grazie a dipinti geometrici che ci invitano a vivere a nostra volta l'esperienza affascinante del colore. Studia arte al Bauhaus di Weimar, dove diventa docente a partire dal 1923. Alla chiusura del Bauhaus operata dal regime nazista nel 1933, si stabilisce negli Stati Uniti con Anni Albers (Annelise Fleischmann), che ha sposato qualche anno prima. La sua pratica pittorica, inizialmente espressionista, si orienta rapidamente verso uno stile geometrico astratto e fortemente influenzato dalle teorie ottiche del colore, nelle quali si specializza a partire dagli anni quaranta del Novecento. Insegna per quindici anni al Black Mountain College e, dal 1950, diventa direttore del dipartimento di design dell'università di Yale. Pubblica diverse opere sulle teorie cromatiche e in particolare sui fenomeni di interazione dei colori che indaga nella sua celebre serie di dipinti *Homage to the Square*. Muore nel 1976 a New Haven, Connecticut. R.G.

FR Né en 1888 à Bottrop en Allemagne, Josef Albers est une figure incontournable du Bauhaus et de l'abstraction. Tout au long de sa vie, il n'a cessé de développer une méthode pour « confronter la couleur » et en observer les « instabilités », grâce à des peintures géométriques qui nous invitent à faire nous-mêmes l'expérience envoûtante de la couleur.
Il étudie les arts au Bauhaus de Weimar, où il devient enseignant à partir de 1923. À la fermeture du Bauhaus par le régime nazi en 1933, Albers part s'installer aux États-Unis avec Anni Albers (Annelise Fleischmann), qu'il a épousée quelques années plus tôt. D'abord expressionniste, sa pratique picturale va rapidement investir un style géométrique abstrait et fortement influencé par les théories optiques de la couleur, dans lesquelles il se spécialise à partir des années 1940. Il enseigne pendant quinze ans au Black Mountain College, puis occupe le poste de directeur du département de design de l'université Yale à partir de 1950. Il publie plusieurs ouvrages théoriques sur les théories chromatiques, et notamment sur les phénomènes d'interaction des couleurs qu'il explore dans sa célèbre série de peintures « Homage to the Square ». Il meurt en 1976 à New Haven aux États-Unis. R.G.

EN Born in 1888 in Bottrop, Germany, Josef Albers is a key figure of the Bauhaus and the history of abstraction. Throughout his life he developed a method for "confronting color" and observing its "instabilities" through geometric paintings that invite us to experience color for ourselves. He studied art at the Bauhaus in Weimar, where he became a teacher in 1923. When the Nazi regime closed the Bauhaus in 1933, Albers moved to the United States with Anni Albers (Annelise Fleischmann), whom he had married a few years earlier. Initially Expressionist, he soon adopted an abstract geometric style, strongly influenced by the optical theories of color, in which he specialized from the 1940s. After fifteen years teaching at Black Mountain College, he became head of the design department at Yale University in 1950. He published several theoretical works on chromatic theories, particularly on the phenomena of color interaction, which he explored in his famous series of paintings "Homage to the Square". He died in 1976 in New Haven, Connecticut. R.G.

JAMES LEE BYARS

IT Nato nel 1932 a Detroit, nel Michigan, James Lee Byars è un artista americano la cui opera polimorfa combina le tradizioni artistiche e filosofiche occidentali con elementi di culture orientali, in particolare le credenze scintoiste e la mitologia dell'antico Egitto.
Nel 1958 si trasferisce in Giappone, dove vive a periodi alterni per quasi dieci anni. Attraverso le sue installazioni, le sue creazioni su carta e le sue indimenticabili performance, Byars opera una sintesi di diversi movimenti, dall'orientalismo all'arte concettuale, dal minimalismo alle sperimentazioni di Fluxus. Alla fine degli anni settanta nella sua opera il materiale acquista più importanza e diventa a sua volta rivelatore di questioni filosofiche. L'oro è un colore e una materia d'elezione che l'artista associa all'eternità e alla perfezione.
A partire dal 1982 soggiorna regolarmente a Venezia, dove collabora con artigiani vetrai di Murano. Per tutta la sua carriera, la sua pratica si basa sull'esplorazione del corpo; arriverà al punto di inscenare la propria morte in *The Death of James Lee Byars* (1982-1994), quando, lottando contro un cancro incurabile, sceglierà di indagare il carattere transitorio dell'esistenza. La nozione di perfezione, al centro della sua pratica, si manifesta attraverso l'utilizzo ricorrente della geometria e della foglia d'oro, il cui colore radioso è per lui simbolo di trascendenza e di eternità. Muore nel 1997 al Cairo. R.G.

FR Né en 1932 à Détroit aux États-Unis, James Lee Byars est un artiste américain dont l'œuvre polymorphe combine les traditions artistiques et philosophiques occidentales avec des éléments de cultures orientales, notamment les croyances shintoïstes et la mythologie de l'Égypte antique.
En 1958, il déménage au Japon, où il vit par intermittence pendant près de dix ans. Par ses installations, ses créations sur papier et ses inoubliables performances, Byars opère la synthèse de différents mouvements, de l'orientalisme à l'art conceptuel, du minimalisme aux expérimentations Fluxus. À la fin des années 1970, le matériau prend davantage de place dans son œuvre et devient, à son tour, le révélateur de questions philosophiques. L'or demeure une couleur et une matière de prédilection que l'artiste associe à l'éternité et à la perfection.
À partir de 1982, il séjourne régulièrement à Venise, où il collabore avec des artisans verriers de Murano. Tout au long de sa carrière, sa pratique se fonde sur l'exploration de son corps ; il ira même jusqu'à mettre en scène sa propre mort dans *The Death of James Lee Byars* (1982-1994) lorsque, luttant contre un cancer incurable, il choisit de questionner le caractère transitoire de l'existence. La notion de perfection, qui est au cœur de sa pratique, se manifeste à travers son utilisation récurrente de la géométrie et de la feuille d'or, dont la couleur rayonnante est pour lui symbole de transcendance et d'éternité. Il meurt en 1997 au Caire. R.G.

EN The polymorphous work of James Lee Byars (born in 1932 in Detroit, Michigan), combines Western artistic and philosophical traditions with elements of Eastern cultures, including Shinto beliefs and ancient Egyptian mythology.
In 1958 Byars moved to Japan, where he lived intermittently for nearly ten years. In his installations, works on paper, and memorable performances, Byars synthesized various movements, from Orientalism to Conceptual art, from Minimalism to Fluxus experiments. By the late 1970s materials had assumed a central role in his work and became, in turn, the means of revealing philosophical questions. Gold, associated with eternity and perfection, was Byars's favorite color and material.
From 1982 onward he regularly traveled to Venice, where he collaborated with glass artisans in Murano. Throughout his career, his practice was based on his exploration of his body; he even went so far as to stage his own death in *The Death of James Lee Byars* (1982/1994) as he battled a terminal cancer, examining the transitory nature of existence. The notion of perfection, at the heart of his practice, is manifested in his recurrent use of geometry and gold leaf, whose radiant color is for him a symbol of transcendence and eternity. He died in 1997 in Cairo. R.G.

MAURIZIO CATTELAN

IT Provocazione, irriverenza e ironia attraversano l'opera di Maurizio Cattelan, nato a Padova nel 1960. La sua pratica trasversale, che comprende l'utilizzo della scultura e della performance, la pubblicazione di riviste («Toilet Paper») e l'apertura di spazi espositivi (Wrong Gallery), fa di questo artista una delle figure di punta dell'arte degli ultimi vent'anni. Le sue opere sono in equilibrio precario tra realtà e finzione, paradosso e trasgressione, umorismo e tragedia, riprendendo regolarmente oggetti e persone del mondo reale, deformati e messi in scena il più delle volte con pungente ironia.

Cattelan, che vive e lavora tra Milano e New York, è anche un fine conoscitore dei meccanismi del mondo dell'arte e non arretra di fronte alla tentazione di metterli in ridicolo. Invitato alla Biennale di Venezia nel 1993, cede lo spazio che gli era stato assegnato a un'agenzia pubblicitaria. A New York sale alla ribalta internazionale con *La Nona Ora*, una statua di cera che rappresenta papa Giovanni Paolo II colpito da un meteorite, presentata per la prima volta nel 1999 alla Kunsthalle di Basilea. Nel 2011 provoca un vivace dibattito con l'installazione di duemila piccioni in tassidermia che espone alla 54ª edizione della Biennale di Venezia. Nello stesso periodo il Solomon R. Guggenheim Museum di New York gli dedica un'esposizione in cui tutte le sue opere sono appese al soffitto. Nel dicembre 2019 l'opera *Comedian*, una banana attaccata al muro con del nastro adesivo, viene presentata per la prima volta ad Art Basel Miami, provocando numerosi dibattiti e discussioni sulla natura e il valore dell'arte.

FR Provocation, irrévérence et dérision traversent l'œuvre de Maurizio Cattelan, né en 1960 à Padoue. Sa pratique transversale, qui comprend l'usage de la sculpture et de la performance, la publication de revues (*Toilet Paper*) et l'ouverture d'espaces d'exposition (Wrong Gallery), fait de cet artiste l'une des figures de proue de l'art de ces vingt dernières années. Ses œuvres sont en équilibre instable entre la réalité et la fiction, le paradoxe et la transgression, l'humour et la tragédie, reprenant régulièrement des objets et des personnes du monde réel qu'il détourne et met en scène, le plus souvent avec une ironie mordante. Cattelan, qui vit et travaille entre Milan et New York, est également un fin connaisseur des mécanismes du monde de l'art, aussi ne recule-t-il pas devant la tentation de les tourner en dérision. Invité à la Biennale de Venise en 1993, il cède ainsi l'espace qui lui avait été imparti à une agence publicitaire. À New York, il se fait remarquer sur la scène internationale avec *La Nona Ora*, une statue de cire figurant un pape Jean-Paul II frappé par une météorite, qu'il présenta pour la première fois en 1999 à la Kunsthalle de Bâle. En 2011, il provoque un vif débat avec une installation de 2 000 pigeons empaillés qu'il expose lors de la 54ᵉ édition de la Biennale de Venise. À la même période, le Solomon R. Guggenheim de New York consacre une exposition à l'intégralité de ses œuvres, suspendues au plafond du musée. En décembre 2019, son œuvre *Comedian*, une banane collée au mur à l'aide d'un ruban adhésif, est présentée pour la première fois à la foire d'Art Basel Miami, suscitant nombre de débats et de discussions sur la nature et la valeur de l'art.

EN Provocation, irreverence, and derision recur throughout the work of Maurizio Cattelan, born in 1960 in Padua. Known for his transversal practice, which includes the creation of sculptures and performances, the publication of magazines (*Toilet Paper*), and the opening of exhibition spaces (Wrong Gallery), Cattelan is one of the leading figures in the art of the last twenty years. His works maintain a precarious balance between reality and fiction, paradox and transgression, humor and tragedy; he often borrows objects and people from the real world, hijacking and staging them, usually with biting irony. Cattelan, who lives and works between Milan and New York, is intimately familiar with the mechanisms of the art world, and not shy about poking fun at them. For his participation in the Venice Biennale in 1993, he invited an advertising agency to take over the space he had been allocated. He made his mark on the international art world with *La Nona Ora* a wax statue of Pope John Paul II struck by a meteorite, which he presented for the first time in 1999 at Kunsthalle Basel. In 2011, he provoked a heated debate with an installation of 2,000 stuffed pigeons that he exhibited at the 54th Venice Biennale. Around the same time, the Solomon R. Guggenheim in New York presented an exhibition of the entirety of his work, hanging from the museum's ceiling. In December 2019, his work *Comedian*, a banana stuck to the wall with tape, was presented for the first time at the Art Basel Miami fair, sparking a number of debates and discussions about the nature and value of art.

ÉTIENNE CHAMBAUD

IT Nato nel 1980 a Mulhouse in Francia, Étienne Chambaud adotta un approccio analitico simile a quello dell'arte concettuale. Attraverso l'utilizzo di una vasta gamma di medium, il suo lavoro mira tanto a creare oggetti quanto a rivelare le relazioni che emergono tra di essi all'interno di uno spazio, che si tratti dello spazio della materia, di quello espositivo o di quello del pensiero. Questo dialogo permanente ricorda ciò che costituisce l'intertestualità in letteratura, la stratificazione in geologia o la contaminazione in biologia. Le sue opere singole, le sue installazioni e le sue esposizioni destabilizzano le nozioni di cos'è l'arte e di cosa può essere, il modo in cui un artista concettualizza e produce un'opera, ma anche la forma, la funzione e la storia dell'esposizione. Oscillando fra letteralità e allegoria, la sua pratica artistica rifiuta ogni lettura univoca, dal momento che l'incrociarsi dei riferimenti consente di mantenere un'esperienza delle opere certamente intrigante, ma aperta e sensibile. R.G.

FR Né en 1980 à Mulhouse, Étienne Chambaud adopte une démarche analytique proche de celle de l'art conceptuel. Utilisant une vaste gamme de médiums, son travail vise autant à créer des objets qu'à révéler les relations qui émergent entre eux au sein de l'espace, que ce soit l'espace de la matière, celui de l'exposition ou celui de la pensée. Ce dialogue permanent s'apparente à ce qui constitue l'intertextualité en littérature, la stratification en géologie ou encore la contamination en biologie. Ses œuvres individuelles, ses installations et ses expositions déstabilisent les notions de ce qu'est l'art et de ce qu'il peut être, la manière dont un artiste conceptualise et produit une œuvre, ainsi que la forme, la fonction et l'histoire de l'exposition. Oscillant entre littéralité et allégorie, sa pratique artistique refuse toute lecture unique, le croisement des références permettant de maintenir une expérience des œuvres certes intrigante, mais ouverte et sensible. R.G.

EN Born in 1980 in Mulhouse, France, Étienne Chambaud adopts an analytical approach, close to that of Conceptual art. Working with a wide range of media, he aims to create objects as much as to reveal the relationships that emerge between them within a space, whether it be the space of matter, that of the exhibition or that of thought, a permanent dialogue similar to what constitutes intertextuality in literature, stratification in geology or contamination in biology. His individual works, installations and exhibitions destabilize notions of what art is and can be, how an artist conceptualizes and produces a work, and the form, function and history of the exhibition. Between literality and allegory, his artistic practice refuses any single reading, the intersection of references making the experience of the work certainly intriguing, as well as open and sensitive. R.G.

EDITH DEKYNDT

IT Nata nel 1960 a Ypres in Belgio, Edith Dekyndt è un'artista le cui opere propongono esperienze sensoriali basate sull'osservazione minuziosa della materia e dei contesti culturali che la includono. Dopo avere inizialmente studiato comunicazione, entra all'École des Beaux-Arts di Mons. Nel suo approccio, di natura processuale e concettuale, si interessa agli oggetti, spesso comuni, che compongono il quotidiano, e alla loro trasformazione a contatto con ambienti naturali e architettonici. Le sue installazioni e performance comprendono elementi naturali o fabbricati, fotografie, video, suono e luce, la quale occupa una posizione centrale nel suo lavoro. Ognuno dei suoi progetti si radica nell'osservazione di dettagli minimi, attraverso i quali cose e situazioni apparentemente ordinarie diventano al tempo stesso sublimi e sconvolgenti. Lo spettatore è invitato a prendere coscienza dell'equilibrio precario dei fenomeni chimici e fisici, oltre che della natura transitoria e fluida del mondo materiale. R.G.

FR Née en 1960 à Ypres en Belgique, Edith Dekyndt est une artiste dont les œuvres proposent des expériences sensorielles basées sur l'observation minutieuse de la matière et des contextes culturels qui l'englobent.

Après des études initiales en communication, Dekyndt entre à l'École des Beaux-Arts de Mons. De nature processuelle et conceptuelle, son approche s'intéresse aux objets, souvent ordinaires, qui composent le quotidien et à leur transformation au contact d'environnements naturels et architecturaux. Ses installations et performances intègrent des objets naturels et usinés, des photographies, des vidéos, du son et de la lumière, laquelle occupe une place centrale dans son travail. Chacun de ses projets s'ancre dans l'observation d'infimes détails à travers lesquels des objets et des situations d'apparence quelconque deviennent à la fois sublimes et bouleversants. Ils invitent le spectateur à prendre conscience de l'équilibre précaire des phénomènes chimiques et physiques ainsi que de la nature transitoire et fluide du monde matériel. R.G.

EN The work of Edith Dekyndt (born in 1960 in Ypres, Belgium) proposes sensory experiences based on the careful observation of materials and the cultural contexts in which they exist.
After initial studies in communication, Dekyndt entered the Mons School of Fine Arts. Her processual, conceptual approach focuses on the ordinary objects that make up our daily lives, and in how they are transformed in natural and architectural environments. Her installations and performances integrate natural and manufactured objects, photographs, videos, sound, and light, which is central to her work. Each project is rooted in the observation of the minute details through which seemingly ordinary objects and situations become both sublime and overwhelming. They invite the viewer to become aware of the precarious balance of chemical and physical phenomena, as well as of the transient and fluid nature of the material world. R.G.

SERGEJ EISENSTEIN

IT Nato a Riga in Lettonia nel 1898, Sergej Eisenstein è considerato uno dei maestri del cinema sovietico. Formatosi con Vsevolod Meyerhold, oltre che al cinema si dedica al disegno, alla regia teatrale e alla scrittura teorica. Si fa conoscere in tutto il mondo dando vita a un cinema rivoluzionario al servizio dello Stato sovietico: *Sciopero* (1924), *La corazzata Potëmkin* (1925), *Ottobre* (1927), *La linea generale* (1929). In un difficile equilibrio, cerca di conciliare incarichi ufficiali e ricerche sperimentali, in particolare in tema di montaggio. Dopo alcuni soggiorni in Europa, negli Stati Uniti e in Messico caratterizzati da una serie di insuccessi, i suoi rapporti con il potere sovietico si deteriorano: sistematicamente censurato e attaccato pubblicamente, si concentra esclusivamente sull'insegnamento del cinema, in un contesto di terrore staliniano generalizzato. Vive un nuovo momento di grazia con *Alessandro Nevskij* (1938), prima dei nuovi tormenti legati a *Ivan il Terribile* (1943-1946). Il «Leonardo da Vinci russo» si spegne a cinquant'anni (nel 1948, a Mosca), lasciando dietro di sé numerosi progetti visionari incompiuti. A.A.

FR Né en 1898 à Riga en Lettonie, Sergueï Eisenstein est considéré comme l'un des maîtres du cinéma soviétique. Formé par Vsevolod Meyerhold, il s'adonne, outre le cinéma, au dessin, à la mise en scène théâtrale ainsi qu'à l'écriture théorique. Il se fait mondialement connaître en édifiant un cinéma révolutionnaire au service de l'État soviétique : *La Grève* (1924), *Le Cuirassé Potemkine* (1925), *Octobre* (1927), *La Ligne générale* (1929). Dans un équilibre difficile, il cherche à concilier commandes officielles et recherches expérimentales, notamment autour du montage. Après des séjours en Europe, aux États-Unis et au Mexique marqués par une série d'échecs, ses relations avec le pouvoir soviétique se dégradent : systématiquement censuré, publiquement attaqué, il se replie sur l'enseignement du cinéma, dans un contexte de terreur stalinienne généralisée. Il connaît un regain de grâce avec *Alexandre Nevski* (1938), avant de traverser de nouveaux tourments avec *Ivan le Terrible* (1943-1946). Le « Léonard de Vinci russe » s'éteint à cinquante ans (en 1948 à Moscou), laissant derrière lui de nombreux projets visionnaires inachevés. A.A.

EN Sergei Eisenstein (born in 1898 in Riga, Latvia) is considered one of the masters of Soviet cinema. Trained by Vsevolod Meyerhold, he was also a visual artist, theater director, and theoretician. He became known worldwide by building a revolutionary cinema in the service of the Soviet state: *Strike* (1924), *Battleship Potemkin* (1925), *October* (1927), and *The General Line* (1929). He sought to reconcile official commissions with experimental research, particularly around editing—a difficult balance. After sojourns in Europe, the United States, and Mexico, marked by a series of failures, his relations with the Soviet establishment deteriorated: systematically censored, publicly attacked, he withdrew to teaching cinema, in a context of widespread Stalinist terror. He experienced a revival with *Alexander Nevsky* (1938), before going through new torments with *Ivan the Terrible* (1943–1946). The "Russian Leonardo da Vinci" died at the age of fifty (in 1948 in Moscow), leaving behind many unfinished visionary projects. A.A.

LUCIO FONTANA

IT Nato nel 1899 a Rosario nella provincia di Santa Fe in Argentina, Lucio Fontana è un pittore, scultore e teorico italo-argentino, fondatore dello spazialismo. Nel 1940, dopo avere studiato scultura a Milano, ritorna in Argentina dove inizia a formulare le teorie del movimento spazialista che fonda nel 1946. Attraverso una serie di manifesti, rivendica un'arte in perenne tensione con il proprio ambiente, che esalta le proprietà dinamiche dello spazio. Al suo rientro in Italia, nel 1948, l'artista realizza i suoi primi *Concetti spaziali*, caratterizzati da perforazioni eseguite sulla superficie della tela. Senza contraddire il gesto pittorico, emblematico della sua pratica, lo squarcio gli permette di aprire lo spazio del dipinto sul mondo che lo circonda e diventa il motivo centrale della sua *Attese*. A partire dal 1963 Fontana realizza una serie di trentotto tele ovoidi che intitola *Fine di Dio*. Interrogato sul titolo, risponderà che non rimanda alla morte di Dio ma piuttosto all'impossibilità di rappresentarla. Nel 1966, due anni prima della morte, riceve il Gran Premio per la pittura della Biennale di Venezia. Muore nel 1968 a Comabbio (Varese). R.G.

FR Né en 1899 à Rosario, dans la province de Santa Fe en Argentine, Lucio Fontana est un peintre, sculpteur et théoricien italo-argentin, fondateur du spatialisme.
En 1940, après avoir étudié la sculpture à Milan, Fontana regagne l'Argentine, où il commence à formuler les théories du mouvement spatialiste qu'il fonde en 1946. À travers une série de manifestes, il revendique un art en perpétuelle tension avec son environnement, qui exalte les propriétés dynamiques de l'espace. Lors de son retour en Italie en 1948, l'artiste réalise ses premiers « Concetti spaziali », caractérisés par des perforations qu'il effectue à la surface de la toile. Sans contredire le geste pictural, emblématique de sa pratique, l'entaille lui permet d'ouvrir l'espace du tableau sur le monde qui l'entoure et devient le motif central de sa série « Attese ». À partir de 1963, Fontana réalise une série de 38 toiles ovoïdes qu'il intitule « Fine di Dio ». Interrogé sur ce titre, il répondra qu'il ne renvoie pas à la mort de Dieu, mais plutôt à l'impossibilité de le représenter. En 1966, il se voit décerner le grand prix de peinture de la Biennale de Venise. Il meurt en 1968 à Comabbio, près de Varèse, en Italie. R.G.

EN Born in 1899 in the Santa Fe province of Argentina, Lucio Fontana was an Italian-Argentine painter, sculptor, theoretician, and the founder of Spatialism. In 1940, after studying sculpture in Milan, Lucio Fontana returned to Argentina, where he began to formulate the tenets of the Spatialist movement, which he founded in 1946. In a series of manifestos, he called for an art in perpetual tension with its environment, exalting the dynamic properties of space. After returning to Italy in 1948, Fontana produced his first "Concetti spaziali," characterized by perforations into the surface of the canvas. Without contradicting the pictorial gesture that is key to his practice, the cut allowed Fontana to open the space of the painting to the world around it. It became the central motif of his "Attesa" series. In 1963, Fontana started work on a series of ovoid canvases, twenty-eight in total, that he entitled "Fine di Dio".

This title, he explained, did not refer to the death of God, but rather to the impossibility of depicting him. In 1966, two years before his death, he was awarded the Grand Prize for Painting at the Venice Biennale. He died in 1968 in Comabbio (Italy). R.G.

THEASTER GATES

IT L'opera di Theaster Gates, nato a Chicago nel 1973, coniuga espressione plastica e azione sociale, per mettere in risalto la storia e le esperienze proprie delle comunità afroamericane.
Nel 1996 consegue una laurea in urbanistica e ceramica presso la Iowa State University. Trascorre poi un anno in Giappone, per studiare la ceramica. Si traferisce quindi a Città del Capo, in Sudafrica, per dedicarsi a un duplice percorso di studi incentrato su arte e storia delle religioni. Le sue prime esposizioni adottano un approccio comparativo per esplorare il significato della ceramica nell'ambito delle culture giapponese e afroamericana. Nel 2009 costituisce la Rebuild Foundation, attraverso la quale acquisisce immobili abbandonati ubicati nel South Side, quartiere afroamericano di Chicago, trasformandoli in spazi a vocazione sociale e artistica. Il suo progetto di architettura effimera *Black Chapel*, realizzato nel 2022 per la Serpentine Gallery di Londra, offre uno spazio di rifugio e di meditazione che rimanda alla penuria degli spazi di comunione; tale carenza è simboleggiata dalla presenza di una campana proveniente da una chiesa del South Side, ora distrutta. Artista militante in favore dei diritti civili, che denuncia le disuguaglianze e le ingiustizie che corrompono la società americana, Gates cerca di trasmettere la memoria delle comunità nere e di rispondere alle implicazioni socioeconomiche che esse si trovano ad affrontare. R.G.

FR Né en 1973 à Chicago, Theaster Gates est un artiste américain dont l'œuvre allie expression plastique et action sociale, afin de mettre en relief l'histoire et les expériences propres aux communautés afro-américaines.
En 1996, Gates obtient une licence de l'université d'État de l'Iowa en urbanisme et céramique. Il passe par la suite une année au Japon, où il étudie la poterie. Puis, il déménage à Cape Town, en Afrique du Sud, où il poursuit un double cursus en arts et étude des religions. Ses premières expositions adoptent une approche comparative afin d'explorer la signification de la poterie au sein des cultures japonaise et afro-américaine. En 2009, il fonde la Rebuild Foundation, à travers laquelle il fait l'acquisition d'immeubles vacants situés dans le South Side, un quartier afro-américain de Chicago, pour en faire des espaces à vocation sociale et artistique. Son projet d'architecture éphémère *Black Chapel*, réalisé en 2022 pour la Serpentine Gallery de Londres, offre un espace de refuge et de méditation renvoyant à la raréfaction des espaces de communion; une raréfaction symbolisée par l'intégration d'une cloche issue d'une église du South Side maintenant détruite. Artiste militant en faveur des droits civiques, dénonçant les inégalités et les injustices qui gangrènent la société américaine, Gates cherche à transmettre la mémoire des communautés noires et à répondre aux enjeux socio-économiques auxquels elles font face. R.G.

EN Born in 1973 in Chicago, Theaster Gates is an American artist whose work combines visual expression with social activism, to highlight the history and experiences of African American communities.
Gates graduated from Iowa State University in 1996 with a BFA in Urban Planning and Ceramics. He then spent a year in Japan studying pottery, later moving to Cape Town, South Africa, where he studied art and religion. His first exhibitions took a comparative approach to explore the significance of pottery within Japanese and African American cultures. In 2009, he founded the Rebuild Foundation, through which he acquired vacant buildings in the African-American South Side neighborhood of Chicago, to use as social and artistic spaces. His ephemeral architectural project *Black Chapel*, created in 2022 for the Serpentine Gallery in London, offered a space of refuge and meditation that reflected on the scarcity of spaces for communion, symbolized by the integration of a bell from a South Side church that has now been destroyed. As an artist and civil-rights activist, denouncing the inequalities and injustices that plague American society, Gates seeks to preserve and transmit the memory of Black communities and to respond to the socioeconomic issues they face. R.G.

DAVID HAMMONS

IT Nato nel 1943 nell'Illinois, dagli anni settanta David Hammons è autore di un'opera sovversiva che si basa su dispositivi effimeri e sul riutilizzo di materiali recuperati. Attraverso l'incessante denuncia del razzismo subito quotidianamente in quanto afroamericano, l'artista mostra l'invisibilità degli oppressi. Formatosi a Los Angeles, si stabilisce a New York fin dagli anni ottanta. Segnato dall'Arte Povera durante il periodo trascorso all'Accademia americana di Roma nel 1989, Hammons trasforma gli oggetti raccolti per strada in sculture potenti, attingendo alla quotidianità come a una riserva di creatività. Questi miseri mucchi di oggetti, forme di protesta politica, gettano una luce cruda sulla miseria del quartiere newyorkese di Harlem, che la società dei consumi ha defraudato della sua cultura originale. La pratica iconoclasta dell'artista, intrisa di riferimenti alla cultura afroamericana e al jazz, va dalle sculture-assemblaggio ai lavori su carta, passando per performance più effimere in ambiente urbano come l'ormai leggendaria *Bliz-aard Ball Sale* (1983), una vendita di palle di neve a Cooper Square.

FR Né en 1943 dans l'Illinois, David Hammons crée depuis les années 1970 un œuvre subversif basé sur des dispositifs éphémères et la récupération d'objets de rebut. Dénonçant sans relâche le racisme ordinaire subi en tant qu'Afro-Américain, il donne à voir l'invisibilité des opprimés. Formé à Los Angeles, il s'établit dès les années 1980 à New York. Marqué par l'Arte Povera au cours de son séjour à l'Académie américaine de Rome en 1989, Hammons recycle en sculptures puissantes des objets glanés dans la rue, puisant dans le quotidien comme dans une réserve de création. Ces dérisoires bric-à-brac, protestations politiques, pointent une lumière crue sur la misère du quartier new-yorkais d'Harlem, spolié de sa culture originale par la société de consommation. Nourrie de références à la culture afro-américaine et au jazz, sa pratique iconoclaste va de ces sculptures-assemblages à des travaux sur papier, en passant par de plus éphémères « performances » en milieu urbain, comme sa désormais légendaire *Bliz-aard Ball Sale* (1983), une vente de boules de neige à Cooper Square.

EN Born in 1943 in Illinois, David Hammons has been creating subversive work since the 1970s using found objects, at times ephemeral. Relentlessly denouncing the ordinary racism experienced as a Black man, he turns the invisibility of the oppressed. Trained in Los Angeles, Hammons settled in New York in the 1980s. Influenced by Arte Povera during his stay at the American Academy in Rome in 1989, Hammons recycles objects gleaned from the street into powerful sculptures, drawing from the everyday as a creative reserve. These derisory bric-a-brac and political protest gestures shed a harsh light on the misery of New York's Harlem neighborhood, robbed of its original culture by consumer society. Nourished by references to Afro-American culture and jazz, his iconoclastic practice ranges from these sculpture-assemblages to works on paper and more ephemeral "performances" in the urban environment, such as his now-legendary *Bliz-aard Ball Sale* (1983), a snowball sale in Cooper Square.

ARTHUR JAFA

IT Nato nel 1960, Arthur Jafa è un artista e regista la cui pratica giustappone immagini e oggetti preesistenti, per delineare un ritratto delle comunità afroamericane mettendone in rilievo i traumi, ma anche la resilienza, il coraggio e la creatività. Fin dalla giovinezza, Jafa ritaglia dalle riviste immagini che raduna e conserva in cartelle, creando un insieme eterogeneo in cui si articolano i suoi interessi e le sue ossessioni. Oggi questa pratica di accumulo di immagini, realizzata grazie ad appositi software, è al centro del suo processo creativo. Dopo un'iniziale attività in campo cinema-tografico, nel 2016 si fa notare nell'ambiente artistico grazie all'opera *Love is the Message, The Message is Death*, potente rievocazione della pluralità delle esperienze che compongono l'identità nera. Nel 2019 ottiene il Leone d'Oro alla Biennale di Venezia per *The White Album*, dove esplora le tensioni razziali negli Stati Uniti partendo da una ricerca sulla cultura e l'identità bianca. R.G.

FR Né en 1960, Arthur Jafa est un artiste et cinéaste dont la pratique juxtapose des images et objets préexistants afin de dresser un portrait des communautés afro-américaines, mettant en relief leurs traumas, mais également leur résilience, leur courage et leur créativité.
Depuis sa jeunesse, Jafa découpe des images à partir de magazines, qu'il regroupe et collecte dans des cartables, créant ainsi un assemblage hétéroclite où se déploient ses intérêts et ses obsessions. Cette pratique d'accumulation picturale, qu'il poursuit à l'aide de logiciels informatiques, reste aujourd'hui au centre de son processus créatif. Après une carrière initiale en cinéma, il se fait remarquer par le milieu de l'art en 2016, grâce à son œuvre *Love is the Message, The Message is Death*, un puissant rappel de la pluralité des expériences qui composent l'identité noire. En 2019, il est récipiendaire du Lion d'or de la Biennale de Venise pour son œuvre *The White Album*, qui explore les tensions raciales aux États-Unis à partir d'une investigation de la culture et de l'identité blanche. R.G.

EN Born in 1960, Arthur Jafa is an artist and filmmaker whose practice juxtaposes preexisting images and objects to create a portrait of African American communities, highlighting their trauma, but also their resilience, courage, and creativity.
Since his youth, Jafa has been sourcing images from magazines, which he collects and groups in binders, creating heterogeneous assemblages that capture his interests and obsessions. This practice of pictorial accumulation, which he effects with the help of computer software, remains at the center of his creative process today. After an initial career in film, he came to the attention of the art world in 2016 with his work *Love is the Message, The Message is Death*, a powerful reminder of the plurality of experiences that make up Black identity. In 2019, he was awarded the Golden Lion at the Venice Biennale for his work *The White Album*, which explores racial tensions in the United States through an investigation of white culture and identity. R.G.

DONALD JUDD

IT Nato nel 1928 a Excelsior Springs nel Missouri, Donald Judd è un artista americano noto in particolare per la sua pratica scultorea, attraverso la quale cerca di affermare l'autonomia e la precisione dell'oggetto, ma anche dello spazio nel quale questo si inscrive. I suoi scritti teorici e la sua opera plastica esercitano un'influenza decisiva sullo sviluppo del minimalismo, benché l'artista abbia sempre rifiutato qualunque associazione con questo movimento.
Dalla fine degli anni quaranta si dedica alla pittura e all'incisione, abbandonando rapidamente le forme sinuose e organiche degli esordi in favore di linee e angoli retti. Nella scultura, pratica avviata agli inizi degli anni sessanta, mette l'accento sulla nozione di ripetizione e sulla matericità delle opere, che realizza con materiali poveri come il calcestruzzo, il plexiglas e il metallo. Durante tutta la sua carriera Judd ha scritto e pubblicato numerosi testi teorici, tra cui il saggio fondamentale *Specific Objects* (1965), attraverso il quale si fa promotore di un'arte radicata nello spazio reale, in rottura con il carattere illusorio della rappresentazione. Muore nel 1994 a New York. R.G.

FR Né en 1928 à Excelsior Springs dans le Missouri, Donald Judd est un artiste américain connu principalement pour sa pratique sculpturale, à travers laquelle il cherche à affirmer l'autonomie et la clarté de l'objet, mais aussi de l'espace dans lequel il s'inscrit. Ses écrits théoriques et son œuvre plastique exercent une influence décisive sur le développement du minimalisme, bien que l'artiste ait de tout temps réfuté toute association avec ce mouvement. À partir de la fin des années 1940, Judd commence à travailler avec la peinture et la gravure, délaissant rapidement les formes sinueuses et organiques de ses débuts, au profit de lignes et d'angles droits. Amorcé au début des années 1960, son travail sculptural met l'accent sur la notion de répétition ainsi que sur la matérialité des œuvres, qu'il réalise à l'aide de matériaux humbles tels que le béton, le plexiglas et le métal. Tout au long de sa carrière, Judd a écrit et publié de nombreux textes théoriques, dont l'article de référence *Specific objects* (1965), à travers lequel il prône un art ancré dans l'espace réel, en rupture avec le caractère illusoire de la représentation. Il meurt en 1994 à New York. R.G.

EN Born in 1928 in Excelsior Springs, Missouri, Donald Judd is known primarily for his sculptural practice, through which he sought to assert the autonomy and unity of the object, but also of the space in which it is inscribed. His theoretical writings and his sculpture had a decisive influence on the development of Minimalism, although the artist has always refuted any association with this movement. Judd began working with paint and printmaking in the late 1940s, soon abandoning the sinuous, organic forms of his early work in favor of straight lines and right angles. Beginning in the early 1960s, his sculptural work emphasized the notion of repetition and the materiality of the works, which he created using industrial materials including concrete, Plexiglas, and metal. Judd wrote and published numerous theoretical texts throughout his career, including the seminal article "Specific Objects" (1965), through which he called for an art rooted in real space, breaking with the illusory nature of representation. He died in 1994 in New York. R.G.

ON KAWARA

IT Nato nel 1932 a Kariya in Giappone, On Kawara è un artista concettuale le cui opere processuali mettono in discussione il tempo cronologico e il suo modo di inquadrare l'esperienza umana.
I suoi primi lavori, figurativi, sono profondamente segnati dal ricordo traumatico del bombardamento di Hiroshima e dell'occupazione del Giappone. La sua serie *Terror of the Bathroom* (1953) raffigura corpi smembrati disseminati sul pavimento piastrellato di una stanza da bagno. Ognuno dei dipinti che compongono la serie emblematica dei *Date Paintings*, avviata nel 1966, riporta la data in cui è stato realizzato. Per il suo progetto *One Million Years*, l'artista elenca — in un'opera di duemila pagine — il milione di anni che precedono la creazione dell'opera, poi, in una seconda parte, il milione di anni successivo. La pratica di Kawara, esistenziale e profondamente radicata in elementi biografici, riveste una dimensione monumentale e universale che si rivela solo per frammenti. Muore nel 2014 a New York, all'età di 29.771 giorni. R.G.

FR Né en 1932 à Kariya au Japon, On Kawara est un artiste conceptuel japonais dont les œuvres processuelles mettent en question le temps chronologique et sa manière d'encadrer l'expérience humaine.
Figuratives, ses premières œuvres sont profondément marquées par le souvenir traumatique du bombardement d'Hiroshima et l'occupation du Japon. Sa série « Terror of the Bathroom » (1953) figure des corps démembrés jonchant le sol carrelé d'une salle de bain. Chacun des tableaux qui composent sa série emblématique des « Date paintings », entamée en 1966, fait figurer la date à laquelle il a été réalisé. Pour son projet *One Million Years*, Kawara énumère dans un ouvrage de 2 000 pages le million d'années ayant précédé la création de l'œuvre puis, dans un second volet, le million d'années qui lui succède. Existentiel et profondément ancré dans des données biographiques, l'œuvre de On Kawara recouvre une dimension monumentale et universelle, qui ne se dévoile que par fragments. Il meurt en 2014 à New York, à l'âge de 29 771 jours. R.G.

EN Born in 1932 in Kariya, Japan, On Kawara is a Japanese conceptual artist whose process-driven works question chronological time and its framing of human experience.
His early figurative works are deeply marked by the traumatic memory of the bombing of Hiroshima and the occupation of Japan. His series "Terror of the Bathroom" (1953) depicts dismembered bodies strewn across the tiled floor of a bathroom. Each of the paintings that make up his iconic "Date Paintings" series, begun in 1966, features the date on which it was made. For his *One Million Years* project, Kawara lists,

in a 2,000-page book, the million years that preceded the creation of the work, then, in a second installment, the million years that followed. Existential and deeply rooted in biographical data, Kawara's work has a monumental and universal dimension, which is revealed only in fragments. He died in 1994 in New York, aged 29,771 days. R.G.

KIMSOOJA

IT Nata nel 1957 a Daegu in Corea del Sud, Kimsooja è un'artista concettuale multidisciplinare, che si avvale di numerosi mezzi espressivi: performance, fotografia, pellicola, tessuto, luce e suono.
Dopo un percorso di studi pittorici a Seul, prosegue la sua formazione con una borsa di studio a Parigi, presso l'École des Beaux-Arts. Le sue prime esplorazioni avvengono mediante l'utilizzo di tessuti di seconda mano e cucito, che rimangono un riferimento centrale del suo lavoro, dal punto di vista tanto materiale quanto filosofico. La pratica tradizionale coreana del bottari — che consiste nell'avvolgere degli oggetti in un lembo di stoffa, di solito per viaggiare o spostarsi — permette all'artista di esplorare il lessico formale della migrazione e del nomadismo. Kimsooja realizza una serie di film su varie culture tessili in Perù, Europa, India, Cina, nell'America dei nativi e in Africa. Parallelamente a questo lavoro poetico di natura antropologica e documentaria, fortemente ancorato alla realtà, l'artista crea una serie di installazioni astratte che ruotano intorno all'esperienza sensoriale del colore e delle variazioni luminose nel corso del tempo. Molti dei suoi progetti coinvolgono luoghi che hanno una forte carica simbolica e spirituale, come la chiesa di Notre-Dame-la-Grande di Poitiers o la cattedrale di Saint-Étienne a Metz. R.G.

FR Née en 1957 à Daegu en Corée du Sud, Kimsooja est une artiste conceptuelle pluridisciplinaire qui travaille à partir de nombreux moyens expressifs : la performance, la photographie, le film, le textile, la lumière et le son.
Après des études de peinture à Séoul, Kimsooja suit une formation aux Beaux-Arts de Paris grâce à une bourse d'étude. Ses premières explorations se fondent sur l'utilisation de tissus de seconde main et sur la couture, qui restent par la suite une référence centrale de son travail, tant d'un point de vue matériel que philosophique. La pratique traditionnelle coréenne du bottari, qui consiste à emballer des objets dans du tissu — typiquement pour voyager ou déménager —, permet à l'artiste d'explorer le langage formel de la migration et du nomadisme. Elle réalise une série de films centrés sur différentes cultures textiles au Pérou, en Europe, en Inde, en Chine, dans l'Amérique des Amérindiens et en Afrique. Parallèlement à ce travail poétique de nature anthropologique et documentaire, fortement ancré dans le réel, Kimsooja réalise une série d'installations abstraites autour de l'expérience sensorielle de la couleur et des variations lumineuses au cours du temps. Plusieurs de ses projets investissent des lieux portant une forte charge symbolique et spirituelle, à l'instar de l'église Notre-Dame-la-Grande de Poitiers ou de la cathédrale Saint-Étienne de Metz. R.G.

EN Born in 1957 in Daegu, South Korea, Kimsooja is a multi-disciplanary conceptual artist who works with performance, photography, film, textiles, light, and sound. After studying painting in Seoul, Kimsooja received a scholarship at the Beaux-Arts in Paris. One of her first explorations was through the use of second-hand textile and sewing, which remain a central reference in her work, both from a material and philosophical point of view. The traditional Korean daily practice of Bottari, which consists of wrapping objects in fabric, typically for traveling or moving, allows the artist to explore the formalistic language of migration and nomadism. She produced a series of films examining various textile cultures in Peru, Europe, India, China, Native Indian America and Africa. In parallel to this anthropological and poetic documentary work, strongly anchored in reality, Kimsooja creates series of abstract installations around the sensory experience of color and light variations over time. Several of her projects have been exhibited in places with a strong symbolic and spiritual charge, such as the church Notre-Dame-la-Grande in Poitiers or the Saint-Etienne cathedral in Metz. R.G.

JOSEPH KOSUTH

IT Joseph Kosuth (nato nel 1945 negli Stati Uniti) è uno dei pionieri dell'arte concettuale e delle installazioni, iniziando negli anni sessanta con opere basate sul linguaggio e sulle strategie di appropriazione. La sua oltre cinquantennale indagine sulla produzione del linguaggio e del significato e sul loro rapporto con l'arte si è manifestata attraverso installazioni, mostre in musei, commissioni pubbliche e pubblicazioni in Europa, le Americhe e l'Asia. Kosuth ha partecipato fra l'altro a sette documenta e nove Biennali di Venezia, esponendo anche nel Padiglione ungherese nel 1993, quando ricevette una menzione d'onore. In occasione della Biennale di Venezia del 2007, ha presentato l'installazione *The Language of Equilibrium / Il Linguaggio dell'Equilibrio* sull'isola di San Lazzaro degli Armeni.
L'artista intrattiene stretti rapporti con la città di Venezia, dove insegna all'Università IUAV, e dove abita dal 2020. Due delle sue installazioni permanenti sono visibili a Venezia: *La materia dell'ornamento*, 1997, alla Fondazione Querini Stampalia e *To Invent Relations (for Carlo Scarpa)*, 2016, all'Università Ca' Foscari.

FR Joseph Kosuth, né en 1945 aux États-Unis, est l'un des pionniers de l'installation et de l'art conceptuel. Dans les années 1960, il a introduit des œuvres basées sur le langage et des stratégies d'appropriation. Sa recherche sur la production du langage et du sens, et sur le rapport qu'ils entretiennent avec l'art, s'exprime depuis plus de cinquante ans — à travers l'Europe, les Amériques et l'Asie — dans des installations, des expositions, des commandes publiques et des publications. Il a participé sept fois à la documenta et neuf fois à la Biennale de Venise, notamment en 1993 dans le pavillon hongrois lorsqu'on lui décerne une mention d'honneur. À l'occasion de la Biennale de 2007, il a présenté l'installation *The Language of Equilibrium / Il Linguaggio dell'Equilibrio* sur l'île de San Lazzaro degli Armeni.
L'artiste entretient une relation étroite avec la ville de Venise ; il y enseigne au sein de l'Université IUAV et y réside depuis 2020. Deux de ses installations permanentes sont visibles à Venise : *La materia dell'ornamento*, 1997, à la Fondazione Querini Stampalia, et *To Invent Relations (for Carlo Scarpa)*, 2016, à l'Université Ca' Foscari.

EN Joseph Kosuth (born in 1945, in the United States) is one of the pioneers of Conceptual art and installation art, initiating language-based works and appropriation strategies in the 1960s. His more than fifty-year inquiry into the production of language and meaning, and their relation to art has taken the form of installations, museum exhibitions, public commissions, and publications throughout Europe, the Americas, and Asia. He has participated in seven documenta and nine Venice Biennale, including in 1993, the Hungarian Pavilion, for which he received an honourable mention. On the occasion of the 2007 Venice Biennale, Kosuth exhibited the installation *The Language of Equilibrium / Il Linguaggio dell'Equilibrio* on the island of San Lazzaro degli Armeni. The artist has a close relationship with the city of Venice, where he currently teaches at Università IUAV, and where he lives since 2020. In Venice, two of his permanent installations can be seen: *La materia dell'ornamento*, 1997 at Fondazione Querini Stampalia and *To Invent Relations (for Carlo Scarpa)*, 2016 at Università Ca' Foscari.

SHERRIE LEVINE

IT Sherrie Levine, nata nel 1947, è una delle esponenti della Pictures Generation e nel 1977 partecipa all'esposizione omonima dedicata a questo gruppo di artisti: tra gli anni settanta e ottanta, il tratto che li accomuna è il riutilizzo di immagini in una prospettiva critica dei valori dell'arte. Appropriandosi di fotografie, dipinti e sculture esistenti, Levine si allontana dal virtuosismo per indagare i postulati di unicità, autenticità e originalità, alla base della monetizzazione di un'opera. Realizza alcune serie intitolate *After* — titolo completato dal nome dell'artista preso a modello — rivendicando il prestito come modalità creativa. *After*, ovvero «da» e «dopo», traduce anche l'angoscia di arrivare troppo tardi, dopo le rivoluzioni.

FR Sherrie Levine, née en 1947, est l'une des figures de la « Pictures Generation » ; elle participera d'ailleurs à l'exposition éponyme de ce regroupement d'artistes en 1977. Au tournant des années 1970-1980, ces artistes ont en commun le réemploi d'images, dans une perspective critique des valeurs de l'art. S'appropriant des photographies, peintures et sculptures existantes, Levine se désintéresse de la virtuosité pour interroger les postulats d'unicité, d'authenticité et d'originalité, bases de la monétisation d'une œuvre. Elle produit des séries intitulées « After » suivi du nom de l'artiste utilisé, revendiquant l'emprunt comme mode de création. *After*, « d'après » et « après », traduit également l'angoisse d'arriver trop tard, après les révolutions.

EN Sherrie Levine, born in 1947, is one of the central figures of the "Pictures Generation"; she participated in the eponymous exhibition of this group of artists in 1977. In the late 1970s and early 1980s, these artists shared certain methods, such as the recycling of images, in a critical commentary on the value of art. By appropriating existing photographs, paintings, and sculptures, Levine rejects the notion of virtuosity to examine assumptions of uniqueness, authenticity, and originality, the basis for determining the value of a work of art. She has produced several series titled "After," followed by the name of an artist whose work she borrows as a mode of creation. *After* suggests the anguish of arriving too late, after the revolution.

FRANCESCO LO SAVIO

IT Nato nel 1935 a Roma, Francesco Lo Savio è un artista italiano la cui pratica anticipatrice si concentra sulla spazialità della pittura e sull'apporto fondamentale della luce nell'esperienza pittorica. Ha anticipato il minimalismo nel momento stesso in cui esplodeva la Pop Art, ovvero il più antiminimalista dei movimenti. La sua produzione artistica si concentra in un periodo breve ma estremamente intenso, che va dal 1958 al 1963. In questi pochi anni Lo Savio realizza tre serie: *Spazio Luce*, forme pure come il cerchio e il quadrato che si dissolvono le une nelle altre; *Filtri*, in cui sovrappone forme geometriche che presentano leggere variazioni di colore su supporti traslucidi; e *Metalli*, con ampi elementi di metallo piegati o incurvati. L'artista definisce i propri monocromi come «rappresentazioni di uno spettro di luce nello spazio»[1]; le tele mirano allora a «rendere visibile lo spazio vuoto»[2]. Gli ultimi mesi della sua vita sono segnati da un cambiamento di scala, che lo conduce a tradurre le sue sperimentazioni spaziali in una forma architettonica. Muore nel 1963 a Marsiglia. R.G.

1 — Francesco Lo Savio, presentazione in catalogo, Roma, Galleria Selecta, 16-29 gennaio 1960, citato in *Francesco Lo Savio*, catalogo della mostra, a cura di Germano Celant, Edizioni PAC — Idea Editions, Milano 1979, pp. 32-33. **2 —** Francesco Lo Savio, citato in Stella Santacatterina, *Lo Savio: Space - From Thought to Light*, in *Francesco Lo Savio*, catalogo della mostra, a cura di Alex Sainsbury, PEER, London, 2001, p. 29.

FR Né à Rome en 1935, Francesco Lo Savio est un artiste italien dont la pratique précurseur s'intéresse à la spatialité de la peinture et à l'apport primordial de la lumière dans l'expérience picturale. Il a anticipé le minimalisme au moment même où explosait le plus anti-minimaliste des mouvements : le Pop Art. Sa production artistique se concentre sur une période courte, mais extrêmement dense, qui va de 1958 à 1963. Durant ces quelques années, Lo Savio réalise trois séries : « Spazio Luce », des formes pures comme le cercle et le carré qui s'estompent les unes dans les autres ; les « Filtri », où il superpose des formes géométriques présentant de légères variations de teintes sur des supports translucides ; et les « Metalli », constitués de larges pans de métal pliés ou courbés. Il définit ses monochromes comme des « visions de spectres lumineux dans l'espace[1] » ; les toiles visent alors à « rendre visible l'espace vide[2] ». Les derniers mois de sa vie seront marqués par un changement d'échelle, qui l'amène à traduire ses expérimentations spatiales sous une forme architecturale. Il meurt en 1963 à Marseille. R.G.

1 — Francesco Lo Savio, présentation dans catalogue, Rome, Galleria Selecta, 16-29 janvier 1960, in Francesco Lo Savio, catalogue d'exposition, sous la direction de Germano Celant, Milan, Edizioni PAC—Idea Editions, 1979, pp. 32-33. **2 —** Francesco Lo Savio, cité dans : Stella Santacatterina, « Lo Savio: Space - From Thought to Light », *Francesco Lo Savio*, London, PEER, 2001, p. 29.

EN Born in Rome in 1935, Francesco Lo Savio is an Italian artist whose pioneering practice is concerned with the presence of painting in space and the primordial contribution of light to the pictorial experience. He anticipated Minimalism at a time when the most anti-minimalist of movements, Pop Art, was exploding. His artistic production was concentrated in a short but extremely dense period, from 1958 to 1963. During these few years, Lo Savio produced three series: "Spazio Luce," pure forms such as circles and squares that fade into each other; "Filtri," in which he superimposed geometric forms with slight variations in color on translucent supports; and "Metalli," made up of large sections of folded or curved metal. He described his monochromes as "visions of luminous spectra in space"[1]; the paintings aim to "make visible the empty space."[2] The last months of his life were marked by a change of scale, which led him to translate his spatial experiments into an architectural form. He died in 1963 in Marseille. R.G.

1 — Francesco Lo Savio, preface to catalogue, Galleria Selecta, Rome, January 16–19, 1960; quoted in *Francesco Lo Savio*, exhibition catalogue, Germano Celant (ed.), (Milan: Edizioni PAC–Idea Editions, 1979), 32–33. **2 —** Francesco Lo Savio, cited in: Stella Santacatterina, "Lo Savio: Space—From Thought to Light," *Francesco Lo Savio*, (London: PEER, 2001), 29.

AGNES MARTIN

IT Nata nel 1912 a Macklin in Canada, Agnes Martin è una pittrice canadese-americana celebre per il suo stile purificato, spesso associato al minimalismo; l'artista se ne è tuttavia sempre dissociata ritenendo che il contenuto spirituale dei suoi dipinti li avvicinasse maggiormente all'espressionismo astratto. Martin emigra negli Stati Uniti nel 1932. Nel 1947 si trasferisce in New Mexico, dove si dedica per la prima volta alla pittura, sviluppando uno stile astratto biomorfico influenzato tanto dal cubismo quanto dal surrealismo. La sua pratica pittorica si orienta allora verso uno stile geometrico ridotto all'essenziale, strutturato intorno al motivo della griglia tracciata con la matita. Nel 1957 si stabilisce a New York, dove il suo lavoro ottiene un notevole successo. Tuttavia, dieci anni dopo, l'artista decide improvvisamente di lasciare la città, interrompendo in modo repentino la pratica artistica. Dopo avere viaggiato per diversi mesi attraverso il Nordamerica, si stabilisce in New Mexico; qui, a partire dal 1972, riprenderà a dipingere, continuando le sue ricerche sul tema della serialità e del potere trascendentale della geometria. Muore nel 2004 a Taos. R.G.

FR Née en 1912 à Macklin au Canada, Agnes Martin est une peintre canado-américaine réputée pour son style épuré, souvent associé au minimalisme ; mais l'artiste s'en est toujours dissociée, car selon elle, le contenu spirituel de ses tableaux les rapproche davantage de l'expressionnisme abstrait. Martin émigre aux États-Unis en 1932. En 1947, elle déménage au Nouveau-Mexique, où elle se consacre pour la première fois à la peinture, développant un style abstrait biomorphique influencé à la fois par le cubisme et le surréalisme. Sa peinture s'oriente alors vers un style géométrique dépouillé, structuré autour du motif de la grille, qu'elle trace au crayon de plomb. En 1957, elle s'installe à New York où son travail rencontre un succès remarquable. Cependant, dix ans plus tard, l'artiste décide de quitter soudainement New York et interrompt subitement sa pratique artistique. Après avoir voyagé plusieurs mois à travers l'Amérique du Nord, elle finit par se fixer au Nouveau-Mexique ; elle y renouera avec la peinture à partir de 1972, poursuivant ses recherches autour de la sérialité et du pouvoir transcendantal de la géométrie. Elle meurt en 2004 à Taos. R.G.

EN Born in 1912 in Macklin, Canada, Agnes Martin is a Canadian-American painter known for her pared-down style, often associated with Minimalism—an association the artist always rejected, believing that the spiritual content of her paintings is closer to Abstract Expressionism. Martin emigrated to the United States in 1932. In 1947, she moved to New Mexico, where she began to paint, developing a biomorphic abstract style influenced by Cubism and Surrealism. Her painting then turned to a leaner geometric style, structured around the motif of the grid, which she drew with lead pencil. In 1957 she moved to New York, where her work was highly praised. However, ten years later, the artist decided to leave New York suddenly and interrupted her artistic practice. After traveling for several months throughout North America, she finally settled in New Mexico, where she returned to painting in 1972, continuing her research into seriality and the transcendental power of geometry. She died in 2004 in Taos. R.G.

PAULO NAZARETH

IT Nato nel 1977 a Governador Valadares nello stato brasiliano di Minas Gerais, Paulo Nazareth è un artista afrobrasiliano il cui lavoro — articolato in installazioni, scritti, dipinti, video e performance — affronta i temi dell'immigrazione, gli effetti della globalizzazione, del colonialismo, dell'identità, delle questioni inerenti la razza e la razzializzazione. L'artista segue a piedi o in autobus i percorsi della migrazione, attraverso le Americhe o l'Africa, dando conto delle tensioni sociali e riesumando elementi della memoria collettiva.
Attraverso la sua pratica interdisciplinare e partecipativa, Nazareth mette in relazione la sua vita, la sua identità afrodiscendente e la sua produzione artistica. Vive a Belo Horizonte, punto di partenza di tutti i viaggi all'origine del suo lavoro; è proprio questa metafora dell'identità a essere smantellata dall'artista attraverso le sue creazioni che affrontano con poesia, a volte con umorismo e autoironia, le implicazioni sociali e politiche peculiari delle comunità cosiddette latine. R.G.

FR Né en 1977 à Governador Valadares, dans l'état brésilien de Minas Gerais, Paulo Nazareth est un artiste afro-brésilien dont le travail, qui prend la forme d'installations, d'écrits, de peintures, de vidéos et de performances, aborde la thématique de l'immigration, les effets de la globalisation, du colonialisme, de l'identité, des questions de races et de racialisation. À travers les Amériques ou l'Afrique, l'artiste suit à pied ou en bus les routes de la migration, rend compte des tensions sociales et exhume des pans de la mémoire collective. Par sa pratique interdisciplinaire et participative, Nazareth lie sa vie, son identité afro-descendante et sa production artistique. Il vit à Belo Horizonte, point de départ de tous les voyages à l'origine de son œuvre; c'est cette métaphore de l'identité que l'artiste démantèle à travers ses créations qui abordent avec poésie, parfois avec humour et autodérision, les enjeux sociaux et politiques propres aux communautés dites « latines ». R.G.

EN Born in 1977 in Governador Valadares, in the Brazilian state of Minas Gerais, Paulo Nazareth is an Afro-Brazilian artist whose work—which takes the form of installations, writings, paintings, videos, and performances—addresses the themes of immigration, the effects of globalization, colonialism, identity, and issues of race and racialization. Across the Americas and Africa, the artist follows the routes of migration, on foot or by bus, reporting on social tensions and exhuming parts of the collective memory.
Nazareth links his life, his Afro-descendant identity, and his artistic production in his interdisciplinary, participatory practice. He lives in Belo Horizonte, starting point of all the journeys that feed into his work; it is this metaphor of identity that the artist dismantles through his creations, which poetically, sometimes with humor and self-mockery, address the social and political issues specific to so-called "Latin" communities. R.G.

CAMILLE NORMENT

IT Nata nel 1970 a Silver Spring nel Maryland, Camille Norment è un'artista americana che vive a Oslo. Definisce la sua pratica come «psicoacustica culturale», sintetizzando così la sua indagine sui temi relativi alla sfera sociale attraverso il suono e la musica.
Le sue opere fanno convergere l'universo materiale delle forme e i corpi degli spettatori, in maniera da generare esperienze estetiche e somatiche al contempo. Molti fra i suoi progetti esplorano i fenomeni di dissonanza acustica, per fare eco alle tensioni esistenti all'interno del tessuto sociale. Per quanto nella sua pratica il suono sia centrale, l'artista trova altre forme espressive nei disegni, nelle installazioni e nelle performance. Nel 2015 viene selezionata per rappresentare la Norvegia alla Biennale di Venezia, dove presenta il progetto *Rapture*. Affianca al lavoro artistico la partecipazione al Camille Norment Trio, dove suona la *glass harmonica*, strumento musicale inventato da Benjamin Franklin nel 1761. R.G.

FR Née en 1970 à Silver Spring aux États-Unis, Camille Norment est une artiste américaine basée à Oslo. Elle qualifie sa pratique de « psychoacoustique culturelle », en ce sens qu'elle explore des enjeux relevant de la sphère sociale à travers le son et la musique. Ses œuvres font converger l'univers matériel des formes et les corps des spectateurs, de manière à engendrer des expériences à la fois esthétiques et somatiques. Plusieurs de ses projets explorent les phénomènes de dissonance acoustique, afin de faire écho aux tensions qui existent au sein du tissu social. Bien que le son soit au cœur de sa pratique, son travail trouve d'autres formes d'expression dans ses dessins, ses installations et ses performances. En 2015, Norment est sélectionnée pour représenter la Norvège lors de la Biennale de Venise, où elle dévoile son projet *Rapture*. Parallèlement à son travail artistique, elle fait également partie du Camille Norment Trio, au sein duquel elle joue de l'harmonica de verre, un instrument de musique mis au point par Benjamin Franklin en 1761. R.G.

EN Born in 1970 in Silver Spring, Maryland, Camille Norment is an American artist based in Oslo. She describes her practice as "cultural psychoacoustics," in that she explores issues in the social sphere through sound and music.
Her works bring together the material world of forms and the viewers' bodies in a way that creates both aesthetic and somatic experiences. Many of her projects explore the phenomena of acoustic dissonance, to echo the tensions that exist within the social fabric. While sound is central to her practice, her work finds other forms of expression, in drawings, installations, and performances. In 2015, Norment was selected to represent Norway at the Venice Biennale, where she unveiled her project *Rapture*. Alongside her artistic work, she is also part of the Camille Norment Trio, in which she plays the glass harmonica, a musical instrument developed by Benjamin Franklin in 1761. R.G.

ROMAN OPAŁKA

IT Nato nel 1931 nella località francese di Hocquincourt, Roman Opałka è un artista franco-polacco il cui lavoro si articola essenzialmente in dipinti, ritratti fotografici e registrazioni sonore, attraverso i quali evidenzia l'irreversibilità del tempo. Nel 1965 inizia la sua serie dei *Détails*, formati da una sequenza di numeri dipinti in bianco su fondo nero. La prima tela inizia con il numero 1, mentre il 231° e ultimo quadro della serie termina con il numero 5.607.249. A partire dal 1972, ogni volta che termina una tela l'artista si scatta una foto, dando le spalle all'opera. Realizza anche alcune registrazioni sonore in cui lo sentiamo mentre scandisce i numeri man mano che li dipinge.
Con il passare degli anni, alla pittura che fa da sfondo sulla tela, inizialmente nera, viene aggiunto l'1% di bianco: le ultime cifre, presenti ma invisibili, sono scritte in bianco su bianco. Lo sbiancamento della tela rimanda ai ritratti dell'artista la cui capigliatura imbianca con gli anni, e collega così la cancellazione della pittura a quella della vita umana. Attraverso ogni frammento della sua pratica, Opałka conserva le tracce del tempo che passa, inesorabile. Muore nel 2011 a Chieti. R.G.

FR Né en 1931 dans le village français d'Hocquincourt, Roman Opałka est un artiste franco-polonais dont le travail prend essentiellement la forme de tableaux, de portraits photographiques et d'enregistrements sonores, à travers lesquels il rend compte de l'irréversibilité du temps.
En 1965, Opałka entame sa série des « détails ». Il s'y succède une suite de nombres peints en blanc sur fond noir. Le premier d'entre eux débute par le chiffre un, tandis que le 231ᵉ et dernier tableau

de la série se termine avec le nombre 5 607 249. À partir de 1972, à chaque fois qu'il achève un « détail », l'artiste se prend alors en photo, dos à celui-ci. Il réalise également des enregistrements sonores où on l'entend énumérer les nombres au fur et à mesure qu'il les peint. Au fil des années, il ajoute 1 % de blanc dans la peinture servant de fond à sa toile, initialement noire : les derniers chiffres, présents mais invisibles, sont écrits en blanc sur blanc. Le blanchiment de la toile renvoie aux portraits de l'artiste dont la chevelure blanchit avec les années, et lie ainsi l'effacement de la peinture à celui de la vie humaine. À travers chaque pan de sa pratique, Opałka conserve les traces du temps qui passe, inexorablement. Il meurt en 2011 à Chieti. R.G.

EN Born in 1931 in the French village of Hocquincourt, Roman Opałka is a Polish-French artist who produced mainly paintings, photographic portraits, and sound recordings, through which he renders the irreversibility of time.
In 1965, Opałka began his "Details" series: numbers painted in white on a black background follow one another, beginning with 1 on the first canvas, and ending with the number 5,607,249 on the 231st and last painting in the series. From 1972 onward, each time he completed a "detail," Opałka took a photo of himself with his back to it. He also made sound recordings in which he can be heard listing the numbers as he painted them. Over the years, he added 1% of white to the initially black paint used as a background for his canvases: the last numbers, present but invisible, are written in white on white. The whitening of the canvas evokes the artist's self-portraits, as his hair turned white over the years, and thus links the erasure of paint to that of human life. Through every part of his practice, Opałka preserves the traces of time that passes, inexorably. He died in 2011 in Chieti. R.G.

LYGIA PAPE

IT Nata nel 1927 a Nova Friburgo in Brasile, Lygia Pape è una delle artiste brasiliane più influenti e celebrate del XX secolo. Figura centrale del neoconcretismo, sviluppa il suo lavoro attraverso una grande varietà di tecniche — pittura, disegno, poesia, graphic design, video e performance —, attraverso le quali mette in discussione tanto il potere espressivo delle forme quanto la relazione che queste intrattengono con il loro contesto sociale. In un primo tempo appartiene al movimento del concretismo, che predica la razionalizzazione formale per stabilire un'arte universale, ma se ne distacca verso la fine degli anni cinquanta, spinta dalla volontà di allontanarsi dal formalismo dogmatico a vantaggio di una visione più sensibile dell'arte, sostenuta dalla soggettività e dalla libertà di sperimentazione. Nel 1959 firma insieme a Hélio Oiticica il *Manifesto neoconcreto*, in favore di un approccio fenomenologico dell'arte. La sua opera, pioniera di un'arte performativa, partecipativa e sensoriale, è intimamente legata alle questioni sociali. La sua arte, tra concettuale e corporeo, include sensazioni fisiche e giochi di luce e di trasparenza, associandoli a una critica delle istituzioni dell'epoca. Muore nel 2004 a Rio de Janeiro. R.G.

FR Née en 1927 à Nova Friburgo au Brésil, Lygia Pape est l'une des artistes brésiliennes les plus influentes et célébrées du 20ᵉ siècle. Figure centrale du néo-concrétisme, son travail se déploie à travers une grande variété de médiums — peinture, dessin, poésie, design graphique, vidéo et performance —, au moyen desquels elle met en question tant le pouvoir expressif des formes que la relation qu'elles entretiennent avec leur contexte social. Un temps associée au mouvement du concrétisme, qui prône une rationalisation formelle en vue d'établir un art universel, Lygia Pape s'en détache vers la fin des années 1950, animée par une volonté de s'éloigner du formalisme dogmatique au profit d'une vision plus sensible de l'art, portée par la subjectivité et la liberté d'expérimentation. En 1959, elle cosigne avec Hélio Oiticica le *Manifesto neoconcreto* [Manifeste du néo-concrétisme], en faveur d'une approche phénoménologique de l'art. Pionnière d'un art performatif, participatif et sensoriel, son œuvre est intimement lié aux questions sociales. Son art, entre conceptuel et corporel, intègre les sensations physiques ainsi que les jeux de lumière et de transparence en les associant à une critique des institutions de l'époque. Elle meurt en 2004 à Rio de Janeiro. R.G.

EN Born in 1927 in Nova Friburgo, Brazil, Lygia Pape is one of the most influential and celebrated Brazilian artists of the twentieth century. A central figure of Neo-Concretism, her work unfolds through a wide variety of media—painting, drawing, poetry, graphic design, video, and performance—through which she questions both the expressive power of forms and their relationship to their social context. For a time, Pape was associated with the Concrete Art movement, which advocated a formal rationalization with a view to establishing a universal art, but she broke away from it toward the end of the 1950s, driven by a desire to move away from dogmatic formalism in favor of a more sensitive vision of art, driven by subjectivity and freedom of experimentation. In 1959, she wrote, with Hélio Oiticica, the "Manifesto neoconcreto" [Manifesto of Neo-Concretism], in favor of a phenomenological approach to art. Pioneer of a performative, participative, and sensorial art, her work is intimately linked to social issues. Her art, between conceptual and corporal, brings together physical sensations as well as the plays of light and transparency with a criticism of institutions. She died in 2004 in Rio de Janeiro. R.G.

MICHEL PARMENTIER

IT Nato nel 1938 a Parigi, Michel Parmentier studia all'École des Métiers d'Art, dove incontra Daniel Buren con cui fonda nel 1966 il BMPT. Il gruppo realizza, con Olivier Mosset e Niele Toroni, happening provocatori e opere minimaliste, allo scopo di proclamare la negazione radicale della pittura. Le tele dell'artista non si nutrono né di discorsi né di interpretazioni; la sua pittura è solo pittura: non c'è né soggettività né espressività.
Dal 1965 Parmentier realizza tutti i suoi dipinti secondo la tecnica detta *pliage* ideata da Simon Hantaï. Ogni opera è composta da una serie di strisce monocrome di 38 centimetri alternate a strisce bianche della stessa dimensione. Fino al 1968 lavora partendo da un solo colore che cambia ogni anno: blu nel 1966, grigio nel 1967, rosso nel 1968. Interrompe improvvisamente la sua pratica nel 1968, per riprenderla solo nel 1983, ripartendo dai suoi metodi e dalle sue tecniche abituali. Muore nel 2000 a Parigi. R.G.

FR Né en 1938 à Paris, Michel Parmentier fait ses études à l'École des Métiers d'Art; il y rencontre Daniel Buren, avec lequel il fonde en 1966 le BMPT. Le groupe réalise, avec Olivier Mosset et Niele Toroni, des happenings provocateurs et des œuvres minimalistes, dans le but de proclamer une négation radicale de la peinture. Les toiles de l'artiste ne se nourrissent ni de discours ni d'interprétations; sa peinture n'est que peinture : il n'y a ni subjectivité ni expressivité.
Depuis 1965, Parmentier réalise l'ensemble de ses tableaux à partir de la méthode dite du « pliage » qu'il emprunte à Simon Hantaï. Chacun d'eux est composé d'une série de bandes monochromes de 38 cm qui alternent avec des bandes blanches de même dimension. Jusqu'en 1968, il travaille exclusivement à partir d'une seule couleur qu'il renouvelle chaque année : bleu en 1966, gris en 1967, rouge en 1968. Il interrompt subitement sa pratique artistique en 1968, pour ne la reprendre qu'en 1983, réinvestissant alors ses méthodes et techniques habituelles. Il meurt en 2000 à Paris. R.G.

EN Born in 1938 in Paris, Michel Parmentier cofounded the group BMPT in 1966 with Daniel Buren, his classmates at the École des Métiers d'Art, along with Olivier Mosset and Niele Toroni. BMPT produced provocative happenings and Minimalist works, with the aim of proclaiming a radical negation of painting. Parmentier's canvases do not feed on discourse or interpretation; his painting is only painting, without subjectivity or expressiveness. Since 1965, Parmentier has produced all of his paintings using the "folding" method he borrowed from Simon Hantaï. Each canvas is composed of a series of monochrome strips, thirty-eight centimeters long, which alternate with white strips of the same length. He worked exclusively with a single color each year: blue in 1966, gray in 1967, red in 1968. He suddenly interrupted his artistic practice in 1968, resuming his practice, along with his usual methods and techniques, in 1983. He died in 2000 in Paris. R.G.

PHILIPPE PARRENO

IT Philippe Parreno, nato nel 1964 in Algeria, formatosi alla Scuola di belle arti di Grenoble e all'Institut des hautes études en arts plastiques di Parigi, indaga le risorse dell'esposizione in quanto mezzo espressivo. Convinto che il progetto sia più importante dell'oggetto, si interessa a un approccio dinamico e collaborativo dell'arte che lo stimola a lavorare con altri artisti — come Pierre Huyghe, Tino Sehgal, Douglas Gordon, Dominique Gonzalez-Foerster... — per ripensare il concetto di esposizione in maniera radicale. Parreno interviene spesso sui meccanismi di funzionamento della manifestazione, creando ambienti in cui si succedono elementi effimeri o di durata variabile, e facendo dell'esposizione stessa un oggetto artistico. Negli anni Duemila i suoi film si popolano di fantasmi e automi — riflesso di un'indagine sulla partizione tra finzione e realtà, narrazione e origini — e si articolano in uno spazio poetico caratterizzato da forti rimandi al mondo della fantascienza, delle scienze e delle scienze occulte, della filosofia e della favola.

FR Philippe Parreno, né en 1964 en Algérie, formé aux Beaux-Arts de Grenoble et à l'Institut des hautes études en arts plastiques de Paris, explore les ressources de l'exposition comme médium. Convaincu que le projet prime sur l'objet, son intérêt pour une approche dynamique et collaborative de l'art le pousse à travailler avec d'autres artistes — tels Pierre Huyghe, Tino Sehgal, Douglas Gordon, Dominique Gonzalez-Foerster... — afin de repenser de manière radicale le concept d'exposition. Parreno intervient souvent sur les mécanismes de fonctionnement de la manifestation, en créant des environnements où se succèdent des éléments éphémères ou d'une durée variable, et en faisant de l'exposition même un objet artistique. Dans les années 2000, ses films se peuplent de fantômes et d'automates, reflets d'une interrogation sur la partition entre fiction et réel, récit et origines. Ils se déroulent dans un espace poétique ponctué de fortes références au monde de la science-fiction, des sciences et sciences occultes, de la philosophie et de la fable.

EN Philippe Parreno, born in 1964 in Algeria, trained at the Beaux-Arts de Grenoble and at the Institut des hautes études en arts plastiques in Paris, explores the framework of the exhibition as medium and subject. Convinced that the project takes precedence over the object, his interest in a dynamic and collaborative approach to art has led him to work with other artists, including Pierre Huyghe, Tino Sehgal, Douglas Gordon, and Dominique Gonzalez-Foerster, to radically rethink the concept of the exhibition. Parreno often intervenes on the mechanisms of the exhibition itself, creating environments in which elements, of ephemeral or variable duration, follow one another, and by making the exhibition itself an artistic object. In the 2000s, his films are populated with ghosts and automatons, reflecting a questioning of the partition between fiction and reality, narrative and origins. They take place in a poetic space punctuated with strong references to the world of science fiction, science and occult sciences, philosophy, and fable.

ROBERT RYMAN

IT Nato nel 1930 a Nashville, Robert Ryman è uno degli artisti americani più importanti del XX secolo, associato al minimalismo e all'arte concettuale. Noto per i suoi studi sulla pittura monocroma, utilizza diverse tonalità di bianco e lavora sull'interazione della superficie dipinta con la luce e lo spazio circostante.
Nel 1953 si stabilisce a New York, nella speranza di intraprendere una carriera da sassofonista. Lavora come custode al Museum of Modern Art, dove è in contatto con Sol LeWitt e Dan Flavin. Si interessa così alle opere dei pittori espressionisti astratti recentemente acquisite dal museo, e decide di avvicinarsi alla pittura. La sua prima mostra risale al 1967, presso la galleria Paul Bianchini. Quattro anni dopo, il Guggenheim Museum gli dedica un'esposizione. Il suo approccio è influenzato dalla gestualità dell'espressionismo astratto, da cui si distingue per la volontà di sperimentare incessantemente nuovi mezzi espressivi. Ciò che più gli interessa sono le infinite possibilità di variazioni e sfumature del suo unico colore, il bianco: «Realizzare dipinti bianchi non è mai stato il mio intento. E non lo è neanche ora. Non penso neanche di dipingere dei quadri bianchi. Il bianco è solo un mezzo per esporre altri elementi della pittura. [...] Il bianco permette ad altre cose di diventare visibili»[1]. Muore a New York nel 2019. R.G.

1 — Fanny Drugeon, *Robert Ryman*, Actes Sud, Arles, Collection Lambert, Avignon 2020.

FR Né en 1930 à Nashville, Robert Ryman est l'un des artistes américains les plus importants du 20e siècle, associé au minimalisme et à l'art conceptuel. Connu pour son exploration de la peinture monochrome, il utilise plusieurs tonalités de blanc et travaille sur l'interaction de la surface peinte avec la lumière et l'espace environnant.
En 1953, Ryman s'installe à New York dans l'espoir d'y mener une carrière de saxophoniste. Il prend alors un emploi de gardien au Museum of Modern Art, où il côtoie Sol LeWitt et Dan Flavin. Il s'intéresse ainsi aux œuvres des peintres expressionnistes abstraits récemment acquises par le musée, et décide de s'initier à la peinture. Sa première exposition personnelle a lieu en 1967, à la galerie Paul Bianchini. Quatre ans plus tard, le musée Guggenheim lui consacre une exposition. Son approche est influencée par la gestualité de l'expressionnisme abstrait, dont il se démarque par sa volonté d'expérimenter sans cesse de nouveaux médiums. Ce qui l'intéresse avant tout, ce sont les possibilités infinies de variations et de nuances de son unique couleur, le blanc : « Faire des peintures blanches n'a jamais été mon intention. Et ça ne l'est toujours pas. Je n'estime même pas que je peins des tableaux blancs. Le blanc est seulement un moyen d'exposer d'autres éléments de la peinture. [...] Le blanc permet à d'autres choses de devenir visibles[1]. » Il meurt en 2019 à New York. R.G.

1 — Fanny Drugeon, *Robert Ryman*, Arles/Avignon, Actes Sud/Collection Lambert, 2020.

EN Born in 1930 in Nashville, Robert Ryman is one of the most important twentieth-century American artists, associated with Minimalism and Conceptual art. Known for his exploration of monochromatic paintings in various shades of white, he worked on the interaction of the painted surface with light and the surrounding space.
Ryman moved to New York in 1953 with the hope of pursuing a career as a saxophonist. He took a job as a janitor at the Museum of Modern Art, where he worked with Sol LeWitt and Dan Flavin. He soon became interested in the works of the Abstract Expressionist painters recently acquired by the museum, and decided to take up painting. His first solo exhibition took place in 1967 at the Paul Bianchini Gallery. Four years later, the Guggenheim Museum devoted an exhibition to him. His approach is influenced by the gesturality of Abstract Expressionism, from which he deviates in his desire to constantly experiment with new mediums. What interests him above all are the infinite possibilities of variations and shades of his only color, white: "It was never an intention of mine to make white paintings. I don't even consider that I paint white paintings. The white is just a means of exposing other elements. [...] White allows other things to become visible."[1] He died in 2019 in New York. R.G.

1 — Fanny Drugeon, *Robert Ryman* (Arles/Avignon: Actes Sud/Collection Lambert, 2020).

DINEO SESHEE BOPAPE

IT Nata nel 1981 a Polokwane, in Sudafrica, Dineo Seshee Bopape è un'artista impegnata in un rinnovamento tanto sociale quanto trascendentale delle modalità di rappresentazione della memoria e dell'identità.
Ha studiato pittura e scultura al Durban Institute of Technology e alla Columbia University. Crea principalmente installazioni ambientali composte da una varietà di materiali altamente simbolici — come la terra, l'acqua, il legno — che generano

narrazioni potenti. Secondo le sue stesse parole, l'artista «tratta la terra come un corpo... materiale e spirituale... e una sorta di specchio/ricettacolo... Come le zolle di argilla — sono un modo di marcare la presenza di sé attraverso il/un semplice gesto»[1]. Grazie alla loro intensa matericità, questi elementi suggeriscono nuove possibilità alchemiche, fisiche, spirituali e sociali. Le opere dell'artista legano tra di loro le storie individuali e collettive, che ricollocano all'interno di una cosmologia più ampia, associando così il noto e l'ignoto, il terreno e il celeste. Bopape ci mostra le tracce materiali e simboliche della memoria collettiva, invitandoci a portare il nostro sguardo al di là del loro involucro fisico. R.G.

1 — *Dineo Seshee Bopape, Born in the first light of the morning [moswara'marapo]*, guida alla mostra, Pirelli Hangar Bicocca, Milano, 6 ottobre 2022 - 29 gennaio 2023, p. 7.

FR Née en 1981 à Polokwane en Afrique du Sud, Dineo Seshee Bopape est une artiste engagée vers un renouvellement à la fois social et transcendantal des modes de représentation de la mémoire et de l'identité.
Elle a étudié la peinture et la sculpture au Durban Institute of Technology ainsi qu'à l'université Columbia. Elle crée principalement des installations environnementales composées d'une variété de matériaux hautement symboliques — comme la terre, l'eau et le bois — qui génèrent de puissants récits. Selon ses propres mots, elle « traite la terre comme un corps... matériel et spirituel... et une sorte de miroir/réceptacle... Comme les mottes d'argile — elles sont une façon de marquer la présence de soi à travers le/un simple geste[1]. » De par leur forte matérialité, ces éléments suggèrent de nouvelles possibilités alchimiques, physiques, spirituelles et sociales. Les œuvres de l'artiste relient entre elles les histoires individuelles et collectives, qu'elles replacent au sein d'une cosmologie plus large, associant ainsi le connu et l'inconnu, le terrestre et le céleste. Bopape nous donne à voir les traces matérielles et symboliques de la mémoire collective, tout en nous invitant à porter notre regard au-delà de leur enveloppe physique. R.G.

1 — Propos de l'artiste recueilli dans le livret visiteurs de son exposition *Dineo Seshee Bopape, Born in the first light of the morning [moswara'marapo]* au Pirelli Hangar Bicocca, Milan, octobre 6, 2022 - janvier 29, 2023, p. 7.

EN Born in 1981 in Polokwane, South Africa, Dineo Seshee Bopape is committed to both a social and transcendental renewal of the ways in which memory and identity are represented.
Bopape studied painting and sculpture at the Durban Institute of Technology and Columbia University. She primarily creates environmental installations composed of a variety of highly symbolic materials, such as earth, water, and wood, that generate powerful narratives. In her own words, she treats "the soil like a body... material and spirit... and a mirror/receptacle of sorts... Like the clumps of clay—they are a way to mark self-presence through the/a simple gesture."[1]
With their strong material presence, these elements suggest new alchemical, physical, spiritual, and social possibilities. The artist's works connect individual and collective histories, placing them within a larger cosmology, linking the known and the unknown, the earthly and the celestial. Bopape shows us the material and symbolic traces of collective memory, inviting us to look beyond their physical envelope. R.G.

1 — From the exhibition guide: *Dineo Seshee Bopape, Born in the first light of the morning [moswara'marapo]*, Milan: Pirelli HangarBicocca, 6 October 2022–29 January 2023, 7.

DAYANITA SINGH

IT Nata nel 1961 a Nuova Delhi, Dayanita Singh è un'artista la cui opera mescola i generi del reportage fotografico, della fiction e del montaggio. Il suo lavoro, improntato all'empatia e alla poesia, delinea al contempo il ritratto di individui che destabilizzano le norme e quello della società che li circonda.
Il primo progetto fotografico di Dayanita Singh deriva dal suo incontro con il suonatore di tabla Zakir Hussain, che la invita a fotografare l'intimità delle prove. Il lavoro, sviluppato nel tempo come avverrà in altre occasioni, sfocia nel 1986 nella pubblicazione di un primo libro. Il secondo progetto, che data al 2001, giustappone fotografie e lettere per raccontare la storia intrisa di coraggio e resilienza di Mona Ahmed, un/a caro/a amico/a dell'artista, che vive in un cimitero della vecchia Delhi. I lavori successivi affrontano temi più personali, intrecciando la storia di Dayanita Singh con quella dell'India. Le sue opere sono già state presentate due volte alla Biennale di Venezia, nel 2011 e nel 2013. Vive e lavora a Nuova Delhi. R.G.

FR Née en 1961 à New Delhi, Dayanita Singh est une artiste dont l'œuvre mélange les genres du reportage photographique, de la fiction et du montage. Son travail, empreint d'empathie et de poésie, dresse à la fois le portrait d'individus confondant les normes et celui de la société qui les entoure.
Le premier projet photographique de Dayanita Singh découle de sa rencontre avec le joueur de tabla Zakir Hussain, qui l'invite à photographier l'intimité des répétitions. Ce travail, effectué sur la durée à l'instar de ses projets ultérieurs, aboutit en 1986 à la publication de son premier livre. Son deuxième projet, publié en 2001, juxtapose des photographies et des lettres, afin de raconter l'histoire teintée de courage et de résilience de Mona Ahmed, un·e chèr·e ami·e de l'artiste vivant dans un cimetière d'Old Delhi. Ses projets suivants abordent des thèmes plus personnels et font s'entrecroiser l'histoire de l'artiste et celle de l'Inde. Son travail a déjà été présenté à deux reprises à la Biennale de Venise, en 2011 et 2013. Elle vit et travaille à New Delhi. R.G.

EN Born in 1961 in New Delhi, Dayanita Singh is an artist whose work mixes the genres of photo reportage, fiction, and montage. In her work, imbued with empathy and poetry, she portrays both individuals who reject society's norms and that society itself.
Dayanita Singh's first photographic project stems from her meeting with tabla player Zakir Hussain, who invited her to photograph the intimacy of rehearsals. This work, carried out over time like her later projects, led to the publication of her first book in 1986. In her second project, published in 2001, she juxtaposes photographs and letters to tell the story of her dearest friend, the courageous and resilient Mona Ahmed, living in a cemetery in Old Delhi.
Her subsequent projects address more personal themes and intertwine her own history with that of India. Her work has been exhibited twice at the Venice Biennale, in 2011 and 2013. She lives and works in New Delhi. R.G.

RUDOLF STINGEL

IT Cosa significa dipingere? Rudolf Stingel, nato nel 1956 a Merano, ha fatto del suo mezzo espressivo, ovvero la pittura, il soggetto e la modalità della sua opera, imperniata su questo interrogativo.
Tra astrazione e figurazione, Stingel indaga, respinge e ridefinisce i limiti della sua arte. Attraverso il lavoro sulla pittura si snoda una riflessione sulla memoria e sul tempo, segnata dal tema della vanità.
Da *Instructions* (1989), manuale di istruzioni per produrre alla perfezione e all'infinito «uno Stingel», la sua opera si sviluppa sul confine tra l'artista-creatore e lo spettatore-appassionato. Nel 2001 nasce la serie delle creazioni in celotex, un materiale isolante sul quale i visitatori possono intervenire con graffiti, collage, impronte... Dal 1991 Stingel riveste intere sale con il motivo ingrandito di un tappeto, che oltrepassa i limiti della cornice e diventa ambiente. Nella sua esposizione monografica del 2013 a Palazzo Grassi questa pratica trasforma lo spazio e serve da fondale a un chiaroscuro fotorealista, che dimostra l'assenza di limiti della pittura.

FR Qu'est-ce que peindre ? Rudolf Stingel, né en 1956 à Merano (en Italie), a fait de son médium, la peinture, le sujet et le mode de son œuvre, axé sur cette question. Entre abstraction et figuration, Stingel explore, repousse et redéfinit les limites de son art. À travers son travail sur la peinture se développe une réflexion sur la mémoire et le temps, marquée par le motif de la vanité. Depuis *Instructions* (1989), mode d'emploi pour produire à la perfection et à l'infini « un Stingel », son œuvre se déploie à la frontière entre l'artiste-créateur et le spectateur-amateur. En 2001, débute la série des créations en Celotex, un matériau isolant offert à l'intervention des visiteurs : graffitis, collages, empreintes... À partir de 1991, Stingel recouvre des salles entières d'un motif agrandi de tapis peint, abolissant les limites du cadre, métamorphosé en environnement. Dans sa monographie au Palazzo Grassi en 2013, ce protocole transforme l'espace et sert de toile de fond à des grisailles photoréalistes, prouvant le sans-limite de la peinture.

EN What is painting? Rudolf Stingel, born in 1956 in Merano (Italy), has made his medium, painting, the subject and mode of his work, centered on this question. Between abstraction and figuration, Stingel explores, pushes, and redefines the limits of his art. His paintings develop a reflection on memory and time, marked by the motif of the vanity. Since *Instructions* (1989), instructions for producing a "Stingel" to perfection, ad infinitum, his work unfolds on the border between the artist-creator and the spectator-amateur. In 2001, he began a series of work in Celotex, an insulating material open to the intervention of visitors: graffiti, collages, prints... From 1991 onward, Stingel covered entire rooms with an enlarged motif of painted carpet, eliminating the limits of the frame, creating an environment. In his monograph at Palazzo Grassi in 2013, this protocol transforms the space and serves as a backdrop for photorealistic grisaille, proving the limitlessness of painting.

ANDREJ TARKOVSKIJ

IT Nato nel 1932, Andrej Tarkovskij è un regista e scrittore sovietico autore di sette lungometraggi, in gran parte considerati classici del cinema. La sua opera, profondamente originale, al contempo densa e improntata al misticismo, esplora i temi dell'infanzia, della creazione, della storia, della relazione con la natura e del limite tra sacro e profano.
Dopo gli studi iniziali di musica, pittura e geologia, nel 1956 viene ammesso all'Istituto Nazionale di Cinematografia di Mosca. Il suo primo lungometraggio, *L'infanzia di Ivan*, ottiene il Leone d'Oro alla Mostra di Venezia nel 1962. Impiega quattro anni per realizzare *Andrej Rublëv*, suo secondo film, ispirato alla vita dell'omonimo pittore di icone. Alcuni dei suoi lungometraggi successivi, come *Solaris* (1972), *Stalker* (1979) o *Lo specchio* (1975) sono considerati capolavori assoluti della settima arte, vere e proprie odi esistenziali all'unione profetica tra l'essere umano e gli elementi. Muore nel 1986 a Neuilly-sur-Seine. R.G.

FR Né en 1932, Andreï Tarkovsky est un cinéaste et écrivain soviétique à l'origine de sept longs-métrages, pour la plupart considérés comme des classiques du cinéma. D'une profonde originalité, son œuvre à la fois dense et empreint de mysticisme explore les thèmes de l'enfance, de la création, de l'Histoire, de la relation à la nature ou encore de la frontière entre le sacré et le profane.
Après des études initiales en musique, en peinture et en géologie, il intègre en 1956 l'Institut national de la cinématographie, à Moscou. Son premier long-métrage, *L'Enfance d'Ivan*, emporte le Lion d'or à la Mostra de Venise de 1962. Il prend quatre ans pour réaliser *Andreï Roublev*, son deuxième film, qui s'inspire de la vie du peintre d'icônes du même nom. Plusieurs de ses longs-métrages subséquents, tels *Solaris* (1972), *Stalker* (1979) ou *Le Miroir* (1975), sont considérés comme des chefs-d'œuvre absolus du septième art, véritables odes existentielles à l'union prophétique entre l'humain et les éléments. Il meurt en 1986 à Neuilly-sur-Seine. R.G.

EN Born in 1932, Andreï Tarkovsky is a Soviet filmmaker and writer who made seven feature films, most of which are considered classics of cinema. His deeply original work, both dense and mystical, explores the themes of childhood, creativity, history, our relationship with nature, and the border between the sacred and the profane.
After studying music, painting, and geology, he joined the National Institute of Cinematography in Moscow in 1956. His first feature film, *Ivan's Childhood*, won the Golden Lion at the 1962 Venice Film Festival. His second film, *Andrei Rublev*, which was based on the life of the icon painter, took four years to complete. Several of his subsequent feature films, such as *Solaris* (1972), *Stalker* (1979), and *Mirror* (1975), are considered absolute masterpieces of the seventh art, true existential odes to the prophetic union between humans and the elements. He died in 1986 in Neuilly-sur-Seine. R.G.

LEE UFAN

IT L'educazione tradizionale e confuciana ricevuta da Lee Ufan (nato nel 1936 in Corea) segna profondamente il futuro artista. Dagli anni sessanta egli ricerca l'equilibrio tra le sue radici coreane e i suoi legami con il Giappone, dove studia e lavora, e poi con l'Occidente (dal 1971 partecipa alla Biennale di Parigi). Il suo lavoro, al crocevia di queste tre culture, vuole essere universale e immediato. Lee Ufan racconta spesso di avere iniziato a creare le prime opere quando voleva studiare letteratura e filosofia in Giappone, ma non padroneggiava la lingua. Da qui la decisione di esprimersi visivamente, senza passare né per il linguaggio né per la figurazione, ma attraverso i gesti sensibili e gli «incontri» provocati: tra un materiale naturale e uno industriale, per esempio, nelle sue celebri sculture *Relatum*. Dalla fine degli anni sessanta, nell'ambito del Mono-ha (la «scuola delle cose» in giapponese), formula quindi una nuova definizione dell'arte, nella quale l'ego dell'artista si fa da parte in favore di un dialogo con lo spazio, il pieno e il vuoto, il fare e il non fare, in un approccio che stimola la meditazione. J.-M.G.

FR L'éducation traditionnelle et confucéenne que reçoit Lee Ufan (né en 1936 en Corée) marque profondément l'artiste qu'il va devenir. Depuis les années 1960, il cherche l'équilibre entre ses racines coréennes et ses attaches avec le Japon, où il étudie et travaille, puis avec l'Occident — il participe dès 1971 à la Biennale de Paris. À la croisée de ces trois cultures, son travail se veut universel et immédiat. Lee Ufan raconte volontiers qu'il commence à créer ses premières œuvres alors qu'il souhaite étudier la littérature et la philosophie au Japon, mais qu'il ne maîtrise pas la langue. Il décide de s'exprimer visuellement, sans passer ni par le langage ni par la figuration, mais par des gestes sensibles et par les « rencontres » qu'il provoque : entre un matériau naturel et un matériau industriel par exemple, dans ses célèbres sculptures « Relatum ». Il formule ainsi dès la fin des années 1960, dans la mouvance Mono-Ha (« École des choses en japonais »), une nouvelle définition de l'art, dans laquelle l'ego de l'artiste s'efface au profit d'un dialogue avec l'espace, le plein et le vide, le faire et le non-faire, dans une approche incitant à la méditation. J.-M.G.

EN The work of Lee Ufan (born in 1936 in Korea) is profoundly marked by the traditional Confucian education he received. Since the 1960s, he has sought a balance between his Korean roots and his ties with Japan, where he studied and worked, and since the 1970s, following his participation in the Paris Biennale in 1971, with the Western world. At the crossroads of these three cultures, his work is universal and immediate. Ufan has often recounted that he first began creating work in Japan, where he wanted to study literature and philosophy, but did not master the language. He decided to express himself visually, without using either language or figuration, but through sensitive gestures and the "encounters" he provoked: between natural and industrial materials, for instance, in his famous Relatum sculptures. In the late 1960s, as a participant in the Mono-Ha movement (the School of Things in Japanese), he formulated a new definition of art, in which the artist's ego was erased in favor of a dialogue with space, fullness and emptiness, doing and non-doing, in an approach that encouraged meditation. J.-M.G.

DANH VO

IT Nato nel 1975 a Bà Rịa in Vietnam, Danh Vo è un artista concettuale danese di origine vietnamita. Le sue installazioni e progetti curatoriali, che comprendono fotografie, documenti cartacei, sculture e oggetti della vita quotidiana, creano un intreccio di narrazioni per esporre la complessità delle identità individuali e collettive.
Nel 1979, quando ha solo quattro anni, Danh Vo fugge dal Vietnam in barca con la sua famiglia. Viene salvato da un cargo danese che lo conduce in Danimarca. Questi eventi, insieme ad altri aspetti della sua storia personale, avranno un profondo impatto sulla sua pratica artistica, che accosta le storie intime e familiari ai

rispettivi contesti geopolitici. La maggior parte dei progetti dell'artista si basa su un accumulo materiale, analogo a quello di un collezionista o di un archeologo. I manufatti che utilizza ed espone agiscono come reliquie che conservano la traccia di identità molteplici e dei ricordi a esse associati. Nel 2015 Danh Vo cura la mostra *Slip of the Tongue*, presentata a Punta della Dogana e ispirata alla storia della pittura veneziana, in particolare alla *Pietà* (1575-1576) dipinta da Tiziano. Nello stesso anno rappresenta la Danimarca alla Biennale di Venezia. R.G.

FR Né en 1975 à Bà Rịa au Vietnam, Danh Vo est un artiste conceptuel danois d'origine vietnamienne. Ses installations et projets curatoriaux, qui intègrent photographies, documents papier, sculptures et objets de la vie quotidienne, font s'entrecroiser les récits afin d'exposer la complexité des identités individuelles et collectives.
En 1979, alors qu'il est âgé d'à peine 4 ans, Danh Vo fuit le Vietnam en barque avec sa famille. Il est recueilli par un cargo danois qui le conduit au Danemark. Ces événements, comme d'autres aspects de son histoire personnelle, auront un profond impact sur sa pratique artistique. Cette dernière juxtapose les histoires intimes et familiales à leurs contextes géopolitiques. La plupart des projets de l'artiste s'appuient sur une accumulation matérielle, analogue à celle d'un collectionneur ou d'un archéologue. Les artefacts qu'il manipule et expose agissent telles des reliques conservant la trace d'identités multiples et de mémoires qui leur sont associées. En 2015, Danh Vo assure le commissariat de « Slip of the Tongue », une exposition présentée à la Punta della Dogana et s'inspirant de l'histoire de la peinture vénitienne, notamment de la *Pietà* (1575-1576) peinte par le Titien. La même année, il représente le Danemark à la Biennale de Venise. R.G.

EN Born in 1975 in Bà Rịa, Vietnam, Danh Vo is a Vietnamese-born Danish conceptual artist. His installations and curatorial projects, which integrate photographs, archival documents, sculptures, and everyday objects, interweave narratives to expose the complexity of individual and collective identities.
In 1979, when he was just four years old, Danh Vo fled from Vietnam to Denmark, in a boat, with his family. He was taken in by a Danish freighter that brought him to Denmark. These events, like other aspects of his personal history, profoundly impacted his artistic practice, which juxtaposes intimate and family histories with their geopolitical contexts. Most of Vo's projects are based on material accumulation, with the artist adopting the role of a collector or an archaeologist. The artifacts he manipulates and exhibits function as relics, preserving the trace of multiple identities and the memories associated with them. In 2015, Danh Vo curated the exhibition *Slip of the Tongue* at Punta della Dogana, inspired by the history of Venetian painting, particularly Titian's *Pietà* (1575–1576). The same year, he represented Denmark at the Venice Biennale. R.G.

CHEN ZHEN

IT Nato nel 1955 a Shanghai, Chen Zhen è un artista cinese il cui lavoro è radicato in una costruzione identitaria molteplice, al crocevia tra la Cina natale e l'Occidente dove ha vissuto e lavorato per la maggior parte della sua carriera.
Chen Zhen cresce in Cina durante la rivoluzione culturale e gli intensi capovolgimenti che l'accompagnano.
Lì porta a termine la sua formazione iniziale all'interno dell'unica scuola d'arte di Shanghai, dove apprende l'arte tradizionale della pittura, del disegno e della scultura. Nel 1986 si trasferisce a Parigi per proseguire gli studi. La sua pratica artistica costituisce un ponte ininterrotto tra la cultura occidentale e quella cinese, affrontata sotto il duplice profilo delle tradizioni e della modernità; l'artista parla allora di «transesperienza».
Il suo lavoro scultoreo, caratterizzato da temi buddhisti e riferimenti alla filosofia europea e influenzato dalle sue personali esperienze di migrazione, fa ricorso a materiali molto diversi come il plexiglas, le perle, il legno, i bozzoli dei bachi da seta, il metallo, la corda, il bambù, gli aghi per agopuntura e le piante medicinali. Quando scopre di essere affetto da un male incurabile, Chen Zhen decide di studiare la medicina tradizionale cinese, i cui principi trasforma e distilla nelle sue ultime opere attraverso un dialogo fecondo tra il corpo e lo spirito. Muore nel 2000 a Parigi. R.G.

FR Né à Shanghaï en 1955, Chen Zhen est un artiste chinois dont le travail s'ancre dans une construction identitaire multiple, au croisement entre sa Chine natale et l'Occident où il a vécu et travaillé pendant la majeure partie de sa carrière.
Chen Zhen grandit en Chine pendant la Révolution culturelle et les intenses bouleversements qui l'accompagnent.
Il y réalise sa formation initiale au sein de la seule école d'art de Shanghaï, où il apprend l'art traditionnel de la peinture, du dessin et de la sculpture. En 1986, il part poursuivre ses études à Paris. Sa pratique artistique ne cesse de faire le pont entre les cultures occidentale et chinoise, qu'il aborde à la fois sous l'angle des traditions et de la modernité ; l'artiste parle alors de « transexpérience ». Empreint de thèmes bouddhistes ou de références à la philosophie européenne et influencé par ses propres expériences de migration, son travail sculptural fait appel à des matériaux aussi divers que le plexiglas, les perles, le bois, les cocons de vers à soie, le métal, la corde, le bambou, les aiguilles d'acupuncture et les plantes médicinales. Lorsqu'il apprend qu'il est atteint d'une maladie incurable, Chen Zhen décide de se former à la médecine traditionnelle chinoise, dont il transforme et distille le savoir dans ses dernières œuvres au travers d'un dialogue fécond entre le corps et l'esprit. Il meurt en 2000 à Paris. R.G.

EN Born in Shanghai in 1955, Chen Zhen is a Chinese artist whose work is rooted in the construction of a multiple identity, at the crossroads between his native China and the West, where he has lived and worked for most of his career.
Chen Zhen grew up in China during the Cultural Revolution and the intense upheaval that accompanied it. He received his initial training at the only art school in Shanghai at the time, where he learned the traditional art of painting, drawing, and sculpture. In 1986, he left to continue his studies in Paris. His artistic practice continues to bridge the gap between Western and Chinese cultures, which he approaches from the dual perspective of tradition and modernity; the artist speaks of a "trans-experience." Imbued with Buddhist themes and references to European philosophy, and influenced by his own experience of migration, his sculptural work uses diverse materials—Plexiglas, beads, wood, silkworm cocoons, metal, rope, bamboo, acupuncture needles, and medicinal plants. Upon learning that he had an incurable disease, Chen Zhen decided to train in traditional Chinese medicine, transforming and distilling it in his latest works in a fruitful dialogue between body and mind. He died in 2000 in Paris. R.G.

Josef ALBERS
Study for Homage to the Square: Despite Mist, 1967-1968
Olio su masonite, cornice dell'artista, dittico / Huile sur masonite dans un cadre de l'artiste, diptyque / Oil on masonite in artist's frame, diptych
102,7 × 206,5 × 3,4 cm con cornice / avec cadre / framed
Pinault Collection
Installation view, *Anni et Josef Albers L'art et la vie*, Musée d'art moderne de Paris, Parigi / Paris, 10 settembre / septembre / September 2021 - 9 gennaio / janvier / January 2022
© The Josef and Anni Albers Foundation / SIAE 2023. Photo Pierre Antoine
p. 168
© The Josef and Anni Albers Foundation/ SIAE 2023
pp. 170-171

James Lee BYARS
The Golden Tower, 1974
Colonna dorata / Colonne dorée / Gilded column
180 × 54 cm
Pinault Collection
Photo Patrick Goetelen
© The Estate of the Artist
p. 65

The Philosophical Nail, 1986
Ferro dorato / Fer doré / Gilded iron
Chiodo / Clou / Nail, 27 × 3 × 3 cm
Vetrina / Vitrine, 80 × 49,5 × 49,5 cm
Struttura delle gambe / Structure des pieds / Structure of feet, 95 × 51 × 51 cm
Vetrine e gambe / Vitrine et pieds / Vitrine and feet, 175 × 51 × 51 cm
Pinault Collection
Courtesy of Laurence Dreyfus
© The Estate of the Artist
p. 64

Maurizio CATTELAN
La Nona Ora, 1999
Resina di poliestere, cera dipinta, capelli umani, tessuto, abiti, accessori, pietra e tappeto / Résine de polyester, cire peinte, cheveux humains, tissu, vêtements, accessoires, pierre et tapis / Polyester resin, painted wax, human hair, fabric, clothing, accessories, stone and carpet
Dimensioni variabili / Dimensions variables / Dimensions variable
Pinault Collection
Installation view, *Maurizio Cattelan*, Palazzo Reale, Sala delle Cariatidi, Milano / Milan, 24 settembre / septembre / September - 24 ottobre / octobre / October 2010
Photo Zeno Zotti. Courtesy of Maurizio Cattelan's Archive
pp. 62-63

Installation view, Musée des Beaux-Arts de Rennes, 2014
Photo Zeno Zotti. Courtesy of Maurizio Cattelan's Archive
p. 60

Étienne CHAMBAUD
Stase, 2022
Ottone, acciaio, stampa stereolitografica, vernice / Laiton, acier, impressions stéréolithographiques, peinture / Brass, steel, stereolithographic prints, paint
35 × 28 × 17 cm
Pinault Collection
Photo Andrea Rossetti. Courtesy of the artist and Esther Schipper, Berlin · Paris · Seoul
p. 59

Uncreature, 2022
Tempera e foglia d'oro su pannello ligneo / Tempéra et feuille d'or sur panneau de bois / Tempera and gold leaf on wood panel
40 × 30,8 × 5,1 cm
Pinault Collection
Photo Aurélien Mole. Courtesy of the artist and Esther Schipper, Berlin · Paris · Seoul
p. 56

Uncreature, 2022
Ottone, tempera e foglia d'oro su pannello ligneo / Laiton, tempéra et feuille d'or sur panneau de bois / Brass, tempera and gold leaf on wood panel
31,5 × 27 × 5,6 cm
Pinault Collection
Photo Aurélien Mole. Courtesy of the artist and Esther Schipper, Berlin · Paris · Seoul
p. 57

Uncreature, 2022
Tempera e foglia d'oro su pannello ligneo / Tempéra et feuille d'or sur panneau de bois / Tempera and gold leaf on wood panel
45 × 38 × 6,8 cm
Pinault Collection
Photo Aurélien Mole. Courtesy of the artist and Esther Schipper, Berlin · Paris · Seoul
p. 58

Edith DEKYNDT
Nanthanwan Temple 004 (Master Duangkamol Jaikompan, Shang Maï, Thailande), 2014
Lacca tradizionale su lino, in collaborazione con la Maestra / Laque traditionnelle sur lin, en collaboration avec la Maître / Traditional lacquer on linen, in collaboration with Master Duangkamol Jaikompan
60 × 40 cm
Courtesy of the artist. Photo Kiosk, Venue for contemporary art, Gand, 2015
p. 108

Ombre indigène, 2014
Proiezione video / Vidéo-projection / Video, 16:9
34 min. 17 sec. loop
© Edith Dekyndt
p. 109

Underground 17, 2018
Tessuto / Tissu / Fabric
254,2 × 157 cm, 3 kg
Pinault Collection
Courtesy of the artist.
Photo © Diane Arques © Diane Arques, by SIAE 2023
p. 110

Sergej EISENSTEIN
Ivan il Terribile / Ivan le Terrible / Ivan the Terrible, 1943-1946
Estratti dal film / Extraits tirés du film / Excerpts from the film
Film in bianco e nero, sonoro / Film noir et blanc, sonore / Black and white film, sound
187 min.
Durata totale degli estratti / Durée totale des extraits / Total duration of the excerpts
12 min. 37 sec.
Film still
© Gaumont-Département Arkeion
p. 55

Lucio FONTANA
Concetto spaziale, 1958
Anilina su tela / Aniline sur toile / Aniline on canvas
200 × 200 cm
Pinault Collection
Photo Lucas Olivet. © Fondazione Lucio Fontana, Milano, by SIAE 2023
p. 89

Lucio Fontana e / et / and Jef Verheyen
Le Jour chez Louis Bogaerts à Knokke-le-Zoute, Belgique, 1962
Prima trasmissione sul canale televisivo belga BRT/VRT il 3 dicembre 1962.
Documentario in bianco e nero, sonoro / Première diffusion à la télévision belge BRT/VRT le 3 décembre 1962.
Film documentaire noir et blanc, sonore / Black and white documentary film, sound, first broadcast on Belgian television channel BRT/VRT, December 3, 1962
9 min.
Courtesy of VRT
Film and film still: © VRT Archief
© Fondazione Lucio Fontana, Milano, by SIAE 2023
p. 88

Theaster GATES
Roofing Exercise, 2012
Legno, carta catramata e catrame / Bois, papier de toiture et goudron / Wood, roofing paper and tar
245,8 × 253,5 × 12 cm
Pinault Collection
© The artist. Photo Ben Westoby
© White Cube
p. 102

Gone are the Days of Shelter and Martyr, 2014
Video a colori da canale singolo / Vidéo couleur monocanal / Single-channel color video
6 min. 31 sec.
© The artist. Courtesy of White Cube
p. 100

David HAMMONS
A Cry From the Inside, 1969
Pigmento su carta dorata / Pigment sur papier doré / Pigment on gold paper
98,7 × 70,7 × 3,7 cm con cornice / avec cadre / framed
Pinault Collection
© David Hammons
p. 118

Black Mohair Spirit, 1971
Pigmento, spago, stringhe di mocio, perline, piume e ali di farfalle su carta nera / Pigment, ficelle, franges de serpillière, perles, plumes, ailes de papillon sur papier noir / Pigment, twine, mop strands, beads, feathers, and butterfly wings on black paper
56 × 38,3 cm
59 × 41,2 × 4 cm con cornice / avec cadre / framed
Pinault Collection
© David Hammons
p. 120

I Dig the Way this Dude Looks, 1971
Pigmento su carta / Pigment sur papier/ Pigment on paper
88,3 × 58,2 × 4 cm con cornice / avec cadre / framed
Pinault Collection
© David Hammons
p. 124

Untitled (Mirror), 2013
Specchio di vetro con cornice di legno e gesso, tessuto / Miroir en verre, cadre en bois et plâtre, tissu / Glass mirror with wood and plaster frame, fabric
191,8 × 96,5 × 29,2 cm, 27,2 kg
Pinault Collection
Installation view, *Ouverture*, Bourse de Commerce — Pinault Collection, Parigi / Paris, 2021
© David Hammons. Courtesy of the artist and Pinault Collection. Photo Aurélien Mole
p. 116

Arthur JAFA
akingdoncomethas, 2018
Video, colore, sonoro / Vidéo, en couleur, sonore / Video, color, sound
1 ora / h / hr., 45 min.
Pinault Collection
Film still
© Arthur Jafa. Courtesy of the artist and Gladstone Gallery
[opera presentata al Teatrino di Palazzo Grassi / œuvre présentée au Teatrino di Palazzo Grassi / work presented at the Teatrino di Palazzo Grassi]
p. 105

Donald JUDD
Untitled, 1991
Acciaio corten e smalto giallo / Acier Corten et émail jaune / Corten steel and yellow enamel
4 elementi / unités / units, 100 × 100 × 50 cm ciascuno / chacune / each
Pinault Collection
Donald Judd Art © Judd Foundation, by SIAE 2023. Photo © Christie's Images Limited
p. 166

On KAWARA
DEC. 1, 1974; DEC. 2, 1974; DEC. 3, 1974; DEC. 4, 1974; DEC. 5, 1974; DEC. 6, 1974; DEC. 7, 1974, 1974
7 dipinti dalla serie / tableaux de la série / paintings from the series *Today*, 1966-2013
Acrilico su tela, con scatola di cartone fatta a mano con carta di giornale / Acrylique sur toile, avec boîte en carton faite à la main avec du papier journal / Acrylic on canvas, with handmade cardboard box with newspaper
25,4 × 33 cm ciascuno / chacun / each
Pinault Collection
© One Million Years Foundation
pp. 156, 159

KIMSOOJA
A Needle Woman, 1999-2000
Video performance, senza audio / Vidéo-performance, muette / Performance video, silent
6 min. 33 sec., loop
Pinault Collection
Still da / de / from video a 4 canali / vidéo 4 canaux / 4-channel video, Shanghai, Tokyo, Delhi, New York
© Kimsooja, by SIAE 2023. Courtesy of Kimsooja Studio
pp. 142-149

To Breathe-Venice, 2023
Installazione site specific consistente in pellicole a reticolo di diffrazione e specchi di vetro / Installation in situ réalisée à partir de miroirs de verre et de feuilles de réseau de diffraction / Site-specific installation consisting of diffraction grating films and glass mirror
Dimensioni variabili / Dimensions variables / Dimensions variable
Mandala: Zone of Zero, 2004-2010
Installazione sonora di canti salmodiati tibetani, gregoriani e islamici / Installation sonore composée de trois chants : tibétain, grégorien et islamique / Sound installation with three chants: Tibetan, Gregorian and Islamic
9 min. 50 sec., loop
© Kimsooja, by SIAE 2023. Courtesy of Punta della Dogana and Kimsooja Studio
Installation view, *Icônes*, Punta della Dogana, Venezia / Venise / Venice, aprile / avril / April - novembre / November 2023
Photo Filippo Rossi con Marco Cappelletti
© Palazzo Grassi
p. 150

Joseph KOSUTH
Un oggetto chiuso in se stesso? (Adieux) / Un objet fermé sur soi ? (Adieux) / An Object Closed Upon Itself? (Adieux), 2022
Installazione site specific composta da neon, vinile e proiezione / Installation contextuelle composée de néon, vinyle et projection / Context-specific installation consisting of neon, vinyl and projection
Dimensioni variabili / Dimensions variables / Dimensions variable
© Joseph Kosuth, by SIAE 2023. Courtesy of the artist
Installation view, *Icônes*, Punta della Dogana, Venezia / Venise / Venice, aprile / avril / April - novembre / November 2023
Photo Marco Cappelletti © Palazzo Grassi
pp. 162-165

Sherrie LEVINE
Meltdown: After Klein: White, 1991
Olio su mogano / Huile sur acajou / Oil on mahogany
71,1 × 52,9 × 2,5 cm
Pinault Collection
Photo Philipp Niederlag. Courtesy of Jablonka Galerie, Zürich
© Sherrie Levine. Courtesy of the artist and David Zwirner
p. 160

Meltdown: After Klein: Black, 1991
Olio su mogano / Huile sur acajou / Oil on mahogany
71,1 × 52,9 × 2,5 cm
Pinault Collection
Photo Philipp Niederlag. Courtesy of Jablonka Galerie, Zürich
© Sherrie Levine. Courtesy of the artist and David Zwirner
p. 161

Crystal Skull, 2010
12 teschi in vetro fuso con 12 teche / 12 crânes en verre moulé avec 12 vitrines / 12 cast glass skulls with 12 vitrines
13,9 × 17,7 × 11,4 cm ciascun teschio / chaque crâne / each skull
175,5 × 51 × 51 cm ciascuna vetrina / chaque vitrine / each vitrine
Pinault Collection
Installation view, *Sherrie Levine, Crystal Skull*, Böhm Chapel, Colonia / Cologne, 10 aprile / avril / April - 11 settembre / septembre / September 2011
Courtesy of Jablonka Galerie, Köln. Photo Nic Tenwiggenhorn / VG Bild-Kunst, Bonn
© Sherrie Levine. Courtesy of the artist and David Zwirner
pp. 154-155

Installation view, *Prima Materia*, Punta della Dogana, Venezia / Venise / Venice, 30 maggio / mai / May 2013 – 31 dicembre / décembre / December 2014
© Palazzo Grassi. Photo Fulvio Orsenigo
© Sherrie Levine. Courtesy of the artist and David Zwirner
pp. 157, 158

Francesco LO SAVIO
Filtro, depotenziamento cromatico e dinamica d'assorbimento, 1960
Carta trasparente opaca su cartone nero / Papier transparent opaque sur carton noir / Transparent matte paper on black cardboard
47,5 × 57,8 × 2,5 cm con cornice / avec cadre / framed
Pinault Collection
Courtesy of Galleria Christian Stein / Former Collection of Mrs. Margherita Stein
Photo © Paolo Mussat Sartor
p. 134

Filtro Dinamico, Variazione d'intensità Spazio Luce, 1960
Carta trasparente opaca su cartone / Papier transparent opaque sur carton / Transparent matte paper on cardboard
47,5 × 57,8 × 2,5 cm con cornice /

avec cadre / framed
Pinault Collection
Courtesy of Galleria Christian Stein /
Former Collection of Mrs. Margherita Stein
Photo © Paolo Mussat Sartor
p. 135

Spazio Luce, 1960
Resina sintetica su tela /
Résine synthétique sur toile /
Synthetic resin on canvas
170 × 200 cm
Pinault Collection
Courtesy of Galleria Christian Stein /
Former Collection of Mrs. Margherita Stein
Photo © Paolo Mussat Sartor
p. 132

Filtro e rete, 1962
Reti metalliche sovrapposte, cornice
in ferro / Filets métalliques superposés,
cadre en fer / Stacked wire mesh, iron frame
99,5 × 120,5 × 3 cm
Pinault Collection
Courtesy of Galleria Christian Stein /
Former Collection of Mrs. Margherita Stein
Photo © Paolo Mussat Sartor
p. 133

Agnes MARTIN
Reflection, 1959
Olio su tela / Huile sur toile / Oil on canvas
182,9 × 121,9 cm
Pinault Collection
© Agnes Martin Foundation, New York /
SIAE 2023. Photo Gordon R. Christmas.
Courtesy of The Pace Gallery, New York
p. 127

Untitled, 1960
Grafite su carta montata su tela / Graphite
sur papier, monté sur toile / Graphite on paper
mounted on canvas
30,5 × 30,5 cm
Pinault Collection
Photo Ellen Page Wilson. Courtesy
of The Pace Gallery, New York.
© Agnes Martin, by SIAE 2023
p. 123

Untitled, 1960
Inchiostro su carta montata su tela /
Encre sur papier, monté sur toile /
Ink on paper mounted on canvas
30,5 × 30,5 cm
Pinault Collection
© Agnes Martin Foundation, New York /
SIAE 2023. Photo Ellen Labenski.
Courtesy of The Pace Gallery, New York
p. 125

Untitled, 1960
Inchiostro su carta montato su tela /
Encre sur papier, monté sur toile /
Ink on paper mounted on canvas
30,5 × 30,5 cm
Pinault Collection
© Agnes Martin Foundation, New York /
SIAE 2023. Photo Ellen Labenski.
Courtesy of The Pace Gallery, New York
p. 129

Untitled, 1960
Inchiostro su carta / Encre sur papier /
Ink on paper
21 × 21 cm (immagine / image),
30,5 × 29,8 cm (foglio / feuille / sheet)
Pinault Collection
© Agnes Martin Foundation, New York /
SIAE 2023
p. 119

White Flower, 1960
Olio su tela / Huile sur toile / Oil on canvas
25,4 × 25,4 cm
Pinault Collection
© Agnes Martin Foundation, New York/
SIAE 2023
p. 128

Untitled, 1961
Olio e foglia d'oro su tela / Huile et feuille
d'or sur toile / Oil and gold leaf on canvas
30,5 × 30,5 cm
Pinault Collection
© Agnes Martin Foundation, New York /
SIAE 2023
p. 126

Blue-Grey Composition, 1962
Olio su tela / Huile sur toile / Oil on canvas
30,5 × 30,5 cm
32 × 32 × 4 cm con cornice /
avec cadre / framed
Pinault Collection
© Agnes Martin Foundation, New York /
SIAE 2023. Photo Marco
Cappelletti © Palazzo Grassi
p. 131, copertina / couverture / cover

The Wall, 1962
Olio, inchiostro e chiodi su tela in supporti
di legno / Huile, encre et clous sur toile,
montée sur bois / Oil, ink, and nails on canvas
mounted on wood
30,5 × 30,5 cm
Pinault Collection
© Agnes Martin Foundation, New York /
SIAE 2023. Photo Ellen Labenski.
Courtesy of The Pace Gallery, New York
p. 121

Paulo NAZARETH
Antropologia do negro I, 2014
Performance video / Vidéo-performance /
Video performance
6 min. 5 sec.
Tiratura di 5 esemplari più 2 prove
d'artista / Édition de 5 plus 2 épreuves
d'artiste / Edition of 5 plus 2 artist's
proofs (#1/5)
Pinault Collection
Courtesy of the artist and Mendes Wood
DM São Paulo · Bruxelles · New York /
© The artist
p. 113

Antropologia do negro II, 2014
Performance video / Vidéo-performance /
Video performance
7 min. 21 sec.
Tiratura di 5 esemplari più 2 prove d'artista /
Édition de 5 plus 2 épreuves d'artiste /
Edition of 5 plus 2 artist's proofs (#4/5)
Pinault Collection
Courtesy of the artist and Mendes Wood
DM São Paulo · Bruxelles · New York /
© The artist
p. 113

Oblie, 2016
Ricamo a mano su tessuto / Broderie
à la main sur tissu / Embroidery by hand
on fabric
75 × 59 cm
Pinault Collection
Courtesy of the artist and Mendes Wood
DM São Paulo · Bruxelles · New York /
© The artist
p. 114

Iroko de Bom Jesus, 2017
Performance video / Vidéo-performance /
Video performance
4 min. 17 sec.
Tiratura di 5 esemplari più 2 prove
d'artista / Édition de 5 plus 2 épreuves
d'artiste / Edition of 5 plus 2 artist's proofs
(#1/5)
Pinault Collection
Courtesy of the artist and Mendes Wood
DM São Paulo · Bruxelles · New York /
© The artist
p. 115

Camille NORMENT
Prime, 2016
Installazione di suoni tattili composti
per panche e 4 voci / Installation sonore
et tactile composée pour bancs et 4 voix /
Tactile sound installation composed
for benches and 4 voices
Dimensioni variabili / Dimensions
variables / Dimensions variable
© Camille Norment, by SIAE 2023.
Courtesy of the artist
Installation view, *Prime*, Kochu-Muziriz
Biennial, Kochi, India, 2016-2017
© Camille Norment Studio
pp. 136, 137

Untitled graphs, 2022-2023
Selezioni dalla serie / Sélections
de la série / Selections from the series
Deviations and Resonance
Ferro ossidato, acqua piovana, inchiostro,
matita, acrilico su cotone / Oxyde de fer,
eau de pluie, encre, crayon à papier,
acrylique sur coton / Oxidized iron, rain
water, ink, pencil, acrylic on cotton rag
14 × 19 cm ciascuno / chacun / each
© Camille Norment, by SIAE 2023.
Courtesy of the artist
[opere non riprodotte nel catalogo / oeuvres
non reproduites dans le catalogue / works
not reproduced in the catalogue]

Roman OPAŁKA
OPALKA 1965 / 1 - ∞
Détail 4875812 - 4894230
OPALKA 1965 / 1 - ∞
Détail 4894231 - 4914799
OPALKA 1965 / 1 - ∞
Détail 4914800 - 4932016
Autoportrait photographique
ad nombre 4963115 peint sur la toile

OPALKA 1965 / 1 - ∞
Détail 4951385 - 4968511
Acrilico su tela, trittico, fotografia, suono / Acrylique sur toile, triptyque, photographie, son / Acrylic on canvas, triptych, photograph, sound
3 tele / toiles / canvases, 197,5 × 135,5 cm ciascuna / chacune / each. Fotografia / photographie / photography, 31 × 24 × 4 cm
Pinault Collection
© Roman Opalka, by SIAE 2023. Photo Philipp Mansmann
pp. 172-173

OPALKA 1965 / 1 - ∞ Détail 4875812 - 4894230.
© Roman Opalka, by SIAE 2023.
Photo Marco Cappelletti © Palazzo Grassi
p. 174

OPALKA 1965 / 1 - ∞
Acrilico su tela / acrylique sur toile / acrylic on canvas
7 tele / toiles / canvases, 196 × 135 cm ciascuna / chacune / each
Elemento sonoro / Élément son / Sound, 1 ora / h / hr., 16 min. 6 sec.
Pinault Collection
Installation view, *Roman Opałka* | Spectra Art Space Masters | Mostra per il cinquantesimo anniversario del primo / Exposition pour le 50e anniversaire du premier / Exhibition on 50th anniversary of the first *Counted Painting* di / de / from *OPALKA 1965 / 1 - ∞*, Starak Family Foundation, Varsavia / Varsovie / Warsaw 2015, a cura di / commissaire d'exposition / curator Ania Muszyńska
© Roman Opalka, by SIAE 2023.
Photo credit © Starak Family Foundation, photo Maciej Jędrzejewski
p. 175

Lygia PAPE
O Ovo, 1967
Performance sulla spiaggia di / sur la plage de / at the beach of Barra da Tijuca, Rio de Janeiro, 1967
Film in super 8 trasferito su video digitale, colore, sonoro / Film Super 8 transféré sur vidéo digitale, couleur, sonore / Super 8 film transferred to digital video, color, sound
1 min. 35 sec.
© Projeto Lygia Pape
Fotografia Vintage / Photographie vintage / Vintage photograph
© Projeto Lygia Pape
p. 95

Divisor, 1968
Performance nella / dans la / at Favela da Cabeça, Rio de Janeiro, 1967 (prima performance / première performance / first performance)
Film in super 8 trasferito su video digitale, colore, senza sonoro / Film Super 8 transféré sur vidéo digitale, couleur, muet / Super 8 film transferred to digital video, color, no sound
3 min. 36 sec.
Fotografia Vintage / Photographie vintage / Vintage photograph.
Performance al / au / at Museu de Arte Moderna, Rio de Janeiro, 1990
© Projeto Lygia Pape
p. 94-95

Ttéia 1, C, 2003-2017
Filo d'oro, legno, chiodi, luce / Fil doré, bois, clous, lumière / Golden thread, wood, nails, light
Dimensioni variabili / Dimensions variables / Dimensions variable, site-specific, c. 600 (h) × 700 × 600 cm
Pinault Collection
Installation view, 53. Biennale di Venezia, Arsenale, Venezia / Venise / Venice, 2009
Photo Paula Pape. © Projeto Lygia Pape
Courtesy of Projeto Lygia Pape
pp. 90-91

Installation view, *Lygia Pape – A Multitude of Forms*, The Metropolitan Museum of Art – Met Breuer, New York, 2017.
Photo Pedro Pape © Projeto Lygia Pape.
Courtesy of Projeto Lygia Pape
pp. 92-93

Michel PARMENTIER
14 février 1990, 1990
Carboncino su carta da lucido / Fusain sur papier calque / Charcoal on tracing paper
304 × 1612,5 cm
Pinault Collection
Installation view, Stand Art Basel, ottobre / octobre / October 2021
© Michel Parmentier, by SIAE 2023.
AMP — Fonds Michel Parmentier, Bruxelles.
Photo Fabrice Gousset. Courtesy of Galerie Loevenbruck, Paris
pp. 176-178

Philippe PARRENO
La Quinta del Sordo, 2021
Video a colori in 4K, colonna sonora su più canali, formato di proiezione: 2.10 / Vidéo 4K en couleur, bande sonore multicanal, format : 2.10 / 4K film, color, multichannel soundtrack, aspect ratio: 2.10
39 min.
Pinault Collection
Philippe Parreno, *La Quinta del Sordo* (film still), 2021.
© Philippe Parreno. Courtesy of Gladstone Gallery, New York and Bruxelles; Esther Schipper, Berlin · Paris · Seoul
pp. 96-99

Robert RYMAN
Untitled, 2010
Olio su tela di cotone tesa / Huile sur toile de coton tendue / Oil on stretched cotton canvas
45,7 × 45,7 cm
Firmato e datato sul retro / Signé et daté au verso / Signed and dated verso
Pinault Collection
© Robert Ryman, by SIAE 2023.
Photo Bill Jacobson © The Greenwich Collection, New York
p. 181

Untitled, 2010
Olio su tela di cotone tesa / Huile sur toile de coton tendue / Oil on stretched cotton canvas
45,7 × 45,7 cm
Firmato e datato sul retro / Signé et daté au verso / Signed and dated verso
Pinault Collection
© Robert Ryman, by SIAE 2023.
Photo Bill Jacobson © The Greenwich Collection, New York
p. 182

Untitled, 2010
Olio su tela di cotone tesa / Huile sur toile de coton tendue / Oil on stretched cotton canvas
55,9 × 55,9 cm
Firmato e datato sul retro / Signé et daté au verso / Signed and dated verso
Pinault Collection
© Robert Ryman, by SIAE 2023.
Photo Bill Jacobson © The Greenwich Collection, New York
p. 182

Untitled, 2010
Olio su tela di cotone tesa / Huile sur toile de coton tendue / Oil on stretched cotton canvas
55,9 × 55,9 cm
Firmato e datato sul retro / Signé et daté au verso / Signed and dated verso
Pinault Collection
© Robert Ryman, by SIAE 2023.
Photo Bill Jacobson © The Greenwich Collection, New York
p. 183

Untitled, 2010
Olio su tela di cotone tesa / Huile sur toile de coton tendue / Oil on stretched cotton canvas
50,8 × 50,8 cm
Firmato e datato sul retro / Signé et daté au verso / Signed and dated verso
Pinault Collection
© Robert Ryman, by SIAE 2023.
Photo Bill Jacobson © The Greenwich Collection, New York
p. 184

Untitled, 2011
Olio su tela di cotone tesa / Huile sur toile de coton tendue / Oil on stretched cotton canvas
61 × 61 cm
Firmato e datato sul retro / Signé et daté au verso / Signed and dated verso
Pinault Collection
© Robert Ryman, by SIAE 2023.
Photo Bill Jacobson © The Greenwich Collection, New York
p. 184

Untitled, 2011
Olio su tela di cotone tesa / Huile sur toile de coton tendue / Oil on stretched cotton canvas
50,8 × 50,8 cm
Firmato e datato sul retro / Signé et daté au verso / Signed and dated verso
Pinault Collection
© Robert Ryman, by SIAE 2023.

Photo Bill Jacobson © The Greenwich Collection, New York
p. 185

Untitled, 2011
Olio su tela di cotone tesa / Huile sur toile de coton tendue / Oil on stretched cotton canvas
61 × 61 cm
Firmato e datato sul retro / Signé et daté au verso / Signed and dated verso
Pinault Collection
© Robert Ryman, by SIAE 2023.
Photo Bill Jacobson © The Greenwich Collection, New York
p. 185

Dineo SESHEE BOPAPE
Mothabeng, 2022
Terra, argilla, gesso, pigmenti, erbe, cuscini, suono diffuso da sette canali / Terre, argile, gypse, pigments, herbes, coussins, son à sept canaux / Soil, clay, gypsum, pigments, herbs, cushions, seven-channel sound
11 min. 22 sec., loop
250 × ø 400 cm
Installation view, *Dineo Seshee Bopape. Born in the first light of the morning [moswara'marapo]*, commissionata e prodotta da / commandé et produit par / commissioned and produced by Pirelli HangarBicocca, Milano / Milan, 2022 Photo Agostino Osio. Courtesy of the artist, Pirelli HangarBicocca and Sfeir-Semler Gallery Beirut · Hamburg
p. 152

Dayanita SINGH
Time Measures, 2016
34 stampe d'archivio pigmentate / impressions pigmentaires d'archives / archival pigment prints
50 × 40 cm ciascuna / chacune / each
53,5 × 43,5 × 4 cm ciascuna / chacune / each, con cornice / avec cadre / framed
Pinault Collection
Courtesy of the artist and Frith Street Gallery, London
pp. 70-71, *Time Measures, Sequence III*
3 stampe d'archivio pigmentate / impressions pigmentaires d'archives / archival pigment prints
p. 72, *Time Measures, Sequence VI*
2 stampe d'archivio pigmentate / impressions pigmentaires d'archives / archival pigment prints

Installation view, *Dayanita Singh: Dancing with my Camera*, Museum Villa Stuck, Monaco / Munich, 20 ottobre / octobre / October 2022 - 19 marzo / mars / March 2023. Photo © Jann Averwerser
p. 73

Rudolf STINGEL
Untitled, 2009
Rame elettroformato, nichel e oro placcato, acciaio inossidabile / Cuivre électroformé, plaqué nickel et or, acier inoxydable / Electroformed copper, plated nickel and gold, stainless steel
120,5 × 114 × 4,5 cm
Pinault Collection
Photo Alessandro Zambianchi.
Courtesy of the artist
p. 75

Installation view, *Icônes*, Punta della Dogana, Venezia / Venise / Venice, aprile / avril / April - novembre / November 2023.
Photo Marco Cappelletti © Palazzo Grassi
pp. 74, 80-81

Untitled, 2010
Olio e smalto su tela / Huile et émail sur toile / Oil and enamel on canvas
330,2 × 470 × 5,5 cm
Pinault Collection
© Rudolf Stingel. Courtesy of Gagosian Gallery. Photo Robert McKeever
p. 76

Untitled, 2010
Olio e smalto su tela / Huile et émail sur toile / Oil and enamel on canvas
330,2 × 470 cm
Pinault Collection
© Rudolf Stingel. Courtesy of Gagosian Gallery. Photo Robert McKeever
p. 77

Installation view, *Icônes*, Punta della Dogana, Venezia / Venise / Venice, aprile / avril / April - novembre / November 2023.
pp. 80-81

Untitled, 2010
Olio e smalto su tela / Huile et émail sur toile / Oil and enamel on canvas
330,2 × 470 cm
Pinault Collection
© Rudolf Stingel. Courtesy of Gagosian Gallery. Photo Robert McKeever
p. 78

Andrej TARKOVSKIJ
Andrej Roublëv, 1966
Estratto dal film / Extrait tiré du film / Excerpt from the film
Film in bianco e nero, scene finali a colori, sonoro / Film noir et blanc, scènes finales en couleur, sonore / Black and white and color film, sound
182 min.
Durata totale dell'estratto / Durée totale de l'extrait / Total duration of the excerpt
10 min.
Film still
Courtesy of Films Sans Frontières.
Tutti i diritti riservati / Tous droits réservés / All rights reserved
pp. 8, 45, 54

Lee UFAN
Dialogue, 2007
Olio su tela / Huile sur toile / Oil on canvas
162 × 130 cm
Pinault Collection
© Lee Ufan, by SIAE 2023. Photo Charles Duprat. Courtesy of Galerie Thaddaeus Ropac, London · Paris · Salzburg · Seoul
p. 139

Tea in the Field, 2023
Carta giapponese, tappeto rosso, tubo in acciaio, pietra, ghiaia / Papier japonais, tapis rouge, tuyau en acier, pierre, gravier / Japanese paper, red carpet, steel pipe, stone, gravel
400 × 350 × 260 cm
© Lee Ufan, by SIAE 2023.
Courtesy of Studio Lee Ufan
[opera non riprodotta nel catalogo / œuvre non reproduite dans le catalogue / work not reproduced in the catalogue]

Danh VO
Christmas (Rome), 2012, 2013
14 pezze di velluto / pièces individuelles de velours / individual pieces of velvet fabric
Dimensioni variabili / Dimensions variables / Dimensions variable
Pinault Collection
Installation view, *Icônes*, Punta della Dogana, Venezia / Venise / Venice, aprile / avril / April - novembre / November 2023.
Photo Marco Cappelletti © Palazzo Grassi
pp. 74, 79, 80-81

untitled, 2020
Cristo ligneo del XVI secolo e valigia Rimowa / Christ en bois datant du 16e siècle et bagage Rimowa / Sixteenth century wooden Christ and Rimowa luggage
80 × 36,5 × 44 cm
Pinault Collection
Installation view, Galerie Chantal Crousel, Parigi / Paris, ottobre / octobre / October – novembre / November 2021.
Photo Nick Ash © The artist. Courtesy of the artist and Galerie Chantal Crousel, Paris
p. 84

untitled, 2021
Madonna con Bambino del XV secolo, olio su tavola, e bandiera americana a 13 stelle / Vierge à l'Enfant du 15e siècle, peinture à l'huile sur bois et drapeau américain à 13 étoiles / Fifteenth century Madonna and Child, oil paint on wood, and 13-star American flag
Dimensioni variabili / Dimensions variables / Dimensions variable
Pinault Collection
Photo Nick Ash © The artist
pp. 85, 86

untitled, 2021
Ritratto di epoca augustea, marmo romano del I secolo d.C.; fusione in bronzo della parte inferiore delle gambe e dei piedi dell'artista Heinz Peter Knes, partner di Vo, con i piedi incrociati e le unghie dipinte, frigorifero, granito Shivakashi e legno comune da costruzione / Portrait augustéen, marbre romain, 1er siècle de notre ère; moulage en bronze de la partie inférieure des jambes et des pieds du partenaire de Vo, l'artiste Heinz Peter Knes, les pieds croisés et les ongles des orteils peints, réfrigérateur, granit de Shivakashi et bois de construction ordinaire / Augustean portrait, Roman marble, first century CE; bronze cast of the lower legs and feet of Vo's partner,

the artist Heinz Peter Knes, with feet crossed and toenails painted, refrigerator, Shivakashi granite and standard construction wood
Dimensioni variabili / Dimensions variables / Dimensions variable
Pinault Collection
Installation view, Galerie Chantal Crousel, Parigi / Paris, ottobre / octobre / October – novembre / novembre / November 2021
Photo Nick Ash. Courtesy of the artist and Galerie Chantal Crousel, Paris
p. 87

Chen ZHEN
Un village sans frontières, 2000
Seggiolina e candele colorate /
Chaise d'enfant et bougies colorées /
Child's chair and colored candles
81,5 × 41 × 42,5cm
Pinault Collection
© Chen Zhen, by SIAE 2023.
Photo Ela Bialkowska.
Courtesy of Galleria Continua
p. 143

Un village sans frontières, 2000
Seggiolina e candele colorate /
Chaise d'enfant et bougies colorées /
Child's chair and colored candles
52 × 29 × 20 cm
Pinault Collection
© Chen Zhen, by SIAE 2023.
Photo Ela Bialkowska.
Courtesy of Galleria Continua
p. 145

Un village sans frontières, 2000
Seggiolina e candele colorate /
Chaise d'enfant et bougies colorées /
Child's chair and colored candles
64,5 × 35 × 34,5 cm
Pinault Collection
© Chen Zhen, by SIAE 2023.
Photo Ela Bialkowska.
Courtesy of Galleria Continua
p. 147

Un village sans frontières, 2000
Seggiolina e candele colorate /
Chaise d'enfant et bougies colorées /
Child's chair and colored candles
67 × 36 × 38 cm
Pinault Collection
© Chen Zhen, by SIAE 2023.
Photo Ela Bialkowska.
Courtesy of Galleria Continua
p. 148

Un village sans frontières, 2000
Seggiolina e candele colorate /
Chaise d'enfant et bougies colorées /
Child's chair and colored candles
56 × 27 × 23 cm
Pinault Collection
© Chen Zhen, by SIAE 2023.
[opera non riprodotta nel catalogo / œuvre non reproduite dans le catalogue / work not reproduced in the catalogue]

PINAULT COLLECTION

Presidente / Président / President
François Pinault

Presidente del Consiglio di Amministrazione / Président du comité exécutif / Executive Board President
François-Henri Pinault

Consiglio di amministrazione / Comité exécutif / Executive Board
Charlotte Fournet, Olivia Fournet, Alban Greget, Dominique Pinault, François Louis Pinault, Laurence Pinault

Consigliere del presidente / Conseiller spécial auprès du président / President's Advisor
Jean-Jacques Aillagon

Direttrice generale / Directrice générale / Chief Executive Officer
Emma Lavigne

Amministratrice generale / Administratrice générale / General Administrator
Sophie Hovanessian

Amministratrice degli affari patrimoniali / Administratrice des affaires patrimoniales / Heritage Officer
Odile de Labouchère

Polo curatoriale / Pôle curatorial / Curatorial Pole
Caroline Bourgeois, Senior conservatrice della Collezione / Conservatrice senior auprès de la Collection / Senior Curator for the Collection
Jean-Marie Gallais, Conservatore della Collezione / Conservateur auprès de la Collection / Curator for the Collection
Matthieu Humery
Conservatore della Collezione, responsabile della fotografia / Conservateur auprès de la Collection, chargé / Photography Curator for the Collection de la photographie

Estelle d'Almeida, Benjamin Baudet, Roselyn Beyssac, Vanessa Blacque-Belair, Guillaume Blairon, Juliette Bord, Alexandra Bordes, Sandrine Bouché, Emma Challier, Tiphaine Coll, Anthony Decostanzi, Mathilde Delangle, Catherine Duruel, Anne-Hortense Epifani, Nicolas-Xavier Ferrand, Greta Fornoni, Emma Gaillard-Tirat, Anne-Laure Gautier, Justine Gal, Maxime Gasnier, Margaux Gillet, Cyrus Goberville, Louise Guerrin, Charles Halperin, Stéphanie Hussonnois-Bouhayati, Clémence Laurent de Cassini, Morgane Mauger, Mathilde Maurange, Sarah Menahem, Theleli Menouer, Sarah Merghemi, Morgane Mouchard, Marianne Noël, Nadia Oster, Charlotte Pallix-Jaillon, Juliette Peycelon, Gauthier Piat-Cherdo, Marie-Sophie Potier, Paola Ravagni, Juliette Radou, Julie Redon Rachel Scrivo, Lionel Sempaire, Camila Souyri, Léa Suffert, Fiona Valla, Philippe Willerval

PALAZZO GRASSI — PUNTA DELLA DOGANA

Presidente / Président / President
François Pinault

Vicepresidente / Vice-présidente / Vice President
Emma Lavigne

Amministratore delegato e direttore / Administrateur délégué et directeur / Chief Executive Officer and Director
Bruno Racine
assistito da / assisté par / assisted by
Suzel Berneron

Direttore operativo / Directeur des opérations / Executive Director
Mauro Baronchelli
assistito da / assisté par / assisted by
Elisabetta Bonomi

Direttore finanziario / Directeur financier / Financial Director
Carlo Gaino

Amministrazione / Administration
Lorena Amato, Silvia Inio

Servizi generali / Services généraux / General Services
Angela Santangelo

Ufficio Mostre / Bureau des expositions / Exhibition office
Responsabile / Responsable / Head
Marco Ferraris

Francesca Colasante, Attività culturali / Activités culturelles / Cultural Activities
Claudia De Zordo, Registrar / Régisseuse
Jacqueline Feldmann – Editoria / Éditions / Editions
con / avec / with Victoria Vaz

Comunicazione e PR / Communication et RP / Communication and PR
Responsabile / Responsable / Head
Clementina Rizzi

Alix Doran, Promozione e comunicazione / Promotion / Promotional and Advertising Activities
Martina Malobbia, Digital media, eventi privati / Réseaux sociaux, événements privés / Digital Media, Private Events
Noëlle Solnon, Membership, merchandising
con / avec / with Marina Zorz

Cerimoniale e accoglienza / Cérémonies et accueil / Cerimonial Office
Paola Trevisan

Servizi educativi / Services pédagogiques / Education
Ester Baruffaldi, Cecilia Bima, Federica Pascotto
con / avec / with Berthe Bunda Tabit

Sicurezza / Sécurité / Security
Responsabile / Responsable / Head
Gianni Padoan

Lisa Bortolussi

Addetti alla Sicurezza / Agents de sécurité / Security Agents
Luca Busetto
Andrea Greco
Vittorio Righetti
Dario Tocchi

Manutenzioni / Maintenance
Angelo Clerici, Impianti elettrici, illuminotecnici e speciali / Électricité, lumière et équipements spéciaux / Electrical Wiring, Lighting and Special Systems
Oliver Beltramello, Impianti meccanici e manutenzioni / Installations mécaniques et manutentions / Mechanical Equipment and maintenance

Uffici stampa / Bureaux de presse / Press offices
Claudine Colin Communication, Parigi / Paris
Paola C. Manfredi, PCM Studio, Milano / Milan

Palazzo Grassi S.p.A. è una società affiliata a Pinault Collection
Palazzo Grassi S.p.A. est une filiale de Pinault Collection
Palazzo Grassi S.p.A. is an affiliate of Pinault Collection

FINANCIÈRE PINAULT

Vicedirettore generale / Directeur général adjoint / Deputy CEO
Alban Greget

Vicedirettrice generale / Directrice générale adjointe / Deputy CEO
Héloïse Temple-Boyer

Capo di gabinetto / Cheffe de cabinet / Head of Cabinet
Nazanine Ravaï

Charlotte Carraud-Mercier, Dominique de Charrin, Caroline de Villeroy, Anne-Pascale Célier, Bénédicte Foucault, Nathalie Mabil
e il loro staff / et leurs équipes / and their staff

Icônes
Punta della Dogana,
Venezia / Venise / Venice
02.04-26.11.2023

Mostra a cura di / Commissaires de l'exposition / Exhibition curated by
Emma Lavigne e / et / and Bruno Racine

Progetto grafico della mostra e del catalogo / Conception graphique de l'exposition et du catalogue / Graphic design for the exhibition and catalogue
Les Graphiquants, Parigi / Paris

Autori dei saggi, delle schede e delle biografie / Auteurs des essais, des notices et des biographies / Authors of the essays, notes and biographies
Ada Ackerman, Lucia Aspesi, Alexandra Bordes, Caroline Bourgeois, Fernanda Brenner, Bice Curiger, Valérie Da Costa, Nicholas Fox Weber, Renaud Gadoury, Jean-Marie Gallais, Suzanne Hudson, Katell Jaffrès, Kelly Kivland, Emma Lavigne, Marie-José Mondzain, Bruno Racine, Adrian Searle

Prestatori / Prêteurs / Lenders
Edith Dekyndt, Theaster Gates e / et / and White Cube Gallery, Kimsooja Studio, Joseph Kosuth, Camille Norment Studio, Progeto Lygia Pape, Dineo Seshee Bopape, Pirelli HangarBicocca e / et / and Sfeir-Semler Gallery Beirut/Hamburg, Studio Lee Ufan

Distributori dei film / Distributeurs des films / Distributors of the films
Films Sans Frontières, Gaumont-Département Arkeion, VRT

Studi e estate di artisti / Studios et successions d'artistes / Studios and artists' estates
Josef & Anni Albers Foundation – Édouard Detaille, Nicholas Fox Weber, Amy Jean Porter, Anne Sisco, Josh Slocum
The Estate of James Lee Byars
Maurizio Cattelan's Archive – Jacopo Zotti, Lucio Zotti, Zeno Zotti
Étienne Chambaud
Edith Dekyndt – Pierre-Henri Leman
Fondazione Lucio Fontana – Silvia Ardemagni, Valentina Morandi, Maria Villa
Theaster Gates – Emma German
David Hammons – Lois Plehn, Richard Plehn
Arthur Jafa
Donald Judd Foundation – Richard Griggs, Caitlin Murray, Emma Wheelan
On Kawara – One Million Million Years Foundation
Kimsooja – Jaeho Chong, Kyoungeun Hwang
Joseph Kosuth – Fiona Biggiero, Seamus Farrell, Barış Gedizlioğlu, Mohssin Harraki, Tito Magrini, Costanza Morera
Sherrie Levine
Agnes Martin Foundation
Paulo Nazareth
Camille Norment – Simen Stenberg
Roman Opałka – Rainer Michael Mason, Marie-Madeleine Opałka
Progeto Lygia Pape – Gabriel Danielli, António Leal, Paula Pape, Pedro Pape
Association Michel Parmentier – Christian Bonnefoi, Christine Jamart, Guy Massaux, Bénédicte Victor-Pujebet
Philippe Parreno – Marie Auvity, Emilien Abibou
Dineo Seshee Bopape
Rudolf Stingel – Elena Tavecchia
Dayanita Singh
Lee Ufan – Esra Joo, Chang Dawn Moon, Hannah Moon, Inhyuk Park
Danh Vo – Charles Gohy, Marta Lusena
Chen Zhen – Xu Min

Gallerie e istituzioni / Galeries et institutions / Galleries and institutions
Artforum, Marie-Puck Broodthaers, Centre Pompidou-Metz, Couvent de la Tourette, Galleria Continua, Galerie Chantal Crousel, Fondazione Pirelli HangarBicocca, Frith Street Gallery, Gladstone Gallery, Jablonka Galerie, Kewenig, Galerie, Mendes Wood DM, The Metropolitan Museum of Art, Mnuchin Gallery, MoMA, Monnaie de Paris, Museum of Contemporary Art Antwerp, Musée d'Art Moderne de Paris, Nottingham Contemporary, Pace Gallery, PinchukArtCentre, Galerie Thaddaeus Ropac, Esther Schipper GmbH, Secci Gallery, Serpentine Galleries, Sfeir-Semler Gallery, Starak Foundation, Galleria Christian Stein, Tornabuoni Art, VanhaerentsArtCollection, Michael Werner Gallery, White Cube, David Zwirner

Ringraziamenti / Remerciements / Special Thanks to
Jeffrey Alford, Eugenio Alibrandi, Peter Ballantine, Emily Bates, Annabelle Birchenough, Marc Blondeau, Alexandra Bordes, Marco Cappelletti, Nicole Colombo, Léa Chikhani, Margherita D'Adamo, Jacob Daugherty, Philippe Davet, Matteo De Fina, Concetta De Libero, Susan Dunne, Nicolas-Xavier Ferrand, Jean-Marie Gallais, Melissa Ganaha, Furio Ganz, Jeff Gibson, Gaja Golija, Jody Graf, Valentina Grandini, Fiammetta Griccioli, Hong Sang Hee, Thamara Hidalgo, Verônica Hornyansky, Johan Lescure, Alessio Licordari, Alice Maine, May Makki, Magda Marczak-Cerońska, John McGill, Georgia Messervy, Cambyse Naddaf, Fulvio Orsenigo, Robert Owen, Marjo Paakkola, Mathieu Paris, Olivier Renaud-Clément, Marinus Reuter, Soraya Rodriguez, Filippo Rossi, Eugenio Schirone, Julie Schweitzer, Julia Séguier, Ana Siler, Matteo de Vittori, Vincent Wilcke

Aegis, Verona
Arteposa di Ilario Perzzola, Cinto Caomaggiore
Attitudine Forma, Torino
Bacciolo Gelsomino e Figli, Cavallino-Treporti
Bergamo Luciano, Venezia
Cadmos, Paris
Ceramic & Colours, Faenza
Coop Culture, Mestre
Dacos Sistemi, San Donà di Piave
Enrico Vanzella, Latisana
Eurosystem, Mirano
Fratelli Orlando e Figli, Musile di Piave
Gruppofallani, Marcon
Gruppo Civis, Mestre
LT Group, Venezia
Luca Perzolla, Pramaggiore
Marsilio Arte, Venezia
Mezzanine Bistrot, Venezia
Muffato F.lli Srl, Salzano
Munari Servizi, Mestre
Murer Cantieri Audiovisivi, Belluno
Neonlauro, San Vendemiano
Non Solo Verde Cooperativa, Venezia
Nuova Alleanza, Ponzano Veneto
Open Service, Marcon
SEREX – Courtage d'Assurances, Courbevoie
Star Venice Servizi, Venezia
Studio Tecnico Ing. Fausto Frezza, Mestre
Topfilm, Padova

Trasporti / Transports
a cura di / aux bons soins de / care of Apice

Crediti fotografici / Références photographiques / Photo credits

pp. 8, 17, 45: Courtesy of Films Sans Frontières. Tous droits réservés
p. 10: Digital image, © The Museum of Modern Art/Scala, Firenze
p. 12: © Tadao Ando Architect & Associates, Niney et Marca Architectes, Agence Pierre-Antoine Gatier. Photo: Aurélien Mole. © David Hammons
pp. 13, 122: Photo Aurélien Mole. © David Hammons
p. 18: Photo www.e-venise.com; © Cameraphoto/Scala, Firenze (Autorizzazione alla riproduzione concessa dall'Ufficio Beni Culturali del Patriarcato di Venezia)
p. 20: Mairie de Toulouse, Musée des Augustins
p. 21: Photo Zeno Zotti. Courtesy Maurizio Cattelan's Archive
p. 25: Photo © Andrea Jemolo/ Bridgeman Images
p. 26: © DeAgostini Picture Library/Scala, Firenze
p. 27: Courtesy of Kimsooja Studio
pp. 28-29: © Cameraphoto/Scala, Firenze © Gallerie dell'Accademia di Venezia/su concessione del Ministero della Cultura
p. 30: © Photo Scala, Firenze (Autorizzazione alla riproduzione concessa dall'Ufficio Beni Culturali del Patriarcato di Venezia)
pp. 30, 36: Photo courtesy Bice Curiger
p. 39: Photo Matteo De Fina © Palazzo Grassi; © Cameraphoto/Scala, Firenze © Gallerie dell'Accademia di Venezia/su concessione del Ministero della Cultura
p. 40: Rothko Chapel, Houston, Texas. Hester + Hardaway Photographers; Photo Eric Sander
p. 48: Harwood Museum of Art, Taos, New Mexico. Photo Joshua Ware
p. 49: © Theaster Gates Studio. Photo Iwan Baan. Courtesy of Serpentine
pp. 50-51: Photo © Daniele Nalesso
p. 66: © The Estate of the Artist. Photo Eric Sander
p. 69: © The Estate of the Artist, courtesy Michael Werner Gallery, New York and London. Photo Marie-Puck Broodthaers
pp. 82-83: © Archivio Storico della Biennale di Venezia - ASAC. Photo Francesco Galli
p. 91: Courtesy of Projeto Lygia Pape
p. 103: © Theaster Gates Studio. Photo Iwan Baan. Courtesy of Serpentine
pp. 106-107: Photo © Diane Arques, by SIAE 2023
p. 138: Courtesy of Frère Marc Chauveau / Couvent de La Tourette. Photo Jean-Philippe Simard
pp. 140, 141: Courtesy of Studio Lee Ufan
p. 152: Courtesy of The PinchukArtCentre, Courtesy of the artist and Sfeir-Semler Gallery Beirut/Hamburg. Photo Maksym Bilousov, Valentina Tsymbaliuk

© Josef Albers, Judd Foundation, Kimsooja, Joseph Kosuth, Agnes Martin, Camille Norment, Roman Opalka, Michel Parmentier, Robert Ryman, Lee Ufan, Chen Zhen, by SIAE 2023
© The Andy Warhol Foundation for the Visual Arts Inc.Art
© The Estate of Sigmar Polke, Cologne
© Fondazione Lucio Fontana, Milano, by SIAE 2023
© 1998 Kate Rothko Prizel & Christopher Rothko / ARS, New York

Traduzioni / Traductions / Translations
Madeleine Compagnon
Nicoletta Poo
Severine Queyras (saggio / essai / essay Marie-José Mondzain)
Rossella Savio
Catherine Schelbert (saggio / essai / essay Bice Curiger)
Emilie Simon

Redazione / Suivi éditorial / Copy editing
Laurène Ardito
Maria Giulia Montessori
Barclay Gail Swerling

Seconda edizione / Deuxième édition / Second edition Settembre / Septembre / September 2023
ISBN 979-12-5463-086-0

Available through ARTBOOK | D.A.P.
75 Broad Street, Suite 630
New York, NY 10004
www.artbook.com

Fotolito / Photogravure / Reproduction
Opero s.r.l., Verona

Stampa/ Impression / Printing
Grafiche Veneziane s.c.r.l., Venezia

Per conto di / pour / for
Marsilio Editori® S.p.A., Venezia
www.marsilioeditori.it